Schöningh

EinFach Deutsch

Franz Kafka

Der Prozess

Roman

Erarbeitet und mit Anmerkungen
und Materialien versehen von
Norbert Schläbitz

Herausgegeben von
Johannes Diekhans

Die Textausgabe folgt im Wortlaut der folgenden Ausgabe:
Franz Kafka: Der Proceß. Kritische Ausgabe, herausgegeben von Malcom Pasley.
Frankfurt am Main: Fischer Verlag 1990.

www.schoeningh-schulbuch.de
Schöningh Verlag, Jühenplatz 1–3, 33098 Paderborn

Druck A 16 15 14 / Jahr 2018 17 16
Alle Titel der Serie A sind im Unterricht parallel verwendbar.
Die letzte Zahl bezeichnet das Jahr dieses Druckes.

Umschlaggestaltung: Jennifer Kirchhof
Druck und Bindung: westermann druck GmbH, Braunschweig

ISBN 978-3-14-022362-1

Franz Kafka: Der Prozess

Franz Kafka
Der Prozess

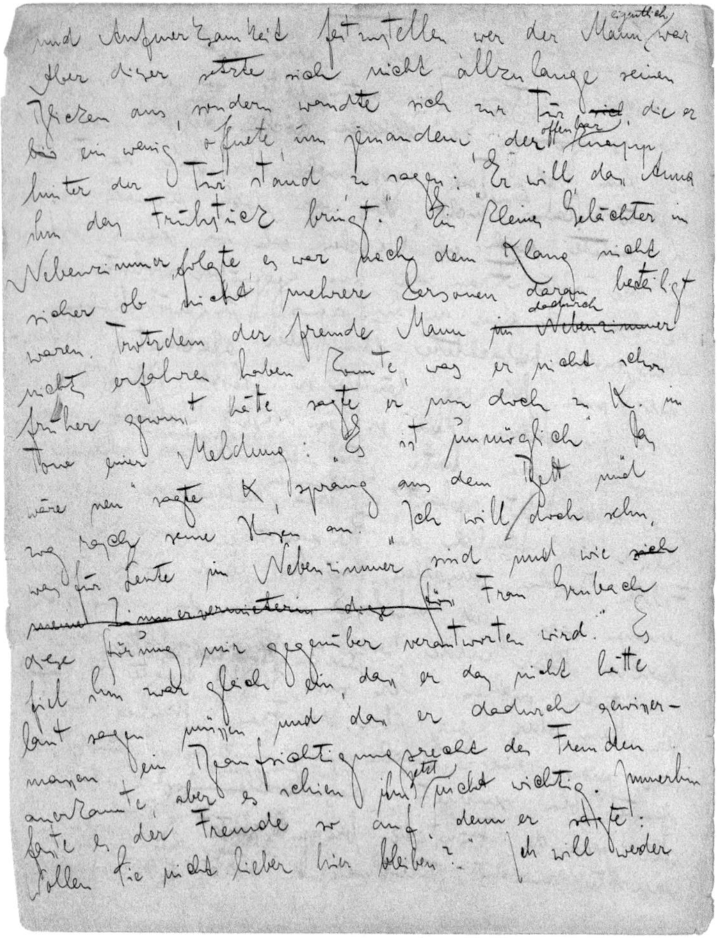

und Aufmerksamkeit festzustellen wer der Mann eigentlich war.
Aber dieser setzte sich nicht allzulange seinen
Blicken aus, sondern wandte sich zur Tür die er
ein wenig öffnete um jemandem, der offenbar
hinter der Tür stand zu sagen: "Er will daß Anna
ihm das Frühstück bringt." Ein kleines Gelächter im
Nebenzimmer folgte es war nach dem Klang nicht
sicher ob nicht mehrere Personen dadurch beteiligt
waren. Trotzdem der fremde Mann
nicht erfahren haben konnte, was er nicht schon
früher gewußt hätte sagte er nun doch zu K. im
Tone einer Meldung: "Es ist unmöglich" "Das
wäre neu" sagte K, sprang aus dem Bett und
zog rasch seine Hosen an. "Ich will doch sehn,
was für Leute im Nebenzimmer sind und wie
Frau Grubach
diese Störung mir gegenüber verantworten wird." Es
fiel ihm zwar gleich ein, daß er das nicht hätte
laut sagen müssen und daß er dadurch gewisser-
maßen ein Beaufsichtigungsrecht des Fremden
anerkannte, aber es schien ihm jetzt nicht wichtig. Immerhin
faßte es der Fremde so auf, denn er sagte:
"Wollen Sie nicht lieber hier bleiben?" "Ich will weder

Handschrift Kafkas vom Beginn des Romans

Erstes Kapitel

Verhaftung
Gespräch mit Frau Grubach
Dann Fräulein Bürstner

Jemand musste Josef K. verleumdet haben, denn ohne dass er etwas Böses getan hätte, wurde er eines Morgens verhaftet. Die Köchin der Frau Grubach, seiner Zimmervermieterin, die ihm jeden Tag gegen acht Uhr früh das Frühstück brachte, kam diesmal nicht. Das war noch niemals geschehen. K. wartete noch ein Weilchen, sah von seinem Kopfkissen aus die alte Frau, die ihm gegenüber wohnte und die ihn mit einer an ihr ganz ungewöhnlichen Neugierde beobachtete, dann aber, gleichzeitig befremdet und hungrig, läutete er. Sofort klopfte es und ein Mann, den er in dieser Wohnung noch niemals gesehen hatte, trat ein. Er war schlank und doch fest gebaut, er trug ein anliegendes schwarzes Kleid, das, ähnlich den Reiseanzügen, mit verschiedenen Falten, Taschen, Schnallen, Knöpfen und einem Gürtel versehen war und infolgedessen, ohne dass man sich darüber klarwurde, wozu es dienen sollte, besonders praktisch erschien. „Wer sind Sie?“, fragte K. und saß gleich halb aufrecht im Bett. Der Mann aber ging über die Frage hinweg, als müsse man seine Erscheinung hinnehmen, und sagte bloß seinerseits: „Sie haben geläutet?“ „Anna soll mir das Frühstück bringen“, sagte K. und versuchte, zunächst stillschweigend, durch Aufmerksamkeit und Überlegung festzustellen, wer der Mann eigentlich war. Aber dieser setzte sich nicht allzu lange seinen Blicken aus, sondern wandte sich zur Tür, die er ein wenig öffnete, um jemandem, der offenbar knapp hinter der Tür stand, zu sagen: „Er will, dass Anna ihm das Frühstück bringt.“ Ein kleines Gelächter im Nebenzimmer folgte, es war nach dem Klang nicht sicher, ob nicht mehrere Personen daran beteiligt waren. Obwohl der fremde Mann dadurch nichts erfahren haben konnte, was er nicht schon früher gewusst hätte, sagte er nun doch zu K. im Tone einer Meldung: „Es ist unmöglich.“

„Das wäre neu“, sagte K., sprang aus dem Bett und zog rasch seine Hosen an. „Ich will doch sehen, was für Leute im Nebenzimmer sind und wie Frau Grubach diese Störung mir gegenüber verantworten wird.“ Es fiel ihm zwar gleich ein, dass er das nicht hätte laut sagen müssen und dass er dadurch gewissermaßen ein Beaufsichtigungsrecht des Fremden anerkannte, aber es schien ihm jetzt nicht wichtig. Immerhin fasste es der Fremde so auf, denn er sagte: „Wollen Sie nicht lieber hierbleiben?“ „Ich will weder hierbleiben, noch von Ihnen angesprochen werden, solange Sie sich mir nicht vorstellen.“ „Es war gut gemeint“, sagte der Fremde und öffnete nun freiwillig die Tür. Im Nebenzimmer, in das K. langsamer eintrat, als er wollte, sah es auf den ersten Blick fast genauso aus wie am Abend vorher. Es war das Wohnzimmer der Frau Grubach, vielleicht war in diesem mit Möbeln, Decken, Porzellan und Fotografien überfüllten Zimmer heute ein wenig mehr Raum als sonst, man erkannte das nicht gleich, umso weniger, als die Hauptveränderung in der Anwesenheit eines Mannes bestand, der beim offenen Fenster mit einem Buch saß, von dem er jetzt aufblickte. „Sie hätten in Ihrem Zimmer bleiben sollen! Hat es Ihnen denn Franz nicht gesagt?“ „Ja, was wollen Sie denn?“, sagte K. und sah von der neuen Bekanntschaft zu dem mit Franz Benannten, der in der Tür stehen geblieben war, und dann wieder zurück. Durch das offene Fenster erblickte man wieder die alte Frau, die mit wahrhaft greisenhafter Neugierde zu dem jetzt gegenüberliegenden Fenster getreten war, um auch weiterhin alles zu sehen. „Ich will doch Frau Grubach–“, sagte K., machte eine Bewegung, als reiße er sich von den zwei Männern los, die aber weit von ihm entfernt standen, und wollte weitergehen. „Nein“, sagte der Mann beim Fenster, warf das Buch auf ein Tischchen und stand auf. „Sie dürfen nicht weggehen, Sie sind ja verhaftet.“ „Es sieht so aus“, sagte K. „Und warum denn?“, fragte er dann. „Wir sind nicht dazu bestellt, Ihnen das zu sagen. Gehen Sie in Ihr Zimmer und warten Sie. Das Verfahren ist nun einmal eingeleitet und Sie werden alles zur richtigen Zeit erfahren. Ich gehe über meinen Auftrag hinaus, wenn ich Ihnen so freundschaftlich zurede. Aber ich hoffe, es hört es niemand sonst als Franz, und der ist selbst gegen alle Vorschrift freundlich zu Ihnen. Wenn Sie auch weiterhin so viel Glück haben wie bei der Bestimmung Ihrer Wächter, dann können Sie zuversichtlich sein." K. wollte sich setzen, aber nun sah er, dass im ganzen Zimmer keine Sitzgelegenheit war, außer dem Sessel beim Fenster. „Sie werden noch einsehen, wie wahr das alles ist", sagte Franz und ging gleichzeitig mit dem andern Mann auf ihn zu. Besonders der Letztere überragte K. bedeutend und klopfte ihm öfters auf die Schulter. Beide prüften K.s Nachthemd und sagten, dass er jetzt ein viel schlechteres Hemd werde anziehen müssen, dass sie aber dieses Hemd wie auch seine übrige Wäsche aufbewahren und, wenn seine Sache günstig ausfallen sollte, ihm wieder zurückgeben würden. „Es ist besser, Sie geben die Sachen uns als ins Depot", sagten sie, „denn im Depot kommen öfters Unterschleife[1] vor und außerdem verkauft man dort alle Sachen nach einer gewissen Zeit, ohne Rücksicht, ob das betreffende Verfahren zu Ende ist oder nicht. Und wie lange dauern doch derartige Prozesse, besonders in letzter Zeit! Sie bekämen dann schließlich allerdings vom Depot den Erlös, aber dieser Erlös ist erstens an sich schon gering, denn beim Verkauf entscheidet nicht die Höhe des Angebotes, sondern die Höhe der Bestechung, und weiter verringern sich solche Erlöse erfahrungsgemäß, wenn sie von Hand zu Hand und von Jahr zu Jahr weitergegeben werden." K. achtete auf diese Reden kaum, das Verfügungsrecht über seine Sachen, das er vielleicht noch besaß, schätzte er nicht hoch ein, viel wichtiger war es ihm, Klarheit über seine Lage zu bekommen; in Gegenwart dieser Leute konnte er aber nicht einmal nachdenken, immer wieder stieß der Bauch des zweiten Wächters – es konnten ja nur Wächter sein – förmlich freundschaftlich an ihn, sah er aber auf, dann erblickte er ein zu diesem dicken Körper gar nicht passendes trockenes, knochiges Gesicht mit starker, seitlich

[1] Unterschlagungen (österr.)

gedrehter Nase, das sich über ihn hinweg mit dem anderen Wächter verständigte. Was waren denn das für Menschen? Wovon sprachen sie? Welcher Behörde gehörten sie an? K. lebte doch in einem Rechtsstaat, überall herrschte Friede, alle Gesetze bestanden aufrecht, wer wagte, ihn in seiner Wohnung zu überfallen? Er neigte stets dazu, alles möglichst leichtzunehmen, das Schlimmste erst beim Eintritt des Schlimmsten zu glauben, keine Vorsorge für die Zukunft zu treffen, selbst wenn alles drohte. Hier schien ihm das aber nicht richtig, man konnte zwar das Ganze als Spaß ansehen, als einen groben Spaß, den ihm aus unbekannten Gründen, vielleicht weil heute sein dreißigster Geburtstag war, die Kollegen in der Bank veranstaltet hatten, es war natürlich möglich, vielleicht brauchte er nur auf irgendeine Weise den Wächtern ins Gesicht zu lachen, und sie würden mitlachen, vielleicht waren es Dienstmänner[1] von der Straßenecke, sie sahen ihnen nicht unähnlich – trotzdem war er diesmal, förmlich schon seit dem ersten Anblick des Wächters Franz, entschlossen, nicht den geringsten Vorteil, den er vielleicht gegenüber diesen Leuten besaß, aus der Hand zu geben. Darin, dass man später sagen würde, er habe keinen Spaß verstanden, sah K. eine ganz geringe Gefahr, wohl aber erinnerte er sich – ohne dass es sonst seine Gewohnheit gewesen wäre, aus Erfahrungen zu lernen – an einige an sich unbedeutende Fälle, in denen er zum Unterschied von seinen Freunden mit Bewusstsein, ohne das geringste Gefühl für die möglichen Folgen, sich unvorsichtig benommen hatte und dafür durch das Ergebnis gestraft worden war. Es sollte nicht wieder geschehen, zumindest nicht diesmal; war es eine Komödie, so wollte er mitspielen.

Noch war er frei. „Erlauben Sie", sagte er und ging eilig zwischen den Wächtern durch in sein Zimmer. „Er scheint vernünftig zu sein", hörte er hinter sich sagen. In seinem Zimmer riss er gleich die Schubladen des Schreibtischs auf, es lag dort alles in großer Ordnung,

---

1 Boten, die für ein geringes Entgeld entsprechende Gänge erledigten

aber gerade die Legitimationspapiere, die er suchte, konnte er in der Aufregung nicht gleich finden. Schließlich fand er seine Radfahrlegitimation[1] und wollte schon mit ihr zu den Wächtern gehen, dann aber schien ihm das Papier zu geringfügig und er suchte weiter, bis er den Geburtsschein fand. Als er wieder in das Nebenzimmer zurückkam, öffnete sich gerade die gegenüberliegende Tür und Frau Grubach wollte dort eintreten. Man sah sie nur einen Augenblick, denn kaum hatte sie K. erkannt, als sie offenbar verlegen wurde, um Verzeihung bat, verschwand und äußerst vorsichtig die Tür schloss. „Kommen Sie doch herein", hatte K. gerade noch sagen können. Nun aber stand er mit seinen Papieren in der Mitte des Zimmers, sah noch auf die Tür hin, die sich nicht wieder öffnete, und wurde erst durch einen Anruf der Wächter aufgeschreckt, die bei dem Tischchen am offenen Fenster saßen und, wie K. jetzt erkannte, sein Frühstück verzehrten. „Warum ist sie nicht eingetreten?", fragte er. „Sie darf nicht", sagte der große Wächter. „Sie sind doch verhaftet." „Wie kann ich denn verhaftet sein? Und gar auf diese Weise?" „Nun fangen Sie also wieder an", sagte der Wächter und tauchte ein Butterbrot ins Honigfässchen. „Solche Fragen beantworten wir nicht." „Sie werden sie beantworten müssen", sagte K. „Hier sind meine Legitimationspapiere, zeigen Sie mir jetzt die Ihrigen und vor allem den Verhaftbefehl." „Du lieber Himmel!", sagte der Wächter. „Dass Sie sich in Ihre Lage nicht fügen können und dass Sie es darauf angelegt zu haben scheinen, uns, die wir Ihnen jetzt wahrscheinlich von allen Ihren Mitmenschen am nächsten stehen, nutzlos zu reizen!" „Es ist so, glauben Sie es doch", sagte Franz, führte die Kaffeetasse, die er in der Hand hielt, nicht zum Mund, sondern sah K. mit einem langen, wahrscheinlich bedeutungsvollen, aber unverständlichen Blick an. K. ließ sich, ohne es zu wollen, in ein Zwiegespräch der Blicke mit Franz ein, schlug dann aber doch auf seine Papiere und sagte: „Hier sind meine Legitimationspapiere." „Was kümmern uns denn die?",

[1] vergleichbar unserem heutigen Führerschein

rief nun schon der große Wächter. „Sie führen sich ärger auf als ein Kind. Was wollen Sie denn? Wollen Sie Ihren großen, verfluchten Prozess dadurch zu einem raschen Ende bringen, dass Sie mit uns, den Wächtern, über Legitimation und Verhaftbefehl diskutieren? Wir sind niedrige Angestellte, die sich in einem Legitimationspapier kaum auskennen und die mit Ihrer Sache nichts anderes zu tun haben, als dass sie zehn Stunden täglich bei Ihnen Wache halten und dafür bezahlt werden. Das ist alles, was wir sind, trotzdem aber sind wir fähig, einzusehen, dass die hohen Behörden, in deren Dienst wir stehen, ehe sie eine solche Verhaftung verfügen, sich sehr genau über die Gründe der Verhaftung und die Person des Verhafteten unterrichten. Es gibt darin keinen Irrtum. Unsere Behörde, soweit ich sie kenne, und ich kenne nur die niedrigsten Grade, sucht doch nicht etwa die Schuld in der Bevölkerung, sondern wird, wie es im Gesetz heißt, von der Schuld angezogen und muss uns Wächter ausschicken. Das ist Gesetz. Wo gäbe es da einen Irrtum?" „Dieses Gesetz kenne ich nicht", sagte K. „Desto schlimmer für Sie", sagte der Wächter. „Es besteht wohl auch nur in Ihren Köpfen", sagte K., er wollte sich irgendwie in die Gedanken der Wächter einschleichen, sie zu seinen Gunsten wenden oder sich dort einbürgern. Aber der Wächter sagte nur abweisend: „Sie werden es zu fühlen bekommen." Franz mischte sich ein und sagte: „Sieh, Willem, er gibt zu, er kenne das Gesetz nicht, und behauptet gleichzeitig, schuldlos zu sein." „Du hast ganz Recht, aber ihm kann man nichts begreiflich machen", sagte der andere. K. antwortete nichts mehr; muss ich, dachte er, durch das Geschwätz dieser niedrigsten Organe – sie geben selbst zu, es zu sein – mich noch mehr verwirren lassen? Sie reden doch jedenfalls von Dingen, die sie gar nicht verstehen. Ihre Sicherheit ist nur durch ihre Dummheit möglich. Ein paar Worte, die ich mit einem mir ebenbürtigen Menschen sprechen werde, werden alles unvergleichlich klarer machen als die längsten Reden mit diesen. Er ging einige Male in dem freien Raum des Zimmers auf und ab, drüben sah er die alte Frau, die einen noch viel älteren Greis zum Fenster gezerrt hatte, den sie umschlungen hielt. K. musste dieser Schaustellung ein Ende machen: „Führen Sie mich zu Ihrem Vorgesetzten“, sagte er. „Wenn er es wünscht; nicht früher“, sagte der Wächter, der Willem genannt worden war. „Und nun rate ich Ihnen“, fügte er hinzu, „in Ihr Zimmer zu gehen, sich ruhig zu verhalten und darauf zu warten, was über Sie verfügt werden wird. Wir raten Ihnen, zerstreuen Sie sich nicht durch nutzlose Gedanken, sondern sammeln Sie sich, es werden große Anforderungen an Sie gestellt werden. Sie haben uns nicht so behandelt, wie es unser Entgegenkommen verdient hätte, Sie haben vergessen, dass wir, mögen wir auch sein was immer, zumindest jetzt Ihnen gegenüber freie Männer sind, das ist kein kleines Übergewicht. Trotzdem sind wir bereit, falls Sie Geld haben, Ihnen ein kleines Frühstück aus dem Kaffeehaus drüben zu bringen.“

Ohne auf dieses Angebot zu antworten, stand K. ein Weilchen lang still. Vielleicht würden ihn die beiden, wenn er die Tür des folgenden Zimmers oder gar die Tür des Vorzimmers[1] öffnete, gar nicht zu hindern wagen, vielleicht wäre es die einfachste Lösung des Ganzen, dass er es auf die Spitze trieb. Aber vielleicht würden sie ihn doch packen und, war er einmal niedergeworfen, so war auch alle Überlegenheit verloren, die er jetzt ihnen gegenüber in gewisser Hinsicht doch wahrte. Deshalb zog er die Sicherheit der Lösung vor, wie sie der natürliche Verlauf bringen musste, und ging in sein Zimmer zurück, ohne dass von seiner Seite oder von Seite der Wächter ein weiteres Wort gefallen wäre.

Er warf sich auf sein Bett und nahm vom Waschtisch einen schönen Apfel, den er sich gestern Abend für das Frühstück vorbereitet hatte. Jetzt war er sein einziges Frühstück und jedenfalls, wie er sich beim ersten großen Bissen versicherte, viel besser, als das Frühstück aus dem schmutzigen Nachtcafé gewesen wäre, das er durch die Gnade der Wächter hätte bekommen können. Er fühlte sich wohl und zuversichtlich, in der Bank ver-

[1] Flur in einer Wohnung

säumte er zwar heute Vormittag seinen Dienst, aber das war bei der verhältnismäßig hohen Stellung, die er dort einnahm, leicht entschuldigt. Sollte er die wirkliche Entschuldigung anführen? Er gedachte es zu tun. Würde man ihm nicht glauben, was in diesem Fall begreiflich war, so konnte er Frau Grubach als Zeugin führen oder auch die beiden Alten von drüben, die wohl jetzt auf dem Marsch zum gegenüberliegenden Fenster waren. Es wunderte K., wenigstens aus dem Gedankengang der Wächter wunderte es ihn, dass sie ihn in das Zimmer getrieben und ihn hier allein gelassen hatten, wo er doch zehnfache Möglichkeit hatte, sich umzubringen. Gleichzeitig allerdings fragte er sich, diesmal aus seinem Gedankengang, was für einen Grund er haben könnte, es zu tun. Etwa weil die zwei nebenan saßen und sein Frühstück abgefangen hatten? Es wäre so sinnlos gewesen, sich umzubringen, dass er, selbst wenn er es hätte tun wollen, infolge der Sinnlosigkeit dazu nicht imstande gewesen wäre. Wäre die geistige Beschränktheit der Wächter nicht so auffallend gewesen, so hätte man annehmen können, dass auch sie, infolge der gleichen Überzeugung, keine Gefahr darin gesehen hätten, ihn allein zu lassen. Sie mochten jetzt, wenn sie wollten, zusehen, wie er zu einem Wandschränkchen ging, in dem er einen guten Schnaps aufbewahrte, wie er ein Gläschen zuerst zum Ersatz des Frühstücks leerte und wie er ein zweites Gläschen dazu bestimmte, sich Mut zu machen, das Letztere nur aus Vorsicht für den unwahrscheinlichen Fall, dass es nötig sein sollte.

Da erschreckte ihn ein Zuruf aus dem Nebenzimmer derartig, dass er mit den Zähnen ans Glas schlug. „Der Aufseher ruft Sie!“, hieß es. Es war nur das Schreien, das ihn erschreckte, dieses kurze, abgehackte, militärische Schreien, das er dem Wächter Franz gar nicht zugetraut hätte. Der Befehl selbst war ihm sehr willkommen. „Endlich!“, rief er zurück, versperrte den Wandschrank und eilte sofort ins Nebenzimmer. Dort standen die zwei Wächter und jagten ihn, als wäre das selbstverständlich, wieder in sein Zimmer zurück. „Was fällt Euch ein?“, riefen sie. „Im Hemd wollt Ihr vor den Aufseher? Er lässt

Euch durchprügeln und uns mit!" „Lasst mich, zum Teufel!", rief K., der schon bis zu seinem Kleiderkasten[1] zurückgedrängt war, „wenn man mich im Bett überfällt, kann man nicht erwarten, mich im Festanzug zu finden." „Es hilft nichts", sagten die Wächter, die immer, wenn K. schrie, ganz ruhig, ja fast traurig wurden und ihn dadurch verwirrten oder gewissermaßen zur Besinnung brachten. „Lächerliche Zeremonien!", brummte er noch, hob aber schon einen Rock vom Stuhl und hielt ihn ein Weilchen mit beiden Händen, als unterbreite er ihn dem Urteil der Wächter. Sie schüttelten die Köpfe. „Es muss ein schwarzer Rock sein", sagten sie. K. warf daraufhin den Rock zu Boden und sagte – er wusste selbst nicht, in welchem Sinne er es sagte –: „Es ist doch noch nicht die Hauptverhandlung." Die Wächter lächelten, blieben aber bei ihrem: „Es muss ein schwarzer Rock sein." „Wenn ich dadurch die Sache beschleunige, soll es mir recht sein", sagte K., öffnete selbst den Kleiderkasten, suchte lange unter den vielen Kleidern, wählte sein bestes schwarzes Kleid, ein Jackettkleid, das durch seine Taille unter den Bekannten fast Aufsehen gemacht hatte, zog nun auch ein anderes Hemd hervor und begann, sich sorgfältig anzuziehen. Im Geheimen glaubte er, eine Beschleunigung des Ganzen damit erreicht zu haben, dass die Wächter vergessen hatten, ihn zum Bad zu zwingen. Er beobachtete sie, ob sie sich vielleicht daran doch erinnern würden, aber das fiel ihnen natürlich gar nicht ein, dagegen vergaß Willem nicht, Franz mit der Meldung, dass sich K. anziehe, zum Aufseher zu schicken.

Als er vollständig angezogen war, musste er knapp vor Willem durch das leere Nebenzimmer in das folgende Zimmer gehen, dessen Tür mit beiden Flügeln bereits geöffnet war. Dieses Zimmer wurde, wie K. genau wusste, seit kurzer Zeit von einem Fräulein Bürstner, einer Schreibmaschinistin, bewohnt, die sehr früh in die Arbeit zu gehen pflegte, spät nach Hause kam und mit der K. nicht viel mehr als die Grußworte gewechselt hatte.

1 Schrank

Jetzt war das Nachttischchen von ihrem Bett als Verhandlungstisch in die Mitte des Zimmers gerückt, und der Aufseher saß hinter ihm. Er hatte die Beine übereinandergeschlagen und einen Arm auf die Rückenlehne des Stuhles gelegt. In einer Ecke des Zimmers standen drei junge Leute und sahen die Fotografien des Fräulein Bürstner an, die in einer an der Wand aufgehängten Matte steckten. An der Klinke des offenen Fensters hing eine weiße Bluse. Im gegenüberliegenden Fenster lagen wieder die zwei Alten, doch hatte sich ihre Gesellschaft vergrößert, denn hinter ihnen, sie weit überragend, stand ein Mann mit einem auf der Brust offenen Hemd, der seinen rötlichen Spitzbart mit den Fingern drückte und drehte.

„Josef K.?", fragte der Aufseher, vielleicht nur um K.s zerstreute Blicke auf sich zu lenken. K. nickte. „Sie sind durch die Vorgänge des heutigen Morgens wohl sehr überrascht?", fragte der Aufseher und verschob dabei mit beiden Händen die wenigen Gegenstände, die auf dem Nachttischchen lagen, die Kerze mit Zündhölzchen, ein Buch und ein Nadelkissen, als seien es Gegenstände, die er zur Verhandlung benötige. „Gewiss", sagte K., und das Wohlgefühl, endlich einem vernünftigen Menschen gegenüberzustehen und über seine Angelegenheit mit ihm sprechen zu können, ergriff ihn. „Gewiss, ich bin überrascht, aber ich bin keineswegs sehr überrascht." „Nicht sehr überrascht?", fragte der Aufseher und stellte nun die Kerze in die Mitte des Tischchens, während er die anderen Sachen um sie gruppierte. „Sie missverstehen mich vielleicht", beeilte sich K. zu bemerken. „Ich meine" – hier unterbrach sich K. und sah sich nach einem Sessel um. „Ich kann mich doch setzen?", fragte er. „Es ist nicht üblich", antwortete der Aufseher. „Ich meine", sagte nun K. ohne weitere Pause, „ich bin allerdings sehr überrascht, aber man ist, wenn man dreißig Jahre auf der Welt ist und sich allein hat durchschlagen müssen, wie es mir beschieden war, gegen Überraschungen abgehärtet und nimmt sie nicht zu schwer. Besonders die heutige nicht." „Warum besonders die heutige nicht?" „Ich will nicht sagen, dass ich das Ganze für einen Spaß ansehe, dafür scheinen mir die Veranstaltungen, die gemacht wurden, doch zu umfangreich. Es müssten alle Mitglieder der Pension daran beteiligt sein und auch Sie alle, das ginge über die Grenzen eines Spaßes. Ich will also nicht sagen, dass es ein Spaß ist." „Ganz richtig", sagte der Aufseher und sah nach, wie viel Zündhölzchen in der Zündhölzchenschachtel waren. „Andererseits aber", fuhr K. fort und wandte sich hierbei an alle und hätte gern sogar die drei bei den Fotografien sich zugewendet, „andererseits aber kann die Sache auch nicht viel Wichtigkeit haben. Ich folgere das daraus, dass ich angeklagt bin, aber nicht die geringste Schuld auffinden kann, wegen deren man mich anklagen könnte. Aber auch das ist nebensächlich, die Hauptfrage ist, von wem bin ich angeklagt? Welche Behörde führt das Verfahren? Sind Sie Beamte? Keiner hat eine Uniform, wenn man nicht Ihr Kleid[1]" – hier wandte er sich an Franz „eine Uniform nennen will, aber es ist doch eher ein Reiseanzug. In diesen Fragen verlange ich Klarheit, und ich bin überzeugt, dass wir nach dieser Klarstellung voneinander den herzlichsten Abschied werden nehmen können." Der Aufseher schlug die Zündhölzchenschachtel auf den Tisch nieder. „Sie befinden sich in einem großen Irrtum", sagte er. „Diese Herren hier und ich sind für Ihre Angelegenheit vollständig nebensächlich, ja wir wissen sogar von ihr fast nichts. Wir könnten die regelrechtesten Uniformen tragen, und Ihre Sache würde um nichts schlechter stehen. Ich kann Ihnen auch durchaus nicht sagen, dass Sie angeklagt sind oder vielmehr, ich weiß nicht, ob Sie es sind. Sie sind verhaftet, das ist richtig, mehr weiß ich nicht. Vielleicht haben die Wächter etwas anderes geschwätzt, dann ist es eben nur Geschwätz gewesen. Wenn ich nun aber auch Ihre Fragen nicht beantworte, so kann ich Ihnen doch raten, denken Sie weniger an uns und an das, was mit Ihnen geschehen wird, denken Sie lieber mehr an sich. Und machen Sie keinen solchen Lärm mit dem Gefühl Ihrer Unschuld, es stört den nicht

[1] Anzug

gerade schlechten Eindruck, den Sie im Übrigen machen. Auch sollten Sie überhaupt im Reden zurückhaltender sein, fast alles, was Sie vorhin gesagt haben, hätte man auch, wenn Sie nur ein paar Worte gesagt hätten, Ihrem Verhalten entnehmen können, außerdem war es nichts für Sie übermäßig Günstiges."

K. starrte den Aufseher an. Schulmäßige Lehren bekam er hier von einem vielleicht jüngeren Menschen? Für seine Offenheit wurde er mit einer Rüge bestraft? Und über den Grund seiner Verhaftung und über deren Auftraggeber erfuhr er nichts? Er geriet in eine gewisse Aufregung, ging auf und ab, woran ihn niemand hinderte, schob seine Manschetten zurück, befühlte die Brust, strich sein Haar zurecht, kam an den drei Herren vorüber, sagte: „Es ist ja sinnlos", worauf sich diese zu ihm umdrehten und ihn entgegenkommend, aber ernst ansahen und machte endlich wieder vor dem Tisch des Aufsehers halt. „Der Staatsanwalt Hasterer ist mein guter Freund", sagte er, „kann ich ihm telefonieren?" „Gewiss", sagte der Aufseher, „aber ich weiß nicht, welchen Sinn das haben sollte, es müsste denn sein, dass Sie irgendeine private Angelegenheit mit ihm zu besprechen haben." „Welchen Sinn?", rief K., mehr bestürzt als geärgert. „Wer sind Sie denn? Sie wollen einen Sinn und führen das Sinnloseste auf, das es gibt? Ist es nicht zum Steinerweichen? Die Herren haben mich zuerst überfallen, und jetzt sitzen oder stehen sie hier herum und lassen mich vor Ihnen die Hohe Schule reiten. Welchen Sinn es hätte, an einen Staatsanwalt zu telefonieren, wenn ich angeblich verhaftet bin? Gut, ich werde nicht telefonieren." „Aber doch", sagte der Aufseher und streckte die Hand zum Vorzimmer aus, wo das Telefon war, „bitte, telefonieren Sie doch." „Nein, ich will nicht mehr", sagte K. und ging zum Fenster. Drüben war noch die Gesellschaft beim Fenster und schien nur jetzt dadurch, dass K. ans Fenster herangetreten war, in der Ruhe des Zuschauens ein wenig gestört. Die Alten wollten sich erheben, aber der Mann hinter ihnen beruhigte sie. „Dort sind auch solche Zuschauer", rief K. ganz laut dem Aufseher zu und zeigte mit dem Zeigefinger hinaus. „Weg von dort", rief er dann hinüber. Die drei wichen auch sofort ein paar Schritte zurück, die beiden Alten sogar noch hinter den Mann, der sie mit seinem breiten Körper deckte und, nach seinen Mundbewegungen zu schließen, irgendetwas auf die Entfernung hin Unverständliches sagte. Ganz aber verschwanden sie nicht, sondern schienen auf den Augenblick zu warten, in dem sie sich unbemerkt wieder dem Fenster nähern könnten. „Zudringliche, rücksichtslose Leute!“, sagte K., als er sich ins Zimmer zurückwendete. Der Aufseher stimmte ihm möglicherweise zu, wie K. mit einem Seitenblick zu erkennen glaubte. Aber es war ebenso gut möglich, dass er gar nicht zugehört hatte, denn er hatte eine Hand fest auf den Tisch gedrückt und schien die Finger ihrer Länge nach zu vergleichen. Die zwei Wächter saßen auf einem mit einer Schmuckdecke verhüllten Koffer und rieben ihre Knie. Die drei jungen Leute hatten die Hände in die Hüften gelegt und sahen ziellos herum. Es war still wie in irgendeinem vergessenen Büro. „Nun, meine Herren“, rief K., es schien ihm einen Augenblick lang, als trage er alle auf seinen Schultern, „Ihrem Aussehen nach zu schließen, dürfte meine Angelegenheit beendet sein. Ich bin der Ansicht, dass es am besten ist, über die Berechtigung oder Nichtberechtigung Ihres Vorgehens nicht mehr nachzudenken und der Sache durch einen gegenseitigen Händedruck einen versöhnlichen Abschluss zu geben. Wenn auch Sie meiner Ansicht sind, dann bitte –“ und er trat an den Tisch des Aufsehers hin und reichte ihm die Hand. Der Aufseher hob die Augen, nagte an den Lippen und sah auf K.s ausgestreckte Hand; noch immer glaubte K., der Aufseher werde einschlagen. Dieser aber stand auf, nahm einen harten, runden Hut, der auf Fräulein Bürstners Bett lag, und setzte sich ihn vorsichtig mit beiden Händen auf, wie man es bei der Anprobe neuer Hüte tut. „Wie einfach Ihnen alles scheint!“, sagte er dabei zu K., „wir sollten der Sache einen versöhnlichen Abschluss geben, meinten Sie? Nein, nein, das geht wirklich nicht. Womit ich andererseits durchaus nicht sagen will, dass Sie verzweifeln sollen. Nein, warum denn? Sie sind nur verhaftet, nichts weiter. Das hatte ich Ihnen mitzuteilen, habe es getan und habe auch gesehen, wie Sie es aufgenommen haben. Damit ist es für heute genug und wir können uns verabschieden, allerdings nur vorläufig. Sie werden wohl jetzt in die Bank gehen wollen?“ „In die Bank?“, fragte K., „ich dachte, ich wäre verhaftet.“ K. fragte mit einem gewissen Trotz, denn obwohl sein Handschlag nicht angenommen worden war, fühlte er sich, insbesondere seitdem der Aufseher aufgestanden war, immer unabhängiger von allen diesen Leuten. Er spielte mit ihnen. Er hatte die Absicht, falls sie weggehen sollten, bis zum Haustor nachzulaufen und ihnen seine Verhaftung anzubieten. Darum wiederholte er auch: „Wie kann ich denn in die Bank gehen, da ich verhaftet bin?“ „Ach so“, sagte der Aufseher, der schon bei der Tür war, „Sie haben mich missverstanden. Sie sind verhaftet, gewiss, aber das soll Sie nicht hindern, Ihren Beruf zu erfüllen. Sie sollen auch in Ihrer gewöhnlichen Lebensweise nicht gehindert sein.“ „Dann ist das Verhaftetsein nicht sehr schlimm“, sagte K. und ging nahe an den Aufseher heran. „Ich meinte es niemals anders“, sagte dieser. „Es scheint aber dann nicht einmal die Mitteilung der Verhaftung sehr notwendig gewesen zu sein“, sagte K. und ging noch näher. Auch die anderen hatten sich genähert. Alle waren jetzt auf einem engen Raum bei der Tür versammelt. „Es war meine Pflicht“, sagte der Aufseher. „Eine dumme Pflicht“, sagte K. unnachgiebig. „Mag sein“, antwortete der Aufseher, „aber wir wollen mit solchen Reden nicht unsere Zeit verlieren. Ich hatte angenommen, dass Sie in die Bank gehen wollen. Da Sie auf alle Worte aufpassen, füge ich hinzu: Ich zwinge Sie nicht, in die Bank zu gehen, ich hatte nur angenommen, dass Sie es wollen. Und um Ihnen das zu erleichtern und Ihre Ankunft in der Bank möglichst unauffällig zu machen, habe ich diese drei Herren, Ihre Kollegen, hier zu Ihrer Verfügung gehalten.“ „Wie?“, rief K. und staunte die drei an. Diese so uncharakteristischen, blutarmen, jungen Leute, die er immer noch nur als Gruppe bei den Fotografien in der Erinnerung hatte, waren tatsächlich Beamte aus seiner Bank, nicht Kollegen, das war zu viel gesagt und bewies eine Lücke in der Allwissenheit des Aufsehers, aber untergeordnete Beamte aus der Bank waren es allerdings. Wie hatte K. das übersehen können? Wie hatte er doch hingenommen sein müssen von dem Aufseher und den Wächtern, um diese drei nicht zu erkennen! Den steifen, die Hände schwingenden Rabensteiner, den blonden Kullich mit den tiefliegenden Augen und Kaminer mit dem unausstehlichen, durch eine chronische Muskelzerrung bewirkten Lächeln. „Guten Morgen!“, sagte K. nach einem Weilchen und reichte den sich korrekt verbeugenden Herren die Hand. „Ich habe Sie gar nicht erkannt. Nun werden wir also an die Arbeit gehen, nicht?“ Die Herren nickten lachend und eifrig, als hätten sie die ganze Zeit über darauf gewartet, nur als K. seinen Hut vermisste, der in seinem Zimmer liegen geblieben war, liefen sie sämtlich hintereinander, ihn holen, was immerhin auf eine gewisse Verlegenheit schließen ließ. K. stand still und sah ihnen durch die zwei offenen Türen nach, der Letzte war natürlich der gleichgültige Rabensteiner, der bloß einen eleganten Trab angeschlagen hatte. Kaminer überreichte den Hut, und K. musste sich, wie dies übrigens auch öfters in der Bank nötig war, ausdrücklich sagen, dass Kaminers Lächeln nicht Absicht war, ja dass er überhaupt absichtlich nicht lächeln konnte. Im Vorzimmer öffnete dann Frau Grubach, die gar nicht sehr schuldbewusst aussah, der ganzen Gesellschaft die Wohnungstür, und K. sah, wie so oft, auf ihr Schürzenband nieder, das so unnötig tief in ihren mächtigen Leib einschnitt. Unten entschloss sich K., die Uhr in der Hand, ein Automobil zu nehmen, um die schon halbstündige Verspätung nicht unnötig zu vergrößern. Kaminer lief zur Ecke, um den Wagen zu holen, die zwei anderen versuchten offensichtlich, K. zu zerstreuen, als plötzlich Kullich auf das gegenüberliegende Haustor zeigte, in dem eben der große Mann mit dem blonden Spitzbart erschien und, im ersten Augenblick ein wenig verlegen darüber, dass er sich jetzt in seiner ganzen Größe zeigte, zur Wand zurücktrat und sich anlehnte. Die Alten waren wohl noch auf der Treppe. K. ärgerte sich über Kullich, dass dieser auf den Mann aufmerksam machte, den er selbst schon früher gesehen, ja den er sogar erwartet hatte. „Schauen Sie nicht hin!“, stieß er hervor, ohne zu bemerken, wie auffallend eine solche Redeweise gegenüber selbstständigen Männern war. Es war aber auch keine Erklärung nötig, denn gerade kam das Automobil, man setzte sich und fuhr los. Da erinnerte sich K., dass er das Weggehen des Aufsehers und der Wächter gar nicht bemerkt hatte, der Aufseher hatte ihm die drei Beamten verdeckt und nun wieder die Beamten den Aufseher. Viel Geistesgegenwart bewies das nicht, und K. nahm sich vor, sich in dieser Hinsicht genauer zu beobachten. Doch drehte er sich noch unwillkürlich um und beugte sich über das Hinterdeck des Automobils vor, um möglicherweise den Aufseher und die Wächter noch zu sehen. Aber gleich wendete er sich wieder zurück und lehnte sich bequem in die Wagenecke, ohne auch nur den Versuch gemacht zu haben, jemanden zu suchen. Obwohl es nicht den Anschein hatte, hätte er gerade jetzt Zuspruch nötig gehabt, aber nun schienen die Herren ermüdet, Rabensteiner sah rechts aus dem Wagen, Kullich links, und nur Kaminer stand mit seinem Grinsen zur Verfügung, über das einen Spaß zu machen leider die Menschlichkeit verbot.

In diesem Frühjahr pflegte K. die Abende in der Weise zu verbringen, dass er nach der Arbeit, wenn dies noch möglich war – er saß meistens bis neun Uhr im Büro –, einen kleinen Spaziergang allein oder mit Beamten machte und dann in eine Bierstube ging, wo er an einem Stammtisch mit meist älteren Herren gewöhnlich bis elf Uhr beisammensaß. Es gab aber auch Ausnahmen von dieser Einteilung, wenn K. zum Beispiel vom Bankdirektor, der seine Arbeitskraft und Vertrauenswürdigkeit sehr schätzte, zu einer Autofahrt oder zu einem Abendessen in seiner Villa eingeladen wurde. Außerdem ging K. einmal in der Woche zu einem Mädchen namens Elsa, die während der Nacht bis in den späten Morgen als Kellnerin in einer Weinstube bediente und während des Tages nur vom Bett aus Besuche empfing.

An diesem Abend aber – der Tag war unter angestrengter Arbeit und vielen ehrenden und freundschaftlichen Geburtstagswünschen schnell verlaufen – wollte K. sofort nach Hause gehen. In allen kleinen Pausen der Tagesarbeit hatte er daran gedacht; ohne genau zu wissen, was er meinte, schien es ihm, als ob durch die Vorfälle des Morgens eine große Unordnung in der ganzen Wohnung der Frau Grubach verursacht worden sei und dass gerade er nötig sei, um die Ordnung wiederherzustellen. War aber einmal diese Ordnung hergestellt, dann war jede Spur jener Vorfälle ausgelöscht und alles nahm seinen alten Gang wieder auf. Insbesondere von den drei Beamten war nichts zu befürchten, sie waren wieder in die große Beamtenschaft der Bank versenkt, es war keine Veränderung an ihnen zu bemerken. K. hatte sie öfters einzeln und gemeinsam in sein Büro berufen, zu keinem andern Zweck, als um sie zu beobachten; immer hatte er sie befriedigt entlassen können.

Als er um halb zehn Uhr abends vor dem Hause, in dem er wohnte, ankam, traf er im Haustor einen jungen Burschen, der dort breitbeinig stand und eine Pfeife rauchte. „Wer sind Sie?“, fragte K. sofort und brachte sein Gesicht nahe an den Burschen, man sah nicht viel im Halbdunkel des Flurs. „Ich bin der Sohn des Hausmeisters, gnädiger Herr“, antwortete der Bursche, nahm die Pfeife aus dem Mund und trat zur Seite. „Der Sohn des Hausmeisters?“, fragte K. und klopfte mit seinem Stock ungeduldig den Boden. „Wünscht der gnädige Herr etwas? Soll ich den Vater holen?“ „Nein, nein“, sagte K., in seiner Stimme lag etwas Verzeihendes, als habe der Bursche etwas Böses ausgeführt, er aber verzeihe ihm. „Es ist gut“, sagte er dann und ging weiter, aber ehe er die Treppe hinaufstieg, drehte er sich noch einmal um.

Er hätte geradewegs in sein Zimmer gehen können, aber da er mit Frau Grubach sprechen wollte, klopfte er gleich an ihre Tür an. Sie saß mit einem Strickstrumpf am Tisch, auf dem noch ein Haufen alter Strümpfe lag. K. entschuldigte sich zerstreut, dass er so spät komme, aber Frau Grubach war sehr freundlich und wollte keine Entschuldigung hören, für ihn sei sie immer zu sprechen, er wisse sehr gut, dass er ihr bester und liebster

Mieter sei. K. sah sich im Zimmer um, es war wieder vollkommen in seinem alten Zustand, das Frühstücksgeschirr, das früh auf dem Tischchen beim Fenster gestanden hatte, war auch schon weggeräumt. „Frauenhände bringen doch im Stillen viel fertig“, dachte er, er hätte das Geschirr vielleicht auf der Stelle zerschlagen, aber gewiss nicht hinaustragen können. Er sah Frau Grubach mit einer gewissen Dankbarkeit an. „Warum arbeiten Sie noch so spät?“, fragte er. Sie saßen nun beide am Tisch, und K. vergrub von Zeit zu Zeit seine Hand in die Strümpfe. „Es gibt viel Arbeit“, sagte sie, „während des Tages gehöre ich den Mietern; wenn ich meine Sachen in Ordnung bringen will, bleiben mir nur die Abende.“ „Ich habe Ihnen heute wohl noch eine außergewöhnliche Arbeit gemacht?“ „Wieso denn?“, fragte sie, etwas eifriger werdend, die Arbeit ruhte in ihrem Schoße. „Ich meine die Männer, die heute früh hier waren.“ „Ach so“, sagte sie und kehrte wieder in ihre Ruhe zurück, „das hat mir keine besondere Arbeit gemacht.“ K. sah schweigend zu, wie sie den Strickstrumpf wieder vornahm. Sie scheint sich zu wundern, dass ich davon spreche, dachte er, sie scheint es nicht für richtig zu halten, dass ich davon spreche. Desto wichtiger ist es, dass ich es tue. Nur mit einer alten Frau kann ich davon sprechen. „Doch, Arbeit hat es gewiss gemacht“, sagte er dann, „aber es wird nicht wieder vorkommen.“ „Nein, das kann nicht wieder vorkommen“, sagte sie bekräftigend und lächelte K. fast wehmütig an. „Meinen Sie das ernstlich?“, fragte K. „Ja“, sagte sie leiser, „aber vor allem dürfen Sie es nicht zu schwernehmen. Was geschieht nicht alles in der Welt! Da Sie so vertraulich mit mir reden, Herr K., kann ich Ihnen ja eingestehen, dass ich ein wenig hinter der Tür gehorcht habe und dass mir auch die beiden Wächter einiges erzählt haben. Es handelt sich ja um Ihr Glück und das liegt mir wirklich am Herzen, mehr als mir vielleicht zusteht, denn ich bin ja bloß die Vermieterin. Nun, ich habe also einiges gehört, aber ich kann nicht sagen, dass es etwas besonders Schlimmes war. Nein. Sie sind zwar verhaftet, aber nicht so wie ein Dieb verhaftet wird. Wenn man wie ein Dieb verhaftet wird, so ist es schlimm, aber diese Verhaftung –. Es kommt mir wie etwas Gelehrtes vor, entschuldigen Sie, wenn ich etwas Dummes sage, es kommt mir wie etwas Gelehrtes vor, das ich zwar nicht verstehe, das man aber auch nicht verstehen muss."

„Es ist gar nichts Dummes, was Sie gesagt haben, Frau Grubach, wenigstens bin auch ich zum Teil Ihrer Meinung, nur urteile ich über das Ganze noch schärfer als Sie und halte es einfach nicht einmal für etwas Gelehrtes, sondern überhaupt für nichts. Ich wurde überrumpelt, das war es. Wäre ich gleich nach dem Erwachen, ohne mich durch das Ausbleiben der Anna beirren zu lassen, aufgestanden und ohne Rücksicht auf irgendjemand, der mir in den Weg getreten wäre, zu Ihnen gegangen, hätte ich diesmal ausnahmsweise etwa in der Küche gefrühstückt, hätte mir von Ihnen die Kleidungsstücke aus meinem Zimmer bringen lassen, kurz, hätte ich vernünftig gehandelt, so wäre nichts weiter geschehen, es wäre alles, was werden wollte, erstickt worden. Man ist aber so wenig vorbereitet. In der Bank zum Beispiel bin ich vorbereitet, dort könnte mir etwas Derartiges unmöglich geschehen, ich habe dort einen eigenen Diener, das allgemeine Telefon und das Bürotelefon stehen vor mir auf dem Tisch, immerfort kommen Leute, Parteien und Beamte, außerdem aber und vor allem bin ich dort immerfort im Zusammenhang der Arbeit, daher geistesgegenwärtig, es würde mir geradezu ein Vergnügen machen, dort einer solchen Sache gegenübergestellt zu werden. Nun, es ist vorüber und ich wollte eigentlich auch gar nicht mehr darüber sprechen, nur Ihr Urteil, das Urteil einer vernünftigen Frau, wollte ich hören und bin sehr froh, dass wir darin übereinstimmen. Nun müssen Sie mir aber die Hand reichen, eine solche Übereinstimmung muss durch Handschlag bekräftigt werden."

Ob sie mir die Hand reichen wird? Der Aufseher hat mir die Hand nicht gereicht, dachte er und sah die Frau anders als früher, prüfend an. Sie stand auf, weil auch er aufgestanden war, sie war ein wenig befangen, weil ihr nicht alles, was K. gesagt hatte, verständlich gewesen war. Infolge dieser Befangenheit sagte sie aber etwas,

was sie gar nicht wollte und was auch gar nicht am Platze war: „Nehmen Sie es doch nicht so schwer, Herr K.“, sagte sie, hatte Tränen in der Stimme und vergaß natürlich auch den Handschlag. „Ich wüsste nicht, dass ich es schwernehme“, sagte K., plötzlich ermüdet und das Wertlose aller Zustimmungen dieser Frau einsehend. Bei der Tür fragte er noch: „Ist Fräulein Bürstner zu Hause?“ „Nein“, sagte Frau Grubach und lächelte bei dieser trockenen Auskunft mit einer verspäteten vernünftigen Teilnahme. „Sie ist im Theater. Wollten Sie etwas von ihr? Soll ich ihr etwas ausrichten?“ „Ach, ich wollte nur ein paar Worte mit ihr reden.“ „Ich weiß leider nicht, wann sie kommt; wenn sie im Theater ist, kommt sie gewöhnlich spät.“ „Das ist ja ganz gleichgültig“, sagte K. und drehte schon den gesenkten Kopf der Tür zu, um wegzugehen, „ich wollte mich nur bei ihr entschuldigen, dass ich heute ihr Zimmer in Anspruch genommen habe.“ „Das ist nicht nötig, Herr K., Sie sind zu rücksichtsvoll, das Fräulein weiß ja von gar nichts, sie war seit dem frühen Morgen noch nicht zu Hause, es ist auch schon alles in Ordnung gebracht, sehen Sie selbst.“ Und sie öffnete die Tür zu Fräulein Bürstners Zimmer. „Danke, ich glaube es“, sagte K., ging dann aber doch zu der offenen Tür. Der Mond schien still in das dunkle Zimmer. Soviel man sehen konnte, war wirklich alles an seinem Platz, auch die Bluse hing nicht mehr an der Fensterklinke. Auffallend hoch schienen die Polster im Bett, sie lagen zum Teil im Mondlicht. „Das Fräulein kommt oft spät nach Hause“, sagte K. und sah Frau Grubach an, als trage sie die Verantwortung dafür. „Wie eben junge Leute sind!“, sagte Frau Grubach entschuldigend. „Gewiss, gewiss“, sagte K., „es kann aber zu weit gehen.“ „Das kann es“, sagte Frau Grubach, „wie sehr haben Sie Recht, Herr K. Vielleicht sogar in diesem Fall. Ich will Fräulein Bürstner gewiss nicht verleumden, sie ist ein gutes, liebes Mädchen, freundlich, ordentlich, pünktlich, arbeitsam, ich schätze das alles sehr, aber eines ist wahr, sie sollte stolzer, zurückhaltender sein. Ich habe sie in diesem Monat schon zweimal in entlegenen Straßen und immer mit einem andern Herrn gesehen. Es ist mir sehr peinlich, ich erzähle es, beim wahrhaftigen Gott, nur Ihnen, Herr K., aber es wird sich nicht vermeiden lassen, dass ich auch mit dem Fräulein selbst darüber spreche. Es ist übrigens nicht das Einzige, das sie mir verdächtig macht." „Sie sind auf ganz falschem Weg", sagte K. wütend und fast unfähig, es zu verbergen, „übrigens haben Sie offenbar auch meine Bemerkung über das Fräulein missverstanden, so war es nicht gemeint. Ich warne Sie sogar aufrichtig, dem Fräulein irgendetwas zu sagen, Sie sind durchaus im Irrtum, ich kenne das Fräulein sehr gut, es ist nichts davon wahr, was Sie sagten. Übrigens, vielleicht gehe ich zu weit, ich will Sie nicht hindern, sagen Sie ihr, was Sie wollen. Gute Nacht." „Herr K.", sagte Frau Grubach bittend und eilte K. bis zu seiner Tür nach, die er schon geöffnet hatte, „ich will ja noch gar nicht mit dem Fräulein reden, natürlich will ich sie vorher noch weiter beobachten, nur Ihnen habe ich anvertraut, was ich wusste. Schließlich muss es doch im Sinne jedes Mieters sein, wenn man die Pension rein zu erhalten sucht, und nichts anderes ist mein Bestreben dabei." „Die Reinheit!", rief K. noch durch die Spalte der Tür, „wenn Sie die Pension rein erhalten wollen, müssen Sie zuerst mir kündigen." Dann schlug er die Tür zu, ein leises Klopfen beachtete er nicht mehr.

Dagegen beschloss er, da er gar keine Lust zum Schlafen hatte, noch wach zu bleiben und bei dieser Gelegenheit auch festzustellen, wann Fräulein Bürstner kommen würde. Vielleicht wäre es dann auch möglich, so unpassend es sein mochte, noch ein paar Worte mit ihr zu reden. Als er im Fenster lag und die müden Augen drückte, dachte er einen Augenblick sogar daran, Frau Grubach zu bestrafen und Fräulein Bürstner zu überreden, gemeinsam mit ihm zu kündigen. Sofort aber erschien ihm das entsetzlich übertrieben, und er hatte sogar den Verdacht gegen sich, dass er darauf ausging, die Wohnung wegen der Vorfälle am Morgen zu wechseln. Nichts wäre unsinniger und vor allem zweckloser und verächtlicher gewesen.

Als er des Hinausschauens auf die leere Straße überdrüssig geworden war, legte er sich auf das Kanapee, nachdem er die Tür zum Vorzimmer ein wenig geöffnet hatte, um jeden, der die Wohnung betrat, gleich vom Kanapee aus sehen zu können. Etwa bis elf Uhr lag er ruhig, eine Zigarre rauchend, auf dem Kanapee. Von da ab hielt er es aber nicht mehr dort aus, sondern ging ein wenig ins Vorzimmer, als könne er dadurch die Ankunft des Fräulein Bürstner beschleunigen. Er hatte kein besonderes Verlangen nach ihr, er konnte sich nicht einmal genau erinnern, wie sie aussah, aber nun wollte er mit ihr reden und es reizte ihn, dass sie durch ihr spätes Kommen auch noch in den Abschluss dieses Tages Unruhe und Unordnung brachte. Sie war auch schuld daran, dass er heute nicht zu Abend gegessen und dass er den für heute beabsichtigten Besuch bei Elsa unterlassen hatte. Beides konnte er allerdings noch dadurch nachholen, dass er jetzt in das Weinlokal ging, in dem Elsa bedienstet war. Er wollte es auch noch später nach der Unterredung mit Fräulein Bürstner tun.

Es war halb zwölf vorüber, als jemand im Treppenhaus zu hören war. K., der, seinen Gedanken hingegeben, im Vorzimmer so, als wäre es sein eigenes Zimmer, laut auf und ab ging, flüchtete hinter seine Tür. Es war Fräulein Bürstner, die gekommen war. Fröstelnd zog sie, während sie die Tür versperrte, einen seidenen Schal um ihre schmalen Schultern zusammen. Im nächsten Augenblick musste sie in ihr Zimmer gehen, in das K. gewiss um Mitternacht nicht eindringen durfte; er musste sie also jetzt ansprechen, hatte aber unglücklicherweise versäumt, das elektrische Licht in seinem Zimmer anzudrehen, sodass sein Vortreten aus dem dunklen Zimmer den Anschein eines Überfalls hatte und wenigstens sehr erschrecken musste. In seiner Hilflosigkeit und da keine Zeit zu verlieren war, flüsterte er durch den Türspalt: „Fräulein Bürstner." Es klang wie eine Bitte, nicht wie ein Anruf. „Ist jemand hier?", fragte Fräulein Bürstner und sah sich mit großen Augen um. „Ich bin es", sagte K. und trat vor. „Ach, Herr K.!", sagte Fräulein Bürstner lächelnd. „Guten Abend", und sie reichte ihm die Hand. „Ich wollte ein paar Worte mit Ihnen sprechen, wollen

Sie mir das jetzt erlauben." „Jetzt?", fragte Fräulein Bürstner, „muss es jetzt sein? Es ist ein wenig sonderbar, nicht?" „Ich warte seit neun Uhr auf Sie." „Nun ja, ich war im Theater, ich wusste doch nichts von Ihnen." „Der Anlass für das, was ich Ihnen sagen will, hat sich erst heute ergeben." „So, nun ich habe ja nichts Grundsätzliches dagegen, außer dass ich zum Hinfallen müde bin. Also kommen Sie auf ein paar Minuten in mein Zimmer. Hier könnten wir uns auf keinen Fall unterhalten, wir wecken ja alle und das wäre mir unseretwegen noch unangenehmer als der Leute wegen. Warten Sie hier, bis ich in meinem Zimmer angezündet habe, und drehen Sie dann hier das Licht ab." K. tat so, wartete dann aber noch, bis Fräulein Bürstner ihn aus ihrem Zimmer nochmals leise aufforderte zu kommen. „Setzen Sie sich", sagte sie und zeigte auf die Ottomane[1], sie selbst blieb aufrecht am Bettpfosten trotz der Müdigkeit, von der sie gesprochen hatte; nicht einmal ihren kleinen, aber mit einer Überfülle von Blumen geschmückten Hut legte sie ab. „Was wollten Sie also? Ich bin wirklich neugierig." Sie kreuzte leicht die Beine. „Sie werden vielleicht sagen", begann K., „dass die Sache nicht so dringend war, um jetzt besprochen zu werden, aber –" „Einleitungen überhöre ich immer", sagte Fräulein Bürstner. „Das erleichtert meine Aufgabe", sagte K. „Ihr Zimmer ist heute früh, gewissermaßen durch meine Schuld, ein wenig in Unordnung gebracht worden, es geschah durch fremde Leute gegen meinen Willen und doch, wie gesagt, durch meine Schuld; dafür wollte ich um Entschuldigung bitten." „Mein Zimmer?", fragte Fräulein Bürstner und sah statt des Zimmers K. prüfend an. „Es ist so", sagte K., und nun sahen beide einander zum ersten Mal in die Augen, „die Art und Weise, in der es geschah, ist an sich keines Wortes wert." „Aber doch das eigentlich Interessante", sagte Fräulein Bürstner. „Nein", sagte K. „Nun", sagte Fräulein Bürstner, „ich will mich nicht in Geheimnisse eindrängen, bestehen Sie darauf, dass es uninteressant ist, so will ich auch nichts

1 veralteter Begriff für ein Liegesofa ohne Lehne (türk.)

dagegen einwenden. Die Entschuldigung, um die Sie bitten, gebe ich Ihnen gern, besonders da ich keine Spur einer Unordnung finden kann.“ Sie machte, die flachen Hände tief an die Hüften gelegt, einen Rundgang durch das Zimmer. Bei der Matte mit den Fotografien blieb sie stehen. „Sehen Sie doch!“, rief sie. „Meine Fotografien sind wirklich durcheinandergeworfen. Das ist aber hässlich. Es ist also jemand unberechtigterweise in meinem Zimmer gewesen.“ K. nickte und verfluchte im Stillen den Beamten Kaminer, der seine öde, sinnlose Lebhaftigkeit niemals zähmen konnte. „Es ist sonderbar“, sagte Fräulein Bürstner, „dass ich gezwungen bin, Ihnen etwas zu verbieten, was Sie sich selbst verbieten müssten, nämlich in meiner Abwesenheit mein Zimmer zu betreten.“ „Ich erklärte Ihnen doch, Fräulein“, sagte K. und ging auch zu den Fotografien, „dass nicht ich es war, der sich an Ihren Fotografien vergangen hat; aber da Sie mir nicht glauben, so muss ich also eingestehen, dass die Untersuchungskommission drei Bankbeamte mitgebracht hat, von denen der eine, den ich bei nächster Gelegenheit aus der Bank hinausbefördern werde, die Fotografien wahrscheinlich in die Hand genommen hat. Ja, es war eine Untersuchungskommission hier“, fügte K. hinzu, da ihn das Fräulein mit einem fragenden Blick ansah. „Ihretwegen?“, fragte das Fräulein. „Ja“, antwortete K. „Nein!“, rief das Fräulein und lachte. „Doch“, sagte K., „glauben Sie denn, dass ich schuldlos bin?“ „Nun, schuldlos ...“ sagte das Fräulein, „ich will nicht gleich ein vielleicht folgenschweres Urteil aussprechen, auch kenne ich Sie doch nicht, es muss doch schon ein schwerer Verbrecher sein, dem man gleich eine Untersuchungskommission auf den Leib schickt. Da Sie aber doch frei sind – ich schließe wenigstens aus Ihrer Ruhe, dass Sie nicht aus dem Gefängnis entlaufen sind – so können Sie doch kein solches Verbrechen begangen haben.“ „Ja“, sagte K., „aber die Untersuchungskommission kann doch eingesehen haben, dass ich unschuldig bin oder doch nicht so schuldig, wie angenommen wurde.“ „Gewiss, das kann sein“, sagte Fräulein Bürstner sehr aufmerksam. „Sehen Sie“, sagte K., „Sie haben nicht viel

Erfahrung in Gerichtssachen." „Nein, das habe ich nicht", sagte Fräulein Bürstner, „und habe es auch schon oft bedauert, denn ich möchte alles wissen und gerade Gerichtssachen interessieren mich ungemein. Das Gericht hat eine eigentümliche Anziehungskraft, nicht? Aber ich werde in dieser Richtung meine Kenntnisse sicher vervollständigen, denn ich trete nächsten Monat als Kanzleikraft in ein Advokatenbüro ein." „Das ist sehr gut", sagte K., „Sie werden mir dann in meinem Prozess ein wenig helfen können." „Das könnte sein", sagte Fräulein Bürstner, „warum denn nicht? Ich verwende gern meine Kenntnisse." „Ich meine es auch im Ernst", sagte K., „oder zumindest in dem halben Ernst, in dem Sie es meinen. Um einen Advokaten heranzuziehen, dazu ist die Sache doch zu kleinlich, aber einen Ratgeber könnte ich gut brauchen." „Ja, aber wenn ich Ratgeber sein soll, müsste ich wissen, worum es sich handelt", sagte Fräulein Bürstner. „Das ist eben der Haken", sagte K., „das weiß ich selbst nicht." „Dann haben Sie sich also einen Spaß aus mir gemacht", sagte Fräulein Bürstner übermäßig enttäuscht, „es war höchst unnötig, sich diese späte Nachtzeit dazu auszusuchen." Und sie ging von den Fotografien weg, wo sie so lange vereinigt gestanden hatten. „Aber nein, Fräulein", sagte K., „ich mache keinen Spaß. Dass Sie mir nicht glauben wollen! Was ich weiß, habe ich Ihnen schon gesagt. Sogar mehr, als ich weiß, denn es war gar keine Untersuchungskommission, ich nenne es so, weil ich keinen andern Namen dafür weiß. Es wurde gar nichts untersucht, ich wurde nur verhaftet, aber von einer Kommission." Fräulein Bürstner saß auf der Ottomane und lachte wieder. „Wie war es denn?", fragte sie. „Schrecklich", sagte K., aber er dachte jetzt gar nicht daran, sondern war ganz vom Anblick des Fräulein Bürstner ergriffen, die das Gesicht auf eine Hand stützte – der Ellbogen ruhte auf dem Kissen der Ottomane – während die andere Hand langsam die Hüfte strich. „Das ist zu allgemein", sagte Fräulein Bürstner. „Was ist zu allgemein?", fragte K. Dann erinnerte er sich und fragte: „Soll ich Ihnen zeigen, wie es gewesen ist?" Er wollte Bewegung machen und doch nicht weggehen. „Ich bin schon müde", sagte Fräulein Bürstner. „Sie kamen so spät", sagte K. „Nun endet es damit, dass ich Vorwürfe bekomme, es ist auch berechtigt, denn ich hätte Sie nicht mehr hereinlassen sollen. Notwendig war es ja auch nicht, wie es sich gezeigt hat." „Es war notwendig, das werden Sie erst jetzt sehn", sagte K. „Darf ich das Nachttischchen von Ihrem Bett herrücken?" „Was fällt Ihnen ein?", sagte Fräulein Bürstner, „das dürfen Sie natürlich nicht!" „Dann kann ich es Ihnen nicht zeigen", sagte K. aufgeregt, als füge man ihm dadurch einen unermesslichen Schaden zu. „Ja, wenn Sie es zur Darstellung brauchen, dann rücken Sie das Tischchen nur ruhig fort", sagte Fräulein Bürstner und fügte nach einem Weilchen mit schwächerer Stimme hinzu: „Ich bin so müde, dass ich mehr erlaube, als gut ist." K. stellte das Tischchen in die Mitte des Zimmers und setzte sich dahinter. „Sie müssen sich die Verteilung der Personen richtig vorstellen, es ist sehr interessant. Ich bin der Aufseher, dort auf dem Koffer sitzen zwei Wächter, bei den Fotografien stehen drei junge Leute. An der Fensterklinke hängt, was ich nur nebenbei erwähne, eine weiße Bluse. Und jetzt fängt es an. Ja, ich vergesse mich. Die wichtigste Person, also ich, stehe hier vor dem Tischchen. Der Aufseher sitzt äußerst bequem, die Beine übereinandergelegt, den Arm hier über die Lehne hinunterhängend, ein Lümmel sondergleichen. Und jetzt fängt es also wirklich an. Der Aufseher ruft, als ob er mich wecken müsste, er schreit geradezu, ich muss leider, wenn ich es Ihnen begreiflich machen will, auch schreien, es ist übrigens nur mein Name, den er so schreit." Fräulein Bürstner, die lachend zuhörte, legte den Zeigefinger an den Mund, um K. am Schreien zu hindern, aber es war zu spät. K. war zu sehr in der Rolle, er rief langsam: „Josef K.!", übrigens nicht so laut, wie er gedroht hatte, aber doch so, dass sich der Ruf, nachdem er plötzlich ausgestoßen war, erst allmählich im Zimmer zu verbreiten schien.

Da klopfte es an die Tür des Nebenzimmers einigemal, stark, kurz und regelmäßig. Fräulein Bürstner erbleichte und legte die Hand aufs Herz. K. erschrak deshalb besonders stark, weil er noch ein Weilchen ganz unfähig gewesen war, an etwas anderes zu denken als an die Vorfälle des Morgens und an das Mädchen, dem er sie vorführte. Kaum hatte er sich gefasst, sprang er zu Fräulein Bürstner und nahm ihre Hand. „Fürchten Sie nichts", flüsterte er, „ich werde alles in Ordnung bringen. Wer kann es aber sein, hier nebenan ist doch nur das Wohnzimmer, in dem niemand schläft." „Doch", flüsterte Fräulein Bürstner an K.s Ohr, „seit gestern schläft hier ein Neffe von Frau Grubach, ein Hauptmann. Es ist gerade kein anderes Zimmer frei. Auch ich habe es vergessen. Dass Sie so schreien mussten! Ich bin unglücklich darüber." „Dafür ist gar kein Grund", sagte K. und küsste, als sie jetzt auf das Kissen zurücksank, ihre Stirn. „Weg, weg", sagte sie und richtete sich eilig wieder auf, „gehen Sie doch, gehen Sie doch, was wollen Sie, er horcht doch an der Tür, er hört doch alles. Wie Sie mich quälen!" „Ich gehe nicht früher", sagte K., „als Sie ein wenig beruhigt sind. Kommen Sie in die andere Ecke des Zimmers, dort kann er uns nicht hören." Sie ließ sich dorthin führen. „Sie überlegen nicht", sagte er, „dass es sich zwar um eine Unannehmlichkeit für Sie handelt, aber durchaus nicht um eine Gefahr. Sie wissen, wie mich Frau Grubach, die in dieser Sache doch entscheidet, besonders da der Hauptmann ihr Neffe ist, geradezu verehrt und alles, was ich sage, unbedingt glaubt. Sie ist auch im Übrigen von mir abhängig, denn sie hat eine größere Summe von mir geliehen. Jeden Ihrer Vorschläge über eine Erklärung für unser Beisammen nehme ich an, wenn es nur ein wenig zweckentsprechend ist, und verbürge mich, Frau Grubach dazu zu bringen, die Erklärung nicht nur vor der Öffentlichkeit, sondern wirklich und aufrichtig zu glauben. Mich müssen Sie dabei in keiner Weise schonen. Wollen Sie verbreitet haben, dass ich Sie überfallen habe, so wird Frau Grubach in diesem Sinne unterrichtet werden und wird es glauben, ohne das Vertrauen zu mir zu verlieren, so sehr hängt sie an mir." Fräulein Bürstner sah, still und ein wenig zusammengesunken, vor sich auf den Boden. „Warum sollte Frau Grubach nicht glauben, dass ich Sie überfallen habe?“, fügte K. hinzu. Vor sich sah er ihr Haar, geteiltes, niedrig gebauschtes, fest zusammengehaltenes, rötliches Haar. Er glaubte, sie werde ihm den Blick zuwenden, aber sie sagte in unveränderter Haltung: „Verzeihen Sie, ich bin durch das plötzliche Klopfen so erschreckt worden, nicht so sehr durch die Folgen, die die Anwesenheit des Hauptmanns haben könnte. Es war so still nach Ihrem Schrei, und da klopfte es, deshalb bin ich so erschrokken, ich saß auch in der Nähe der Tür, es klopfte fast neben mir. Für Ihre Vorschläge danke ich, aber ich nehme sie nicht an. Ich kann für alles, was in meinem Zimmer geschieht, die Verantwortung tragen, und zwar gegenüber jedem. Ich wundere mich, dass Sie nicht merken, was für eine Beleidigung für mich in Ihren Vorschlägen liegt, neben den guten Absichten natürlich, die ich gewiss anerkenne. Aber nun gehen Sie, lassen Sie mich allein, ich habe es jetzt noch nötiger als früher. Aus den wenigen Minuten, um die Sie gebeten haben, ist nun eine halbe Stunde und mehr geworden.“ K. fasste sie bei der Hand und dann beim Handgelenk: „Sie sind mir aber nicht böse?“, sagte er. Sie streifte seine Hand ab und antwortete: „Nein, nein, ich bin niemals und niemandem böse.“ Er fasste wieder nach ihrem Handgelenk, sie duldete es jetzt und führte ihn so zur Tür. Er war fest entschlossen, wegzugehen. Aber vor der Tür, als hätte er nicht erwartet, hier eine Tür zu finden, stockte er, diesen Augenblick benützte Fräulein Bürstner, sich loszumachen, die Tür zu öffnen, ins Vorzimmer zu schlüpfen und von dort aus K. leise zu sagen: „Nun kommen Sie doch, bitte. Sehen Sie“ – sie zeigte auf die Tür des Hauptmanns, unter der ein Lichtschein hervorkam – „er hat angezündet und unterhält sich über uns.“ „Ich komme schon“, sagte K., lief vor, fasste sie, küsste sie auf den Mund und dann über das ganze Gesicht, wie ein durstiges Tier mit der Zunge über das endlich gefundene Quellwasser hinjagt. Schließlich küsste er sie auf den Hals, wo die Gurgel ist, und dort ließ er die Lippen lange liegen. Ein Geräusch aus dem Zimmer des Hauptmanns ließ ihn aufschauen. „Jetzt werde ich gehen“, sagte er, er wollte Fräulein Bürstner beim Taufnamen nennen, wusste ihn aber nicht. Sie nickte müde, überließ ihm, schon halb abgewendet, die Hand zum Küssen, als wisse sie nichts davon, und ging gebückt in ihr Zimmer. Kurz darauf lag K. in seinem Bett. Er schlief sehr bald ein, vor dem Einschlafen dachte er noch ein Weilchen über sein Verhalten nach, er war damit zufrieden, wunderte sich aber, dass er nicht noch zufriedener war; wegen des Hauptmanns machte er sich für Fräulein Bürstner ernstliche Sorgen.

Zweites Kapitel

Erste Untersuchung

K. war telefonisch verständigt worden, dass am nächsten Sonntag eine kleine Untersuchung in seiner Angelegenheit stattfinden würde. Man machte ihn darauf aufmerksam, dass diese Untersuchungen regelmäßig, wenn auch vielleicht nicht jede Woche, so doch häufiger einander folgen würden. Es liege einerseits im allgemeinen Interesse, den Prozess rasch zu Ende zu führen, andererseits aber müssten die Untersuchungen in jeder Hinsicht gründlich sein und dürften doch wegen der damit verbundenen Anstrengung niemals allzu lange dauern. Deshalb habe man den Ausweg dieser rasch aufeinanderfolgenden, aber kurzen Untersuchungen gewählt. Die Bestimmung des Sonntags als Untersuchungstag habe man deshalb vorgenommen, um K. in seiner beruflichen Arbeit nicht zu stören. Man setze voraus, dass er damit einverstanden sei, sollte er einen anderen Termin wünschen, so würde man ihm, so gut es ginge, entgegenkommen. Die Untersuchungen wären beispielsweise auch in der Nacht möglich, aber da sei wohl K. nicht frisch genug. Jedenfalls werde man es, solange K. nichts einwende, beim Sonntag belassen. Es sei selbstverständlich, dass er bestimmt erscheinen müsse, darauf müsse man ihn wohl nicht erst aufmerksam machen. Es wurde ihm die Nummer des Hauses genannt, in dem er sich einfinden solle, es war ein Haus in einer entlegenen Vorstadtstraße, in der K. noch niemals gewesen war.

K. hängte, als er diese Meldung erhalten hatte, ohne zu antworten, den Hörer an; er war gleich entschlossen, Sonntag hinzugehen, es war gewiss notwendig, der Prozess kam in Gang und er musste sich dem entgegenstellen, diese erste Untersuchung sollte auch die letzte sein. Er stand noch nachdenklich beim Apparat, da hörte er hinter sich die Stimme des Direktor-Stellvertreters, der telefonieren wollte, dem aber K. den Weg verstellte. „Schlechte Nachrichten?“, fragte der Direktor-Stellvertreter leichthin, nicht um etwas zu erfahren, sondern um

K. vom Apparat wegzubringen. „Nein, nein“, sagte K., trat beiseite, ging aber nicht weg. Der Direktor-Stellvertreter nahm den Hörer und sagte, während er auf die telefonische Verbindung wartete, über das Hörrohr hinweg: „Eine Frage, Herr K.: Möchten Sie mir Sonntag früh das Vergnügen machen, eine Partie auf meinem Segelboot mitzumachen? Es wird eine größere Gesellschaft sein, gewiss auch Ihre Bekannten darunter. Unter anderem Staatsanwalt Hasterer. Wollen Sie kommen? Kommen Sie doch!“ K. versuchte, darauf Acht zu geben, was der Direktor-Stellvertreter sagte. Es war nicht unwichtig für ihn, denn diese Einladung des Direktor-Stellvertreters, mit dem er sich niemals sehr gut vertragen hatte, bedeutete einen Versöhnungsversuch von dessen Seite und zeigte, wie wichtig K. in der Bank geworden war und wie wertvoll seine Freundschaft oder wenigstens seine Unparteilichkeit dem zweithöchsten Beamten der Bank erschien. Diese Einladung war eine Demütigung des Direktor-Stellvertreters, mochte sie auch nur in Erwartung der telefonischen Verbindung über das Hörrohr hinweg gesagt sein. Aber K. musste eine zweite Demütigung folgen lassen, er sagte: „Vielen Dank! Aber ich habe leider Sonntag keine Zeit, ich habe schon eine Verpflichtung.“ „Schade“, sagte der Direktor-Stellvertreter und wandte sich dem telefonischen Gespräch zu, das gerade hergestellt worden war. Es war kein kurzes Gespräch, aber K. blieb in seiner Zerstreutheit die ganze Zeit über neben dem Apparat stehen. Erst als der Direktor-Stellvertreter abläutete, erschrak er und sagte, um sein unnützes Dastehen nur ein wenig zu entschuldigen: „Ich bin jetzt antelefoniert worden, ich möchte irgendwo hinkommen, aber man hat vergessen, mir zu sagen, zu welcher Stunde.“ „Fragen Sie doch noch einmal nach“, sagte der Direktor-Stellvertreter. „Es ist nicht so wichtig“, sagte K., trotzdem[1] dadurch seine frühere, schon an sich mangelhafte Entschuldigung noch weiter verfiel. Der Direktor-Stellvertreter sprach noch im Weggehen über andere Dinge. K. zwang sich auch zu antworten,

[1] wird hier im Sinne von „obwohl“ gebraucht

dachte aber hauptsächlich daran, dass es am besten sein werde, Sonntag um neun Uhr vormittags hinzukommen, da zu dieser Stunde an Werktagen alle Gerichte zu arbeiten anfangen.

Sonntag war trübes Wetter. K. war sehr ermüdet, da er wegen einer Stammtischfeierlichkeit bis spät in die Nacht im Gasthaus geblieben war, er hätte fast verschlafen. Eilig, ohne Zeit zu haben, zu überlegen und die verschiedenen Pläne, die er während der Woche ausgedacht hatte, zusammenzustellen, kleidete er sich an und lief, ohne zu frühstücken, in die ihm bezeichnete Vorstadt. Eigentümlicherweise traf er, obwohl er wenig Zeit hatte umherzublicken, die drei an seiner Angelegenheit beteiligten Beamten, Rabensteiner, Kullich und Kaminer. Die ersten zwei fuhren in einer Elektrischen quer über K.s Weg, Kaminer aber saß auf der Terrasse eines Kaffeehauses und beugte sich gerade, als K. vorüberkam, neugierig über die Brüstung. Alle sahen ihm wohl nach und wunderten sich, wie ihr Vorgesetzter lief; es war irgendein Trotz, der K. davon abgehalten hatte, zu fahren, er hatte Abscheu vor jeder, selbst der geringsten fremden Hilfe in dieser seiner Sache, auch wollte er niemanden in Anspruch nehmen und dadurch selbst nur im Allerentferntesten einweihen; schließlich hatte er aber auch nicht die geringste Lust, sich durch allzu große Pünktlichkeit vor der Untersuchungskommission zu erniedrigen. Allerdings lief er jetzt, um nur möglichst um neun Uhr einzutreffen, obwohl er nicht einmal für eine bestimmte Stunde bestellt war.

Er hatte gedacht, das Haus schon von der Ferne an irgendeinem Zeichen, das er sich selbst nicht genau vorgestellt hatte, oder an einer besonderen Bewegung vor dem Eingang schon von weitem zu erkennen. Aber die Juliusstraße[1], in der es sein sollte und an deren Beginn K. einen Augenblick lang stehen blieb, enthielt auf beiden Seiten fast ganz einförmige Häuser, hohe, graue, von armen Leuten bewohnte Miethäuser. Jetzt, am Sonntagmorgen, waren die meisten Fenster besetzt, Männer

[1] Diese Straße ist in Prag nicht bekannt.

in Hemdärmeln lehnten dort und rauchten oder hielten kleine Kinder vorsichtig und zärtlich an den Fensterrand. Andere Fenster waren hoch mit Bettzeug angefüllt, über dem flüchtig der zerraufte Kopf einer Frau erschien. Man rief einander über die Gasse zu, ein solcher Zuruf bewirkte gerade über K. ein großes Gelächter. Regelmäßig verteilt befanden sich in der langen Straße kleine, unter dem Straßenniveau liegende, durch ein paar Treppen erreichbare Läden mit verschiedenen Lebensmitteln. Dort gingen Frauen aus und ein oder standen auf den Stufen und plauderten. Ein Obsthändler, der seine Waren zu den Fenstern hinauf empfahl, hätte, ebenso unaufmerksam wie K., mit seinem Karren diesen fast niedergeworfen. Eben begann ein in besseren Stadtvierteln ausgedientes Grammophon mörderisch zu spielen.

K. ging tiefer in die Gasse hinein, langsam, als hätte er nun schon Zeit oder als sähe ihn der Untersuchungsrichter aus irgendeinem Fenster und wisse also, dass sich K. eingefunden habe. Es war kurz nach neun. Das Haus lag ziemlich weit, es war fast ungewöhnlich ausgedehnt, besonders die Toreinfahrt war hoch und weit. Sie war offenbar für Lastfuhren bestimmt, die zu den verschiedenen Warenmagazinen gehörten, die jetzt versperrt den großen Hof umgaben und Aufschriften von Firmen trugen, von denen K. einige aus dem Bankgeschäft kannte. Gegen seine sonstige Gewohnheit sich mit allen diesen Äußerlichkeiten genauer befassend, blieb er auch ein wenig am Eingang des Hofes stehen. In seiner Nähe auf einer Kiste saß ein bloßfüßiger Mann und las eine Zeitung. Auf einem Handkarren schaukelten zwei Jungen. Vor einer Pumpe stand ein schwaches, junges Mädchen in einer Nachtjoppe und blickte, während das Wasser in ihre Kanne strömte, auf K. hin. In einer Ecke des Hofes wurde zwischen zwei Fenstern ein Strick gespannt, auf dem die zum Trocknen bestimmte Wäsche schon hing. Ein Mann stand unten und leitete die Arbeit durch ein paar Zurufe.

K. wandte sich der Treppe zu, um zum Untersuchungszimmer zu kommen, stand dann aber wieder still, denn außer dieser Treppe sah er im Hof noch drei verschiedene Treppenaufgänge, und überdies schien ein kleiner Durchgang am Ende des Hofes noch in einen zweiten Hof zu führen. Er ärgerte sich, dass man ihm die Lage des Zimmers nicht näher bezeichnet hatte, es war doch eine sonderbare Nachlässigkeit oder Gleichgültigkeit, mit der man ihn behandelte, er beabsichtigte, das sehr laut und deutlich festzustellen. Schließlich stieg er doch die Treppe hinauf und spielte in Gedanken mit einer Erinnerung an den Ausspruch des Wächters Willem, dass das Gericht von der Schuld angezogen werde, woraus eigentlich folgte, dass das Untersuchungszimmer an der Treppe liegen musste, die K. zufällig wählte.

Er störte im Hinaufgehen viele Kinder, die auf der Treppe spielten und ihn, wenn er durch ihre Reihe schritt, böse ansahen. „Wenn ich nächstens wieder hergehen sollte“, sagte er sich, „muss ich entweder Zuckerwerk mitnehmen, um sie zu gewinnen, oder den Stock, um sie zu prügeln.“ Knapp vor dem ersten Stockwerk musste er sogar ein Weilchen warten, bis eine Spielkugel ihren Weg vollendet hatte, zwei kleine Jungen mit den verzwickten Gesichtern erwachsener Strolche hielten ihn indessen an den Beinkleidern; hätte er sie abschütteln wollen, hätte er ihnen wehtun müssen, und er fürchtete ihr Geschrei.

Im ersten Stockwerk begann die eigentliche Suche. Da er doch nicht nach der Untersuchungskommission fragen konnte, erfand er einen Tischler Lanz – der Name fiel ihm ein, weil der Hauptmann, der Neffe der Frau Grubach, so hieß – und wollte nun in allen Wohnungen nachfragen, ob hier ein Tischler Lanz wohne, um so die Möglichkeit zu bekommen, in die Zimmer hineinzusehen. Es zeigte sich aber, dass das meistens ohne Weiteres möglich war, denn fast alle Türen standen offen und die Kinder liefen ein und aus. Es waren in der Regel kleine, einfenstrige Zimmer, in denen auch gekocht wurde. Manche Frauen hielten Säuglinge im Arm und arbeiteten mit der freien Hand auf dem Herd. Halbwüchsige, scheinbar nur mit Schürzen bekleidete Mädchen liefen am fleißigsten hin und her. In allen Zimmern standen die Betten noch in Benützung, es lagen dort Kranke oder noch Schlafende oder Leute, die sich dort in Kleidern streckten. An den Wohnungen, deren Türen geschlossen waren, klopfe K. an und fragte, ob hier ein Tischler Lanz wohne. Meistens öffnete eine Frau, hörte die Frage an und wandte sich ins Zimmer zu jemandem, der sich aus dem Bett erhob. „Der Herr fragt, ob ein Tischler Lanz hier wohnt." „Tischler Lanz?", fragte der aus dem Bett. „Ja", sagte K., obwohl sich hier die Untersuchungskommission zweifellos nicht befand und daher seine Aufgabe beendet war. Viele glaubten, es liege K. sehr viel daran, den Tischler Lanz zu finden, dachten lange nach, nannten einen Tischler, der aber nicht Lanz hieß, oder einen Namen, der mit Lanz eine ganz entfernte Ähnlichkeit hatte, oder sie fragten bei Nachbarn oder begleiteten K. zu einer weit entfernten Tür, wo ihrer Meinung nach ein derartiger Mann möglicherweise in Aftermiete[1] wohne oder wo jemand sei, der bessere Auskunft als sie selbst geben könne. Schließlich musste K. kaum mehr selbst fragen, sondern wurde auf diese Weise durch die Stockwerke gezogen. Er bedauerte seinen Plan, der ihm zuerst so praktisch erschienen war. Vor dem fünften Stockwerk entschloss er sich, die Suche aufzugeben, verabschiedete sich von einem freundlichen, jungen Arbeiter, der ihn weiter hinaufführen wollte, und ging hinunter. Dann aber ärgerte ihn wieder das Nutzlose dieser ganzen Unternehmung, er ging nochmals zurück und klopfte an die erste Tür des fünften Stockwerkes. Das Erste, was er in dem kleinen Zimmer sah, war eine große Wanduhr, die schon zehn Uhr zeigte. „Wohnt ein Tischler Lanz hier?", fragte er. „Bitte", sagte eine junge Frau mit schwarzen, leuchtenden Augen, die gerade in einem Kübel Kinderwäsche wusch, und zeigte mit der nassen Hand auf die offene Tür des Nebenzimmers.

K. glaubte in eine Versammlung einzutreten. Ein Gedränge der verschiedensten Leute – niemand kümmerte sich um den Eintretenden – füllte ein mittelgroßes, zweifenstriges Zimmer, das knapp an der Decke von einer Galerie umgeben war, die gleichfalls vollständig besetzt

1 (österr.) Untermiete

war und wo die Leute nur gebückt stehen konnten und mit Kopf und Rücken an die Decke stießen. K., dem die Luft zu dumpf war, trat wieder hinaus und sagte zu der jungen Frau, die ihn wahrscheinlich falsch verstanden hatte: „Ich habe nach einem Tischler, einem gewissen Lanz, gefragt?“ „Ja“, sagte die Frau, „gehen Sie, bitte, hinein.“ K. hätte ihr vielleicht nicht gefolgt, wenn die Frau nicht auf ihn zugegangen wäre, die Türklinke ergriffen und gesagt hätte: „Nach Ihnen muss ich schließen, es darf niemand mehr hinein.“ „Sehr vernünftig“, sagte K., „es ist aber jetzt schon zu voll.“ Dann ging er aber doch wieder hinein.

Zwischen zwei Männern hindurch, die sich unmittelbar bei der Tür unterhielten – der eine machte mit beiden, weit vorgestreckten Händen die Bewegung des Geldaufzählens, der andere sah ihm scharf in die Augen –, fasste eine Hand nach K. Es war ein kleiner, rotbäckiger Junge. „Kommen Sie, kommen Sie“, sagte er. K. ließ sich von ihm führen, es zeigte sich, dass in dem durcheinander wimmelnden Gedränge doch ein schmaler Weg frei war, der möglicherweise zwei Parteien schied; dafür sprach auch, dass K. in den ersten Reihen rechts und links kaum ein ihm zugewendetes Gesicht sah, sondern nur die Rücken von Leuten, welche ihre Reden und Bewegungen nur an Leute ihrer Partei richteten. Die meisten waren schwarz angezogen, in alten, lang und lose hinunterhängenden Feiertagsröcken. Nur diese Kleidung beirrte K., sonst hätte er das Ganze für eine politische Bezirksversammlung angesehen.

Am anderen Ende des Saales, zu dem K. geführt wurde, stand auf einem sehr niedrigen, gleichfalls überfüllten Podium ein kleiner Tisch, der Quere nach aufgestellt, und hinter ihm, nahe am Rand des Podiums, saß ein kleiner, dicker, schnaufender Mann, der sich gerade mit einem hinter ihm Stehenden – dieser hatte den Ellbogen auf die Sessellehne gestützt und die Beine gekreuzt – unter großem Gelächter unterhielt. Manchmal warf er den Arm in die Luft, als karikiere er jemanden. Der Junge, der K. führte, hatte Mühe, seine Meldung vorzubringen. Zweimal hatte er schon, auf den Fußspitzen stehend, etwas auszurichten versucht, ohne von dem Mann oben beachtet worden zu sein. Erst als einer der Leute oben auf dem Podium auf den Jungen aufmerksam machte, wandte sich der Mann ihm zu und hörte hinuntergebeugt seinen leisen Bericht an. Dann zog er seine Uhr und sah schnell nach K. hin. „Sie hätten vor einer Stunde und fünf Minuten erscheinen sollen", sagte er. K. wollte etwas antworten, aber er hatte keine Zeit, denn kaum hatte der Mann ausgesprochen, erhob sich in der rechten Saalhälfte ein allgemeines Murren. „Sie hätten vor einer Stunde und fünf Minuten erscheinen sollen", wiederholte nun der Mann mit erhobener Stimme und sah nun auch schnell in den Saal hinunter. Sofort wurde auch das Murren stärker und verlor sich, da der Mann nichts mehr sagte, nur allmählich. Es war jetzt im Saal viel stiller als bei K.s Eintritt. Nur die Leute auf der Galerie hörten nicht auf, ihre Bemerkungen zu machen. Sie schienen, soweit man oben in dem Halbdunkel, Dunst und Staub etwas unterscheiden konnte, schlechter angezogen zu sein als die unten. Manche hatten Polster mitgebracht, die sie zwischen den Kopf und die Zimmerdecke gelegt hatten, um sich nicht wundzudrücken.

K. hatte sich entschlossen, mehr zu beobachten als zu reden, infolgedessen verzichtete er auf die Verteidigung wegen seines angeblichen Zuspätkommens und sagte bloß: „Mag ich zu spät gekommen sein, jetzt bin ich hier." Ein Beifallklatschen, wieder aus der rechten Saalhälfte, folgte. Leicht zu gewinnende Leute, dachte K. und war nur gestört durch die Stille in der linken Saalhälfte, die gerade hinter ihm lag und aus der sich nur ganz vereinzeltes Händeklatschen erhoben hatte. Er dachte nach, was er sagen könnte, um alle auf einmal oder, wenn das nicht möglich sein sollte, wenigstens zeitweilig auch die anderen zu gewinnen.

„Ja", sagte der Mann, „aber ich bin nicht mehr verpflichtet, Sie jetzt zu verhören" – wieder das Murren, diesmal aber missverständlich, denn der Mann fuhr, indem er den Leuten mit der Hand abwinkte, fort, – „ich will es jedoch ausnahmsweise heute noch tun. Eine solche Verspätung darf sich aber nicht mehr wiederholen. Und nun treten Sie vor!“ Irgendjemand sprang vom Podium hinunter, sodass für K. ein Platz frei wurde, auf den er hinaufstieg. Er stand eng an den Tisch gedrückt, das Gedränge hinter ihm war so groß, dass er ihm Widerstand leisten musste, wollte er nicht den Tisch des Untersuchungsrichters und vielleicht auch diesen selbst vom Podium hinunterstoßen.

Der Untersuchungsrichter kümmerte sich aber nicht darum, sondern saß recht bequem auf seinem Sessel und griff, nachdem er dem Mann hinter ihm ein abschließendes Wort gesagt hatte, nach einem kleinen Anmerkungsbuch, dem einzigen Gegenstand auf seinem Tisch. Es war schulheftartig, alt, durch vieles Blättern ganz aus der Form gebracht. „Also“, sagte der Untersuchungsrichter, blätterte in dem Heft und wandte sich im Tone einer Feststellung an K. „Sie sind Zimmermaler?“ „Nein“, sagte K., „sondern erster Prokurist einer großen Bank.“ Dieser Antwort folgte bei der rechten Partei unten ein Gelächter, das so herzlich war, dass K. mitlachen musste. Die Leute stützten sich mit den Händen auf ihre Knie und schüttelten sich wie unter schweren Hustenanfällen. Es lachten sogar Einzelne auf der Galerie. Der ganz böse gewordene Untersuchungsrichter, der wahrscheinlich gegen die Leute unten machtlos war, suchte sich an der Galerie zu entschädigen, sprang auf, drohte der Galerie, und seine sonst wenig auffallenden Augenbrauen drängten sich buschig, schwarz und groß über seinen Augen.

Die linke Saalhälfte war aber noch immer still, die Leute standen dort in Reihen, hatten ihre Gesichter dem Podium zugewendet und hörten den Worten, die oben gewechselt wurden, ebenso ruhig zu wie dem Lärm der anderen Partei, sie duldeten sogar, dass Einzelne aus ihren Reihen mit der anderen Partei hie und da gemeinsam vorgingen. Die Leute der linken Partei, die übrigens weniger zahlreich waren, mochten im Grunde ebenso unbedeutend sein wie die der rechten Partei, aber die Ruhe ihres Verhaltens ließ sie bedeutungsvoller erscheinen. Als K. jetzt zu reden begann, war er überzeugt, in ihrem Sinne zu sprechen.

„Ihre Frage, Herr Untersuchungsrichter, ob ich Zimmermaler bin – vielmehr, Sie haben gar nicht gefragt, sondern es mir auf den Kopf zugesagt –, ist bezeichnend für die ganze Art des Verfahrens, das gegen mich geführt wird. Sie können einwenden, dass es ja überhaupt kein Verfahren ist, Sie haben sehr Recht, denn es ist ja nur ein Verfahren, wenn ich es als solches anerkenne. Aber ich erkenne es also für den Augenblick jetzt an, aus Mitleid gewissermaßen. Man kann sich nicht anders als mitleidig dazu stellen, wenn man es überhaupt beachten will. Ich sage nicht, dass es ein liederliches Verfahren ist, aber ich möchte Ihnen diese Bezeichnung zur Selbsterkenntnis angeboten haben."

K. unterbrach sich und sah in den Saal hinunter. Was er gesagt hatte, war scharf, schärfer, als er es beabsichtigt hatte, aber doch richtig. Es hätte Beifall hier oder dort verdient, es war jedoch alles still, man wartete offenbar gespannt auf das Folgende, es bereitete sich vielleicht in der Stille ein Ausbruch vor, der allem ein Ende machen würde. Störend war es, dass sich jetzt die Tür am Saalende öffnete, die junge Wäscherin, die ihre Arbeit wahrscheinlich beendet hatte, eintrat und trotz aller Vorsicht, die sie aufwendete, einige Blicke auf sich zog. Nur der Untersuchungsrichter machte K. unmittelbare Freude, denn er schien von den Worten sofort getroffen zu werden. Er hatte bisher stehend zugehört, denn er war von K.s Ansprache überrascht worden, während er sich für die Galerie aufgerichtet hatte. Jetzt, in der Pause, setzte er sich allmählich, als sollte es nicht bemerkt werden. Wahrscheinlich um seine Miene zu beruhigen, nahm er wieder das Heftchen vor.

„Es hilft nichts", fuhr K. fort „auch Ihr Heftchen, Herr Untersuchungsrichter, bestätigt, was ich sage." Zufrieden damit, nur seine ruhigen Worte in der fremden Versammlung zu hören, wagte es K. sogar, kurzerhand das Heft dem Untersuchungsrichter wegzunehmen und es mit den Fingerspitzen, als scheue er sich davor, an einem mittleren Blatte hochzuheben, sodass beiderseits die eng geschriebenen, fleckigen, gelbrandigen Blätter hinunterhingen. „Das sind die Akten des Untersuchungsrichters", sagte er und ließ das Heft auf den Tisch hinunterfallen. „Lesen Sie darin ruhig weiter, Herr Untersuchungsrichter, vor diesem Schuldbuch fürchte ich mich wahrhaftig nicht, obwohl es mir unzugänglich ist, denn ich kann es nur mit zwei Fingern anfassen und würde es nicht in die Hand nehmen." Es konnte nur ein Zeichen tiefer Demütigung sein oder es musste zumindest so aufgefasst werden, dass der Untersuchungsrichter nach dem Heftchen, wie es auf den Tisch gefallen war, griff, es ein wenig in Ordnung zu bringen suchte und es wieder vornahm, um darin zu lesen.

Die Gesichter der Leute in der ersten Reihe waren so gespannt auf K. gerichtet, dass er ein Weilchen lang zu ihnen hinuntersah. Es waren durchwegs ältere Männer, einige waren weißbärtig. Waren vielleicht sie die Entscheidenden, die die ganze Versammlung beeinflussen konnten, welche auch durch die Demütigung des Untersuchungsrichters sich nicht aus der Regungslosigkeit bringen ließ, in welche sie seit K.s Rede versunken war?

„Was mir geschehen ist", fuhr K. fort, etwas leiser als früher, und suchte immer wieder die Gesichter der ersten Reihe ab, was seiner Rede einen etwas fahrigen Ausdruck gab, „was mir geschehen ist, ist ja nur ein einzelner Fall und als solcher nicht sehr wichtig, da ich es nicht sehr schwernehme, aber es ist das Zeichen eines Verfahrens, wie es gegen viele geübt wird. Für diese stehe ich hier ein, nicht für mich."

Er hatte unwillkürlich seine Stimme erhoben. Irgendwo klatschte jemand mit erhobenen Händen und rief: „Bravo! Warum denn nicht? Bravo! Und wieder Bravo!" Die in der ersten Reihe griffen hier und da in ihre Bärte, keiner kehrte sich wegen des Ausrufs um. Auch K. maß ihm keine Bedeutung bei, war aber doch aufgemuntert; er hielt es jetzt gar nicht mehr für nötig, dass alle Beifall klatschten, es genügte, wenn die Allgemeinheit über die Sache nachzudenken begann und nur manchmal einer durch Überredung gewonnen wurde.

„Ich will nicht Rednererfolg", sagte K. aus dieser Überlegung heraus, „er dürfte mir auch nicht erreichbar sein.

Der Herr Untersuchungsrichter spricht wahrscheinlich viel besser, es gehört ja zu seinem Beruf. Was ich will, ist nur die öffentliche Besprechung eines öffentlichen Missstandes. Hören Sie: Ich bin vor etwa zehn Tagen verhaftet worden, über die Tatsache der Verhaftung selbst lache ich, aber das gehört jetzt nicht hierher. Ich wurde früh im Bett überfallen, vielleicht hatte man – es ist nach dem, was der Untersuchungsrichter sagte, nicht ausgeschlossen – den Befehl, irgendeinen Zimmermaler, der ebenso unschuldig ist wie ich, zu verhaften, aber man wählte mich. Das Nebenzimmer war von zwei groben Wächtern besetzt. Wenn ich ein gefährlicher Räuber wäre, hätte man nicht bessere Vorsorge treffen können. Diese Wächter waren überdies demoralisiertes Gesindel, sie schwätzten mir die Ohren voll, sie wollten sich bestechen lassen, sie wollten mir unter Vorspiegelungen Wäsche und Kleider herauslocken, sie wollten Geld, um mir angeblich ein Frühstück zu bringen, nachdem sie mein eigenes Frühstück vor meinen Augen schamlos aufgegessen hatten. Nicht genug daran. Ich wurde in ein drittes Zimmer vor den Aufseher geführt. Es war das Zimmer einer Dame, die ich sehr schätze, und ich musste zusehen, wie dieses Zimmer meinetwegen, aber ohne meine Schuld, durch die Anwesenheit der Wächter und des Aufsehers gewissermaßen verunreinigt wurde. Es war nicht leicht, ruhig zu bleiben. Es gelang mir aber, und ich fragte den Aufseher vollständig ruhig – wenn er hier wäre, müsste er es bestätigen –, warum ich verhaftet sei. Was antwortete nun dieser Aufseher, den ich jetzt noch vor mir sehe, wie er auf dem Sessel der erwähnten Dame als eine Darstellung des stumpfsinnigsten Hochmuts sitzt? Meine Herren, er antwortete im Grunde nichts, vielleicht wusste er wirklich nichts, er hatte mich verhaftet und war damit zufrieden. Er hat sogar noch ein Übriges getan und in das Zimmer jener Dame drei niedrige Angestellte meiner Bank gebracht, die sich damit beschäftigten, Fotografien, Eigentum der Dame, zu betasten und in Unordnung zu bringen. Die Anwesenheit dieser Angestellten hatte natürlich noch einen andern Zweck, sie sollten, ebenso wie meine Vermieterin und ihr Dienstmädchen, die Nachricht von meiner Verhaftung verbreiten, mein öffentliches Ansehen schädigen und insbesondere in der Bank meine Stellung erschüttern. Nun ist nichts davon, auch nicht im Geringsten, gelungen, selbst meine Vermieterin, eine ganz einfache Person – ich will ihren Namen hier in ehrendem Sinne nennen, sie heißt Frau Grubach –, selbst Frau Grubach war verständig genug einzusehen, dass eine solche Verhaftung nicht mehr bedeutet, als einen Anschlag, den nicht genügend beaufsichtigte Jungen auf der Gasse ausfahren. Ich wiederhole, mir hat das Ganze nur Unannehmlichkeiten und vorübergehenden Ärger bereitet, hätte es aber nicht auch schlimmere Folgen haben können?"

Als K. sich hier unterbrach und nach dem stillen Untersuchungsrichter hinsah, glaubte er zu bemerken, dass dieser gerade mit einem Blick jemandem in der Menge ein Zeichen gab. K. lächelte und sagte: „Eben gibt hier neben mir der Herr Untersuchungsrichter jemandem von Ihnen ein geheimes Zeichen. Es sind also Leute unter Ihnen, die von hier oben dirigiert werden. Ich weiß nicht, ob das Zeichen jetzt Zischen oder Beifall bewirken sollte, und verzichte dadurch, dass ich die Sache vorzeitig verrate, ganz bewusst darauf, die Bedeutung des Zeichens zu erfahren. Es ist mir vollständig gleichgültig, und ich ermächtige den Herrn Untersuchungsrichter öffentlich, seine bezahlten Angestellten dort unten, statt mit geheimen Zeichen laut mit Worten zu befehligen, indem er etwa einmal sagt: ‚Jetzt zischt!', und das nächste Mal: ‚Jetzt klatscht!'"

In Verlegenheit oder Ungeduld rückte der Untersuchungsrichter auf seinem Sessel hin und her. Der Mann hinter ihm, mit dem er sich schon früher unterhalten hatte, beugte sich wieder zu ihm, sei es, um ihm im Allgemeinen Mut zuzusprechen oder um ihm einen besonderen Rat zu geben. Unten unterhielten sich die Leute leise, aber lebhaft. Die zwei Parteien, die früher so entgegengesetzte Meinungen gehabt zu haben schienen, vermischten sich, einzelne Leute zeigten mit dem Finger auf K., andere auf den Untersuchungsrichter. Der nebli-

ge Dunst im Zimmer war äußerst lästig, er verhinderte sogar eine genauere Beobachtung der ferner Stehenden. Besonders für die Galeriebesucher musste er störend sein, sie waren gezwungen, allerdings unter scheuen Seitenblicken nach dem Untersuchungsrichter, leise Fragen an die Versammlungsteilnehmer zu stellen, um sich näher zu unterrichten. Die Antworten wurden im Schutz der vorgehaltenen Hände ebenso leise gegeben.
„Ich bin gleich zu Ende“, sagte K. und schlug, da keine Glocke vorhanden war, mit der Faust auf den Tisch; im Schrecken darüber fuhren die Köpfe des Untersuchungsrichters und seines Ratgebers augenblicklich auseinander: „Mir steht die ganze Sache fern, ich beurteile sie daher ruhig, und Sie können, vorausgesetzt, dass Ihnen an diesem angeblichen Gericht etwas gelegen ist, großen Vorteil davon haben, wenn Sie mir zuhören. Ihre gegenseitigen Besprechungen dessen, was ich vorbringe, bitte ich Sie für späterhin zu verschieben, denn ich habe keine Zeit und werde bald weggehen.“
Sofort war es still, so sehr beherrschte K. schon die Versammlung. Man schrie nicht mehr durcheinander wie am Anfang, man klatschte nicht einmal mehr Beifall, aber man schien schon überzeugt oder auf dem nächsten Wege dazu.
„Es ist kein Zweifel“, sagte K. sehr leise, denn ihn freute das angespannte Aufhorchen der ganzen Versammlung, in dieser Stille entstand ein Sausen, das aufreizender war als der verzückteste Beifall, „es ist kein Zweifel, dass hinter allen Äußerungen dieses Gerichtes, in meinem Fall also hinter der Verhaftung und der heutigen Untersuchung, eine große Organisation sich befindet. Eine Organisation, die nicht nur bestechliche Wächter, läppische Aufseher und Untersuchungsrichter, die günstigsten Falles bescheiden sind, beschäftigt, sondern die weiterhin jedenfalls eine Richterschaft hohen und höchsten Grades unterhält, mit dem zahllosen, unumgänglichen Gefolge von Dienern, Schreibern, Gendarmen und andern Hilfskräften, vielleicht sogar Henkern, ich scheue vor dem Wort nicht zurück. Und der Sinn dieser großen Organisation, meine Herren? Er besteht

darin, dass unschuldige Personen verhaftet werden und gegen sie ein sinnloses und meistens, wie in meinem Fall, ergebnisloses Verfahren eingeleitet wird. Wie ließe sich bei dieser Sinnlosigkeit des Ganzen die schlimmste Korruption der Beamtenschaft vermeiden? Das ist unmöglich, das brächte auch der höchste Richter nicht einmal für sich selbst zustande. Darum suchen die Wächter den Verhafteten die Kleider vom Leib zu stehlen, darum brechen Aufseher in fremde Wohnungen ein, darum sollen Unschuldige, statt verhört lieber vor ganzen Versammlungen entwürdigt werden. Die Wächter haben nur von Depots erzählt, in die man das Eigentum der Verhafteten bringt, ich wollte einmal diese Depotplätze sehen, in denen das mühsam erarbeitete Vermögen der Verhafteten fault, soweit es nicht von diebischen Depotbeamten gestohlen ist."

K. wurde durch ein Kreischen vom Saalende unterbrochen, er beschattete die Augen, um hinsehen zu können, denn das trübe Tageslicht machte den Dunst weißlich und blendete. Es handelte sich um die Waschfrau, die K. gleich bei ihrem Eintritt als eine wesentliche Störung erkannt hatte. Ob sie jetzt schuldig war oder nicht, konnte man nicht erkennen. K. sah nur, dass ein Mann sie in einen Winkel bei der Tür gezogen hatte und dort an sich drückte. Aber nicht sie kreischte, sondern der Mann, er hatte den Mund breit gezogen und blickte zur Decke. Ein kleiner Kreis hatte sich um beide gebildet, die Galeriebesucher in der Nähe schienen darüber begeistert, dass der Ernst, den K. in die Versammlung eingeführt hatte, auf diese Weise unterbrochen wurde. K. wollte unter dem ersten Eindruck gleich hinlaufen, auch dachte er, allen würde daran gelegen sein, dort Ordnung zu schaffen und zumindest das Paar aus dem Saal zu weisen, aber die ersten Reihen vor ihm blieben ganz fest, keiner rührte sich und keiner ließ K. durch. Im Gegenteil, man hinderte ihn, alte Männer hielten den Arm vor, und irgendeine Hand – er hatte nicht Zeit, sich umzudrehen – fasste ihn hinten am Kragen. K. dachte nicht eigentlich mehr an das Paar, ihm war, als werde seine Freiheit eingeschränkt, als mache man mit der Verhaftung ernst, und er sprang rücksichtslos vom Podium hinunter. Nun stand er Aug in Aug dem Gedränge gegenüber. Hatte er die Leute nicht richtig beurteilt? Hatte er seiner Rede zu viel Wirkung zugetraut? Hatte man sich verstellt, solange er gesprochen hatte, und hatte man jetzt, da er zu den Schlussfolgerungen kam, die Verstellung satt? Was für Gesichter rings um ihn! Kleine, schwarze Äuglein huschten hin und her, die Wangen hingen herab, wie bei Versoffenen, die langen Bärte waren steif und schütter, und griff man in sie, so war es, als bilde man bloß Krallen, nicht als griffe man in Bärte. Unter den Bärten aber – und das war die eigentliche Entdeckung, die K. machte – schimmerten am Rockkragen Abzeichen in verschiedener Größe und Farbe. Alle hatten diese Abzeichen, soweit man sehen konnte. Alle gehörten zueinander, die scheinbaren Parteien rechts und links, und als er sich plötzlich umdrehte, sah er die gleichen Abzeichen am Kragen des Untersuchungsrichters, der, die Hände im Schoß, ruhig hinuntersah. „So", rief K. und warf die Arme in die Höhe, die plötzliche Erkenntnis wollte Raum, „ihr seid ja alle Beamte, wie ich sehe, ihr seid ja die korrupte Bande, gegen die ich sprach, ihr habt euch hier gedrängt, als Zuhörer und Schnüffler, habt scheinbare Parteien gebildet, und eine hat applaudiert, um mich zu prüfen, ihr wolltet lernen, wie man Unschuldige verführen soll! Nun, ihr seid nicht nutzlos hier gewesen, hoffe ich, entweder habt ihr euch darüber unterhalten, dass jemand die Verteidigung der Unschuld von euch erwartet hat, oder aber – lass mich oder ich schlage", rief K. einem zitternden Greis zu, der sich besonders nahe an ihn geschoben hatte – „oder aber ihr habt wirklich etwas gelernt. Und damit wünsche ich euch Glück zu euerem Gewerbe." Er nahm schnell seinen Hut, der am Rande des Tisches lag, und drängte sich unter allgemeiner Stille, jedenfalls der Stille vollkommenster Überraschung, zum Ausgang. Der Untersuchungsrichter schien aber noch schneller als K. gewesen zu sein, denn er erwartete ihn bei der Tür. „Einen Augenblick", sagte er. K. blieb stehen, sah aber nicht auf den Untersuchungsrichter, sondern auf die Tür, deren

Klinke er schon ergriffen hatte. „Ich wollte Sie nur darauf aufmerksam machen", sagte der Untersuchungsrichter, „dass Sie sich heute – es dürfte Ihnen noch nicht zu Bewusstsein gekommen sein – des Vorteils beraubt haben, den ein Verhör für den Verhafteten in jedem Falle bedeutet." K. lachte die Tür an. „Ihr Lumpen", rief er, „ich schenke euch alle Verhöre", öffnete die Tür und eilte die Treppe hinunter. Hinter ihm erhob sich der Lärm der wieder lebendig gewordenen Versammlung, welche die Vorfälle wahrscheinlich nach Art von Studierenden zu besprechen begann.

Drittes Kapitel

Im leeren Sitzungssaal
Der Student – Die Kanzleien

K. wartete während der nächsten Woche von Tag zu Tag auf eine neuerliche Verständigung, er konnte nicht glauben, dass man seinen Verzicht auf Verhöre wörtlich genommen hatte, und als die erwartete Verständigung bis Samstagabend wirklich nicht kam, nahm er an, er sei stillschweigend in das gleiche Haus für die gleiche Zeit wieder vorgeladen. Er begab sich daher Sonntags wieder hin, ging diesmal geradewegs über Treppen und Gänge; einige Leute, die sich seiner erinnerten, grüßten ihn an ihren Türen, aber er musste niemanden mehr fragen und kam bald zu der richtigen Tür. Auf sein Klopfen wurde ihm gleich aufgemacht, und ohne sich weiter nach der bekannten Frau umzusehen, die bei der Tür stehen blieb, wollte er gleich ins Nebenzimmer. „Heute ist keine Sitzung“, sagte die Frau. „Warum sollte keine Sitzung sein?“, fragte er und wollte es nicht glauben. Aber die Frau überzeugte ihn, indem sie die Tür des Nebenzimmers öffnete. Es war wirklich leer und sah in seiner Leere noch kläglicher aus als am letzten Sonntag. Auf dem Tisch, der unverändert auf dem Podium stand, lagen einige Bücher. „Kann ich mir die Bücher anschauen?“, fragte K., nicht aus besonderer Neugierde, sondern nur, um nicht vollständig nutzlos hier gewesen zu sein. „Nein“, sagte die Frau und schloss wieder die Tür, „das ist nicht erlaubt. Die Bücher gehören dem Untersuchungsrichter.“ „Ach so“, sagte K. und nickte, „die Bücher sind wohl Gesetzbücher und es gehört zu der Art dieses Gerichtswesens, dass man nicht nur unschuldig, sondern auch unwissend verurteilt wird.“ „Es wird so sein,“ sagte die Frau, die ihn nicht genau verstanden hatte. „Nun, dann gehe ich wieder“, sagte K. „Soll ich dem Untersuchungsrichter etwas melden?“, fragte die Frau. „Sie kennen ihn?“, fragte K. „Natürlich“, sagte die Frau, „mein Mann ist ja Gerichtsdiener.“ Erst jetzt merkte K., dass das Zimmer, in dem letzthin nur ein Waschbottich gestanden war, jetzt ein völlig eingerichtetes Wohnzimmer bildete. Die Frau bemerkte sein Staunen und sagte: „Ja, wir haben hier freie Wohnung, müssen aber an Sitzungstagen das Zimmer ausräumen. Die Stellung meines Mannes hat manche Nachteile." „Ich staune nicht so sehr über das Zimmer", sagte K. und blickte sie böse an, „als vielmehr darüber, dass Sie verheiratet sind." „Spielen Sie vielleicht auf den Vorfall in der letzten Sitzung an, durch den ich Ihre Rede störte?", fragte die Frau. „Natürlich", sagte K., „heute ist es ja schon vorüber und fast vergessen, aber damals hat es mich geradezu wütend gemacht. Und nun sagen Sie selbst, dass Sie eine verheiratete Frau sind." „Es war nicht zu Ihrem Nachteil, dass ihre Rede abgebrochen wurde. Man hat nachher noch sehr ungünstig über sie geurteilt." „Mag sein", sagte K. ablenkend, „aber Sie entschuldigt das nicht." „Ich bin vor allen entschuldigt, die mich kennen", sagte die Frau, „der, welcher mich damals umarmt hat, verfolgt mich schon seit langem. Ich mag im Allgemeinen nicht verlockend sein, für ihn bin ich es aber. Es gibt hierfür keinen Schutz, auch mein Mann hat sich schon damit abgefunden, will er seine Stellung behalten, muss er es dulden, denn jener Mann ist Student und wird voraussichtlich zu größerer Macht kommen. Er ist immerfort hinter mir her, gerade ehe Sie kamen, ist er fortgegangen." „Es passt zu allem anderen", sagte K. „es überrascht mich nicht." „Sie wollen hier wohl einiges verbessern?", fragte die Frau langsam und prüfend, als sage sie etwas, was sowohl für sie als für K. gefährlich war. „Ich habe das schon aus Ihrer Rede geschlossen, die mir persönlich sehr gut gefallen hat. Ich habe allerdings nur einen Teil gehört, den Anfang habe ich versäumt und während des Schlusses lag ich mit dem Studenten auf dem Boden. – Es ist ja so widerlich hier", sagte sie nach einer Pause und fasste K.s Hand. „Glauben Sie, dass es Ihnen gelingen wird, eine Besserung zu erreichen?" K. lächelte und drehte seine Hand ein wenig in ihren weichen Händen. „Eigentlich", sagte er, „bin ich nicht dazu angestellt, Besserungen hier zu erreichen, wie Sie sich ausdrücken, und wenn Sie es zum Beispiel dem Untersuchungsrichter sagten, würden Sie ausgelacht oder bestraft werden. Tatsächlich hätte ich mich auch aus freiem Willen in diese Dinge gewiss nicht eingemischt, und meinen Schlaf hätte die Verbesserungsbedürftigkeit dieses Gerichtswesens niemals gestört. Aber ich bin dadurch, dass ich angeblich verhaftet wurde – ich bin nämlich verhaftet –, gezwungen worden, hier einzugreifen, und zwar um meinetwillen. Wenn ich aber dabei auch Ihnen irgendwie nützlich sein kann, werde ich es natürlich sehr gerne tun. Nicht etwa nur aus Nächstenliebe, sondern außerdem deshalb, weil auch Sie mir helfen können." „Wie könnte ich denn das?", fragte die Frau. „Indem Sie mir zum Beispiel die Bücher dort auf dem Tisch zeigen." „Aber gewiss", rief die Frau und zog ihn eiligst hinter sich her. Es waren alte, abgegriffene Bücher, ein Einbanddeckel war in der Mitte fast zerbrochen, die Stücke hingen nur durch Fasern zusammen. „Wie schmutzig hier alles ist", sagte K. kopfschüttelnd, und die Frau wischte mit ihrer Schürze, ehe K. nach den Büchern greifen konnte, wenigstens oberflächlich den Staub weg. K. schlug das oberste Buch auf, es erschien ein unanständiges Bild. Ein Mann und eine Frau saßen nackt auf einem Kanapee, die gemeine Absicht des Zeichners war deutlich zu erkennen, aber seine Ungeschicklichkeit war so groß gewesen, dass schließlich doch nur ein Mann und eine Frau zu sehen waren, die allzu körperlich aus dem Bilde hervorragten, übermäßig aufrecht dasaßen und sich infolge falscher Perspektive nur mühsam einander zuwendeten. K. blätterte nicht weiter, sondern schlug nur noch das Titelblatt des zweiten Buches auf, es war ein Roman mit dem Titel: „Die Plagen, welche Grete von ihrem Manne Hans zu erleiden hatte." „Das sind die Gesetzbücher, die hier studiert werden", sagte K., „von solchen Menschen soll ich gerichtet werden." „Ich werde Ihnen helfen", sagte die Frau. „Wollen Sie?" „Könnten Sie denn das wirklich, ohne sich selbst in Gefahr zu bringen? Sie sagten doch vorhin, Ihr Mann sei sehr abhängig von Vorgesetzten." „Trotzdem will ich Ihnen helfen", sagte die Frau, „kommen Sie, wir müssen es besprechen. Über meine Gefahr reden Sie nicht mehr, ich fürchte die Gefahr nur dort, wo ich sie fürchten will. Kommen Sie." Sie zeigte auf das Podium und bat ihn, sich mit ihr auf die Stufe zu setzen. „Sie haben schöne dunkle Augen", sagte sie, nachdem sie sich gesetzt hatten, und sah K. von unten ins Gesicht, „man sagt mir, ich hätte auch schöne Augen, aber Ihre sind viel schöner. Sie fielen mir übrigens gleich damals auf, als Sie zum ersten Mal hier eintraten. Sie waren auch der Grund, warum ich dann später hierher ins Versammlungszimmer ging, was ich sonst niemals tue und was mir sogar gewissermaßen verboten ist." Das ist also alles, dachte K., sie bietet sich mir an, sie ist verdorben wie alle hier ringsherum, sie hat die Gerichtsbeamten satt, was ja begreiflich ist, und begrüßt deshalb jeden beliebigen Fremden mit einem Kompliment wegen seiner Augen. Und K. stand stillschweigend auf, als hätte er seine Gedanken laut ausgesprochen und dadurch der Frau sein Verhalten erklärt. „Ich glaube nicht, dass Sie mir helfen können", sagte er, „um mir wirklich zu helfen, müsste man Beziehungen zu hohen Beamten haben. Sie aber kennen gewiss nur die niedrigen Angestellten, die sich hier in Mengen herumtreiben. Diese kennen Sie gewiss sehr gut und könnten bei ihnen auch manches durchsetzen, das bezweifle ich nicht, aber das Größte, was man bei ihnen durchsetzen könnte, wäre für den endgültigen Ausgang des Prozesses gänzlich belanglos. Sie aber hätten sich dadurch doch einige Freunde verscherzt. Das will ich nicht. Führen Sie ihr bisheriges Verhältnis zu diesen Leuten weiter, es scheint mir nämlich, dass es Ihnen unentbehrlich ist. Ich sage das nicht ohne Bedauern, denn, um Ihr Kompliment doch auch irgendwie zu erwidern, auch Sie gefallen mir gut, besonders wenn Sie mich wie jetzt so traurig ansehen, wozu übrigens für Sie gar kein Grund ist. Sie gehören zu der Gesellschaft, die ich bekämpfen muss, befinden sich aber in ihr sehr wohl, Sie lieben sogar den Studenten, und wenn Sie ihn nicht lieben, so ziehen Sie ihn doch wenigstens Ihrem Manne vor. Das konnte man aus Ihren Worten leicht erkennen." „Nein!", rief sie, blieb sitzen und griff nach K.s Hand, die er ihr nicht rasch genug entzog. „Sie dürfen jetzt nicht weggehen, Sie dürfen nicht mit einem falschen Urteil über mich weggehen! Brächten Sie es wirklich zustande, jetzt wegzugehen? Bin ich wirklich so wertlos, dass Sie mir nicht einmal den Gefallen tun wollen, noch ein kleines Weilchen hierzubleiben?" „Sie missverstehen mich", sagte K. und setzte sich, „wenn Ihnen wirklich daran liegt, dass ich hierbleibe, bleibe ich gern, ich habe ja Zeit, ich kam doch in der Erwartung her, dass heute eine Verhandlung sein werde. Mit dem, was ich früher sagte, wollte ich Sie nur bitten, in meinem Prozess nichts für mich zu unternehmen. Aber auch das muss Sie nicht kränken, wenn Sie bedenken, dass mir am Ausgang des Prozesses gar nichts liegt und dass ich über eine Verurteilung nur lachen werde. Vorausgesetzt, dass es überhaupt zu einem wirklichen Abschluss des Prozesses kommt, was ich sehr bezweifle. Ich glaube vielmehr, dass das Verfahren infolge Faulheit oder Vergesslichkeit oder vielleicht sogar infolge Angst der Beamtenschaft schon abgebrochen ist oder in der nächsten Zeit abgebrochen werden wird. Möglich ist allerdings auch, dass man in Hoffnung auf irgendeine größere Bestechung den Prozess scheinbar weiterführen wird, ganz vergeblich, wie ich heute schon sagen kann, denn ich besteche niemanden. Es wäre immerhin eine Gefälligkeit, die Sie mir leisten könnten, wenn Sie dem Untersuchungsrichter oder irgendjemandem sonst, der wichtige Nachrichten gern verbreitet, mitteilten, dass ich niemals und durch keine Kunststücke, an denen die Herren wohl reich sind, zu einer Bestechung zu bewegen sein werde. Es wäre ganz aussichtslos, das können Sie ihnen offen sagen. Übrigens wird man es vielleicht selbst schon bemerkt haben, und selbst wenn dies nicht sein sollte, liegt mir gar nicht so viel daran, dass man es jetzt schon erfährt. Es würde ja dadurch den Herren nur Arbeit erspart werden, allerdings auch mir einige Unannehmlichkeiten, die ich aber gern auf mich nehme, wenn ich weiß, dass jede gleichzeitig ein Hieb für die anderen ist. Und dass es so wird, dafür will ich sorgen. Kennen Sie eigentlich den Untersuchungsrichter?" „Natürlich", sagte die Frau, „an den dachte ich sogar zuerst, als ich Ihnen Hilfe anbot. Ich wusste nicht, dass er nur ein niedriger Beamter ist, aber da Sie es sagen, wird es wahrscheinlich richtig sein. Trotzdem glaube ich, dass der Bericht, den er nach oben liefert, immerhin einigen Einfluss hat. Und er schreibt so viel Berichte. Sie sagen, dass die Beamten faul sind, alle gewiss nicht, besonders dieser Untersuchungsrichter nicht, er schreibt sehr viel. Letzten Sonntag zum Beispiel dauerte die Sitzung bis gegen Abend. Alle Leute gingen weg, der Untersuchungsrichter aber blieb im Saal, ich musste ihm eine Lampe bringen, ich hatte nur eine kleine Küchenlampe, aber er war mit ihr zufrieden und fing gleich zu schreiben an. Inzwischen war auch mein Mann gekommen, der an jenem Sonntag gerade Urlaub hatte, wir holten die Möbel, richteten wieder unser Zimmer ein, es kamen dann noch Nachbarn, wir unterhielten uns noch bei einer Kerze, kurz, wir vergaßen den Untersuchungsrichter und gingen schlafen. Plötzlich in der Nacht, es muss schon tief in der Nacht gewesen sein, wache ich auf, neben dem Bett steht der Untersuchungsrichter und blendet die Lampe mit der Hand ab, sodass auf meinen Mann kein Licht fällt, es war unnötige Vorsicht, mein Mann hat einen solchen Schlaf, dass ihn auch das Licht nicht geweckt hätte. Ich war so erschrocken, dass ich fast geschrien hätte, aber der Untersuchungsrichter war sehr freundlich, ermahnte mich zur Vorsicht, flüsterte mir zu, dass er bis jetzt geschrieben habe, dass er mir jetzt die Lampe zurückbringe und dass er niemals den Anblick vergessen werde, wie er mich schlafend gefunden habe. Mit dem allem wollte ich Ihnen nur sagen, dass der Untersuchungsrichter tatsächlich viele Berichte schreibt, insbesondere über Sie, denn Ihre Einvernahme war gewiss einer der Hauptgegenstände der sonntäglichen Sitzung. Solche langen Berichte können aber doch nicht ganz bedeutungslos sein. Außerdem aber können Sie doch auch aus dem Vorfall sehen, dass sich der Untersuchungsrichter um mich bewirbt und dass ich gerade jetzt in der ersten Zeit, er muss mich überhaupt erst jetzt bemerkt haben, großen Einfluss auf ihn haben kann. Dass ihm viel an mir liegt, dafür habe ich jetzt auch noch an-

dere Beweise. Er hat mir gestern durch den Studenten, zu dem er viel Vertrauen hat und der sein Mitarbeiter ist, seidene Strümpfe zum Geschenk geschickt, angeblich dafür, dass ich das Sitzungszimmer aufräume, aber das ist nur ein Vorwand, denn diese Arbeit ist doch nur meine Pflicht und für sie wird mein Mann bezahlt. Es sind schöne Strümpfe, sehen Sie" – sie streckte die Beine, zog die Röcke bis zum Knie hinauf und sah auch selbst die Strümpfe an – „es sind schöne Strümpfe, aber doch eigentlich zu fein und für mich nicht geeignet."
Plötzlich unterbrach sie sich, legte ihre Hand auf K.s Hand, als wolle sie ihn beruhigen, und flüsterte: „Still, Berthold sieht uns zu." K. hob langsam den Blick. In der Tür des Sitzungszimmers stand ein junger Mann, er war klein, hatte nicht ganz gerade Beine und suchte sich durch einen kurzen, schütteren, rötlichen Vollbart, in dem er die Finger fortwährend herumführte, Würde zu geben. K. sah ihn neugierig an, es war ja der erste Student der unbekannten Rechtswissenschaft, dem er gewissermaßen menschlich begegnete, ein Mann, der wahrscheinlich auch einmal zu höheren Beamtenstellen gelangen würde. Der Student dagegen kümmerte sich um K. scheinbar gar nicht, er winkte nur mit einem Finger, den er für einen Augenblick aus seinem Barte zog, der Frau und ging zum Fenster, die Frau beugte sich zu K. und flüsterte: „Seien Sie mir nicht böse, ich bitte Sie vielmals, denken Sie auch nicht schlecht von mir, ich muss jetzt zu ihm gehen, zu diesem scheußlichen Menschen, sehen Sie nur seine krummen Beine an. Aber ich komme gleich zurück, und dann gehe ich mit Ihnen, wenn Sie mich mitnehmen, ich gehe, wohin Sie wollen, Sie können mit mir tun, was sie wollen, ich werde glücklich sein, wenn ich von hier für möglichst lange Zeit fort bin, am liebsten allerdings für immer." Sie streichelte noch K.s Hand, sprang auf und lief zum Fenster. Unwillkürlich haschte noch K. nach ihrer Hand ins Leere. Die Frau verlockte ihn wirklich, er fand trotz allem Nachdenken keinen haltbaren Grund dafür, warum er der Verlockung nicht nachgeben sollte. Den flüchtigen Einwand, dass ihn die Frau für das Gericht einfange,

wehrte er ohne Mühe ab. Auf welche Weise konnte sie ihn einfangen? Blieb er nicht immer so frei, dass er das ganze Gericht, wenigstens soweit es ihn betraf, sofort zerschlagen konnte? Konnte er nicht dieses geringe Vertrauen zu sich haben? Und ihr Anerbieten einer Hilfe klang aufrichtig und war vielleicht nicht wertlos. Und es gab vielleicht keine bessere Rache an dem Untersuchungsrichter und seinem Anhang, als dass er ihnen diese Frau entzog und an sich nahm. Es könnte sich dann einmal der Fall ereignen, dass der Untersuchungsrichter nach mühevoller Arbeit an Lügenberichten über K. in später Nacht das Bett der Frau leer fand. Und leer deshalb, weil sie K. gehörte, weil diese Frau am Fenster, dieser üppige, gelenkige, warme Körper im dunklen Kleid aus grobem, schwerem Stoff, durchaus nur K. gehörte.

Nachdem er auf diese Weise die Bedenken gegen die Frau beseitigt hatte, wurde ihm das leise Zwiegespräch am Fenster zu lang, er klopfte mit den Knöcheln auf das Podium und dann auch mit der Faust. Der Student sah kurz über die Schulter der Frau hinweg nach K. hin, ließ sich aber nicht stören, ja drückte sich sogar eng an die Frau und umfasste sie. Sie senkte tief den Kopf, als höre sie ihm aufmerksam zu, er küsste sie, als sie sich bückte, laut auf den Hals, ohne sich im Reden wesentlich zu unterbrechen. K. sah darin die Tyrannei bestätigt, die der Student nach den Klagen der Frau über sie ausübte, stand auf und ging im Zimmer auf und ab. Er überlegte unter Seitenblicken nach dem Studenten, wie er ihn möglichst schnell wegschaffen könnte, und es war ihm daher nicht unwillkommen, als der Student, offenbar gestört durch K.s Herumgehen, das schon zeitweilig zu einem Trampeln ausgeartet war, bemerkte: „Wenn Sie ungeduldig sind, können Sie weggehen. Sie hätten auch schon früher weggehen können, es hätte Sie niemand vermisst. Ja, Sie hätten sogar weggehen sollen, und zwar schon bei meinem Eintritt, und zwar schleunigst." Es mochte in dieser Bemerkung alle mögliche Wut zum Ausdruck kommen, jedenfalls lag darin aber auch der Hochmut des künftigen Gerichtsbeamten, der zu einem missliebigen Angeklagten sprach. K. blieb ganz nahe bei ihm stehen und sagte lächelnd: „Ich bin ungeduldig, das ist richtig, aber diese Ungeduld wird am leichtesten dadurch zu beseitigen sein, dass Sie uns verlassen. Wenn Sie aber vielleicht hergekommen sind, um zu studieren – ich hörte, dass Sie Student sind –, so will ich Ihnen gerne Platz machen und mit der Frau weggehen. Sie werden übrigens noch viel studieren müssen, ehe Sie Richter werden. Ich kenne zwar Ihr Gerichtswesen noch nicht sehr genau, nehme aber an, dass es mit groben Reden allein, die Sie allerdings schon unverschämt gut zu führen wissen, noch lange nicht getan ist.“ „Man hätte ihn nicht so frei herumlaufen lassen sollen“, sagte der Student, als wolle er der Frau eine Erklärung für K.s beleidigende Rede geben, „es war ein Missgriff. Ich habe es dem Untersuchungsrichter gesagt. Man hätte ihn zwischen den Verhören zumindest in seinem Zimmer halten sollen. Der Untersuchungsrichter ist manchmal unbegreiflich.“ „Unnütze Reden“, sagte K. und streckte die Hand nach der Frau aus, „kommen Sie.“ „Ach so“, sagte der Student, „nein, nein, die bekommen Sie nicht“, und mit einer Kraft, die man ihm nicht zugetraut hätte, hob er sie auf einen Arm und lief mit gebeugtem Rükken, zärtlich zu ihr aufsehend, zur Tür. Eine gewisse Angst vor K. war hierbei nicht zu verkennen, trotzdem wagte er es, K. noch zu reizen, indem er mit der freien Hand den Arm der Frau streichelte und drückte. K. lief ein paar Schritte neben ihm her, bereit ihn zu fassen und, wenn es sein musste, zu würgen, da sagte die Frau: „Es hilft nichts, der Untersuchungsrichter lässt mich holen, ich darf nicht mit Ihnen gehen, dieses kleine Scheusal“, sie fuhr hierbei dem Studenten mit der Hand übers Gesicht, „dieses kleine Scheusal lässt mich nicht.“ „Und Sie wollen nicht befreit werden!“, schrie K. und legte die Hand auf die Schulter des Studenten, der mit den Zähnen nach ihr schnappte. „Nein!“, rief die Frau und wehrte K. mit beiden Händen ab, „nein, nein, nur das nicht, woran denken Sie denn! Das wäre mein Verderben. Lassen Sie ihn doch, o bitte, lassen Sie ihn doch. Er führt ja nur den Befehl des Untersuchungsrichters aus und trägt mich zu ihm.“ „Dann mag er laufen und Sie will ich nie mehr sehen", sagte K. wütend vor Enttäuschung und gab dem Studenten einen Stoß in den Rükken, dass er kurz stolperte, um gleich darauf, vor Vergnügen darüber, dass er nicht gefallen war, mit seiner Last desto höher zu springen. K. ging ihnen langsam nach, er sah ein, dass das die erste zweifellose Niederlage war, die er von diesen Leuten erfahren hatte. Es war natürlich kein Grund, sich deshalb zu ängstigen, er erhielt die Niederlage nur deshalb, weil er den Kampf aufsuchte. Wenn er zu Hause bliebe und sein gewohntes Leben führte, war er jedem dieser Leute tausendfach überlegen und konnte jeden mit einem Fußtritt von seinem Wege räumen. Und er stellte sich die allerlächerlichste Szene vor, die es zum Beispiel geben würde, wenn dieser klägliche Student, dieses aufgeblasene Kind, dieser krumme Bartträger vor Elsas Bett knien und mit gefalteten Händen um Gnade bitten würde. K. gefiel diese Vorstellung so, dass er beschloss, wenn sich nur irgendeine Gelegenheit dafür ergeben sollte, den Studenten einmal zu Elsa mitzunehmen.

Aus Neugierde eilte K. noch zur Tür, er wollte sehen, wohin die Frau getragen wurde, der Student würde sie doch nicht etwa über die Straßen auf dem Arm tragen Es zeigte sich, dass der Weg viel kürzer war. Gleich gegenüber der Wohnung führte eine schmale hölzerne Treppe wahrscheinlich zum Dachboden, sie machte eine Wendung, sodass man ihr Ende nicht sah. Über diese Treppe trug der Student die Frau hinauf, schon sehr langsam und stöhnend, denn er war durch das bisherige Laufen geschwächt. Die Frau grüßte mit der Hand zu K. hinunter und suchte durch Auf- und Abziehen der Schultern zu zeigen, dass sie an der Entführung unschuldig sei, viel Bedauern lag aber in dieser Bewegung nicht. K. sah sie ausdruckslos wie eine Fremde an, er wollte weder verraten, dass er enttäuscht war, noch auch, dass er die Enttäuschung leicht überwinden könne.

Die zwei waren schon verschwunden, K. aber stand noch immer in der Tür. Er musste annehmen, dass ihn die Frau nicht nur betrogen, sondern mit der Angabe, dass sie zum Untersuchungsrichter getragen werde, auch belogen habe. Der Untersuchungsrichter würde doch nicht auf dem Dachboden sitzen und warten. Die Holztreppe erklärte nichts, solange man sie auch ansah. Da bemerkte K. einen kleinen Zettel neben dem Aufgang, ging hinüber und las in einer kindlichen, ungeübten Schrift: „Aufgang zu den Gerichtskanzleien." Hier auf dem Dachboden dieses Miethauses waren also die Gerichtskanzleien? Das war keine Einrichtung, die viel Achtung einzuflößen imstande war, und es war für einen Angeklagten beruhigend, sich vorzustellen, wie wenig Geldmittel diesem Gericht zur Verfügung standen, wenn es seine Kanzleien dort unterbrachte, wo die Mietsparteien, die schon selbst zu den Ärmsten gehörten, ihren unnützen Kram hinwarfen. Allerdings war es nicht ausgeschlossen, dass man Geld genug hatte, dass aber die Beamtenschaft sich darüber warf, ehe es für Gerichtszwecke verwendet wurde. Das war nach den bisherigen Erfahrungen K.s sogar sehr wahrscheinlich, nur war dann eine solche Verlotterung des Gerichtes für einen Angeklagten zwar entwürdigend, aber im Grunde noch beruhigender, als es die Armut des Gerichtes gewesen wäre. Nun war es K. auch begreiflich, dass man sich beim ersten Verhör schämte, den Angeklagten auf den Dachboden vorzuladen, und es vorzog, ihn in seiner Wohnung zu belästigen. In welcher Stellung befand sich doch K. gegenüber dem Richter, der auf dem Dachboden saß, während er selbst in der Bank ein großes Zimmer mit einem Vorzimmer hatte und durch eine riesige Fensterscheibe auf den belebten Stadtplatz hinuntersehen konnte! Allerdings hatte er keine Nebeneinkünfte aus Bestechungen oder Unterschlagungen und konnte sich auch vom Diener keine Frau auf dem Arm ins Büro tragen lassen. Darauf wollte K. aber, wenigstens in diesem Leben, gerne verzichten.

K. stand noch vor dem Anschlagzettel, als ein Mann die Treppe heraufkam, durch die offene Tür ins Wohnzimmer sah, aus dem man auch das Sitzungszimmer sehen konnte, und schließlich K. fragte, ob er hier nicht vor kurzem eine Frau gesehen habe. „Sie sind der Gerichtsdiener, nicht?“, fragte K. „Ja“, sagte der Mann, „ach so, Sie sind der Angeklagte K., jetzt erkenne ich Sie auch, seien Sie willkommen.“ Und er reichte K., der es gar nicht erwartet hatte, die Hand. „Heute ist aber keine Sitzung angezeigt“, sagte dann der Gerichtsdiener, als K. schwieg. „Ich weiß“, sagte K. und betrachtete den Zivilrock des Gerichtsdieners, der als einziges amtliches Abzeichen neben einigen gewöhnlichen Knöpfen auch zwei vergoldete Knöpfe aufwies, die von einem alten Offiziersmantel abgetrennt zu sein schienen. „Ich habe vor einem Weilchen mit Ihrer Frau gesprochen. Sie ist nicht mehr hier. Der Student hat sie zum Untersuchungsrichter getragen.“ „Sehen Sie“, sagte der Gerichtsdiener, „immer trägt man sie mir weg. Heute ist doch Sonntag, und ich bin zu keiner Arbeit verpflichtet, aber nur, um mich von hier zu entfernen, schickt man mich mit einer jedenfalls unnützen Meldung weg. Und zwar schickt man mich nicht weit weg, sodass ich die Hoffnung habe, wenn ich mich sehr beeile, vielleicht noch rechtzeitig zurückzukommen. Ich laufe also, so sehr ich kann, schreie dem Amt, zu dem ich geschickt wurde, meine Meldung durch den Türspalt so atemlos zu, dass man sie kaum verstanden haben wird, laufe wieder zurück, aber der Student hat sich noch mehr beeilt als ich, er hatte allerdings auch einen kürzeren Weg, er musste nur die Bodentreppe hinunterlaufen. Wäre ich nicht so abhängig, ich hätte den Studenten schon längst hier an der Wand zerdrückt. Hier neben dem Anschlagzettel. Davon träume ich immer. Hier, ein wenig über dem Fußboden, ist er festgedrückt, die Arme gestreckt, die Finger gespreizt, die krummen Beine zum Kreis gedreht, und ringsherum Blutspritzer. Bisher war es aber nur Traum.“ „Eine andere Hilfe gibt es nicht?“, fragte K. lächelnd. „Ich wüsste keine“, sagte der Gerichtsdiener. „Und jetzt wird es ja noch ärger, bisher hat er sie nur zu sich getragen, jetzt trägt er sie, was ich allerdings längst erwartet habe, auch zum Untersuchungsrichter.“ „Hat denn Ihre Frau gar keine Schuld dabei?“, fragte K., er musste sich bei dieser Frage bezwingen, so sehr fühlte auch er jetzt die Eifersucht. „Aber gewiss“, sagte der Gerichtsdiener

„sie hat sogar die größte Schuld. Sie hat sich ja an ihn gehängt. Was ihn betrifft, er läuft allen Weibern nach. In diesem Hause allein ist er schon aus fünf Wohnungen, in die er sich eingeschlichen hat, hinausgeworfen worden. Meine Frau ist allerdings die Schönste im ganzen Haus, und gerade ich darf mich nicht wehren." „Wenn es sich so verhält, dann gibt es allerdings keine Hilfe", sagte K. „Warum denn nicht?", fragte der Gerichtsdiener. „Man müsste den Studenten, der ein Feigling ist, einmal, wenn er meine Frau anrühren will, so durchprügeln, dass er es niemals mehr wagt. Aber ich darf es nicht, und andere machen mir den Gefallen nicht, denn alle fürchten seine Macht. Nur ein Mann wie Sie könnte es tun." „Wieso denn ich?", fragte K. erstaunt. „Sie sind doch angeklagt", sagte der Gerichtsdiener. „Ja", sagte K., „aber desto mehr müsste ich doch fürchten, dass er, wenn auch vielleicht nicht Einfluss auf den Ausgang des Prozesses, so doch wahrscheinlich auf die Voruntersuchung hat." „Ja, gewiss", sagte der Gerichtsdiener, als sei die Ansicht K.s genauso richtig wie seine eigene. „Es werden aber bei uns in der Regel keine aussichtslosen Prozesse geführt." „Ich bin nicht Ihrer Meinung", sagte K., „das soll mich aber nicht hindern, gelegentlich den Studenten in Behandlung zu nehmen." „Ich wäre Ihnen sehr dankbar", sagte der Gerichtsdiener etwas förmlich, er schien eigentlich doch nicht an die Erfüllbarkeit seines höchsten Wunsches zu glauben. „Es würden vielleicht", fuhr K. fort, „auch noch andere Ihrer Beamten und vielleicht sogar alle das Gleiche verdienen." „Ja, ja", sagte der Gerichtsdiener, als handle es sich um etwas Selbstverständliches. Dann sah er K. mit einem zutraulichen Blick an, wie er es bisher trotz aller Freundlichkeit nicht getan hatte, und fügte hinzu: „Man rebelliert eben immer." Aber das Gespräch schien ihm doch ein wenig unbehaglich geworden zu sein, denn er brach es ab, indem er sagte: „Jetzt muss ich mich in der Kanzlei melden. Wollen Sie mitkommen?" „Ich habe dort nichts zu tun", sagte K. „Sie können die Kanzleien ansehen. Es wird sich niemand um Sie kümmern." „Ist es denn sehenswert?", fragte K. zögernd, hatte aber große Lust mitzugehen. „Nun“, sagte der Gerichtsdiener, „ich dachte, es würde Sie interessieren.“ „Gut“, sagte K. schließlich, „ich gehe mit.“ Und er lief schneller als der Gerichtsdiener die Treppe hinauf.

Beim Eintritt wäre er fast hingefallen, denn hinter der Tür war noch eine Stufe. „Auf das Publikum nimmt man nicht viel Rücksicht“, sagte er. „Man nimmt überhaupt keine Rücksicht“, sagte der Gerichtsdiener, „sehen Sie nur hier das Wartezimmer.“ Es war ein langer Gang, von dem aus roh gezimmerte Türen zu den einzelnen Abteilungen des Dachbodens führten. Obwohl kein unmittelbarer Lichtzutritt bestand, war es doch nicht vollständig dunkel, denn manche Abteilungen hatten gegen den Gang zu statt einheitlicher Bretterwände bloße, allerdings bis zur Decke reichende Holzgitter, durch die einiges Licht drang und durch die man auch einzelne Beamte sehen konnte, wie sie an Tischen schrieben oder geradezu am Gitter standen und durch die Lücken die Leute auf dem Gang beobachteten. Es waren, wahrscheinlich weil Sonntag war, nur wenig Leute auf dem Gang. Sie machten einen sehr bescheidenen Eindruck. In fast regelmäßigen Entfernungen voneinander saßen sie auf den zwei Reihen langer Holzbänke, die zu beiden Seiten des Ganges angebracht waren. Alle waren vernachlässigt angezogen, obwohl die meisten nach dem Gesichtsausdruck, der Haltung, der Barttracht und vielen, kaum sicherzustellenden kleinen Einzelheiten den höheren Klassen angehörten. Da keine Kleiderhaken vorhanden waren, hatten sie die Hüte, wahrscheinlich einer dem Beispiel des anderen folgend, unter die Bank gestellt. Als die, welche zunächst der Tür saßen, K. und den Gerichtsdiener erblickten, erhoben sie sich zum Gruß, da das die Folgenden sahen, glaubten sie auch grüßen zu müssen, sodass alle beim Vorbeigehen der beiden sich erhoben. Sie standen niemals vollständig aufrecht, der Rücken war geneigt, die Knie geknickt, sie standen wie Straßenbettler. K. wartete auf den ein wenig hinter ihm gehenden Gerichtsdiener und sagte: „Wie gedemütigt die sein müssen.“ „Ja“, sagte der Gerichtsdiener, „es sind Angeklagte, alle, die Sie hier sehn, sind Angeklagte." „Wirklich!", sagte K. „Dann sind es ja meine Kollegen." Und er wandte sich an den nächsten, einen großen, schlanken, schon fast grauhaarigen Mann. „Worauf warten Sie hier?", fragte K. höflich. Die unerwartete Ansprache aber machte den Mann verwirrt, was umso peinlicher aussah, da es sich offenbar um einen welterfahrenen Menschen handelte, der anderswo gewiss sich zu beherrschen verstand und die Überlegenheit, die er sich über viele erworben hatte, nicht leicht aufgab. Hier aber wusste er auf eine so einfache Frage nicht zu antworten und sah auf die anderen hin, als seien sie verpflichtet ihm zu helfen, und als könne niemand von ihm eine Antwort verlangen, wenn diese Hilfe ausbliebe. Da trat der Gerichtsdiener hinzu und sagte, um den Mann zu beruhigen und aufzumuntern: „Der Herr hier fragt ja nur, worauf Sie warten. Antworten Sie doch." Die ihm wahrscheinlich bekannte Stimme des Gerichtsdieners wirkte besser: „Ich warte –" begann er und stockte. Offenbar hatte er diesen Anfang gewählt, um ganz genau auf die Fragestellung zu antworten, fand aber jetzt die Fortsetzung nicht. Einige der Wartenden hatten sich genähert und umstanden die Gruppe, der Gerichtsdiener sagte zu ihnen: „Weg, weg, macht den Gang frei." Sie wichen ein wenig zurück, aber nicht bis zu ihren früheren Sitzen. Inzwischen hatte sich der Gefragte gesammelt und antwortete sogar mit einem kleinen Lächeln: „Ich habe vor einem Monat einige Beweisanträge in meiner Sache gemacht und warte auf die Erledigung." „Sie scheinen sich ja viele Mühe zu geben", sagte K. „Ja", sagte der Mann, „es ist ja meine Sache." „Jeder denkt nicht so wie Sie", sagte K., „ich zum Beispiel bin auch angeklagt, habe aber, so wahr ich selig werden will, weder einen Beweisantrag gestellt, noch auch sonst irgendetwas Derartiges unternommen. Halten Sie denn das für nötig?" „Ich weiß nicht genau", sagte der Mann wieder in vollständiger Unsicherheit; er glaubte offenbar, K. mache mit ihm einen Scherz, deshalb hätte er wahrscheinlich am liebsten, aus Furcht, irgendeinen neuen Fehler zu machen, seine frühere Antwort ganz wiederholt, vor K.s ungeduldigem Blick aber sagte er nur: „Was mich betrifft, ich habe Beweisanträge gestellt." „Sie glauben wohl nicht, dass ich angeklagt bin?", fragte K. „O bitte, gewiss", sagte der Mann, und trat ein wenig zur Seite, aber in der Antwort war nicht Glaube, sondern nur Angst. „Sie glauben mir also nicht?", fragte K. und fasste ihn, unbewusst durch das demütige Wesen des Mannes aufgefordert, beim Arm, als wolle er ihn zum Glauben zwingen. Aber er wollte ihm nicht Schmerz bereiten, hatte ihn auch nur ganz leicht angegriffen, trotzdem schrie der Mann auf, als habe K. ihn nicht mit zwei Fingern, sondern mit einer glühenden Zange erfasst. Dieses lächerliche Schreien machte ihn K. endgültig überdrüssig; glaubte man ihm nicht, dass er angeklagt war, so war es desto besser; vielleicht hielt er ihn sogar für einen Richter. Und er fasste ihn nun zum Abschied wirklich fester, stieß ihn auf die Bank zurück und ging weiter. „Die meisten Angeklagten sind so empfindlich", sagte der Gerichtsdiener. Hinter ihnen sammelten sich jetzt fast alle Wartenden um den Mann, der schon zu schreien aufgehört hatte, und schienen ihn über den Zwischenfall genau auszufragen. K. entgegen kam jetzt ein Wächter, der hauptsächlich an einem Säbel kenntlich war, dessen Scheide, wenigstens der Farbe nach, aus Aluminium bestand. K. staunte darüber und griff sogar mit der Hand hin. Der Wächter, der wegen des Schreiens gekommen war, fragte nach dem Vorgefallenen. Der Gerichtsdiener suchte ihn mit einigen Worten zu beruhigen, aber der Wächter erklärte, doch noch selbst nachsehen zu müssen, salutierte und ging weiter mit sehr eiligen, aber sehr kurzen, wahrscheinlich durch Gicht abgemessenen Schritten.

K. kümmerte sich nicht lange um ihn und die Gesellschaft auf dem Gang, besonders da er etwa in der Hälfte des Ganges die Möglichkeit sah, rechts durch eine türlose Öffnung einzubiegen. Er verständigte sich mit dem Gerichtsdiener darüber, ob das der richtige Weg sei, der Gerichtsdiener nickte, und K. bog nun wirklich dort ein. Es war ihm lästig, dass er immer einen oder zwei Schritte vor dem Gerichtsdiener gehen musste, es konnte wenigstens an diesem Ort den Anschein haben, als ob er verhaftet vorgeführt werde. Er wartete also öfters auf den Gerichtsdiener, aber dieser blieb gleich wieder zurück. Schließlich sagte K., um seinem Unbehagen ein Ende zu machen: „Nun habe ich gesehen, wie es hier aussieht, ich will jetzt weggehen.“ „Sie haben noch nicht alles gesehen“, sagte der Gerichtsdiener vollständig unverfänglich. „Ich will nicht alles sehen“, sagte K., der sich übrigens wirklich müde fühlte, „ich will gehen, wie kommt man zum Ausgang?“ „Sie haben sich doch nicht schon verirrt?“, fragte der Gerichtsdiener erstaunt, „Sie gehen hier bis zur Ecke und dann rechts den Gang hinunter geradeaus zur Tür.“ „Kommen Sie mit“, sagte K., „zeigen Sie mir den Weg, ich werde ihn verfehlen, es sind hier so viele Wege.“ „Es ist der einzige Weg“, sagte der Gerichtsdiener nun schon vorwurfsvoll, „ich kann nicht wieder mit Ihnen zurückgehen, ich muss doch meine Meldung vorbringen und habe schon viel Zeit durch Sie versäumt.“ „Kommen Sie mit!“, wiederholte K. jetzt schärfer, als habe er endlich den Gerichtsdiener auf einer Unwahrheit ertappt. „Schreien Sie doch nicht so“, flüsterte der Gerichtsdiener, „es sind ja hier überall Büros. Wenn Sie nicht allein zurückgehen wollen, so gehen Sie noch ein Stückchen mit mir oder warten Sie hier, bis ich meine Meldung erledigt habe, dann will ich ja gern mit Ihnen wieder zurückgehen.“ „Nein, nein“, sagte K., „ich werde nicht warten und Sie müssen jetzt mit mir gehen.“ K. hatte sich noch gar nicht in dem Raum umgesehen, in dem er sich befand, erst als jetzt eine der vielen Holztüren, die ringsherum standen, sich öffnete, blickte er hin. Ein Mädchen, das wohl durch K.s lautes Sprechen herbeigerufen war, trat ein und fragte: „Was wünscht der Herr?“ Hinter ihr in der Ferne sah man im Halbdunkel noch einen Mann sich nähern. K. blickte den Gerichtsdiener an. Dieser hatte doch gesagt, dass sich niemand um K. kümmern werde, und nun kamen schon zwei, es brauchte nur wenig und die Beamtenschaft wurde auf ihn aufmerksam, würde eine Erklärung seiner Anwesenheit haben wollen. Die einzig verständliche und annehmbare war die, dass er Angeklagter war und das Datum des nächsten Verhörs erfahren wollte, gerade diese Erklärung aber wollte er nicht geben, besonders da sie auch nicht wahrheitsgemäß war, denn er war nur aus Neugierde gekommen oder, was als Erklärung noch unmöglicher war, aus dem Verlangen festzustellen, dass das Innere dieses Gerichtswesens ebenso widerlich war wie sein Äußeres. Und es schien ja, dass er mit dieser Annahme Recht hatte, er wollte nicht weiter eindringen, er war beengt genug von dem, was er bisher gesehen hatte, er war gerade jetzt nicht in der Verfassung, einem höheren Beamten gegenüberzutreten, wie er hinter jeder Tür auftauchen konnte, er wollte weggehen, und zwar mit dem Gerichtsdiener oder allein, wenn es sein musste.

Aber sein stummes Dastehen musste auffallend sein, und wirklich sahen ihn das Mädchen und der Gerichtsdiener derartig an, als ob in der nächsten Minute irgendeine große Verwandlung mit ihm geschehen müsse, die sie zu beobachten nicht versäumen wollten. Und in der Türöffnung stand der Mann, den K. früher in der Ferne bemerkt hatte, er hielt sich am Deckbalken der niedrigen Tür fest und schaukelte ein wenig auf den Fußspitzen, wie ein ungeduldiger Zuschauer. Das Mädchen aber erkannte doch zuerst, dass das Benehmen K.s in einem leichten Unwohlsein seinen Grund hatte, sie brachte einen Sessel und fragte: „Wollen Sie sich nicht setzen?“ K. setzte sich sofort und stützte, um noch besseren Halt zu bekommen, die Ellbogen auf die Lehnen. „Sie haben ein wenig Schwindel, nicht?“, fragte sie ihn. Er hatte nun ihr Gesicht nahe vor sich, es hatte den strengen Ausdruck, wie ihn manche Frauen gerade in ihrer schönsten Jugend haben. „Machen Sie sich darüber keine Gedanken“, sagte sie, „das ist hier nichts Außergewöhnliches, fast jeder bekommt einen solchen Anfall, wenn er zum ersten Mal herkommt. Sie sind zum ersten Mal hier? Nun ja, das ist also nichts Außergewöhnliches. Die Sonne brennt hier auf das Dachgerüst, und das heiße Holz macht die Luft so dumpf und schwer. Der Ort ist deshalb für Büroräumlichkeiten nicht sehr geeignet, so große Vorteile er allerdings sonst bietet. Aber was die Luft betrifft, so ist sie an Tagen großen Parteienverkehrs, und das ist fast jeder Tag, kaum mehr atembar. Wenn Sie dann noch bedenken, dass hier auch vielfach Wäsche zum Trocknen ausgehängt wird – man kann es den Mietern nicht gänzlich untersagen –, so werden Sie sich nicht mehr wundern, dass Ihnen ein wenig übel wurde. Aber man gewöhnt sich schließlich an die Luft sehr gut. Wenn Sie zum zweiten oder dritten Mal herkommen, werden Sie das Drückende hier kaum mehr spüren. Fühlen Sie sich schon besser?“ K. antwortete nicht, es war ihm zu peinlich, durch diese plötzliche Schwäche den Leuten hier ausgeliefert zu sein, überdies war ihm, da er jetzt die Ursachen seiner Übelkeit erfahren hatte, nicht besser, sondern noch ein wenig schlechter. Das Mädchen merkte es gleich, nahm, um K. eine Erfrischung zu bereiten, eine Hakenstange, die an der Wand lehnte, und stieß damit eine kleine Luke auf, die gerade über K. angebracht war und ins Freie führte. Aber es fiel so viel Ruß herein, dass das Mädchen die Luke gleich wieder zuziehen und mit ihrem Taschentuch die Hände K.s vom Ruß reinigen musste, denn K. war zu müde, um das selbst zu besorgen. Er wäre gern hier ruhig sitzen geblieben, bis er sich zum Weggehen genügend gekräftigt hatte, das musste aber umso früher geschehen, je weniger man sich um ihn kümmern würde. Nun sagte aber überdies das Mädchen: „Hier können Sie nicht bleiben, hier stören wir den Verkehr –“ K. fragte mit den Blikken, welchen Verkehr er denn hier störe – „Ich werde Sie, wenn Sie wollen, ins Krankenzimmer führen. Helfen Sie mir, bitte“, sagte sie zu dem Mann in der Tür, der auch gleich näher kam. Aber K. wollte nicht ins Krankenzimmer, gerade das wollte er ja vermeiden, weiter geführt zu werden, je weiter er kam, desto ärger musste es werden. „Ich kann schon gehen“, sagte er deshalb und stand, durch das bequeme Sitzen verwöhnt, zitternd auf. Dann aber konnte er sich nicht aufrechthalten. „Es geht doch nicht“, sagte er kopfschüttelnd und setzte sich seufzend wieder nieder. Er erinnerte sich an den Gerichtsdiener, der ihn trotz allem leicht hinausführen könnte, aber der schien schon längst weg zu sein, K. sah zwischen dem Mädchen und dem Mann, die vor ihm standen, hindurch, konnte aber den Gerichtsdiener nicht finden.

„Ich glaube“, sagte der Mann, der übrigens elegant gekleidet war und besonders durch eine graue Weste auffiel, die in zwei langen, scharf geschnittenen Spitzen endigte, „das Unwohlsein des Herrn geht auf die Atmosphäre hier zurück, es wird daher am besten und auch ihm am liebsten sein, wenn wir ihn nicht erst ins Krankenzimmer, sondern überhaupt aus den Kanzleien hinausführen.“ „Das ist es“, rief K. und fuhr vor lauter Freude fast noch in die Rede des Mannes hinein, „mir wird gewiss sofort besser werden, ich bin auch gar nicht so schwach, nur ein wenig Unterstützung unter den Achseln brauche ich, ich werde Ihnen nicht viel Mühe machen, es ist ja auch kein langer Weg, führen Sie mich nur zur Tür, ich setze mich dann noch ein wenig auf die Stufen und werde gleich erholt sein, ich leide nämlich gar nicht unter solchen Anfällen, es kommt mir selbst überraschend. Ich bin doch auch Beamter und an Büroluft gewöhnt, aber hier scheint es doch zu arg, Sie sagen es selbst. Wollen Sie also die Freundlichkeit haben, mich ein wenig zu führen, ich habe nämlich Schwindel, und es wird mir schlecht, wenn ich allein aufstehe.“ Und er hob die Schultern, um es den beiden zu erleichtern, ihm unter die Arme zu greifen.

Aber der Mann folgte der Aufforderung nicht, sondern hielt die Hände ruhig in den Hosentaschen und lachte laut. „Sehen Sie“, sagte er zu dem Mädchen, „ich habe also doch das Richtige getroffen. Dem Herrn ist nur hier nicht wohl, nicht im Allgemeinen.“ Das Mädchen lächelte auch, schlug aber dem Mann leicht mit den Fingerspitzen auf den Arm, als hätte er sich mit K. einen zu starken Spaß erlaubt. „Aber was denken Sie denn“, sagte der Mann noch immer lachend, „ich will ja den Herrn wirklich hinausführen.“ „Dann ist es gut“, sagte das Mädchen, indem sie ihren zierlichen Kopf für einen Augenblick neigte. „Messen Sie dem Lachen nicht zu viel Bedeutung zu“, sagte das Mädchen zu K., der, wieder traurig geworden, vor sich hinstarrte und keine Erklärung zu brauchen schien, „dieser Herr – ich darf Sie doch vorstellen?“ (der Herr gab mit einer Handbewegung die Erlaubnis) – „dieser Herr also ist der Auskunftgeber. Er gibt den wartenden Parteien alle Auskunft, die sie brauchen, und da unser Gerichtswesen in der Bevölkerung nicht sehr bekannt ist, werden viele Auskünfte verlangt. Er weiß auf alle Fragen eine Antwort, Sie können ihn, wenn Sie einmal Lust dazu haben, daraufhin erproben. Das ist aber nicht sein einziger Vorzug, sein zweiter Vorzug ist die elegante Kleidung. Wir, das heißt die Beamtenschaft, meinten einmal, man müsse den Auskunftgeber, der immerfort, und zwar als Erster, mit Parteien verhandelt, des würdigen ersten Eindrucks halber, auch elegant anziehen. Wir anderen sind, wie Sie gleich an mir sehen können, leider sehr schlecht und altmodisch angezogen; es hat auch nicht viel Sinn, für die Kleidung etwas zu verwenden, da wir fast unaufhörlich in den Kanzleien sind, wir schlafen ja auch hier. Aber, wie gesagt, für den Auskunftgeber hielten wir einmal schöne Kleidung für nötig. Da sie aber von unserer Verwaltung, die in dieser Hinsicht etwas sonderbar ist, nicht erhältlich war, machten wir eine Sammlung – auch Parteien steuerten bei – und wir kauften ihm dieses schöne Kleid und noch andere. Alles wäre jetzt vorbereitet einen guten Eindruck zu machen, aber durch sein Lachen verdirbt er es wieder und erschreckt die Leute." „So ist es", sagte der Herr spöttisch, „aber ich verstehe nicht, Fräulein, warum Sie dem Herrn alle unsere Intimitäten erzählen oder besser, aufdrängen, denn er will sie ja gar nicht erfahren. Sehen Sie nur, wie er, offenbar mit seinen eigenen Angelegenheiten beschäftigt, dasitzt." K. hatte nicht einmal Lust, zu widersprechen, die Absicht des Mädchens mochte eine gute sein, sie war vielleicht darauf gerichtet, ihn zu zerstreuen oder ihm die Möglichkeit zu geben, sich zu sammeln, aber das Mittel war verfehlt. „Ich musste ihm Ihr Lachen erklären", sagte das Mädchen. „Es war ja beleidigend." „Ich glaube, er würde noch ärgere Beleidigungen verzeihen, wenn ich ihn schließlich hinausführe." K. sagte nichts, sah nicht einmal auf, er duldete es, dass die zwei über ihn wie über eine Sache verhandelten, es war ihm sogar am liebsten. Aber plötzlich fühlte er die Hand des Auskunftgebers an einem Arm und die Hand des

Mädchens am anderen. „Also auf, Sie schwacher Mann“, sagte der Auskunftgeber. „Ich danke Ihnen beiden vielmals“, sagte K., freudig überrascht, erhob sich langsam und führte selbst die fremden Hände an die Stellen, an denen er die Stütze am meisten brauchte. „Es sieht so aus“, sagte das Mädchen leise in K.s Ohr, während sie sich dem Gang näherten, „als ob mir besonders viel daran gelegen wäre, den Auskunftgeber in ein gutes Licht zu stellen, aber man mag es glauben, ich will doch die Wahrheit sagen. Er hat kein hartes Herz. Er ist nicht verpflichtet, kranke Parteien hinauszufahren, und tut es doch, wie Sie sehen. Vielleicht ist niemand von uns hartherzig, wir wollten vielleicht alle gern helfen, aber als Gerichtsbeamte bekommen wir leicht den Anschein, als ob wir hartherzig wären und niemandem helfen wollten. Ich leide geradezu darunter.“ „Wollen Sie sich nicht hier ein wenig setzen?“, fragte der Auskunftgeber, sie waren schon im Gang und gerade vor dem Angeklagten, den K. früher angesprochen hatte. K. schämte sich fast vor ihm, früher war er so aufrecht vor ihm gestanden, jetzt mussten ihn zwei stützen, seinen Hut balancierte der Auskunftgeber auf den gespreizten Fingern, die Frisur war zerstört, die Haare hingen ihm in die schweißbedeckte Stirn. Aber der Angeklagte schien nichts davon zu bemerken, demütig stand er vor dem Auskunftgeber, der über ihn hinwegsah, und suchte nur seine Anwesenheit zu entschuldigen. „Ich weiß“, sagte er, „dass die Erledigung meiner Anträge heute noch nicht gegeben werden kann. Ich bin aber doch gekommen, ich dachte, ich könnte doch hier warten, es ist Sonntag, ich habe ja Zeit und hier störe ich nicht.“ „Sie müssen das nicht so sehr entschuldigen“, sagte der Auskunftgeber, „Ihre Sorgsamkeit ist ja ganz lobenswert, Sie nehmen hier zwar unnötigerweise den Platz weg, aber ich will Sie trotzdem, solange es mir nicht lästig wird, durchaus nicht hindern, den Gang Ihrer Angelegenheit genau zu verfolgen. Wenn man Leute gesehen hat, die ihre Pflicht schändlich vernachlässigten, lernt man es, mit Leuten, wie Sie sind, Geduld zu haben. Setzen Sie sich.“ „Wie er mit den Parteien zu reden versteht“, flüsterte das Mädchen. K. nickte, fuhr aber gleich auf, als ihn der Auskunftgeber wieder fragte: „Wollen Sie sich nicht hier niedersetzen?“ „Nein“, sagte K., „ich will mich nicht ausruhen.“ Er hatte das mit möglichster Bestimmtheit gesagt, in Wirklichkeit hätte es ihm sehr wohlgetan, sich niederzusetzen. Er war wie seekrank. Er glaubte auf einem Schiff zu sein, das sich in schwerem Seegang befand. Es war ihm, als stürze das Wasser gegen die Holzwände, als komme aus der Tiefe des Ganges ein Brausen her, wie von überschlagendem Wasser, als schaukle der Gang in der Quere und als würden die wartenden Parteien zu beiden Seiten gesenkt und gehoben. Desto unbegreiflicher war die Ruhe des Mädchens und des Mannes, die ihn führten. Er war ihnen ausgeliefert, ließen sie ihn los, so musste er hinfallen wie ein Brett. Aus ihren kleinen Augen gingen scharfe Blicke hin und her, ihre gleichmäßigen Schritte fühlte K., ohne sie mitzumachen, denn er wurde fast von Schritt zu Schritt getragen. Endlich merkte er, dass sie zu ihm sprachen, aber er verstand sie nicht, er hörte nur den Lärm, der alles erfüllte und durch den hindurch ein unveränderlicher hoher Ton, wie von einer Sirene, zu klingen schien. „Lauter“, flüsterte er mit gesenktem Kopf und schämte sich, denn er wusste, dass sie laut genug, wenn auch für ihn unverständlich, gesprochen hatten. Da kam endlich, als wäre die Wand vor ihm durchrissen, ein frischer Luftzug ihm entgegen, und er hörte neben sich sagen: „Zuerst will er weg, dann aber kann man ihm hundertmal sagen, dass hier der Ausgang ist, und er rührt sich nicht.“ K. merkte, dass er vor der Ausgangstür stand, die das Mädchen geöffnet hatte. Ihm war, als wären alle seine Kräfte mit einem Mal zurückgekehrt, um einen Vorgeschmack der Freiheit zu gewinnen, trat er gleich auf eine Treppenstufe und verabschiedete sich von dort aus von seinen Begleitern, die sich zu ihm hinabbeugten. „Vielen Dank“, wiederholte er, drückte beiden wiederholt die Hände und ließ erst ab, als er zu sehen glaubte, dass sie, an die Kanzleiluft gewöhnt, die verhältnismäßig frische Luft, die von der Treppe kam, schlecht ertrugen. Sie konnten kaum antworten, und das

Mädchen wäre vielleicht abgestürzt, wenn nicht K. äußerst schnell die Tür geschlossen hätte. K. stand dann noch einen Augenblick still, strich sich mithilfe eines Taschenspiegels das Haar zurecht, hob seinen Hut auf, der auf dem nächsten Treppenabsatz lag – der Auskunftgeber hatte ihn wohl hingeworfen – und lief dann die Treppe hinunter, so frisch und in so langen Sprüngen, dass er vor diesem Umschwung fast Angst bekam. Solche Überraschungen hatte ihm sein sonst ganz gefestigter Gesundheitszustand noch nie bereitet. Wollte etwa sein Körper revolutionieren und ihm einen neuen Prozess bereiten, da er den alten so mühelos ertrug? Er lehnte den Gedanken nicht ganz ab, bei nächster Gelegenheit zu einem Arzt zu gehen, jedenfalls aber wollte er – darin konnte er sich selbst beraten – alle künftigen Sonntagvormittage besser als diesen verwenden.

Viertes Kapitel

Freundin des Fräulein Bürstner

In der nächsten Zeit war es K. unmöglich, mit Fräulein Bürstner auch nur einige wenige Worte zu sprechen. Er versuchte auf die verschiedenste Weise, an sie heranzukommen, sie aber wusste es immer zu verhindern. Er kam gleich nach dem Büro nach Hause, blieb in seinem Zimmer, ohne das Licht anzudrehen, auf dem Kanapee sitzen und beschäftigte sich mit nichts anderem, als das Vorzimmer zu beobachten. Ging etwa das Dienstmädchen vorbei und schloss die Tür des scheinbar leeren Zimmers, so stand er nach einem Weilchen auf und öffnete sie wieder. Des Morgens stand er um eine Stunde früher auf als sonst, um vielleicht Fräulein Bürstner allein treffen zu können, wenn sie ins Büro ging. Aber keiner dieser Versuche gelang. Dann schrieb er ihr einen Brief sowohl ins Büro als auch in die Wohnung, suchte darin nochmals sein Verhalten zu rechtfertigen, bot sich zu jeder Genugtuung an, versprach, niemals die Grenzen zu überschreiten, die sie ihm setzen würde, und bat nur, ihm die Möglichkeit zu geben, einmal mit ihr zu sprechen, besonders da er auch bei Frau Grubach nichts veranlassen könne, solange er sich nicht vorher mit ihr beraten habe, schließlich teilte er ihr mit, dass er den nächsten Sonntag während des ganzen Tages in seinem Zimmer auf ein Zeichen von ihr warten werde, das ihm die Erfüllung seiner Bitte in Aussicht stellen oder das ihm wenigstens erklären solle, warum sie die Bitte nicht erfüllen könne, obwohl er doch versprochen habe, sich in allem ihr zu fügen. Die Briefe kamen nicht zurück, aber es erfolgte auch keine Antwort. Dagegen gab es Sonntag ein Zeichen, dessen Deutlichkeit genügend war. Gleich früh bemerkte K. durch das Schlüsselloch eine besondere Bewegung im Vorzimmer, die sich bald aufklärte. Eine Lehrerin des Französischen, sie war übrigens eine Deutsche und hieß Montag, ein schwaches, blasses, ein wenig hinkendes Mädchen, das bisher ein eigenes Zimmer bewohnt hatte, übersiedelte in das Zimmer des Fräulein Bürstner. Stundenlang sah man sie durch das Vorzimmer schlürfen. Immer war noch ein Wäschestück oder ein Deckchen oder ein Buch vergessen, das besonders geholt und in die neue Wohnung hinübergetragen werden musste.

Als Frau Grubach K. das Frühstück brachte – sie überließ, seitdem sie K. so erzürnt hatte, auch nicht die geringste Bedienung dem Dienstmädchen –, konnte sich K. nicht zurückhalten, sie zum ersten Mal seit fünf Tagen anzusprechen. „Warum ist denn heute ein solcher Lärm im Vorzimmer?", fragte er, während er den Kaffee eingoss, „könnte das nicht eingestellt werden; muss denn gerade am Sonntag aufgeräumt werden?" Obwohl K. nicht zu Frau Grubach aufsah, bemerkte er doch, dass sie, wie erleichtert, aufatmete. Selbst diese strengen Fragen K.s fasste sie als Verzeihung oder als Beginn der Verzeihung auf. „Es wird nicht aufgeräumt, Herr K.", sagte sie, „Fräulein Montag übersiedelt nur zu Fräulein Bürstner und schafft ihre Sachen hinüber." Sie sagte nichts weiter, sondern wartete, wie K. es aufnehmen und ob er ihr gestatten würde, weiterzureden. K. stellte sie aber auf die Probe, rührte nachdenklich den Kaffee mit dem Löffel und schwieg. Dann sah er zu ihr auf und sagte: „Haben Sie schon ihren früheren Verdacht wegen Fräulein Bürstner aufgegeben?" „Herr K.", rief Frau Grubach, die nur auf diese Frage gewartet hatte, und hielt K. ihre gefalteten Hände hin. „Sie haben eine gelegentliche Bemerkung letzthin so schwergenommen. Ich habe ja nicht im Entferntesten daran gedacht, Sie oder irgendjemand zu kränken. Sie kennen mich doch schon lange genug, Herr K., um davon überzeugt sein zu können. Sie wissen gar nicht, wie ich die letzten Tage gelitten habe! Ich sollte meine Mieter verleumden! Und Sie, Herr K., glaubten es! Und sagten, ich solle Ihnen kündigen! Ihnen kündigen!" Der letzte Ausruf erstickte schon unter Tränen, sie hob die Schürze zum Gesicht und schluchzte laut.

„Weinen Sie doch nicht, Frau Grubach", sagte K. und sah zum Fenster hinaus, er dachte nur an Fräulein Bürstner und daran, dass sie ein fremdes Mädchen in ihr

Zimmer aufgenommen hatte. „Weinen Sie doch nicht", sagte er nochmals, als er sich ins Zimmer zurückwandte und Frau Grubach noch immer weinte. „Es war ja damals auch von mir nicht so schlimm gemeint. Wir haben eben einander gegenseitig missverstanden. Das kann auch alten Freunden einmal geschehen." Frau Grubach rückte die Schürze unter die Augen, um zu sehen, ob K. wirklich versöhnt sei. „Nun ja, es ist so", sagte K. und wagte nun, da, nach dem Verhalten der Frau Grubach zu schließen, der Hauptmann nichts verraten hatte, noch hinzuzufügen: „Glauben Sie denn wirklich, dass ich mich wegen eines fremden Mädchens mit Ihnen verfeinden könnte?" „Das ist es ja eben, Herr K.", sagte Frau Grubach, es war ihr Unglück, dass sie, sobald sie sich nur irgendwie freier fühlte, gleich etwas Ungeschicktes sagte. „Ich fragte mich immerfort: Warum nimmt sich Herr K. so sehr des Fräulein Bürstner an? Warum zankt er ihretwegen mit mir, obwohl er weiß, dass mir jedes böse Wort von ihm den Schlaf nimmt? Ich habe ja über das Fräulein nichts anderes gesagt, als was ich mit eigenen Augen gesehen habe." K. sagte dazu nichts, er hätte sie mit dem ersten Wort aus dem Zimmer jagen müssen, und das wollte er nicht. Er begnügte sich damit, den Kaffee zu trinken und Frau Grubach ihre Überflüssigkeit fühlen zu lassen. Draußen hörte man wieder den schleppenden Schritt des Fräulein Montag, welche das ganze Vorzimmer durchquerte. „Hören Sie es?", fragte K. und zeigte mit der Hand nach der Tür. „Ja", sagte Frau Grubach und seufzte, „ich wollte ihr helfen und auch vom Dienstmädchen helfen lassen, aber sie ist eigensinnig, sie will alles selbst übersiedeln. Ich wundere mich über Fräulein Bürstner. Mir ist es oft lästig, dass ich Fräulein Montag in Miete habe, Fräulein Bürstner aber nimmt sie sogar zu sich ins Zimmer." „Das muss Sie gar nicht kümmern", sagte K. und zerdrückte die Zuckerreste in der Tasse. „Haben Sie denn dadurch einen Schaden?" „Nein", sagte Frau Grubach, „an und für sich ist es mir ganz willkommen, ich bekomme dadurch ein Zimmer frei und kann dort meinen Neffen, den Hauptmann, unterbringen. Ich fürchtete schon längst, dass er

Sie in den letzten Tagen, während derer ich ihn nebenan im Wohnzimmer wohnen lassen musste, gestört haben könnte. Er nimmt nicht viel Rücksicht.“ „Was für Einfälle!“, sagte K. und stand auf, „davon ist ja keine Rede. Sie scheinen mich wohl für überempfindlich zu halten, weil ich diese Wanderungen des Fräulein Montag – jetzt geht sie wieder zurück – nicht vertragen kann.“ Frau Grubach kam sich recht machtlos vor. „Soll ich, Herr K., sagen, dass sie den restlichen Teil der Übersiedelung aufschieben soll? Wenn Sie wollen, tue ich es sofort.“ „Aber sie soll doch zu Fräulein Bürstner übersiedeln!“, sagte K. „Ja“, sagte Frau Grubach, sie verstand nicht ganz, was K. meinte. „Nun also“, sagte K., „dann muss sie doch ihre Sachen hinübertragen.“ Frau Grubach nickte nur. Diese stumme Hilflosigkeit, die äußerlich nicht anders aussah als Trotz, reizte K. noch mehr. Er fing an, im Zimmer vom Fenster zur Tür auf und ab zu gehen, und nahm dadurch Frau Grubach die Möglichkeit, sich zu entfernen, was sie sonst wahrscheinlich getan hätte.

Gerade war K. einmal wieder bis zur Tür gekommen, als es klopfte. Es war das Dienstmädchen, welches meldete, dass Fräulein Montag gern mit Herrn K. ein paar Worte sprechen möchte und dass sie ihn deshalb bitte, ins Esszimmer zu kommen, wo sie ihn erwarte. K. hörte das Dienstmädchen nachdenklich an, dann wandte er sich mit einem fast höhnischen Blick nach der erschrockenen Frau Grubach um. Dieser Blick schien zu sagen, dass K. diese Einladung des Fräulein Montag schon längst vorausgesehen habe und dass sie auch sehr gut mit der Quälerei zusammenpasse, die er diesen Sonntagvormittag von den Mietern der Frau Grubach erfahren musste. Er schickte das Dienstmädchen zurück mit der Antwort, dass er sofort komme, ging dann zum Kleiderkasten, um den Rock zu wechseln, und hatte als Antwort für Frau Grubach, welche leise über die lästige Person jammerte, nur die Bitte, sie möge das Frühstücksgeschirr schon forttragen. „Sie haben ja fast nichts angerührt“, sagte Frau Grubach. „Ach, tragen Sie es doch weg“, rief K., es war ihm, als sei irgendwie allem Fräulein Montag beigemischt und mache es widerwärtig.

Als er durch das Vorzimmer ging, sah er nach der geschlossenen Tür von Fräulein Bürstners Zimmer. Aber er war nicht dorthin eingeladen, sondern in das Esszimmer, dessen Tür er aufriss, ohne zu klopfen.

Es war ein sehr langes, aber schmales, einfenstriges Zimmer. Es war dort nur so viel Platz vorhanden, dass man in den Ecken an der Türseite zwei Schränke schief hatte aufstellen können, während der übrige Raum vollständig von dem langen Speisetisch eingenommen war, der in der Nähe der Tür begann und bis knapp zum großen Fenster reichte, welches dadurch fast unzugänglich geworden war. Der Tisch war bereits gedeckt, und zwar für viele Personen, da am Sonntag fast alle Mieter hier zu Mittag aßen.

Als K. eintrat, kam Fräulein Montag vom Fenster her an der einen Seite des Tisches entlang K. entgegen. Sie grüßten einander stumm. Dann sagte Fräulein Montag, wie immer den Kopf ungewöhnlich aufgerichtet: „Ich weiß nicht, ob Sie mich kennen.“ K. sah sie mit zusammengezogenen Augen an. „Gewiss“, sagte er, „Sie wohnen doch schon längere Zeit bei Frau Grubach.“ „Sie kümmern sich aber, wie ich glaube, nicht viel um die Pension“, sagte Fräulein Montag. „Nein“, sagte K. „Wollen Sie sich nicht setzen?“, sagte Fräulein Montag. Sie zogen beide schweigend zwei Sessel am äußersten Ende des Tisches hervor und setzten sich einander gegenüber. Aber Fräulein Montag stand gleich wieder auf, denn sie hatte ihr Handtäschchen auf dem Fensterbrett liegen gelassen und ging es holen; sie schleifte durch das ganze Zimmer. Als sie, das Handtäschchen leicht schwenkend, wieder zurückkam, sagte sie: „Ich möchte nur im Auftrag meiner Freundin ein paar Worte mit Ihnen sprechen. Sie wollte selbst kommen, aber sie fühlt sich heute ein wenig unwohl. Sie möchten sie entschuldigen und mich statt ihrer anhören. Sie hätte Ihnen auch nichts anderes sagen können, als ich Ihnen sagen werde. Im Gegenteil, ich glaube, ich kann Ihnen sogar mehr sagen, da ich doch verhältnismäßig unbeteiligt bin. Glauben Sie nicht auch?“ „Was wäre denn zu sagen?“, antwortete K., der dessen müde war, die Augen des

Fräulein Montag fortwährend auf seine Lippe gerichtet zu sehen. Sie maßte sich dadurch eine Herrschaft schon darüber an, was er erst sagen wollte. „Fräulein Bürstner will mir offenbar die persönliche Aussprache, um die ich sie gebeten habe, nicht bewilligen." „Das ist es", sagte Fräulein Montag, „oder vielmehr, so ist es gar nicht, Sie drücken es sonderbar scharf aus. Im Allgemeinen werden doch Aussprachen weder bewilligt noch geschieht das Gegenteil. Aber es kann geschehen, dass man Aussprachen für unnötig hält, und so ist es eben hier. Jetzt, nach Ihrer Bemerkung, kann ich ja offen reden. Sie haben meine Freundin schriftlich oder mündlich um eine Unterredung gebeten. Nun weiß aber meine Freundin, so muss ich wenigstens annehmen, was diese Unterredung betreffen soll, und ist deshalb aus Gründen, die ich nicht kenne, überzeugt, dass es niemandem Nutzen bringen würde, wenn die Unterredung wirklich zustande käme. Im Übrigen erzählte sie mir erst gestern und nur ganz flüchtig davon, sie sagte hierbei, dass auch Ihnen jedenfalls nicht viel an der Unterredung liegen könne, denn Sie wären nur durch einen Zufall auf einen derartigen Gedanken gekommen und würden selbst auch ohne besondere Erklärung, wenn nicht schon jetzt, so doch sehr bald die Sinnlosigkeit des Ganzen erkennen. Ich antwortete darauf, dass das richtig sein mag, dass ich es aber zur vollständigen Klarstellung doch für vorteilhaft hielte, Ihnen eine ausdrückliche Antwort zukommen zu lassen. Ich bot mich an, diese Aufgabe zu übernehmen, nach einigem Zögern gab meine Freundin mir nach. Ich hoffe, nun aber auch in Ihrem Sinne gehandelt zu haben; denn selbst die kleinste Unsicherheit in der geringfügigsten Sache ist doch immer quälend, und wenn man sie, wie in diesem Falle, leicht beseitigen kann, so soll es doch besser sofort geschehen." „Ich danke Ihnen", sagte K. sofort, stand langsam auf, sah Fräulein Montag an, dann über den Tisch hin, dann aus dem Fenster – das gegenüberliegende Haus stand in der Sonne – und ging zur Tür. Fräulein Montag folgte ihm ein paar Schritte, als vertraue sie ihm nicht ganz. Vor der Tür mussten aber beide zurückweichen, denn sie öffnete sich, und der Hauptmann Lanz trat ein. K. sah ihn zum ersten Mal aus der Nähe. Es war ein großer, etwa vierzigjähriger Mann mit braungebranntem, fleischigem Gesicht. Er machte eine leichte Verbeugung, die auch K. galt, ging dann zu Fräulein Montag und küsste ihr ehrerbietig die Hand. Er war sehr gewandt in seinen Bewegungen. Seine Höflichkeit gegen Fräulein Montag stach auffallend von der Behandlung ab, die sie von K. erfahren hatte. Trotzdem schien Fräulein Montag K. nicht böse zu sein, denn sie wollte ihn sogar, wie K. zu bemerken glaubte, dem Hauptmann vorstellen. Aber K. wollte nicht vorgestellt werden, er wäre nicht imstande gewesen, weder dem Hauptmann noch Fräulein Montag gegenüber irgendwie freundlich zu sein, der Handkuss hatte sie für ihn zu einer Gruppe verbunden, die ihm unter Anschein äußerster Harmlosigkeit und Uneigennützigkeit von Fräulein Bürstner abhalten wollte. K. glaubte jedoch, nicht nur das zu erkennen, er erkannte auch, dass Fräulein Montag ein gutes, allerdings zweischneidiges Mittel gewählt hatte. Sie übertrieb die Bedeutung der Beziehung zwischen Fräulein Bürstner und K., sie übertrieb vor allem die Bedeutung der erbetenen Aussprache und versuchte es gleichzeitig so zu wenden, als ob es K. sei, der alles übertreibe. Sie sollte sich täuschen, K. wollte nichts übertreiben, er wusste, dass Fräulein Bürstner ein kleines Schreibmaschinenfräulein war, das ihm nicht lange Widerstand leisten sollte. Hierbei zog er absichtlich gar nicht in Berechnung, was er von Frau Grubach über Fräulein Bürstner erfahren hatte. Das alles überlegte er, während er kaum grüßend das Zimmer verließ. Er wollte gleich in sein Zimmer gehen, aber ein kleines Lachen des Fräulein Montag, das er hinter sich aus dem Esszimmer hörte, brachte ihn auf den Gedanken, dass er vielleicht beiden, dem Hauptmann wie Fräulein Montag, eine Überraschung bereiten könnte. Er sah sich um und horchte, ob aus irgendeinem der umliegenden Zimmer eine Störung zu erwarten wäre, es war überall still, nur die Unterhaltung aus dem Esszimmer war zu hören und aus dem Gang, der zur Küche führte, die Stimme der Frau Grubach. Die Gelegenheit schien günstig, K. ging zur Tür von Fräulein Bürstners Zimmer und klopfte leise. Da sich nichts rührte, klopfte er nochmals, aber es erfolgte noch immer keine Antwort. Schlief sie? Oder war sie wirklich unwohl? Oder verleugnete sie sich nur deshalb, weil sie ahnte, dass es nur K. sein konnte, der so leise klopfte? K. nahm an, dass sie sich verleugne, und klopfte stärker, öffnete schließlich, da das Klopfen keinen Erfolg hatte, vorsichtig und nicht ohne das Gefühl, etwas Unrechtes und überdies Nutzloses zu tun, die Tür. Im Zimmer war niemand. Es erinnerte übrigens kaum mehr an das Zimmer, wie es K. gekannt hatte. An der Wand waren nun zwei Betten hintereinander aufgestellt, drei Sessel in der Nähe der Tür waren mit Kleidern und Wäsche überhäuft, ein Schrank stand offen. Fräulein Bürstner war wahrscheinlich fortgegangen, während Fräulein Montag im Esszimmer auf K. eingeredet hatte. K. war dadurch nicht sehr bestürzt, er hatte kaum mehr erwartet, Fräulein Bürstner so leicht zu treffen, er hatte diesen Versuch fast nur aus Trotz gegen Fräulein Montag gemacht. Umso peinlicher war es ihm aber, als er, während er die Tür wieder schloss, in der offenen Tür des Esszimmers Fräulein Montag und den Hauptmann sich unterhalten sah. Sie standen dort vielleicht schon, seitdem K. die Tür geöffnet hatte, sie vermieden jeden Anschein, als ob sie K. etwa beobachteten, sie unterhielten sich leise und verfolgten K.s Bewegungen mit den Blicken nur so, wie man während eines Gespräches zerstreut umherblickt. Aber auf K. lagen diese Blicke doch schwer, er beeilte sich, an der Wand entlang in sein Zimmer zu kommen.

Fünftes Kapitel

Der Prügler

Als K. an einem der nächsten Abende den Korridor passierte, der sein Büro von der Haupttreppe trennte – er ging diesmal fast als der Letzte nach Hause, nur in der Expedition[1] arbeiteten noch zwei Diener im kleinen Lichtfeld einer Glühlampe –, hörte er hinter einer Tür, hinter der er immer nur eine Rumpelkammer vermutet hatte, ohne sie jemals selbst gesehen zu haben, Seufzer ausstoßen. Er blieb erstaunt stehen und horchte noch einmal auf, um festzustellen, ob er sich nicht irrte – es wurde ein Weilchen still, dann waren es aber doch wieder Seufzer. Zuerst wollte er einen der Diener holen, man konnte vielleicht einen Zeugen brauchen, dann aber fasste ihn eine derart unbezähmbare Neugierde, dass er die Tür förmlich aufriss. Es war, wie er richtig vermutet hatte, eine Rumpelkammer. Unbrauchbare, alte Drucksorten, umgeworfene leere irdene Tintenflaschen lagen hinter der Schwelle. In der Kammer selbst aber standen drei Männer, gebückt in dem niedrigen Raum. Eine auf einem Regal festgemachte Kerze gab ihnen Licht. „Was treibt ihr hier?", fragte K., sich vor Aufregung überstürzend, aber nicht laut. Der eine Mann, der die anderen offenbar beherrschte und zuerst den Blick auf sich lenkte, stak in einer Art dunkler Lederkleidung, die den Hals bis tief zur Brust und die ganzen Arme nackt ließ. Er antwortete nicht. Aber die zwei anderen riefen: „Herr! Wir sollen geprügelt werden, weil du dich beim Untersuchungsrichter über uns beklagt hast." Und nun erst erkannte K., dass es wirklich die Wächter Franz und Willem waren, und dass der Dritte eine Rute in der Hand hielt um sie zu prügeln. „Nun", sagte K. und starrte sie an, „ich habe mich nicht beklagt, ich habe nur gesagt, wie es sich in meiner Wohnung zugetragen hat. Und einwandfrei habt ihr euch ja nicht benommen." „Herr", sagte Willem, während Franz sich hinter ihm

1 Versandabteilung innerhalb einer Firma

vor dem Dritten offenbar zu sichern suchte, „wenn Ihr wüsstet, wie schlecht wir bezahlt sind, Ihr würdet besser über uns urteilen. Ich habe eine Familie zu ernähren, und Franz hier wollte heiraten, man sucht sich zu bereichern, wie es geht, durch bloße Arbeit gelingt es nicht, selbst durch die angestrengteste. Euere feine Wäsche hat mich verlockt, es ist natürlich den Wächtern verboten, so zu handeln, es war Unrecht, aber Tradition ist es, dass die Wäsche den Wächtern gehört, es ist immer so gewesen, glaubt es mir; es ist ja auch verständlich, was bedeuten denn noch solche Dinge für den, welcher so unglücklich ist, verhaftet zu werden? Bringt er es dann allerdings öffentlich zur Sprache, dann muss die Strafe erfolgen." „Was ihr jetzt sagt, wusste ich nicht, ich habe auch keineswegs eure Bestrafung verlangt, mir ging es um ein Prinzip." „Franz", wandte sich Willem zum anderen Wächter, „sagte ich dir nicht, dass der Herr unsere Bestrafung nicht verlangt hat? Jetzt hörst du, dass er nicht einmal gewusst hat, dass wir bestraft werden müssen." „Lass dich nicht durch solche Reden rühren", sagte der Dritte zu K., „die Strafe ist ebenso gerecht als unvermeidlich." „Höre nicht auf ihn", sagte Willem und unterbrach sich nur, um die Hand, über die er einen Rutenhieb bekommen hatte, schnell an den Mund zu führen, „wir werden nur gestraft, weil du uns angezeigt hast. Sonst wäre uns nichts geschehen, selbst wenn man erfahren hätte, was wir getan haben. Kann man das Gerechtigkeit nennen? Wir zwei, insbesondere aber ich, hatten uns als Wächter durch lange Zeit sehr bewährt – du selbst musst eingestehen, dass wir, vom Gesichtspunkt der Behörde gesehen, gut gewacht haben – wir hatten Aussicht, vorwärtszukommen und wären gewiss bald auch Prügler geworden wie dieser, der eben das Glück hatte, von niemandem angezeigt worden zu sein, denn eine solche Anzeige kommt wirklich nur sehr selten vor. Und jetzt, Herr, ist alles verloren, unsere Laufbahn beendet, wir werden noch viel untergeordnetere Arbeiten leisten müssen, als es der Wachdienst ist, und überdies bekommen wir jetzt diese schrecklich schmerzhaften Prügel." „Kann denn die Rute solche

Schmerzen machen?“, fragte K. und prüfte die Rute, die der Prügler vor ihm schwang. „Wir werden uns ja ganz nackt ausziehen müssen“, sagte Willem. „Ach so“, sagte K. und sah den Prügler genau an, er war braungebrannt wie ein Matrose und hatte ein wildes, frisches Gesicht. „Gibt es keine Möglichkeit, den beiden die Prügel zu ersparen?“, fragte er ihn. „Nein“, sagte der Prügler und schüttelte lächelnd den Kopf „Zieht euch aus!“, befahl er den Wächtern. Und zu K. sagte er: „Du musst ihnen nicht alles glauben, sie sind durch die Angst vor den Prügeln schon ein wenig schwachsinnig geworden. Was dieser hier, zum Beispiel“ – er zeigte auf Willem – „über seine mögliche Laufbahn erzählt hat, ist geradezu lächerlich. Sieh an, wie fett er ist – die ersten Rutenstreiche werden überhaupt im Fett verlorengehen. – Weißt du, wodurch er so fett geworden ist? Er hat die Gewohnheit, allen Verhafteten das Frühstück aufzuessen. Hat er nicht auch dein Frühstück aufgegessen? Nun, ich sagte es ja. Aber ein Mann mit einem solchen Bauch kann nie und nimmermehr Prügler werden, das ist ganz ausgeschlossen.“ „Es gibt auch solche Prügler“, behauptete Willem, der gerade seinen Hosengürtel löste. „Nein“, sagte der Prügler und strich ihm mit der Rute derartig über den Hals, dass er zusammenzuckte, „du sollst nicht zuhören, sondern dich ausziehen.“ „Ich würde dich gut belohnen, wenn du sie laufen lässt“, sagte K. und zog, ohne den Prügler nochmals anzusehen – solche Geschäfte werden beiderseits mit niedergeschlagenen Augen am besten abgewickelt – seine Brieftasche hervor. „Du willst wohl dann auch mich anzeigen“, sagte der Prügler, „und auch noch mir Prügel verschaffen. Nein, nein!“ „Sei doch vernünftig“, sagte K., „wenn ich gewollt hätte, dass diese beiden bestraft werden, würde ich sie doch jetzt nicht loskaufen wollen. Ich könnte einfach die Tür hier zuschlagen, nichts weiter sehen und hören wollen und nach Hause gehen. Nun tue ich das aber nicht, vielmehr liegt mir ernstlich daran, sie zu befreien; hätte ich geahnt, dass sie bestraft werden sollen oder auch nur bestraft werden können, hätte ich ihre Namen nie genannt. Ich halte sie nämlich gar nicht für schuldig, schuldig ist die Organisation, schuldig sind die hohen Beamten." „So ist es!", riefen die Wächter und bekamen sofort einen Hieb über ihren schon entkleideten Rücken. „Hättest du hier unter deiner Rute einen hohen Richter", sagte K. und drückte, während er sprach, die Rute, die sich schon wieder erheben wollte, nieder, „ich würde dich wahrhaftig nicht hindern, loszuschlagen, im Gegenteil, ich würde dir noch Geld geben, damit du dich für die gute Sache kräftigst." „Was du sagst, klingt ja glaubwürdig", sagte der Prügler, „aber ich lasse mich nicht bestechen. Ich bin zum Prügeln angestellt, also prügle ich." Der Wächter Franz, der vielleicht in Erwartung eines guten Ausgangs des Eingreifens von K. bisher ziemlich zurückhaltend gewesen war, trat jetzt, nur noch mit den Hosen bekleidet, zur Tür, hing sich niederkniend an K.s Arm und flüsterte: „Wenn du für uns beide Schonung nicht durchsetzen kannst, so versuche wenigstens, mich zu befreien. Willem ist älter als ich, in jeder Hinsicht weniger empfindlich, auch hat er schon einmal vor ein paar Jahren eine leichte Prügelstrafe bekommen, ich aber bin noch nicht entehrt und bin doch zu meiner Handlungsweise nur durch Willem gebracht worden, der im Guten und Schlechten mein Lehrer ist. Unten vor der Bank wartet meine arme Braut auf den Ausgang, ich schäme mich ja so erbärmlich." Er trocknete mit K.s Rock sein von Tränen ganz überlaufenes Gesicht. „Ich warte nicht mehr", sagte der Prügler, fasste die Rute mit beiden Händen und hieb auf Franz ein, während Willem in einem Winkel kauerte und heimlich zusah, ohne eine Kopfwendung zu wagen. Da erhob sich der Schrei, den Franz ausstieß, ungeteilt und unveränderlich, er schien nicht von einem Menschen, sondern von einem gemarterten Instrument zu stammen, der ganze Korridor tönte von ihm, das ganze Haus musste es hören. „Schrei nicht", rief K., er konnte sich nicht zurückhalten, und während er gespannt in die Richtung sah, aus der die Diener kommen mussten, stieß er an Franz, nicht stark, aber doch stark genug, dass der Besinnungslose niederfiel und im Krampf mit den Händen den Boden absuchte; den Schlägen entging er aber nicht, die Rute fand ihn auch auf der Erde; während er sich unter ihr wälzte, schwang sich ihre Spitze regelmäßig auf und ab. Und schon erschien in der Ferne ein Diener und ein paar Schritte hinter ihm ein zweiter. K. hatte schnell die Tür zugeworfen, war zu einem der Hoffenster getreten und öffnete es. Das Schreien hatte vollständig aufgehört. Um die Diener nicht herankommen zu lassen, rief er: „Ich bin es!“ „Guten Abend, Herr Prokurist!“, rief es zurück. „Ist etwas geschehen?“ „Nein, nein“, antwortete K., „es schreit nur ein Hund auf dem Hof.“ Als die Diener sich doch nicht rührten, fügte er hinzu: „Sie können bei Ihrer Arbeit bleiben.“ Um sich in kein Gespräch mit den Dienern einlassen zu müssen, beugte er sich aus dem Fenster. Als er nach einem Weilchen wieder in den Korridor sah, waren sie schon weg. K. aber blieb nun beim Fenster, in die Rumpelkammer wagte er nicht zu gehen und nach Hause gehen wollte er auch nicht. Es war ein kleiner viereckiger Hof, in den er hinuntersah, ringsherum waren Büroräume untergebracht, alle Fenster waren jetzt schon dunkel, nur die obersten fingen einen Widerschein des Mondes auf. K. suchte angestrengt mit den Blicken in das Dunkel eines Hofwinkels einzudringen, in dem einige Handkarren ineinandergefahren waren. Es quälte ihn, dass es ihm nicht gelungen war, das Prügeln zu verhindern, aber es war nicht seine Schuld, dass es nicht gelungen war, hätte Franz nicht geschrien – gewiss, es musste sehr weh getan haben, aber in einem entscheidenden Augenblick muss man sich beherrschen – hätte er nicht geschrien, so hätte K., wenigstens sehr wahrscheinlich, noch ein Mittel gefunden, den Prügler zu überreden. Wenn die ganze unterste Beamtenschaft Gesindel war, warum hätte gerade der Prügler, der das unmenschlichste Amt hatte, eine Ausnahme machen sollen, K. hatte auch gut beobachtet, wie ihm beim Anblick der Banknote die Augen geleuchtet hatten, er hatte mit dem Prügeln offenbar nur deshalb Ernst gemacht, um die Bestechungssumme noch ein wenig zu erhöhen. Und K. hätte nicht gespart, es lag ihm wirklich daran, die Wächter zu befreien; wenn er nun schon angefangen hatte, die Verderbnis dieses Gerichtswesens zu bekämpfen, so war es selbstverständlich, dass er auch von dieser Seite eingriff. Aber in dem Augenblick, wo Franz zu schreien angefangen hatte, war natürlich alles zu Ende. K. konnte nicht zulassen, dass die Diener und vielleicht noch alle möglichen Leute kämen und ihn in Unterhandlungen mit der Gesellschaft in der Rumpelkammer überraschten. Diese Aufopferung konnte wirklich niemand von K. verlangen. Wenn er das zu tun beabsichtigt hätte, so wäre es ja fast einfacher gewesen, K. hätte sich selbst ausgezogen und dem Prügler als Ersatz für die Wächter angeboten. Übrigens hätte der Prügler diese Vertretung gewiss nicht angenommen, da er dadurch, ohne einen Vorteil zu gewinnen, dennoch seine Pflicht schwer verletzt hätte, und wahrscheinlich doppelt verletzt hätte, denn K. musste wohl, solange er im Verfahren stand, für alle Angestellten des Gerichts unverletzlich sein. Allerdings konnten hier auch besondere Bestimmungen gelten. Jedenfalls hatte K. nichts anderes tun können als die Tür zuschlagen, obwohl dadurch auch jetzt noch für K. durchaus nicht jede Gefahr beseitigt blieb. Dass er noch zuletzt Franz einen Stoß gegeben hatte, war bedauerlich und nur durch seine Aufregung zu entschuldigen.

In der Ferne hörte er die Schritte der Diener; um ihnen nicht auffällig zu werden, schloss er das Fenster und ging in der Richtung zur Haupttreppe. Bei der Tür zur Rumpelkammer blieb er ein wenig stehen und horchte. Es war ganz still. Der Mann konnte die Wächter totgeprügelt haben, sie waren ja ganz in seine Macht gegeben. K. hatte schon die Hand nach der Klinke ausgestreckt, zog sie dann aber wieder zurück. Helfen konnte er niemandem mehr, und die Diener mussten gleich kommen; er gelobte sich aber, die Sache noch zur Sprache zu bringen und die wirklich Schuldigen, die hohen Beamten, von denen sich ihm noch keiner zu zeigen gewagt hatte, soweit es in seinen Kräften war, gebührend zu bestrafen. Als er die Freitreppe der Bank hinunterging, beobachtete er sorgfältig alle Passanten, aber selbst in der weiteren Umgebung war kein Mädchen zu sehen, das auf jemanden gewartet hätte. Die Bemerkung Fran-

zens, dass seine Braut auf ihn warte, erwies sich als eine allerdings verzeihliche Lüge, die nur den Zweck gehabt hatte, größeres Mitleid zu erwecken.
Auch noch am nächsten Tage kamen K. die Wächter nicht aus dem Sinn; er war bei der Arbeit zerstreut und musste, um sie zu bewältigen, noch ein wenig länger im Büro bleiben als am Tag vorher. Als er auf dem Nachhausewege wieder an der Rumpelkammer vorbeikam, öffnete er sie wie aus Gewohnheit. Vor dem, was er statt des erwarteten Dunkels erblickte, wusste er sich nicht zu fassen. Alles war unverändert, so wie er es am Abend vorher beim Öffnen der Tür gefunden hatte. Die Drucksorten und Tintenflaschen gleich hinter der Schwelle, der Prügler mit der Rute, die noch vollständig ausgezogenen Wächter, die Kerze auf dem Regal, und die Wächter begannen zu klagen und riefen: „Herr!" Sofort warf K. die Tür zu und schlug noch mit den Fäusten gegen sie, als sei sie dann fester verschlossen. Fast weinend lief er zu den Dienern, die ruhig an den Kopiermaschinen arbeiteten und erstaunt in ihrer Arbeit innehielten. „Räumt doch endlich die Rumpelkammer aus!", rief er. „Wir versinken ja im Schmutz!" Die Diener waren bereit, es am nächsten Tag zu tun, K. nickte, jetzt spät am Abend konnte er sie nicht mehr zu der Arbeit zwingen, wie er es eigentlich beabsichtigt hatte. Er setzte sich ein wenig, um die Diener ein Weilchen lang in der Nähe zu behalten, warf einige Kopien durcheinander, wodurch er den Anschein zu erwecken glaubte, dass er sie überprüfe, und ging dann, da er einsah, dass die Diener nicht wagen würden, gleichzeitig mit ihm wegzugehen, müde und gedankenlos nach Hause.

Sechstes Kapitel

Der Onkel – Leni

Eines Nachmittags – K. war gerade vor dem Postabschluss sehr beschäftigt – drängte sich zwischen zwei Dienern, die Schriftstücke hineintrugen, K.s Onkel Karl, ein kleiner Grundbesitzer vom Lande, ins Zimmer. K. erschrak bei dem Anblick weniger, als er schon vor längerer Zeit bei der Vorstellung vom Kommen des Onkels erschrocken war. Der Onkel musste kommen, das stand bei K. schon etwa einen Monat lang fest. Schon damals hatte er ihn zu sehen geglaubt, wie er, ein wenig gebückt, den eingedrückten Panamahut in der Linken, die Rechte schon von weitem ihm entgegenstreckte und sie mit rücksichtsloser Eile über den Schreibtisch hinreichte, alles umstoßend, was ihm im Wege war. Der Onkel befand sich immer in Eile, denn er war von dem unglücklichen Gedanken verfolgt, bei seinem immer nur eintägigen Aufenthalt in der Hauptstadt müsse er alles erledigen können, was er sich vorgenommen hatte, und dürfe überdies auch kein gelegentlich sich darbietendes Gespräch oder Geschäft oder Vergnügen sich entgehen lassen. Dabei musste ihm K., der ihm als seinem gewesenen Vormund besonders verpflichtet war, in allem Möglichen behilflich sein und ihn außerdem bei sich übernachten lassen. „Das Gespenst vom Lande" pflegte er ihn zu nennen.

Gleich nach der Begrüßung – sich in den Fauteuil[1] zu setzen, wozu ihn K. einlud, hatte er keine Zeit – bat er K. um ein kurzes Gespräch unter vier Augen. „Es ist notwendig", sagte er, mühselig schluckend, „zu meiner Beruhigung ist es notwendig." K. schickte sofort die Diener aus dem Zimmer, mit der Weisung, niemand einzulassen. „Was habe ich gehört, Josef?", rief der Onkel, als sie allein waren, setzte sich auf den Tisch und stopfte unter sich, ohne hinzusehen, verschiedene Papiere, um besser zu sitzen. K. schwieg, er wusste, was kommen würde,

[1] (frz.) Sessel oder Lehnstuhl

aber, plötzlich von der anstrengenden Arbeit entspannt, wie er war, gab er sich zunächst einer angenehmen Mattigkeit hin und sah durch das Fenster auf die gegenüberliegende Straßenseite, von der von seinem Sitz aus nur ein kleiner, dreieckiger Ausschnitt zu sehen war, ein Stück leerer Häusermauer zwischen zwei Geschäftsauslagen. „Du schaust aus dem Fenster!", rief der Onkel mit erhobenen Armen, „um Himmels willen, Josef, antworte mir doch! Ist es wahr, kann es denn wahr sein?" „Lieber Onkel", sagte K. und riss sich von seiner Zerstreutheit los, „ich weiß ja gar nicht, was du von mir willst." „Josef", sagte der Onkel warnend, „die Wahrheit hast du immer gesagt, soviel ich weiß. Soll ich deine letzten Worte als schlimmes Zeichen auffassen?" „Ich ahne ja, was du willst", sagte K. folgsam, „du hast wahrscheinlich von meinem Prozess gehört." „So ist es", antwortete der Onkel, langsam nickend, „ich habe von deinem Prozess gehört." „Von wem denn?", fragte K. „Erna hat es mir geschrieben", sagte der Onkel, „sie hat ja keinen Verkehr mit dir, du kümmerst dich leider nicht viel um sie, trotzdem hat sie es erfahren. Heute habe ich den Brief bekommen und bin natürlich sofort hergefahren. Aus keinem anderen Grund, aber es scheint ein genügender Grund zu sein. Ich kann dir die Briefstelle, die dich betrifft, vorlesen." Er zog den Brief aus der Brieftasche. „Hier ist es. Sie schreibt: ‚Josef habe ich schon lange nicht gesehen, vorige Woche war ich einmal in der Bank, aber Josef war so beschäftigt, dass ich nicht vorgelassen wurde; ich habe fast eine Stunde gewartet, musste dann aber nach Hause, weil ich Klavierstunde hatte. Ich hätte gern mit ihm gesprochen, vielleicht wird sich nächstens eine Gelegenheit finden. Zu meinem Namenstag hat er mir eine große Schachtel Schokolade geschickt, es war sehr lieb und aufmerksam. Ich hatte vergessen, es Euch damals zu schreiben, erst jetzt, da Ihr mich fragt, erinnere ich mich daran. Schokolade, müsst Ihr wissen, verschwindet nämlich in der Pension sofort, kaum ist man zum Bewusstsein dessen gekommen, dass man mit Schokolade beschenkt worden ist, ist sie auch schon weg. Aber was Josef betrifft, wollte ich Euch noch etwas sagen. Wie erwähnt, wurde ich in der Bank nicht zu ihm vorgelassen, weil er gerade mit einem Herrn verhandelte. Nachdem ich eine Zeit lang ruhig gewartet hatte, fragte ich einen Diener, ob die Verhandlung noch lange dauern werde. Er sagte, das dürfte wohl sein, denn es handle sich wahrscheinlich um den Prozess, der gegen den Herrn Prokuristen geführt werde. Ich fragte, was denn das für ein Prozess sei, ob er sich nicht irre, er aber sagte, er irre sich nicht, es sei ein Prozess, und zwar ein schwerer Prozess, mehr aber wisse er nicht. Er selbst möchte dem Herrn Prokuristen gerne helfen, denn dieser sei ein guter und gerechter Herr, aber er wisse nicht, wie er es anfangen sollte, und er möchte nur wünschen, dass sich einflussreiche Herren seiner annehmen würden. Dies werde auch sicher geschehen, und es werde schließlich ein gutes Ende nehmen, vorläufig aber stehe es, wie er aus der Laune des Herrn Prokuristen entnehmen könne, gar nicht gut. Ich legte diesen Reden natürlich nicht viel Bedeutung bei, suchte auch den einfältigen Diener zu beruhigen, verbot ihm, anderen gegenüber davon zu sprechen, und halte das Ganze für ein Geschwätz. Trotzdem wäre es vielleicht gut, wenn Du, liebster Vater, bei Deinem nächsten Besuch der Sache nachgehen wolltest, es wird Dir leicht sein, Genaueres zu erfahren und, wenn es wirklich nötig sein sollte, durch Deine großen, einflussreichen Bekanntschaften einzugreifen. Sollte es aber nicht nötig sein, was ja das Wahrscheinlichste ist, so wird es wenigstens Deiner Tochter bald Gelegenheit geben, Dich zu umarmen, was sie freuen würde.' – Ein gutes Kind", sagte der Onkel, als er die Vorlesung beendet hatte, und wischte einige Tränen aus den Augen fort. K. nickte, er hatte infolge der verschiedenen Störungen der letzten Zeit vollständig Erna vergessen, sogar ihren Geburtstag hatte er vergessen, und die Geschichte von der Schokolade war offenbar nur zu dem Zweck erfunden, um ihn vor Onkel und Tante in Schutz zu nehmen. Es war sehr rührend, und mit den Theaterkarten, die er ihr von jetzt ab regelmäßig schicken wollte, gewiss nicht genügend belohnt, aber zu Besuchen in der Pension und zu Unterhaltungen mit einer kleinen achtzehnjährigen Gymnasiastin fühlte er sich jetzt nicht geeignet. „Und was sagst du jetzt?“, fragte der Onkel, der durch den Brief alle Eile und Aufregung vergessen hatte und ihn noch einmal zu lesen schien. „Ja, Onkel“, sagte K., „es ist wahr.“ „Wahr?“, rief der Onkel. „Was ist wahr? Wie kann es denn wahr sein? Was für ein Prozess? Doch nicht ein Strafprozess?“ „Ein Strafprozess“, antwortete K. „Und du sitzt ruhig hier und hast einen Strafprozess auf dem Halse?“, rief der Onkel, der immer lauter wurde. „Je ruhiger ich bin, desto besser ist es für den Ausgang“, sagte K. müde, „fürchte nichts.“ „Das kann mich nicht beruhigen!“, rief der Onkel, „Josef, lieber Josef, denke an dich, an deine Verwandten, an unsern guten Namen! Du warst bisher unsere Ehre, du darfst nicht unsere Schande werden. Deine Haltung“, er sah K. mit schief geneigtem Kopfe an, „gefällt mir nicht, so verhält sich kein unschuldig Angeklagter, der noch bei Kräften ist. Sag mir nur schnell, worum es sich handelt, damit ich dir helfen kann. Es handelt sich natürlich um die Bank?“ „Nein“, sagte K. und stand auf, „du sprichst aber zu laut, lieber Onkel, der Diener steht wahrscheinlich an der Tür und horcht. Das ist mir unangenehm. Wir wollen lieber weggehen. Ich werde dir dann alle Fragen, so gut es geht, beantworten. Ich weiß sehr gut, dass ich der Familie Rechenschaft schuldig bin.“ „Richtig!“, schrie der Onkel, „sehr richtig, beeile dich nur, Josef, beeile dich!“ „Ich muss nur noch einige Aufträge geben“, sagte K. und berief telefonisch seinen Vertreter zu sich, der in wenigen Augenblicken eintrat. Der Onkel, in seiner Aufregung, zeigte ihm mit der Hand, dass K. ihn habe rufen lassen, woran auch sonst kein Zweifel gewesen wäre. K., der vor dem Schreibtisch stand, erklärte dem jungen Mann, der kühl, aber aufmerksam zuhörte, mit leiser Stimme unter Zuhilfenahme verschiedener Schriftstücke, was in seiner Abwesenheit heute noch erledigt werden müsse. Der Onkel störte, indem er zuerst mit großen Augen und nervösem Lippenbeißen dabeistand, ohne allerdings zuzuhören, aber der Anschein dessen war schon störend genug. Dann aber ging er im Zimmer auf und ab und blieb hie und da vor dem Fenster oder vor einem Bild stehen, wobei er immer in verschiedene Ausrufe ausbrach, wie: „Mir ist es vollständig unbegreiflich!“ oder „Jetzt sagt mir nur, was soll denn daraus werden!“ Der junge Mann tat, als bemerke er nichts davon, hörte ruhig K.s Aufträge bis zu Ende an, notierte sich auch einiges und ging, nachdem er sich vor K. wie auch vor dem Onkel verneigt hatte, der ihm aber gerade den Rücken zukehrte, aus dem Fenster sah und mit ausgestreckten Händen die Vorhänge zusammenknüllte. Die Tür hatte sich noch kaum geschlossen, als der Onkel ausrief: „Endlich ist der Hampelmann weggegangen, jetzt können doch auch wir gehen. Endlich!“ Es gab leider kein Mittel, den Onkel zu bewegen, in der Vorhalle, wo einige Beamte und Diener herumstanden und die gerade auch der Direktor-Stellvertreter kreuzte, die Fragen wegen des Prozesses zu unterlassen. „Also, Josef“, begann der Onkel, während er die Verbeugungen der Umstehenden durch leichtes Salutieren beantwortete, „jetzt sag mir offen, was es für ein Prozess ist.“ K. machte einige nichtssagende Bemerkungen, lachte auch ein wenig, und erst auf der Treppe erklärte er dem Onkel, dass er vor den Leuten nicht habe offen reden wollen. „Richtig“, sagte der Onkel, „aber jetzt rede.“ Mit geneigtem Kopf, eine Zigarre in kurzen, eiligen Zügen rauchend, hörte er zu. „Vor allem, Onkel“, sagte K., „handelt es sich gar nicht um einen Prozess vor dem gewöhnlichen Gericht.“ „Das ist schlimm“, sagte der Onkel. „Wie?“, sagte K. und sah den Onkel an. „Dass das schlimm ist, meine ich“, wiederholte der Onkel. Sie standen auf der Freitreppe, die zur Straße führte; da der Portier zu horchen schien, zog K. den Onkel hinunter; der lebhafte Straßenverkehr nahm sie auf. Der Onkel, der sich in K. eingehängt hatte, fragte nicht mehr so dringend nach dem Prozess, sie gingen sogar eine Zeitlang schweigend weiter. „Wie ist es aber geschehen?“, fragte endlich der Onkel, so plötzlich stehen bleibend, dass die hinter ihm gehenden Leute erschreckt auswichen. „Solche Dinge kommen doch nicht plötzlich, sie bereiten sich seit langem vor, es müssen Anzeichen dessen gewesen sein, warum hast du mir nicht geschrieben; du weißt, dass ich für dich alles tue, ich bin ja gewissermaßen noch dein Vormund und war bis heute stolz darauf. Ich werde dir natürlich auch jetzt noch helfen, nur ist es jetzt, wenn der Prozess schon im Gange ist, sehr schwer. Am besten wäre es jedenfalls, wenn du dir jetzt einen kleinen Urlaub nimmst und zu uns aufs Land kommst. Du bist auch ein wenig abgemagert, jetzt merke ich es. Auf dem Land wirst du dich kräftigen, das wird gut sein, es stehen dir ja gewiss Anstrengungen bevor. Außerdem aber wirst du dadurch dem Gericht gewissermaßen entzogen sein. Hier haben sie alle möglichen Machtmittel, die sie notwendigerweise automatisch auch dir gegenüber anwenden; auf das Land müssten sie aber erst Organe delegieren oder nur brieflich, telegrafisch, telefonisch auf dich einzuwirken suchen. Das schwächt natürlich die Wirkung ab, befreit dich zwar nicht, aber lässt dich aufatmen." „Sie könnten mir ja verbieten wegzufahren", sagte K., den die Rede des Onkels ein wenig in ihren Gedankengang gezogen hatte. „Ich glaube nicht, dass sie das tun werden", sagte der Onkel nachdenklich, „so groß ist der Verlust an Macht nicht, den sie durch deine Abreise erleiden." „Ich dachte", sagte K. und fasste den Onkel unterm Arm, um ihn am Stehenbleiben hindern zu können, „dass du dem Ganzen noch weniger Bedeutung beimessen würdest als ich, und jetzt nimmst du es selbst so schwer." „Josef", rief der Onkel und wollte sich ihm entwinden, um stehen bleiben zu können, aber K. ließ ihn nicht, „du bist verwandelt, du hattest doch immer ein so richtiges Auffassungsvermögen, und gerade jetzt verlässt es dich. Willst du denn den Prozess verlieren? Weißt du, was das bedeutet? Das bedeutet, dass du einfach gestrichen wirst. Und dass die ganze Verwandtschaft mitgerissen oder wenigstens bis auf den Boden gedemütigt wird. Josef, nimm dich doch zusammen. Deine Gleichgültigkeit bringt mich um den Verstand. Wenn man dich ansieht, möchte man fast dem Sprichwort glauben: ‚Einen solchen Prozess haben, heißt ihn schon verloren haben.'" „Lieber Onkel", sagte K., „die Aufregung ist so unnütz, sie ist es auf deiner Seite und wäre es auch auf meiner. Mit Aufregung gewinnt man die Prozesse nicht, lass auch meine praktischen Erfahrungen ein wenig gelten, so wie ich deine, selbst wenn sie mich überraschen, immer und auch jetzt sehr achte. Da du sagst, dass auch die Familie durch den Prozess in Mitleidenschaft gezogen würde – was ich für meinen Teil durchaus nicht begreifen kann, das ist aber Nebensache –, so will ich dir gerne in allem folgen. Nur den Landaufenthalt halte ich selbst in deinem Sinn nicht für vorteilhaft, denn das würde Flucht und Schuldbewusstsein bedeuten. Überdies bin ich hier zwar mehr verfolgt, kann aber auch selbst die Sache mehr betreiben." „Richtig", sagte der Onkel in einem Ton, als kämen sie jetzt endlich einander näher, „ich machte den Vorschlag nur, weil ich, wenn du hierbliebst, die Sache von deiner Gleichgültigkeit gefährdet sah und es für besser hielt, wenn ich statt deiner für dich arbeitete. Willst du es aber mit aller Kraft selbst betreiben, so ist es natürlich weit besser." „Darin wären wir also einig", sagte K. „Und hast du jetzt einen Vorschlag dafür, was ich zunächst machen soll?" „Ich muss mir natürlich die Sache noch überlegen", sagte der Onkel, „du musst bedenken, dass ich jetzt schon zwanzig Jahre fast ununterbrochen auf dem Lande bin, dabei lässt der Spürsinn in diesen Richtungen nach. Verschiedene wichtige Verbindungen mit Persönlichkeiten, die sich hier vielleicht besser auskennen, haben sich von selbst gelockert. Ich bin auf dem Land ein wenig verlassen, das weißt du ja. Selbst merkt man es eigentlich erst bei solchen Gelegenheiten. Zum Teil kam mir deine Sache auch unerwartet, wenn ich auch merkwürdigerweise nach Ernas Brief schon etwas Derartiges ahnte und es heute bei deinem Anblick fast mit Bestimmtheit wusste. Aber das ist gleichgültig, das Wichtigste ist jetzt, keine Zeit zu verlieren." Schon während seiner Rede hatte er, auf den Fußspitzen stehend, einem Automobil gewinkt und zog jetzt, während er gleichzeitig dem Wagenlenker eine Adresse zurief, K. hinter sich in den Wagen. „Wir fahren jetzt zum Advokaten Huld", sagte er, „er war mein Schulkollege. Du kennst den Namen gewiss auch? Nicht? Das ist aber merkwürdig. Er hat doch als Verteidiger und Armenadvokat einen bedeutenden Ruf. Ich aber habe besonders zu ihm als Menschen großes Vertrauen.“ „Mir ist alles recht, was du unternimmst“, sagte K., obwohl ihm die eilige und dringliche Art, mit der der Onkel die Angelegenheit behandelte, Unbehagen verursachte. Es war nicht sehr erfreulich, als Angeklagter zu einem Armenadvokaten zu fahren. „Ich wusste nicht“, sagte er, „dass man in einer solchen Sache auch einen Advokaten zuziehen könne.“ „Aber natürlich“, sagte der Onkel, „das ist ja selbstverständlich. Warum denn nicht? Und nun erzähle mir, damit ich über die Sache genau unterrichtet bin, alles, was bisher geschehen ist.“ K. begann sofort zu erzählen, ohne irgendetwas zu verschweigen, seine vollständige Offenheit war der einzige Protest, den er sich gegen des Onkels Ansicht, der Prozess sei eine große Schande, erlauben konnte. Fräulein Bürstners Namen erwähnte er nur einmal und flüchtig, aber das beeinträchtigte nicht die Offenheit, denn Fräulein Bürstner stand mit dem Prozess in keiner Verbindung. Während er erzählte, sah er aus dem Fenster und beobachtete, wie sie sich gerade jener Vorstadt näherten, in der die Gerichtskanzleien waren, er machte den Onkel darauf aufmerksam, der aber das Zusammentreffen nicht besonders auffallend fand. Der Wagen hielt vor einem dunklen Haus. Der Onkel läutete gleich im Parterre bei der ersten Tür; während sie warteten, fletschte er lächelnd seine großen Zähne und flüsterte: „Acht Uhr, eine ungewöhnliche Zeit für Parteienbesuche. Huld nimmt es mir aber nicht übel.“ Im Guckfenster der Tür erschienen zwei große, schwarze Augen, sahen ein Weilchen die zwei Gäste an und verschwanden; die Tür öffnete sich aber nicht. Der Onkel und K. bestätigten einander gegenseitig die Tatsache, die zwei Augen gesehen zu haben. „Ein neues Stubenmädchen, das sich vor Fremden fürchtet“, sagte der Onkel und klopfte nochmals. Wieder erschienen die Augen, man konnte sie jetzt fast für traurig halten, vielleicht war das aber auch nur eine Täuschung, hervorgerufen durch die offene Gasflamme, die nahe über den Köpfen stark zischend brannte, aber wenig Licht gab. „Öffnen Sie“, rief der Onkel und hieb mit der Faust gegen die Tür, „es sind Freunde des Herrn Advokaten!“ „Der Herr Advokat ist krank“, flüsterte es hinter ihnen. In einer Tür am andern Ende des kleinen Ganges stand ein Herr im Schlafrock und machte mit äußerst leiser Stimme diese Mitteilung. Der Onkel, der schon wegen des langen Wartens wütend war, wandte sich mit einem Ruck und, rief: „Krank? Sie sagen, er ist krank?“ und ging fast drohend, als sei der Herr die Krankheit, auf ihn zu. „Man hat schon geöffnet“, sagte der Herr, zeigte auf die Tür des Advokaten, raffte seinen Schlafrock zusammen und verschwand. Die Tür war wirklich geöffnet worden, ein junges Mädchen – K. erkannte die dunklen, ein wenig hervorgewälzten Augen wieder – stand in langer, weißer Schürze im Vorzimmer und hielt eine Kerze in der Hand. „Nächstens öffnen Sie früher!“, sagte der Onkel statt einer Begrüßung, während das Mädchen einen kleinen Knicks machte. „Komm, Josef“, sagte er dann zu K., der sich langsam an dem Mädchen vorüberschob. „Der Herr Advokat ist krank“, sagte das Mädchen, da der Onkel, ohne sich aufzuhalten, auf eine Tür zueilte. K. staunte das Mädchen noch an, während es sich schon umgedreht hatte, um die Wohnungstüre wieder zu versperren, es hatte ein puppenförmig gerundetes Gesicht, nicht nur die bleichen Wangen und das Kinn verliefen rund, auch die Schläfen und die Stirnränder. „Josef!“, rief der Onkel wieder, und das Mädchen fragte er: „Es ist das Herzleiden?“ „Ich glaube wohl“, sagte das Mädchen, es hatte Zeit gefunden, mit der Kerze voranzugehen und die Zimmertür zu öffnen. In einem Winkel des Zimmers, wohin das Kerzenlicht noch nicht drang, erhob sich im Bett ein Gesicht mit langem Bart. „Leni, wer kommt denn?“, fragte der Advokat, der, durch die Kerze geblendet, die Gäste nicht erkannte. „Albert, dein alter Freund ist es“, sagte der Onkel. „Ach, Albert“, sagte der Advokat und ließ sich auf die Kissen zurückfallen, als bedürfe es diesem Besuch gegenüber keiner Verstellung. „Steht es wirklich so schlecht?“, fragte der Onkel und setzte sich auf den Bettrand. „Ich glaube es nicht. Es ist ein Anfall deines Herzleidens und wird vorübergehen wie die früheren." „Möglich", sagte der Advokat leise, „es ist aber ärger, als es jemals gewesen ist. Ich atme schwer, schlafe gar nicht und verliere täglich an Kraft." „So", sagte der Onkel und drückte den Panamahut mit seiner großen Hand fest aufs Knie. „Das sind schlechte Nachrichten. Hast du übrigens die richtige Pflege? Es ist auch so traurig hier, so dunkel. Es ist schon lange her, seit ich zum letzten Mal hier war, damals schien es mir freundlicher. Auch dein kleines Fräulein hier scheint nicht sehr lustig, oder sie verstellt sich." Das Mädchen stand noch immer mit der Kerze nahe bei der Tür; soweit ihr unbestimmter Blick erkennen ließ, sah sie eher K. an als den Onkel, selbst als dieser jetzt von ihr sprach. K. lehnte an einem Sessel, den er in die Nähe des Mädchens geschoben hatte. „Wenn man so krank ist wie ich", sagte der Advokat, „muss man Ruhe haben. Mir ist es nicht traurig." Nach einer kleinen Pause fügte er hinzu: „Und Leni pflegt mich gut, sie ist brav." Den Onkel konnte das aber nicht überzeugen, er war sichtlich gegen die Pflegerin voreingenommen, und wenn er auch dem Kranken nichts entgegnete, so verfolgte er doch die Pflegerin mit strengen Blicken, als sie jetzt zum Bett hinging, die Kerze auf das Nachttischchen stellte, sich über den Kranken hinbeugte und beim Ordnen der Kissen mit ihm flüsterte. Er vergaß fast die Rücksicht auf den Kranken, stand auf, ging hinter der Pflegerin hin und her, und K. hätte es nicht gewundert, wenn er sie hinten an den Röcken erfasst und vom Bett fortgezogen hätte. K. selbst sah allem ruhig zu, die Krankheit des Advokaten war ihm sogar nicht ganz unwillkommen, dem Eifer, den der Onkel für seine Sache entwickelt hatte, hatte er sich nicht entgegenstellen können, die Ablenkung, die dieser Eifer jetzt ohne sein Zutun erfuhr, nahm er gerne hin. Da sagte der Onkel, vielleicht nur in der Absicht, die Pflegerin zu beleidigen: „Fräulein, bitte, lassen Sie uns ein Weilchen allein, ich habe mit meinem Freund eine persönliche Angelegenheit zu besprechen." Die Pflegerin, die noch weit über den Kranken hingebeugt war und gerade das Leintuch an der Wand glättete, wendete nur den Kopf und sagte sehr ruhig, was einen auffallenden Unterschied zu den vor Wut stockenden und dann wieder überfließenden Reden des Onkels bildete: „Sie sehen, der Herr ist so krank, er kann keine Angelegenheiten besprechen." Sie hatte die Worte des Onkels wahrscheinlich nur aus Bequemlichkeit wiederholt, immerhin konnte es selbst von einem Unbeteiligten als spöttisch aufgefasst werden, der Onkel aber fuhr natürlich wie ein Gestochener auf. „Du Verdammte", sagte er im ersten Gurgeln der Aufregung noch ziemlich unverständlich, K. erschrak, obwohl er etwas Ähnliches erwartet hatte, und lief auf den Onkel zu, mit der bestimmten Absicht, ihm mit beiden Händen den Mund zu schließen. Glücklicherweise erhob sich aber hinter dem Mädchen der Kranke, der Onkel machte ein finsteres Gesicht, als schlucke er etwas Abscheuliches hinunter, und sagte dann ruhiger: „Wir haben natürlich auch noch den Verstand nicht verloren; wäre das, was ich verlange, nicht möglich, würde ich es nicht verlangen. Bitte, gehen Sie jetzt!" Die Pflegerin stand aufgerichtet am Bett, dem Onkel voll zugewendet, mit der einen Hand streichelte sie, wie K. zu bemerken glaubte, die Hand des Advokaten. „Du kannst vor Leni alles sagen", sagte der Kranke, zweifellos im Ton einer dringenden Bitte. „Es betrifft mich nicht", sagte der Onkel, „es ist nicht mein Geheimnis." Und er drehte sich um, als gedenke er in keine Verhandlungen mehr einzugehen, gebe aber noch eine kleine Bedenkzeit. „Wen betrifft es denn?", fragte der Advokat mit erlöschender Stimme und legte sich wieder zurück. „Meinen Neffen", sagte der Onkel, „ich habe ihn auch mitgebracht." Und er stellte vor: „Prokurist Josef K." „Oh", sagte der Kranke viel lebhafter und streckte K. die Hand entgegen, „verzeihen Sie, ich habe Sie gar nicht bemerkt. Geh, Leni", sagte er dann zu der Pflegerin, die sich auch gar nicht mehr wehrte, und reichte ihr die Hand, als gelte es einen Abschied für lange Zeit. „Du bist also", sagte er endlich zum Onkel, der, auch versöhnt, näher getreten war, „nicht gekommen, mir einen Krankenbesuch zu machen, sondern du kommst in Geschäften." Es war, als hätte die Vorstellung eines Krankenbesuches den Advokaten bisher gelähmt, so gekräftigt sah er jetzt aus, blieb ständig auf einen Ellbogen aufgestützt, was ziemlich anstrengend sein musste, und zog immer wieder an einem Bartstrahn[1] in der Mitte seines Bartes. „Du siehst schon viel gesünder aus", sagte der Onkel, „seit diese Hexe draußen ist." Er unterbrach sich, flüsterte: „Ich wette, dass sie horcht!" und er sprang zur Tür. Aber hinter der Tür war niemand, der Onkel kam zurück, nicht enttäuscht, denn ihr Nichthorchen erschien ihm als eine noch größere Bosheit, wohl aber verbittert: „Du verkennst sie", sagte der Advokat, ohne die Pflegerin weiter in Schutz zu nehmen; vielleicht wollte er damit ausdrücken, dass sie nicht schutzbedürftig sei. Aber in viel teilnehmenderem Tone fuhr er fort: „Was die Angelegenheit deines Herrn Neffen betrifft, so würde ich mich allerdings glücklich schätzen, wenn meine Kraft für diese äußerst schwierige Aufgabe ausreichen könnte; ich fürchte sehr, dass sie nicht ausreichen wird, jedenfalls will ich nichts unversucht lassen; wenn ich nicht ausreiche, könnte man ja noch jemanden anderen beiziehen. Um aufrichtig zu sein, interessiert mich die Sache zu sehr, als dass ich es über mich bringen könnte, auf jede Beteiligung zu verzichten. Hält es mein Herz nicht aus, so wird es doch wenigstens hier eine würdige Gelegenheit finden, gänzlich zu versagen." K. glaubte, kein Wort dieser ganzen Rede zu verstehen, er sah den Onkel an, um dort eine Erklärung zu finden, aber dieser saß, mit der Kerze in der Hand, auf dem Nachttischchen, von dem bereits eine Arzneiflasche auf den Teppich gerollt war, nickte zu allem, was der Advokat sagte, war mit allem einverstanden und sah hie und da auf K. mit der Aufforderung zu gleichem Einverständnis hin. Hatte vielleicht der Onkel schon früher dem Advokaten von dem Prozess erzählt? Aber das war unmöglich, alles, was vorhergegangen war, sprach dagegen. „Ich verstehe nicht –", sagte er deshalb. „Ja, habe vielleicht ich Sie missverstanden?", fragte der Advokat ebenso erstaunt und verlegen wie K. „Ich war vielleicht voreilig. Worüber

[1] Strahn = Strähne

wollten Sie denn mit mir sprechen? Ich dachte, es handle sich um Ihren Prozess?“ „Natürlich“, sagte der Onkel und fragte dann K.: „Was willst du denn?“ „Ja, aber woher wissen Sie denn etwas über mich und meinen Prozess?“, fragte K. „Ach so“, sagte der Advokat lächelnd, „ich bin doch Advokat, ich verkehre in Gerichtskreisen, man spricht über verschiedene Prozesse, und auffallendere, besonders wenn es den Neffen eines Freundes betrifft, behält man im Gedächtnis. Das ist doch nichts Merkwürdiges.“ „Was willst du denn?“, fragte der Onkel K. nochmals. „Du bist so unruhig.“ „Sie verkehren in diesen Gerichtskreisen?“, fragte K. „Ja“, sagte der Advokat. „Du fragst wie ein Kind“, sagte der Onkel. „Mit wem sollte ich denn verkehren, wenn nicht mit Leuten meines Faches?“, fügte der Advokat hinzu. Es klang so unwiderleglich, dass K. gar nicht antwortete. „Sie arbeiten doch bei dem Gericht im Justizpalast, und nicht bei dem auf dem Dachboden“, hatte er sagen wollen, konnte sich aber nicht überwinden, es wirklich zu sagen. „Sie müssen doch bedenken“, fuhr der Advokat fort, in einem Tone, als erkläre er etwas Selbstverständliches überflüssigerweise und nebenbei, „Sie müssen doch bedenken, dass ich aus einem solchen Verkehr auch große Vorteile für meine Klientel ziehe, und zwar in vielfacher Hinsicht, man darf nicht einmal immer davon reden. Natürlich bin ich jetzt infolge meiner Krankheit ein wenig behindert, aber ich bekomme trotzdem Besuch von guten Freunden vom Gericht und erfahre doch einiges. Erfahre vielleicht mehr als manche, die in bester Gesundheit den ganzen Tag bei Gericht verbringen. So habe ich zum Beispiel gerade jetzt einen lieben Besuch.“ Und er zeigte in eine dunkle Zimmerecke. „Wo denn?“, fragte K. in der ersten Überraschung fast grob. Er sah unsicher herum; das Licht der kleinen Kerze drang bis zur gegenüberliegenden Wand bei weitem nicht. Und wirklich begann sich dort in der Ecke etwas zu rühren. Im Licht der Kerze, die der Onkel jetzt hochhielt, sah man dort, bei einem kleinen Tischchen, einen älteren Herrn sitzen. Er hatte wohl gar nicht geatmet, dass er so lange unbemerkt geblieben war. Jetzt stand er umständlich auf, offenbar unzufrieden damit, dass man auf ihn aufmerksam gemacht hatte. Es war, als wolle er mit den Händen, die er wie kurze Flügel bewegte, alle Vorstellungen und Begrüßungen abwehren, als wolle er auf keinen Fall die anderen durch seine Anwesenheit stören und als bitte er dringend wieder um die Versetzung ins Dunkel und um das Vergessen seiner Anwesenheit. Das konnte man ihm nun aber nicht mehr zugestehen. „Ihr habt uns nämlich überrascht", sagte der Advokat zur Erklärung und winkte dabei dem Herrn aufmunternd zu, näher zu kommen, was dieser langsam, zögernd herumblickend und doch mit einer gewissen Würde tat. „Der Herr Kanzleidirektor – ach so, Verzeihung, ich habe nicht vorgestellt – hier mein Freund Albert K., hier sein Neffe, Prokurist Josef K., und hier der Herr Kanzleidirektor – der Herr Kanzleidirektor also war so freundlich, mich zu besuchen. Den Wert eines solchen Besuches kann eigentlich nur der Eingeweihte würdigen, welcher weiß, wie der Herr Kanzleidirektor mit Arbeit überhäuft ist. Nun, er kam aber trotzdem, wir unterhielten uns friedlich, soweit meine Schwäche es erlaubte, wir hatten zwar Leni nicht verboten, Besuche einzulassen, denn es waren keine zu erwarten, aber unsere Meinung war doch, dass wir allein bleiben sollten, dann aber kamen deine Fausthiebe, Albert, der Herr Kanzleidirektor rückte mit Sessel und Tisch in den Winkel, nun aber zeigt sich, dass wir möglicherweise, das heißt, wenn der Wunsch danach besteht, eine gemeinsame Angelegenheit zu besprechen haben und sehr gut wieder zusammenrücken können. – Herr Kanzleidirektor", sagte er mit Kopfneigen und unterwürfigem Lächeln und zeigte auf einen Lehnstuhl in der Nähe des Bettes. „Ich kann leider nur noch ein paar Minuten bleiben", sagte der Kanzleidirektor freundlich, setzte sich breit in den Lehnstuhl und sah auf die Uhr, „die Geschäfte rufen mich. Jedenfalls will ich nicht die Gelegenheit vorübergehen lassen, einen Freund meines Freundes kennenzulernen." Er neigte den Kopf leicht gegen den Onkel, der von der neuen Bekanntschaft sehr befriedigt schien, aber infolge seiner Natur Gefühle der Ergebenheit nicht ausdrücken konnte und die Worte des Kanzleidirektors mit verlegenem, aber lautem Lachen begleitete. Ein hässlicher Anblick! K. konnte ruhig alles beobachten, denn um ihn kümmerte sich niemand, der Kanzleidirektor nahm, wie es seine Gewohnheit schien, da er nun schon einmal hervorgezogen war, die Herrschaft über das Gespräch an sich, der Advokat, dessen erste Schwäche vielleicht nur dazu hatte dienen sollen, den neuen Besuch zu vertreiben, hörte aufmerksam, die Hand am Ohre zu, der Onkel als Kerzenträger – er balancierte die Kerze auf seinem Schenkel, der Advokat sah öfter besorgt hin – war bald frei von Verlegenheit und nur noch entzückt, sowohl von der Art der Rede des Kanzleidirektors als auch von den sanften, wellenförmigen Handbewegungen, mit denen er sie begleitete. K., der am Bettpfosten lehnte, wurde vom Kanzleidirektor vielleicht sogar mit Absicht vollständig vernachlässigt und diente den alten Herren nur als Zuhörer. Übrigens wusste er kaum, wovon die Rede war und dachte bald an die Pflegerin und an die schlechte Behandlung, die sie vom Onkel erfahren hatte, bald daran, ob er den Kanzleidirektor nicht schon einmal gesehen hatte, vielleicht sogar in der Versammlung bei seiner ersten Untersuchung. Wenn er sich auch vielleicht täuschte, so hätte sich doch der Kanzleidirektor den Versammlungsteilnehmern in der ersten Reihe, den alten Herren mit den schütteren Bärten, vorzüglich eingefügt.

Da ließ ein Lärm aus dem Vorzimmer, wie von zerbrechendem Porzellan, alle aufhorchen. „Ich will nachsehen, was geschehen ist", sagte K. und ging langsam hinaus, als gebe er den anderen noch Gelegenheit, ihn zurückzuhalten. Kaum war er ins Vorzimmer getreten und wollte sich im Dunkel zurechtfinden, als sich auf die Hand, mit der er die Tür noch festhielt, eine kleine Hand legte, viel kleiner als K.s Hand, und die Tür leise schloss. Es war die Pflegerin, die hier gewartet hatte. „Es ist nichts geschehen", flüsterte sie, „ich habe nur einen Teller gegen die Mauer geworfen, um Sie herauszuholen." In seiner Befangenheit sagte K.: „Ich habe auch an Sie gedacht." „Desto besser", sagte die Pflegerin,

„kommen Sie.“ Nach ein paar Schritten kamen sie zu einer Tür aus mattem Glas, welche die Pflegerin vor K. öffnete. „Treten Sie doch ein“, sagte sie. Es war jedenfalls das Arbeitszimmer des Advokaten; soweit man im Mondlicht sehen konnte, das jetzt nur einen kleinen, viereckigen Teil des Fußbodens an jedem der drei großen Fenster erhellte, war es mit schweren, alten Möbelstücken ausgestattet. „Hierher“, sagte die Pflegerin und zeigte auf eine dunkle Truhe mit holzgeschnitzter Lehne. Noch als er sich gesetzt hatte, sah sich K. im Zimmer um, es war ein hohes, großes Zimmer, die Kundschaft des Armenadvokaten musste sich hier verloren vorkommen. K. glaubte die kleinen Schritte zu sehen, mit denen die Besucher zu dem gewaltigen Schreibtisch vorrückten. Dann aber vergaß er dies und hatte nur noch Augen für die Pflegerin, die ganz nahe neben ihm saß und ihn fast an die Seitenlehne drückte. „Ich dachte“, sagte sie, „Sie würden von selbst zu mir herauskommen, ohne dass ich Sie erst rufen müsste. Es war doch merkwürdig. Zuerst sahen Sie mich gleich beim Eintritt ununterbrochen an und dann ließen Sie mich warten. Nennen Sie mich übrigens Leni“, fügte sie noch rasch und unvermittelt zu, als solle kein Augenblick dieser Aussprache versäumt werden. „Gern“, sagte K. „Was aber die Merkwürdigkeit betrifft, Leni, so ist sie leicht zu erklären. Erstens musste ich doch das Geschwätz der alten Herren anhören und konnte nicht grundlos weglaufen, zweitens aber bin ich nicht frech, sondern eher schüchtern, und auch Sie, Leni, sahen wahrhaftig nicht so aus, als ob Sie in einem Sprung zu gewinnen wären.“ „Das ist es nicht“, sagte Leni, legte den Arm über die Lehne und sah K. an, „aber ich gefiel Ihnen nicht und gefalle Ihnen auch wahrscheinlich jetzt nicht.“ „Gefallen wäre ja nicht viel“, sagte K. ausweichend. „Oh!“, sagte sie lächelnd und gewann durch K.s Bemerkung und diesen kleinen Ausruf eine gewisse Überlegenheit. Deshalb schwieg K. ein Weilchen. Da er sich an das Dunkel im Zimmer schon gewöhnt hatte, konnte er verschiedene Einzelheiten der Einrichtung unterscheiden. Besonders fiel ihm ein großes Bild auf, das rechts von der Tür hing, er beugte sich vor, um es besser zu sehen. Es stellte einen Mann im Richtertalar dar; er saß auf einem hohen Thronsessel, dessen Vergoldung vielfach aus dem Bilde hervorstach. Das Ungewöhnliche war, dass dieser Richter nicht in Ruhe und Würde dort saß, sondern den linken Arm fest an Rücken und Seitenlehne drückte, den rechten Arm aber völlig frei hatte und nur mit der Hand die Seitenlehne umfasste, als wolle er im nächsten Augenblick mit einer heftigen und vielleicht empörten Wendung aufspringen, um etwas Entscheidendes zu sagen oder gar das Urteil zu verkünden. Der Angeklagte war wohl zu Füßen der Treppe zu denken, deren oberste, mit einem gelben Teppich bedeckte Stufen noch auf dem Bilde zu sehen waren. „Vielleicht ist das mein Richter“, sagte K. und zeigte mit einem Finger auf das Bild. „Ich kenne ihn“, sagte Leni und sah auch zum Bilde auf, „er kommt öfters hierher. Das Bild stammt aus seiner Jugend, er kann aber niemals dem Bilde auch nur ähnlich gewesen sein, denn er ist fast winzig klein. Trotzdem hat er sich auf dem Bild so in die Länge ziehen lassen, denn er ist unsinnig eitel, wie alle hier. Aber auch ich bin eitel und sehr unzufrieden damit, dass ich Ihnen gar nicht gefalle.“ Auf die letzte Bemerkung antwortete K. nur damit, dass er Leni umfasste und an sich zog, sie lehnte still den Kopf an seine Schulter. Zu dem Übrigen aber sagte er: „Was für einen Rang hat er?“ „Er ist Untersuchungsrichter“, sagte sie, ergriff K.s Hand, mit der er sie umfasst hielt, und spielte mit seinen Fingern. „Wieder nur Untersuchungsrichter“, sagte K. enttäuscht, „die hohen Beamten verstecken sich. Aber er sitzt doch auf einem Thronsessel.“ „Das ist alles Erfindung“, sagte Leni, das Gesicht über K.s Hand gebeugt, „in Wirklichkeit sitzt er auf einem Küchensessel, auf dem eine alte Pferdedecke zusammengelegt ist. Aber müssen Sie denn immerfort an Ihren Prozess denken,“ fügte sie langsam hinzu. „Nein, durchaus nicht“, sagte K., „ich denke wahrscheinlich sogar zu wenig an ihn.“ „Das ist nicht der Fehler, den Sie machen“, sagte Leni, „Sie sind zu unnachgiebig, so habe ich es gehört.“ „Wer hat das gesagt?“, fragte K., er fühlte ihren Körper an seiner Brust und sah auf ihr reiches, dunkles, fest gedrehtes Haar hinab. „Ich würde zu viel verraten, wenn ich das sagte“, antwortete Leni. „Fragen Sie, bitte, nicht nach Namen, stellen Sie aber Ihren Fehler ab, seien Sie nicht mehr so unnachgiebig, gegen dieses Gericht kann man sich ja nicht wehren, man muss das Geständnis machen. Machen Sie doch bei nächster Gelegenheit das Geständnis. Erst dann ist die Möglichkeit zu entschlüpfen gegeben, erst dann. Jedoch selbst das ist ohne fremde Hilfe nicht möglich, wegen dieser Hilfe aber müssen Sie sich nicht ängstigen, die will ich Ihnen selbst leisten.“ „Sie verstehen viel von diesem Gericht und von den Betrügereien, die hier nötig sind“, sagte K., und hob sie, da sie sich allzu stark an ihn drängte, auf seinen Schoß. „So ist es gut“, sagte sie und richtete sich auf seinem Schoß ein, indem sie den Rock glättete und die Bluse zurechtzog. Dann hing sie sich mit beiden Händen an seinen Hals, lehnte sich zurück und sah ihn lange an. „Und wenn ich das Geständnis nicht mache, dann können Sie mir nicht helfen?“, fragte K. versuchsweise. Ich werbe Helferinnen, dachte er fast verwundert, zuerst Fräulein Bürstner, dann die Frau des Gerichtsdieners und endlich diese kleine Pflegerin, die ein unbegreifliches Bedürfnis nach mir zu haben scheint. Wie sie auf meinem Schoß sitzt, als sei es ihr einzig richtiger Platz! „Nein“, antwortete Leni und schüttelte langsam den Kopf, „dann kann ich Ihnen nicht helfen. Aber Sie wollen ja meine Hilfe gar nicht, es liegt Ihnen nichts daran, Sie sind eigensinnig und lassen sich nicht überzeugen.“ „Haben Sie eine Geliebte?“, fragte sie nach einem Weilchen. „Nein“, sagte K. „O doch“, sagte sie. „Ja, wirklich“, sagte K., „denken Sie nur, ich habe sie verleugnet und trage doch sogar ihre Fotografie bei mir.“ Auf ihre Bitten zeigte er ihr eine Fotografie Elsas, zusammengekrümmt auf seinem Schoß, studierte sie das Bild. Es war eine Momentfotografie, Elsa war nach einem Wirbeltanz aufgenommen, wie sie ihn in dem Weinlokal gern tanzte, ihr Rock flog noch im Faltenwurf der Drehung um sie her, die Hände hatte sie auf die festen Hüften gelegt und sah mit straffem Hals lachend zur Seite; wem ihr Lachen galt, konnte man aus dem Bild nicht erkennen. „Sie ist stark geschnürt", sagte Leni und zeigte auf die Stelle, wo dies ihrer Meinung nach zu sehen war. „Sie gefällt mir nicht, sie ist unbeholfen und roh. Vielleicht ist sie aber Ihnen gegenüber sanft und freundlich, darauf könnte man nach dem Bilde schließen. So große, starke Mädchen wissen oft nichts anderes, als sanft und freundlich zu sein. Würde sie sich aber für Sie opfern können?" „Nein", sagte K., „sie ist weder sanft und freundlich, noch würde sie sich für mich opfern können. Auch habe ich bisher weder das eine noch das andere von ihr verlangt. Ja, ich habe noch nicht einmal das Bild so genau angesehen wie Sie." „Es liegt Ihnen also gar nicht viel an ihr", sagte Leni, „sie ist also gar nicht Ihre Geliebte." „Doch", sagte K. „Ich nehme mein Wort nicht zurück." „Mag sie also jetzt Ihre Geliebte sein", sagte Leni, „Sie würden sie aber nicht sehr vermissen, wenn Sie sie verlören oder für jemand anderen, zum Beispiel für mich, eintauschten." „Gewiss", sagte K. lächelnd, „das wäre denkbar, aber sie hat einen großen Vorteil Ihnen gegenüber, sie weiß nichts von meinem Prozess, und selbst wenn sie etwas davon wüsste, würde sie nicht daran denken. Sie würde mich nicht zur Nachgiebigkeit zu überreden suchen." „Das ist kein Vorteil", sagte Leni. „Wenn sie keine sonstigen Vorteile hat, verliere ich nicht den Mut. Hat sie irgendeinen körperlichen Fehler?" „Einen körperlichen Fehler?", fragte K. „Ja", sagte Leni, „ich habe nämlich einen solchen kleinen Fehler, sehen Sie." Sie spannte den Mittel- und Ringfinger ihrer rechten Hand auseinander, zwischen denen das Verbindungshäutchen fast bis zum obersten Gelenk der kurzen Finger reichte. K. merkte im Dunkel nicht gleich, was sie ihm zeigen wollte, sie führte deshalb seine Hand hin, damit er es abtaste. „Was für ein Naturspiel", sagte K. und fügte, als er die ganze Hand überblickt hatte, hinzu: „Was für eine hübsche Kralle!" Mit einer Art Stolz sah Leni zu, wie K. staunend immer wieder ihre zwei Finger auseinanderzog und zusammenlegte, bis er sie schließlich flüchtig küsste und losließ. „Oh!", rief sie aber sofort, „Sie haben mich geküsst!" Eilig, mit offenem Mund erkletterte sie mit den Knien seinen Schoß. K. sah fast bestürzt zu ihr auf, jetzt, da sie ihm so nahe war, ging ein bitterer, aufreizender Geruch wie von Pfeffer von ihr aus, sie nahm seinen Kopf an sich, beugte sich über ihn hinweg und biss und küsste seinen Hals, biss selbst in seine Haare. „Sie haben mich eingetauscht!", rief sie von Zeit zu Zeit, „sehen Sie, nun haben Sie mich eingetauscht!" Da glitt ihr Knie aus, mit einem kleinen Schrei fiel sie fast auf den Teppich, K. umfasste sie, um sie noch zu halten, und wurde zu ihr hinabgezogen. „Jetzt gehörst du mir", sagte sie.

„Hier hast du den Hausschlüssel, komm, wann du willst", waren ihre letzten Worte, und ein zielloser Kuss traf ihn noch im Weggehen auf den Rücken. Als er aus dem Haustor trat, fiel ein leichter Regen, er wollte in die Mitte der Straße gehen, um vielleicht Leni noch beim Fenster erblicken zu können, da stürzte aus einem Automobil, das vor dem Hause wartete und das K. in seiner Zerstreutheit gar nicht bemerkt hatte, der Onkel, fasste ihn bei den Armen und stieß ihn gegen das Haustor, als wolle er ihn dort festnageln. „Junge", rief er, „wie konntest du nur das tun! Du hast deiner Sache, die auf gutem Wege war, schrecklich geschadet. Verkriechst dich mit einem kleinen, schmutzigen Ding, das überdies offensichtlich die Geliebte des Advokaten ist, und bleibst stundenlang weg. Suchst nicht einmal einen Vorwand, verheimlichst nichts, nein, bist ganz offen, läufst zu ihr und bleibst bei ihr. Und unterdessen sitzen wir beisammen, der Onkel, der sich für dich abmüht, der Advokat, der für dich gewonnen werden soll, der Kanzleidirektor vor allem, dieser große Herr, der deine Sache in ihrem jetzigen Stadium geradezu beherrscht. Wir wollen beraten, wie dir zu helfen wäre, ich muss den Advokaten vorsichtig behandeln, dieser wieder den Kanzleidirektor, und du hättest doch allen Grund, mich wenigstens zu unterstützen. Stattdessen bleibst du fort. Schließlich lässt es sich nicht verheimlichen, nun, es sind höfliche, gewandte Männer, sie sprechen nicht davon, sie schonen mich, schließlich können aber auch sie sich nicht mehr überwinden, und da sie von der Sache nicht reden können, verstummen sie. Wir sind minutenlang schweigend dagesessen und haben gehorcht, ob du nicht doch endlich kämest. Alles vergebens. Endlich steht der Kanzleidirektor, der viel länger geblieben ist, als er ursprünglich wollte, auf, verabschiedet sich, bedauert mich sichtlich, ohne mir helfen zu können, wartet in unbegreiflicher Liebenswürdigkeit noch eine Zeit lang in der Tür, dann geht er. Ich war natürlich glücklich, dass er weg war, mir war schon die Luft zum Atmen ausgegangen. Auf den kranken Advokaten hat alles noch stärker eingewirkt, er konnte, der gute Mann, gar nicht sprechen, als ich mich von ihm verabschiedete. Du hast wahrscheinlich zu seinem vollständigen Zusammenbrechen beigetragen und beschleunigst so den Tod eines Mannes, auf den du angewiesen bist. Und mich, deinen Onkel, lässt du hier im Regen – fühle nur, ich bin ganz durchnässt – stundenlang warten und mich in Sorgen abquälen."

Siebentes Kapitel

Advokat – Fabrikant – Maler

An einem Wintervormittag – draußen fiel Schnee im trüben Licht – saß K., trotz der frühen Stunde schon äußerst müde, in seinem Büro. Um sich wenigstens vor den unteren Beamten zu schützen, hatte er dem Diener den Auftrag gegeben, niemanden von ihnen einzulassen, da er mit einer größeren Arbeit beschäftigt sei. Aber statt zu arbeiten, drehte er sich in seinem Sessel, verschob langsam einige Gegenstände auf dem Tisch, ließ dann aber, ohne es zu wissen, den ganzen Arm ausgestreckt auf der Tischplatte liegen und blieb mit gesenktem Kopf unbeweglich sitzen.

Der Gedanke an den Prozess verließ ihn nicht mehr. Öfters schon hatte er überlegt, ob es nicht gut wäre, eine Verteidigungsschrift auszuarbeiten und bei Gericht einzureichen. Er wollte darin eine kurze Lebensbeschreibung vorlegen und bei jedem irgendwie wichtigeren Ereignis erklären, aus welchen Gründen er so gehandelt hatte, ob diese Handlungsweise nach seinem gegenwärtigen Urteil zu verwerfen oder zu billigen war und welche Gründe er für dieses oder jenes anführen konnte. Die Vorteile einer solchen Verteidigungsschrift gegenüber der bloßen Verteidigung durch den übrigens auch sonst nicht einwandfreien Advokaten waren zweifellos. K. wusste ja gar nicht, was der Advokat unternahm; viel war es jedenfalls nicht, schon einen Monat lang hatte er ihn nicht mehr zu sich berufen, und auch bei keiner der früheren Besprechungen hatte K. den Eindruck gehabt, dass dieser Mann viel für ihn erreichen könne. Vor allem hatte er ihn fast gar nicht ausgefragt. Und hier war doch so viel zu fragen. Fragen war die Hauptsache. K. hatte das Gefühl, als ob er selbst alle hier nötigen Fragen stellen könnte. Der Advokat dagegen, statt zu fragen, erzählte selbst oder saß ihm stumm gegenüber, beugte sich, wahrscheinlich wegen seines schwachen Gehörs, ein wenig über den Schreibtisch vor, zog an einem Bartstrahn innerhalb seines Bartes und blickte auf den Teppich nieder, vielleicht gerade auf die Stelle, wo K. mit Leni gelegen war. Hier und da gab er K. einige leere Ermahnungen, wie man sie Kindern gibt. Ebenso nutzlose wie langweilige Reden, die K. in der Schlussabrechnung mit keinem Heller zu bezahlen gedachte. Nachdem der Advokat ihn genügend gedemütigt zu haben glaubte, fing er gewöhnlich an, ihn wieder ein wenig aufzumuntern. Er habe schon, erzählte er dann, viele ähnliche Prozesse ganz oder teilweise gewonnen. Prozesse, die, wenn auch in Wirklichkeit vielleicht nicht so schwierig wie dieser, äußerlich noch hoffnungsloser waren. Ein Verzeichnis dieser Prozesse habe er hier in der Schublade – hierbei klopfte er an irgendeine Lade des Tisches –, die Schriften könne er leider nicht zeigen, da es sich um Amtsgeheimnisse handle. Trotzdem komme jetzt natürlich die große Erfahrung, die er durch alle diese Prozesse erworben habe, K. zugute. Er habe natürlich sofort zu arbeiten begonnen, und die erste Eingabe sei schon fast fertiggestellt. Sie sei sehr wichtig, weil der erste Eindruck, den die Verteidigung mache, oft die ganze Richtung des Verfahrens bestimme. Leider, darauf müsse er K. allerdings aufmerksam machen, geschehe es manchmal, dass die ersten Eingaben bei Gericht gar nicht gelesen würden. Man lege sie einfach zu den Akten und weise darauf hin, dass vorläufig die Einvernahme[1] und Beobachtung des Angeklagten wichtiger sei als alles Geschriebene. Man fügt, wenn der Petent[2] dringlich wird, hinzu, dass man vor der Entscheidung, sobald alles Material gesammelt ist, im Zusammenhang natürlich, alle Akten, also auch diese erste Eingabe, überprüfen wird. Leider sei aber auch dies meistens nicht richtig, die erste Eingabe werde gewöhnlich verlegt oder gehe gänzlich verloren, und selbst wenn sie bis zum Ende erhalten bleibt, werde sie, wie der Advokat allerdings nur gerüchteweise erfahren hat, kaum gelesen. Das alles sei bedauerlich, aber nicht ganz ohne Berechtigung. K. möge doch nicht außer Acht lassen, dass das Verfahren nicht

1 (österr.) Verhör
2 Bittsteller

öffentlich sei, es kann, wenn das Gericht es für nötig hält, öffentlich werden, das Gesetz aber schreibt Öffentlichkeit nicht vor. Infolgedessen sind auch die Schriften des Gerichts, vor allem die Anklageschrift, dem Angeklagten und seiner Verteidigung unzugänglich, man weiß daher im Allgemeinen nicht oder wenigstens nicht genau, wogegen sich die erste Eingabe zu richten hat, sie kann daher eigentlich nur zufälligerweise etwas enthalten, was für die Sache von Bedeutung ist. Wirklich zutreffende und beweisführende Eingaben kann man erst später ausarbeiten, wenn im Laufe der Einvernahmen des Angeklagten die einzelnen Anklagepunkte und ihre Begründung deutlicher hervortreten oder erraten werden können. Unter diesen Verhältnissen ist natürlich die Verteidigung in einer sehr ungünstigen und schwierigen Lage. Aber auch das ist beabsichtigt. Die Verteidigung ist nämlich durch das Gesetz nicht eigentlich gestattet, sondern nur geduldet, und selbst darüber, ob aus der betreffenden Gesetzesstelle wenigstens Duldung herausgelesen werden soll, besteht Streit. Es gibt daher strenggenommen gar keine vom Gericht anerkannten Advokaten, alle, die vor diesem Gericht als Advokaten auftreten, sind im Grunde nur Winkeladvokaten[1]. Das wirkt natürlich auf den ganzen Stand sehr entwürdigend ein, und wenn K. nächstens einmal in die Gerichtskanzleien gehen werde, könne er sich ja, um auch das einmal gesehen zu haben, das Advokatenzimmer ansehen. Er werde vor der Gesellschaft, die dort beisammen sei, vermutlich erschrecken. Schon die ihnen zugewiesene enge, niedrige Kammer zeige die Verachtung, die das Gericht für diese Leute hat. Licht bekommt die Kammer nur durch eine kleine Luke, die so hoch gelegen ist, dass man, wenn man hinausschauen will, wo einem übrigens der Rauch eines knapp davor gelegenen Kamins in die Nase fährt und das Gesicht schwärzt, erst einen Kollegen suchen muss, der einen auf den Rücken nimmt. Im

1 mit geringen Kenntnissen ausgestatteter Advokat; auch einer, der die Interessen seines Mandanten mit unseriösen Mitteln zu vertreten sucht

Fußboden dieser Kammer – um nur noch ein Beispiel für diese Zustände anzuführen – ist nun schon seit mehr als einem Jahr ein Loch, nicht so groß, dass ein Mensch durchfallen könnte, aber groß genug, dass man mit einem Bein ganz einsinkt. Das Advokatenzimmer liegt auf dem zweiten Dachboden; sinkt also einer ein, so hängt das Bein in den ersten Dachboden hinunter, und zwar gerade in den Gang, wo die Parteien warten. Es ist nicht zu viel gesagt, wenn man in Advokatenkreisen solche Verhältnisse schändlich nennt. Beschwerden an die Verwaltung haben nicht den geringsten Erfolg, wohl aber ist es den Advokaten auf das Strengste verboten, irgendetwas in dem Zimmer auf eigene Kosten ändern zu lassen. Aber auch diese Behandlung der Advokaten hat ihre Begründung. Man will die Verteidigung möglichst ausschalten, alles soll auf den Angeklagten selbst gestellt sein. Kein schlechter Standpunkt im Grunde, nichts wäre aber verfehlter, als daraus zu folgern, dass bei diesem Gericht die Advokaten für den Angeklagten unnötig sind. Im Gegenteil, bei keinem anderen Gericht sind sie so notwendig wie bei diesem. Das Verfahren ist nämlich im Allgemeinen nicht nur vor der Öffentlichkeit geheim, sondern auch vor dem Angeklagten. Natürlich nur soweit dies möglich ist, es ist aber in sehr weitem Ausmaß möglich. Auch der Angeklagte hat nämlich keinen Einblick in die Gerichtsschriften, und aus den Verhören auf die ihnen zugrunde liegenden Schriften zu schließen ist sehr schwierig, insbesondere aber für den Angeklagten, der doch befangen ist und alle möglichen Sorgen hat, die ihn zerstreuen. Hier greift nun die Verteidigung ein. Bei den Verhören dürfen im Allgemeinen Verteidiger nicht anwesend sein, sie müssen daher nach den Verhören, und zwar möglichst noch an der Tür des Untersuchungszimmers, den Angeklagten über das Verhör ausforschen und diesen oft schon sehr verwischten Berichten das für die Verteidigung Taugliche entnehmen. Aber das Wichtigste ist dies nicht, denn viel kann man auf diese Weise nicht erfahren, wenn natürlich auch hier wie überall ein tüchtiger Mann mehr erfährt als andere. Das Wichtigste bleiben trotzdem die persönlichen Beziehungen des Advokaten, in ihnen liegt der Hauptwert der Verteidigung. Nun habe ja wohl K. schon seinen eigenen Erlebnissen entnommen, dass die allerunterste Organisation des Gerichtes nicht ganz vollkommen ist, pflichtvergessene und bestechliche Angestellte aufweist, wodurch gewissermaßen die strenge Abschließung des Gerichtes Lücken bekommt. Hier nun drängt sich die Mehrzahl der Advokaten ein, hier wird bestochen und ausgehorcht, ja es kamen, wenigstens in früherer Zeit, sogar Fälle von Aktendiebstählen vor. Es ist nicht zu leugnen, dass auf diese Weise für den Augenblick einige sogar überraschend günstige Resultate für den Angeklagten sich erzielen lassen, damit stolzieren auch diese kleinen Advokaten herum und locken neue Kundschaft an, aber für den weiteren Fortgang des Prozesses bedeutet es entweder nichts oder nichts Gutes. Wirklichen Wert aber haben nur ehrliche persönliche Beziehungen, und zwar mit höheren Beamten, womit natürlich nur höhere Beamten der unteren Grade gemeint sind. Nur dadurch kann der Fortgang des Prozesses, wenn auch zunächst nur unmerklich, später aber immer deutlicher beeinflusst werden. Das können natürlich nur wenige Advokaten, und hier sei die Wahl K.s sehr günstig gewesen. Nur noch vielleicht ein oder zwei Advokaten könnten sich mit ähnlichen Beziehungen ausweisen wie Dr. Huld. Diese kümmern sich allerdings um die Gesellschaft im Advokatenzimmer nicht und haben auch nichts mit ihr zu tun. Umso enger sei aber die Verbindung mit den Gerichtsbeamten. Es sei nicht einmal immer nötig, dass Dr. Huld zu Gericht gehe, in den Vorzimmern der Untersuchungsrichter auf ihr zufälliges Erscheinen warte und je nach ihrer Laune einen meist nur scheinbaren Erfolg erziele oder auch nicht einmal diesen. Nein, K. habe es ja selbst gesehen, die Beamten, und darunter recht hohe, kommen selbst, geben bereitwillig Auskunft, offene oder wenigstens leicht deutbare, besprechen den nächsten Fortgang der Prozesse, ja sie lassen sich sogar in einzelnen Fällen überzeugen und nehmen die fremde Ansicht gern an. Allerdings dürfe man ihnen gerade in dieser letzteren Hinsicht nicht allzu sehr vertrauen, so bestimmt sie ihre neue, für die Verteidigung günstige Absicht auch aussprechen, gehen sie doch vielleicht geradewegs in ihre Kanzlei und geben für den nächsten Tag einen Gerichtsbeschluss, der gerade das Entgegengesetzte enthält und vielleicht für den Angeklagten noch viel strenger ist als ihre erste Absicht, von der sie gänzlich abgekommen zu sein behaupteten. Dagegen könne man sich natürlich nicht wehren, denn das, was sie zwischen vier Augen gesagt haben, ist eben auch nur zwischen vier Augen gesagt und lasse keine öffentliche Folgerung zu, selbst wenn die Verteidigung nicht auch sonst bestrebt sein müsste, sich die Gunst der Herren zu erhalten. Andererseits sei es allerdings auch richtig, dass die Herren nicht etwa nur aus Menschenliebe oder aus freundschaftlichen Gefühlen sich mit der Verteidigung, natürlich nur mit einer sachverständigen Verteidigung, in Verbindung setzen, sie sind vielmehr in gewisser Hinsicht auch auf sie angewiesen. Hier mache sich eben der Nachteil einer Gerichtsorganisation geltend, die selbst in ihren Anfängen das geheime Gericht festsetzt. Den Beamten fehlt der Zusammenhang mit der Bevölkerung, für die gewöhnlichen, mittleren Prozesse sind sie gut ausgerüstet, ein solcher Prozess rollt fast von selbst auf seiner Bahn ab und braucht nur hier und da einen Anstoß, gegenüber den ganz einfachen Fällen aber, wie auch gegenüber den besonders schwierigen sind sie oft ratlos, sie haben, weil sie fortwährend, Tag und Nacht, in ihr Gesetz eingezwängt sind, nicht den richtigen Sinn für menschliche Beziehungen, und das entbehren sie in solchen Fällen schwer. Dann kommen sie zum Advokaten um Rat, und hinter ihnen trägt ein Diener die Akten, die sonst so geheim sind. An diesem Fenster hätte man manche Herren, von denen man es am wenigsten erwarten würde, antreffen können, wie sie geradezu trostlos auf die Gasse hinaussahen, während der Advokat an seinem Tisch die Akten studierte, um ihnen einen guten Rat geben zu können. Übrigens könne man gerade bei solchen Gelegenheiten sehen, wie ungemein ernst die Herren ihren Beruf nehmen und wie sie über Hindernisse, die sie ihrer Natur nach nicht bewältigen können, in große Verzweiflung geraten. Ihre Stellung sei auch sonst nicht leicht, man dürfe ihnen nicht Unrecht tun und ihre Stellung nicht für leicht ansehen. Die Rangordnung und Steigerung des Gerichtes sei unendlich und selbst für den Eingeweihten nicht absehbar. Das Verfahren vor den Gerichtshöfen sei aber im Allgemeinen auch für die unteren Beamten geheim, sie können daher die Angelegenheiten, die sie bearbeiten, in ihrem ferneren Weitergang kaum jemals vollständig verfolgen, die Gerichtssache erscheint also in ihrem Gesichtskreis, ohne dass sie oft wissen, woher sie kommt, und sie geht weiter, ohne dass sie erfahren, wohin. Die Belehrung also, die man aus dem Studium der einzelnen Prozessstadien, der schließlichen Entscheidung und ihrer Gründe schöpfen kann, entgeht diesen Beamten. Sie dürfen sich nur mit jenem Teil des Prozesses befassen, der vom Gesetz für sie abgegrenzt ist, und wissen von dem Weiteren, also von den Ergebnissen ihrer eigenen Arbeit, meist weniger als die Verteidigung, die doch in der Regel fast bis zum Schluss des Prozesses mit dem Angeklagten in Verbindung bleibt. Auch in diese Richtung also können sie von der Verteidigung manches Wertvolle erfahren. Wundere sich K. noch, wenn er alles dieses im Auge behalte, über die Gereiztheit der Beamten, die sich manchmal den Parteien gegenüber in – jeder mache diese Erfahrung – beleidigender Weise äußert. Alle Beamten seien gereizt, selbst wenn sie ruhig scheinen. Natürlich haben die kleinen Advokaten besonders viel darunter zu leiden. Man erzählt zum Beispiel folgende Geschichte, die sehr den Anschein der Wahrheit hat. Ein alter Beamter, ein guter, stiller Herr, hatte eine schwierige Gerichtssache, welche besonders durch die Eingaben des Advokaten verwikkelt worden war, einen Tag und eine Nacht ununterbrochen studiert – diese Beamten sind tatsächlich fleißig wie niemand sonst. – Gegen Morgen nun, nach vierundzwanzigstündiger, wahrscheinlich nicht sehr ergiebiger Arbeit, ging er zur Eingangstür, stellte sich dort in Hinterhalt und warf jeden Advokaten, der eintreten wollte, die Treppe hinunter. Die Advokaten sammelten sich unten auf dem Treppenansatz und berieten, was sie tun sollten; einerseits haben sie keinen eigentlichen Anspruch darauf, eingelassen zu werden, können daher rechtlich gegen den Beamten kaum etwas unternehmen und müssen sich, wie schon erwähnt, auch hüten, die Beamtenschaft gegen sich aufzubringen. Andererseits aber ist jeder nicht bei Gericht verbrachte Tag für sie verloren, und es lag ihnen also viel daran einzudringen. Schließlich einigten sie sich darauf, dass sie den alten Herrn ermüden wollten. Immer wieder wurde ein Advokat ausgeschickt, der die Treppe hinauflief und sich dann unter möglichstem, allerdings passivem Widerstand hinunterwerfen ließ, wo er dann von den Kollegen aufgefangen wurde. Das dauerte etwa eine Stunde, dann wurde der alte Herr, er war ja auch von der Nachtarbeit schon erschöpft, wirklich müde und ging in seine Kanzlei zurück. Die unten wollten es erst gar nicht glauben und schickten zuerst einen aus, der hinter der Tür nachsehen sollte, ob dort wirklich leer war. Dann erst zogen sie ein und wagten wahrscheinlich nicht einmal zu murren. Denn den Advokaten – und selbst der Kleinste kann doch die Verhältnisse wenigstens zum Teil übersehen – liegt es vollständig ferne, bei Gericht irgendwelche Verbesserungen einführen oder durchsetzen zu wollen, während – und dies ist sehr bezeichnend – fast jeder Angeklagte, selbst ganz einfältige Leute, gleich beim allerersten Eintritt in den Prozess an Verbesserungsvorschläge zu denken anfangen und damit oft Zeit und Kraft verschwenden, die anders viel besser verwendet werden könnten. Das einzig Richtige sei es, sich mit den vorhandenen Verhältnissen abzufinden. Selbst wenn es möglich wäre, Einzelheiten zu verbessern – es ist aber ein unsinniger Aberglaube –, hätte man bestenfalls für künftige Fälle etwas erreicht, sich selbst aber unermesslich dadurch geschadet, dass man die besondere Aufmerksamkeit der immer rachsüchtigen Beamtenschaft erregt hat. Nur keine Aufmerksamkeit erregen! Sich ruhig verhalten, selbst wenn es einem noch so sehr gegen den Sinn geht! Einzusehen versuchen, dass dieser große Gerichtsorganismus gewissermaßen ewig in der Schwebe bleibt und dass man zwar, wenn man auf seinem Platz selbstständig etwas ändert, den Boden unter den Füßen sich wegnimmt und selbst abstürzen kann, während der große Organismus sich selbst für die kleine Störung leicht an einer anderen Stelle – alles ist doch in Verbindung – Ersatz schafft und unverändert bleibt, wenn er nicht etwa, was sogar wahrscheinlich ist, noch geschlossener, noch aufmerksamer, noch strenger, noch böser wird. Man überlasse doch die Arbeit dem Advokaten, statt sie zu stören. Vorwürfe nützen ja nicht viel, besonders wenn man ihre Ursachen in ihrer ganzen Bedeutung nicht begreiflich machen kann, aber gesagt müsse es doch werden, wie viel K. seiner Sache durch das Verhalten gegenüber dem Kanzleidirektor geschadet habe. Dieser einflussreiche Mann sei aus der Liste jener, bei denen man für K. etwas unternehmen könne, schon fast zu streichen. Selbst flüchtige Erwähnungen des Prozesses überhöre er mit deutlicher Absicht. In manchem seien ja die Beamten wie Kinder. Oft können sie durch Harmlosigkeiten, unter die allerdings K.s Verhalten leider nicht gehörte, derartig verletzt werden, dass sie selbst mit guten Freunden zu reden aufhören, sich von ihnen abwenden, wenn sie ihnen begegnen, und ihnen in allem Möglichen entgegenarbeiten. Dann aber einmal, überraschenderweise ohne besonderen Grund, lassen sie sich durch einen kleinen Scherz, den man nur deshalb wagt, weil alles aussichtslos scheint, zum Lachen bringen und sind versöhnt. Es sei eben gleichzeitig schwer und leicht, sich mit ihnen zu verhalten, Grundsätze dafür gibt es kaum. Manchmal sei es zum Verwundern, dass ein einziges Durchschnittsleben dafür hinreiche, um so viel zu erfassen, dass man hier mit einigem Erfolg arbeiten könne. Es kommen allerdings trübe Stunden, wie sie ja jeder hat, wo man glaubt, nicht das Geringste erzielt zu haben, wo es einem scheint, als hätten nur die von Anfang an für einen guten Ausgang bestimmten Prozesse ein gutes Ende genommen, wie es auch ohne Mithilfe geschehen wäre, während alle anderen verlorengegangen sind, trotz allem Nebenherlaufen, aller Mühe, allen kleinen, scheinbaren Erfolgen, über die man solche

Freude hatte. Dann scheint einem allerdings nichts mehr sicher, und man würde auf bestimmte Fragen hin nicht einmal zu leugnen wagen, dass man ihrem Wesen nach gut verlaufende Prozesse gerade durch die Mithilfe auf Abwege gebracht hat. Auch das ist ja eine Art Selbstvertrauen, aber es ist das Einzige, das dann übrigbleibt. Solchen Anfällen – es sind natürlich nur Anfälle, nichts weiter – sind Advokaten besonders dann ausgesetzt, wenn ihnen ein Prozess, den sie weit genug und zufriedenstellend geführt haben, plötzlich aus der Hand genommen wird. Das ist wohl das Ärgste, das einem Advokaten geschehen kann. Nicht etwa durch den Angeklagten wird ihnen der Prozess entzogen, das geschieht wohl niemals, ein Angeklagter, der einmal einen bestimmten Advokaten genommen hat, muss bei ihm bleiben, geschehe was immer. Wie könnte er sich überhaupt, wenn er einmal Hilfe in Anspruch genommen hat, allein noch erhalten? Das geschieht also nicht, wohl aber geschieht es manchmal, dass der Prozess eine Richtung nimmt, wo der Advokat nicht mehr mitkommen darf. Der Prozess und der Angeklagte und alles wird dem Advokaten einfach entzogen; dann können auch die besten Beziehungen zu den Beamten nicht mehr helfen, denn sie selbst wissen nichts. Der Prozess ist eben in ein Stadium getreten, wo keine Hilfe mehr geleistet werden darf, wo ihn unzugängliche Gerichtshöfe bearbeiten, wo auch der Angeklagte für den Advokaten nicht mehr erreichbar ist. Man kommt dann eines Tages nach Hause und findet auf seinem Tisch alle die vielen Eingaben, die man mit allem Fleiß und mit den schönsten Hoffnungen in dieser Sache gemacht hat, sie sind zurückgestellt worden, da sie in das neue Prozessstadium nicht übertragen werden dürfen, es sind wertlose Fetzen. Dabei muss der Prozess noch nicht verloren sein, durchaus nicht, wenigstens liegt kein entscheidender Grund für diese Annahme vor, man weiß bloß nichts mehr von dem Prozess und wird auch nichts mehr von ihm erfahren. Nun sind ja solche Fälle glücklicherweise Ausnahmen, und selbst wenn K.s Prozess ein solcher Fall sein sollte, sei er doch vorläufig noch weit von solchem Stadium entfernt. Hier sei aber noch reichliche Gelegenheit für Advokatenarbeit gegeben, und dass sie ausgenützt werde, dessen dürfe K. sicher sein. Die Eingabe sei, wie erwähnt, noch nicht überreicht, das eile aber auch nicht, viel wichtiger seien die einleitenden Besprechungen mit maßgebenden Beamten, und die hätten schon stattgefunden. Mit verschiedenem Erfolg, wie offen zugestanden werden soll. Es sei viel besser, vorläufig Einzelheiten nicht zu verraten, durch die K. nur ungünstig beeinflusst und allzu hoffnungsfreudig oder allzu ängstlich gemacht werden könnte, nur so viel sei gesagt, dass sich Einzelne sehr günstig ausgesprochen und sich auch sehr bereitwillig gezeigt haben, während andere sich weniger günstig geäußert, aber doch ihre Mithilfe keineswegs verweigert haben. Das Ergebnis sei also im Ganzen sehr erfreulich, nur dürfe man daraus keine besonderen Schlüsse ziehen, da alle Vorverhandlungen ähnlich beginnen und durchaus erst die weitere Entwicklung den Wert dieser Vorverhandlungen zeigt. Jedenfalls sei noch nichts verloren, und wenn es noch gelingen sollte, den Kanzleidirektor trotz allem zu gewinnen – es sei schon Verschiedenes zu diesem Zwecke eingeleitet –, dann sei das Ganze – wie die Chirurgen sagen – eine reine Wunde, und man könne getrost das Folgende erwarten.

In solchen und ähnlichen Reden war der Advokat unerschöpflich. Sie wiederholten sich bei jedem Besuch. Immer gab es Fortschritte, niemals aber konnte die Art dieser Fortschritte mitgeteilt werden. Immerfort wurde an der ersten Eingabe gearbeitet, aber sie wurde nicht fertig, was sich meistens beim nächsten Besuch als großer Vorteil herausstellte, da die letzte Zeit, was man nicht hätte voraussehen können, für die Übergabe sehr ungünstig gewesen wäre. Bemerkte K. manchmal, ganz ermattet von den Reden, dass es doch, selbst unter Berücksichtigung aller Schwierigkeiten, sehr langsam vorwärtsgehe, wurde ihm entgegnet, es gehe gar nicht langsam vorwärts, wohl aber wäre man schon viel weiter, wenn K. sich rechtzeitig an den Advokaten gewendet hätte. Das hatte er aber leider versäumt, und diese Versäumnis werde auch noch weitere Nachteile bringen, nicht nur zeitliche.

Die einzige wohltätige Unterbrechung dieser Besuche war Leni, die es immer so einzurichten wusste, dass sie dem Advokaten in Anwesenheit K.s den Tee brachte. Dann stand sie hinter K., sah scheinbar zu, wie der Advokat, mit einer Art Gier tief zur Tasse hinabgebeugt, den Tee eingoss und trank, und ließ im Geheimen ihre Hand von K. erfassen. Es herrschte völliges Schweigen. Der Advokat trank. K. drückte Lenis Hand, und Leni wagte es manchmal, K.s Haare sanft zu streicheln. „Du bist noch hier?“, fragte der Advokat, nachdem er fertig war. „Ich wollte das Geschirr wegnehmen“, sagte Leni, es gab noch einen letzten Händedruck, der Advokat wischte sich den Mund und begann mit neuer Kraft auf K. einzureden.

War es Trost oder Verzweiflung, was der Advokat erreichen wollte? K. wusste es nicht, wohl aber hielt er es für feststehend, dass seine Verteidigung nicht in guten Händen war. Es mochte ja alles richtig sein, was der Advokat erzählte, wenn es auch durchsichtig war, dass er sich möglichst in den Vordergrund stellen wollte und wahrscheinlich noch niemals einen so großen Prozess geführt hatte, wie es K.s Prozess seiner Meinung nach war. Verdächtig aber blieben die unaufhörlich hervorgehobenen persönlichen Beziehungen zu den Beamten. Mussten sie denn ausschließlich zu K.s Nutzen ausgebeutet werden? Der Advokat vergaß nie zu bemerken, dass es sich nur um niedrige Beamte handelte, also um Beamte in sehr abhängiger Stellung, für deren Fortkommen gewisse Wendungen der Prozesse wahrscheinlich von Bedeutung sein konnten. Benützten sie vielleicht den Advokaten dazu, um solche für den Angeklagten natürlich immer ungünstige Wendungen zu erzielen? Vielleicht taten sie das nicht in jedem Prozess, gewiss, das war nicht wahrscheinlich, es gab dann wohl wieder Prozesse, in deren Verlauf sie dem Advokaten für seine Dienste Vorteile einräumten, denn es musste ihnen ja auch daran gelegen sein, seinen Ruf ungeschädigt zu erhalten. Verhielt es sich aber wirklich so, in welcher Weise würden sie bei K.s Prozess eingreifen, der, wie der Advokat erklärte, ein sehr schwieriger, also wichtiger Prozess war und gleich anfangs bei Gericht große Aufmerksamkeit erregt hatte? Es konnte nicht sehr zweifelhaft sein, was sie tun würden. Anzeichen dessen konnte man ja schon darin sehen, dass die erste Eingabe noch immer nicht überreicht war, obwohl der Prozess schon Monate dauerte und dass sich alles, den Angaben des Advokaten nach, in den Anfängen befand, was natürlich sehr geeignet war, den Angeklagten einzuschläfern und hilflos zu erhalten, um ihn dann plötzlich mit der Entscheidung zu überfallen oder wenigstens mit der Bekanntmachung, dass die zu seinen Ungunsten abgeschlossene Untersuchung an die höheren Behörden weitergegeben werde.

Es war unbedingt nötig, dass K. selbst eingriff. Gerade in Zuständen großer Müdigkeit, wie an diesem Wintervormittag, wo ihm alles willenlos durch den Kopf zog, war diese Überzeugung unabweisbar. Die Verachtung, die er früher für den Prozess gehabt hatte, galt nicht mehr. Wäre er allein in der Welt gewesen, hätte er den Prozess leicht missachten können, wenn es allerdings auch sicher war, dass dann der Prozess überhaupt nicht entstanden wäre. Jetzt aber hatte ihn der Onkel schon zum Advokaten gezogen, Familienrücksichten sprachen mit; seine Stellung war nicht mehr vollständig unabhängig von dem Verlauf des Prozesses, er selbst hatte unvorsichtigerweise mit einer gewissen unerklärlichen Genugtuung vor Bekannten den Prozess erwähnt, andere hatten auf unbekannte Weise davon erfahren, das Verhältnis zu Fräulein Bürstner schien entsprechend dem Prozess zu schwanken – kurz, er hatte kaum mehr die Wahl, den Prozess anzunehmen oder abzulehnen, er stand mitten darin und musste sich wehren. War er müde, dann war es schlimm.

Zu übertriebener Sorge war allerdings vorläufig kein Grund. Er hatte es verstanden, sich in der Bank in verhältnismäßig kurzer Zeit zu seiner hohen Stellung emporzuarbeiten und sich, von allen anerkannt, in dieser Stellung zu erhalten, er musste jetzt nur diese Fähigkeiten, die ihm das ermöglicht hatten, ein wenig dem Prozess zuwenden, und es war kein Zweifel, dass es gut ausgehen müsste. Vor allem war es, wenn etwas erreicht werden sollte, notwendig, jeden Gedanken an eine mögliche Schuld von vornherein abzulehnen. Es gab keine Schuld. Der Prozess war nichts anderes als ein großes Geschäft, wie er es schon oft mit Vorteil für die Bank abgeschlossen hatte, ein Geschäft, innerhalb dessen, wie das die Regel war, verschiedene Gefahren lauerten, die eben abgewehrt werden mussten. Zu diesem Zwecke durfte man allerdings nicht mit Gedanken an irgendeine Schuld spielen, sondern den Gedanken an den eigenen Vorteil möglichst festhalten. Von diesem Gesichtspunkt aus war es auch unvermeidlich, dem Advokaten die Vertretung sehr bald, am besten noch an diesem Abend, zu entziehen. Es war zwar nach seinen Erzählungen etwas Unerhörtes und wahrscheinlich sehr Beleidigendes, aber K. konnte nicht dulden, dass seinen Anstrengungen in dem Prozess Hindernisse begegneten, die vielleicht von seinem eigenen Advokaten veranlasst waren. War aber einmal der Advokat abgeschüttelt, dann musste die Eingabe sofort überreicht und womöglich jeden Tag darauf gedrängt werden, dass man sie berücksichtige. Zu diesem Zwecke würde es natürlich nicht genügen, dass K. wie die anderen im Gang saß und den Hut unter die Bank stellte. Er selbst oder die Frauen oder andere Boten mussten Tag für Tag die Beamten überlaufen und sie zwingen, statt durch das Gitter auf den Gang zu schauen, sich zu ihrem Tisch zu setzen und K.s Eingabe zu studieren. Von diesen Anstrengungen dürfte man nicht ablassen, alles müsste organisiert und überwacht werden, das Gericht sollte einmal auf einen Angeklagten stoßen, der sein Recht zu wahren verstand.

Wenn sich aber auch K. dies alles durchzuführen getraute, die Schwierigkeit der Abfassung der Eingabe war überwältigend. Früher, etwa noch vor einer Woche, hatte er nur mit einem Gefühl der Scham daran denken können, dass er einmal genötigt sein könnte, eine solche Eingabe selbst zu machen; dass dies auch schwierig sein konnte, daran hatte er gar nicht gedacht. Er erinnerte sich, wie er einmal an einem Vormittag, als er gerade mit Arbeit überhäuft war, plötzlich alles zur Seite geschoben und den Schreibblock vorgenommen hatte, um versuchsweise den Gedankengang einer derartigen Eingabe zu entwerfen und ihn vielleicht dem schwerfälligen Advokaten zur Verfügung zu stellen, und wie gerade in diesem Augenblick die Tür des Direktionszimmers sich öffnete und der Direktor-Stellvertreter mit großem Gelächter eintrat. Es war für K. damals sehr peinlich gewesen, obwohl der Direktor-Stellvertreter natürlich nicht über die Eingabe gelacht hatte, von der er nichts wusste, sondern über einen Börsenwitz, den er eben gehört hatte, einen Witz, der zum Verständnis eine Zeichnung erforderte, die nun der Direktor-Stellvertreter, über K.s Tisch gebeugt, mit K.s Bleistift, den er ihm aus der Hand nahm, auf dem Schreibblock ausführte, der für die Eingabe bestimmt gewesen war.

Heute wusste K. nichts mehr von Scham, die Eingabe musste gemacht werden. Wenn er im Büro keine Zeit für sie fand, was sehr wahrscheinlich war, dann musste er sie zu Hause in den Nächten machen. Würden auch die Nächte nicht genügen, dann musste er einen Urlaub nehmen. Nur nicht auf halbem Wege stehen bleiben, das war nicht nur in Geschäften, sondern immer und überall das Unsinnigste. Die Eingabe bedeutete freilich eine fast endlose Arbeit. Man musste keinen sehr ängstlichen Charakter haben und konnte doch leicht zu dem Glauben kommen, dass es unmöglich war, die Eingabe jemals fertigzustellen. Nicht aus Faulheit oder Hinterlist, die den Advokaten allein an der Fertigstellung hindern konnten, sondern weil in Unkenntnis der vorhandenen Anklage und gar ihrer möglichen Erweiterungen das ganze Leben in den kleinsten Handlungen und Ereignissen in die Erinnerung zurückgebracht, dargestellt und von allen Seiten überprüft werden musste. Und wie traurig war eine solche Arbeit überdies. Sie war vielleicht geeignet, einmal nach der Pensionierung den kindisch gewordenen Geist zu beschäftigen und ihm zu helfen, die langen Tage hinzubringen. Aber jetzt, wo K. alle Gedanken zu seiner Arbeit brauchte, wo jede Stunde, da er noch im Aufstieg war und schon für den Direktor-Stellvertreter eine Drohung bedeutete, mit größter Schnelligkeit verging und wo er die kurzen Abende und Nächte als junger Mensch genießen wollte, jetzt sollte er mit der Verfassung dieser Eingabe beginnen. Wieder ging sein Denken in Klagen aus. Fast unwillkürlich, nur um dem ein Ende zu machen, tastete er mit dem Finger nach dem Knopf der elektrischen Glocke, die ins Vorzimmer führte. Während er ihn niederdrückte, blickte er zur Uhr auf. Es war elf Uhr, zwei Stunden, eine lange, kostbare Zeit, hatte er verträumt und war natürlich noch matter als vorher. Immerhin war die Zeit nicht verloren, er hatte Entschlüsse gefasst, die wertvoll sein konnten. Die Diener brachten außer verschiedener Post zwei Visitenkarten von Herren, die schon längere Zeit auf K. warteten. Es waren gerade sehr wichtige Kundschaften der Bank, die man eigentlich auf keinen Fall hätte warten lassen sollen. Warum kamen sie zu so ungelegener Zeit, und warum, so schienen wieder die Herren hinter der geschlossenen Tür zu fragen, verwendete der fleißige K. für Privatangelegenheiten die beste Geschäftszeit. Müde von dem Vorhergegangenen und müde das Folgende erwartend, stand K. auf, um den Ersten zu empfangen.

Es war ein kleiner, munterer Herr, ein Fabrikant, den K. gut kannte. Er bedauerte, K. in wichtiger Arbeit gestört zu haben, und K. bedauerte seinerseits, dass er den Fabrikanten so lange hatte warten lassen. Schon dieses Bedauern aber sprach er in derartig mechanischer Weise und mit fast falscher Betonung aus, dass der Fabrikant, wenn er nicht ganz von der Geschäftssache eingenommen gewesen wäre, es hätte bemerken müssen. Stattdessen zog er eilig Rechnungen und Tabellen aus allen Taschen, breitete sie vor K. aus, erklärte verschiedene Posten, verbesserte einen kleinen Rechenfehler, der ihm sogar bei diesem flüchtigen Überblick aufgefallen war, erinnerte K. an ein ähnliches Geschäft, das er mit ihm vor etwa einem Jahr abgeschlossen hatte, erwähnte nebenbei, dass sich diesmal eine andere Bank unter größten Opfern um das Geschäft bewerbe, und verstummte schließlich, um nun K.s Meinung zu erfahren. K. hatte auch tatsächlich im Anfang die Rede des Fabrikanten gut verfolgt, der Gedanke an das wichtige Geschäft hatte dann auch ihn ergriffen, nur leider nicht für die Dauer, er war bald vom Zuhören abgekommen, hatte dann noch ein Weilchen zu den lauteren Ausrufen des Fabrikanten mit dem Kopf genickt, hatte aber schließlich auch das unterlassen und sich darauf eingeschränkt, den kahlen, auf die Papiere hinabgebeugten Kopf anzusehen und sich zu fragen, wann der Fabrikant endlich erkennen werde, dass seine ganze Rede nutzlos sei. Als er nun verstummte, glaubte K. zuerst wirklich, es geschehe dies deshalb, um ihm Gelegenheit zu dem Eingeständnis zu geben, dass er nicht fähig sei, zuzuhören. Nur mit Bedauern merkte er aber an dem gespannten Blick des offenbar auf alle Entgegnungen gefassten Fabrikanten, dass die geschäftliche Besprechung fortgesetzt werden müsse. Er neigte also den Kopf wie vor einem Befehl und begann mit dem Bleistift langsam über den Papieren hin- und herzufahren, hier und da hielt er inne und starrte eine Ziffer an. Der Fabrikant vermutete Einwände, vielleicht waren die Ziffern wirklich nicht feststehend, vielleicht waren sie nicht das Entscheidende, jedenfalls bedeckte der Fabrikant die Papiere mit der Hand und begann von neuem, ganz nahe an K. heranrückend, eine allgemeine Darstellung des Geschäftes. „Es ist schwierig“, sagte K., rümpfte die Lippen und sank, da die Papiere, das einzig Fassbare, verdeckt waren, haltlos gegen die Seitenlehne. Er blickte sogar nur schwach auf, als sich die Tür des Direktionszimmers öffnete und dort, nicht ganz deutlich, etwa wie hinter einem Gazeschleier, der Direktor-Stellvertreter erschien. K. dachte nicht weiter darüber nach, sondern verfolgte nur die unmittelbare Wirkung, die für ihn sehr erfreulich war. Denn sofort hüpfte der Fabrikant vom Sessel auf und eilte dem Direktor-Stellvertreter entgegen, K. aber hätte ihn noch zehnmal flinker machen wollen, denn er fürchtete, der Direktor-Stellvertreter könnte wieder verschwinden. Es war unnütze Furcht, die Herren trafen einander, reichten einander die Hände und gingen gemeinsam auf K.s Schreibtisch zu. Der Fabrikant beklagte sich, dass er beim Prokuristen so wenig

Neigung für das Geschäft gefunden habe, und zeigte auf K., der sich unter dem Blick des Direktor-Stellvertreters wieder über die Papiere beugte. Als dann die beiden sich an den Schreibtisch lehnten und der Fabrikant sich daranmachte, nun den Direktor-Stellvertreter für sich zu erobern, war es K., als werde über seinem Kopf von zwei Männern, deren Größe er sich übertrieben vorstellte, über ihn selbst verhandelt. Langsam suchte er mit vorsichtig aufwärts gedrehten Augen zu erfahren, was sich oben ereignete, nahm vom Schreibtisch, ohne hinzusehen, eines der Papiere, legte es auf die flache Hand und hob es allmählich, während er selbst aufstand, zu den Herren hinauf. Er dachte hierbei an nichts Bestimmtes, sondern handelte nur in dem Gefühl, dass er sich so verhalten müsste, wenn er einmal die große Eingabe fertiggestellt hätte, die ihn gänzlich entlasten sollte. Der Direktor-Stellvertreter, der sich an dem Gespräch mit aller Aufmerksamkeit beteiligte, sah nur flüchtig auf das Papier, überlas gar nicht, was dort stand, denn was dem Prokuristen wichtig war, war ihm unwichtig, nahm es aus K.s Hand, sagte: „Danke, ich weiß schon alles“ und legte es ruhig wieder auf den Tisch zurück. K. sah ihn verbittert von der Seite an. Der Direktor-Stellvertreter aber merkte es gar nicht oder wurde, wenn er es merkte, dadurch nur aufgemuntert, lachte öfters laut auf, brachte einmal durch eine schlagfertige Entgegnung den Fabrikanten in deutliche Verlegenheit, aus der er ihn aber sofort riss, indem er sich selbst einen Einwand machte, und lud ihn schließlich ein, in sein Büro hinüberzukommen, wo sie die Angelegenheit zu Ende führen könnten. „Es ist eine sehr wichtige Sache“, sagte er zu dem Fabrikanten, „ich sehe das vollständig ein. Und dem Herrn Prokuristen“ – selbst bei dieser Bemerkung redete er eigentlich nur zum Fabrikanten – „wird es gewiss lieb sein, wenn wir es ihm abnehmen. Die Sache verlangt ruhige Überlegung. Er aber scheint heute sehr überlastet zu sein, auch warten ja einige Leute im Vorzimmer schon stundenlang auf ihn.“ K. hatte gerade noch genügend Fassung, sich vom Direktor-Stellvertreter wegzudrehen und sein freundliches, aber starres Lächeln nur dem Fabrikanten zuzuwenden, sonst griff er gar nicht ein, stützte sich, ein wenig vorgebeugt, mit beiden Händen auf den Schreibtisch wie ein Kommis[1] hinter dem Pult und sah zu, wie die zwei Herren unter weiteren Reden die Papiere vom Tisch nahmen und im Direktionszimmer verschwanden. In der Tür drehte sich noch der Fabrikant um, sagte, er verabschiede sich noch nicht, sondern werde natürlich dem Herrn Prokuristen über den Erfolg der Besprechung berichten, auch habe er ihm noch eine andere kleine Mitteilung zu machen.

Endlich war K. allein. Er dachte gar nicht daran, irgendeine andere Partei vorzulassen, und nur undeutlich kam ihm zu Bewusstsein, wie angenehm es sei, dass die Leute draußen in dem Glauben waren, er verhandle noch mit dem Fabrikanten und es könne aus diesem Grunde niemand, nicht einmal der Diener, bei ihm eintreten. Er ging zum Fenster, setzte sich auf die Brüstung, hielt sich mit einer Hand an der Klinke fest und sah auf den Platz hinaus. Der Schnee fiel noch immer, es hatte sich noch gar nicht aufgehellt.

Lange saß er so, ohne zu wissen, was ihm eigentlich Sorgen machte, nur von Zeit zu Zeit blickte er ein wenig erschreckt über die Schulter hinweg zur Vorzimmertür, wo er irrtümlicherweise ein Geräusch zu hören geglaubt hatte. Da aber niemand kam, wurde er ruhiger, ging zum Waschtisch, wusch sich mit kaltem Wasser und kehrte mit freierem Kopf zu seinem Fensterplatz zurück. Der Entschluss, seine Verteidigung selbst in die Hand zu nehmen, stellte sich ihm schwerwiegender dar, als er ursprünglich angenommen hatte. Solange er die Verteidigung auf den Advokaten überwälzt hatte, war er doch noch vom Prozess im Grunde wenig betroffen gewesen, er hatte ihn von der Ferne beobachtet und hatte unmittelbar von ihm kaum erreicht werden können, er hatte nachsehen können, wann er wollte, wie seine Sache stand, aber er hatte auch den Kopf wieder zurückziehen können, wann er wollte. Jetzt hingegen, wenn er seine Verteidigung selbst führen würde, musste er sich – we-

[1] (frz.) veralteter Ausdruck für Handlungsgehilfe

nigstens für den Augenblick – ganz und gar dem Gericht aussetzen, der Erfolg dessen sollte ja für später seine vollständige und endgültige Befreiung sein, aber um diese zu erreichen, musste er sich vorläufig jedenfalls in viel größere Gefahr begeben als bisher. Hätte er daran zweifeln wollen, so hätte ihn das heutige Beisammensein mit dem Direktor-Stellvertreter und dem Fabrikanten hinreichend vom Gegenteil überzeugen können. Wie war er doch dagesessen, schon vom bloßen Entschluss, sich selbst zu verteidigen, gänzlich benommen? Wie sollte es aber später werden? Was für Tage standen ihm bevor! Würde er den Weg finden, der durch alles hindurch zum guten Ende führte? Bedeutete nicht eine sorgfältige Verteidigung – und alles andere war sinnlos –, bedeutete nicht eine sorgfältige Verteidigung gleichzeitig die Notwendigkeit, sich von allem anderen möglichst abzuschließen? Würde er das glücklich überstehen? Und wie sollte ihm die Durchführung dessen in der Bank gelingen? Es handelte sich ja nicht nur um die Eingabe, für die ein Urlaub vielleicht genügt hätte, obwohl die Bitte um einen Urlaub gerade jetzt ein großes Wagnis gewesen wäre, es handelte sich doch um einen ganzen Prozess, dessen Dauer unabsehbar war. Was für ein Hindernis war plötzlich in K.s Laufbahn geworfen worden!

Und jetzt sollte er für die Bank arbeiten? – Er sah auf den Schreibtisch hin. – Jetzt sollte er Parteien vorlassen und mit ihnen verhandeln? Während sein Prozess weiterrollte, während oben auf dem Dachboden die Gerichtsbeamten über den Schriften dieses Prozesses saßen, sollte er die Geschäfte der Bank besorgen? Sah es nicht aus wie eine Folter, die, vom Gericht anerkannt, mit dem Prozess zusammenhing und ihn begleitete? Und würde man etwa in der Bank bei der Beurteilung seiner Arbeit seine besondere Lage berücksichtigen? Niemand und niemals. Ganz unbekannt war ja sein Prozess nicht, wenn es auch noch nicht ganz klar war, wer davon wusste und wie viel. Bis zum Direktor-Stellvertreter aber war das Gerücht hoffentlich noch nicht gedrungen, sonst hätte man schon deutlich sehen müssen, wie er es ohne jede Kollegialität und Menschlichkeit gegen K. ausnützen würde. Und der Direktor? Gewiss, er war K. gut gesinnt, und er hätte wahrscheinlich, sobald er vom Prozess erfahren hätte, soweit es an ihm lag, manche Erleichterungen für K. schaffen wollen, aber er wäre damit gewiss nicht durchgedrungen, denn er unterlag jetzt, da das Gegengewicht, das K. bisher gebildet hatte, schwächer zu werden anfing, immer mehr dem Einfluss des Direktor-Stellvertreters, der außerdem auch den leidenden Zustand des Direktors zur Stärkung der eigenen Macht ausnützte. Was hatte also K. zu erhoffen? Vielleicht schwächte er durch solche Überlegungen seine Widerstandskraft, aber es war doch auch notwendig, sich selbst nicht zu täuschen und alles so klar zu sehen, als es augenblicklich möglich war.

Ohne besonderen Grund, nur um vorläufig noch nicht zum Schreibtisch zurückkehren zu müssen, öffnete er das Fenster. Es ließ sich nur schwer öffnen, er musste mit beiden Händen die Klinke drehen. Dann zog durch das Fenster in dessen ganzer Breite und Höhe der mit Rauch vermischte Nebel in das Zimmer und füllte es mit einem leichten Brandgeruch. Auch einige Schneeflocken wurden hereingeweht. „Ein hässlicher Herbst“, sagte hinter K. der Fabrikant, der vom Direktor-Stellvertreter kommend unbemerkt ins Zimmer getreten war. K. nickte und sah unruhig auf die Aktentasche des Fabrikanten, aus der dieser nun wohl die Papiere herausziehen würde, um K. das Ergebnis der Verhandlungen mit dem Direktor-Stellvertreter mitzuteilen. Der Fabrikant aber folgte K.s Blick, klopfte auf seine Tasche und sagte, ohne sie zu öffnen: „Sie wollen hören, wie es ausgefallen ist. Ich trage schon fast den Geschäftsabschluss in der Tasche. Ein reizender Mensch, Ihr Direktor-Stellvertreter, aber durchaus nicht ungefährlich.“ Er lachte, schüttelte K.s Hand und wollte auch ihn zum Lachen bringen. Aber K. schien es nun wieder verdächtig, dass ihm der Fabrikant die Papiere nicht zeigen wollte, und er fand an der Bemerkung des Fabrikanten nichts zum Lächeln. „Herr Prokurist“, sagte der Fabrikant, „Sie leiden wohl unter dem Wetter? Sie sehen heute so bedrückt aus.“ „Ja“, sagte K. und griff mit der Hand an die Schläfe,

„Kopfschmerzen, Familiensorgen." „Sehr richtig", sagte der Fabrikant, der ein eiliger Mensch war und niemanden ruhig anhören konnte, „jeder hat sein Kreuz zu tragen." Unwillkürlich hatte K. einen Schritt gegen die Tür gemacht, als wolle er den Fabrikanten hinausbegleiten, dieser aber sagte: „Ich hätte, Herr Prokurist, noch eine kleine Mitteilung für Sie. Ich fürchte sehr, dass ich Sie gerade heute damit vielleicht belästige, aber ich war schon zweimal in der letzten Zeit bei Ihnen und habe es jedes Mal vergessen. Schiebe ich es aber noch weiterhin auf, verliert es wahrscheinlich vollständig seinen Zweck. Das wäre aber schade, denn im Grunde ist meine Mitteilung vielleicht doch nicht wertlos." Ehe K. Zeit hatte zu antworten, trat der Fabrikant nahe an ihn heran, klopfte mit dem Fingerknöchel leicht an seine Brust und sagte leise: „Sie haben einen Prozess, nicht wahr?" K. trat zurück und rief sofort: „Das hat Ihnen der Direktor-Stellvertreter gesagt!" „Ach nein", sagte der Fabrikant, „woher sollte denn der Direktor-Stellvertreter es wissen?" „Und Sie?", fragte K. schon viel gefasster. „Ich erfahre hie und da etwas von dem Gericht", sagte der Fa-brikant, „das betrifft eben die Mitteilung, die ich Ihnen machen wollte." „So viel Leute sind mit dem Gericht in Verbindung!", sagte K. mit gesenktem Kopf und führte den Fabrikanten zum Schreibtisch. Sie setzten sich wieder wie früher und der Fabrikant sagte: „Es ist leider nicht sehr viel, was ich Ihnen mitteilen kann. Aber in solchen Dingen soll man nicht das Geringste vernachlässigen. Außerdem drängt es mich aber, Ihnen irgendwie zu helfen, und sei meine Hilfe noch so bescheiden. Wir waren doch bisher gute Geschäftsfreunde, nicht? Nun also." K. wollte sich wegen seines Verhaltens bei der heutigen Besprechung entschuldigen, aber der Fabrikant duldete keine Unterbrechung, schob die Aktentasche hoch unter die Achsel um zu zeigen, dass er Eile habe, und fuhr fort: „Von Ihrem Prozess weiß ich durch einen gewissen Titorelli. Es ist ein Maler, Titorelli ist nur sein Künstlername, seinen wirklichen Namen kenne ich gar nicht einmal. Er kommt schon seit Jahren von Zeit zu Zeit in mein Büro und bringt kleine Bilder mit, für die ich ihm – er ist fast ein Bettler – immer eine Art Almosen gebe. Es sind übrigens hübsche Bilder, Heidelandschaften und dergleichen. Diese Verkäufe – wir hatten uns schon beide daran gewöhnt – gingen ganz glatt vor sich. Einmal aber wiederholten sich diese Besuche doch zu oft, ich machte ihm Vorwürfe, wir kamen ins Gespräch, es interessierte mich, wie er sich allein durch Malen erhalten könne, und ich erfuhr nun zu meinem Staunen, dass seine Haupteinnahmequelle das Porträtmalen sei. ‚Er arbeite für das Gericht', sagte er. ‚Für welches Gericht?', fragte ich. Und nun erzählte er mir von dem Gericht. Sie werden sich wohl am besten vorstellen können, wie erstaunt ich über diese Erzählungen war. Seitdem höre ich bei jedem seiner Besuche irgendwelche Neuigkeiten vom Gericht und bekomme so allmählich einen gewissen Einblick in die Sache. Allerdings ist Titorelli geschwätzig, und ich muss ihn oft abwehren, nicht nur, weil er gewiss auch lügt, sondern vor allem, weil ein Geschäftsmann wie ich, der unter den eigenen Geschäftssorgen fast zusammenbricht, sich nicht noch viel um fremde Dinge kümmern kann. Aber das nur nebenbei. Vielleicht – so dachte ich jetzt – kann Ihnen Titorelli ein wenig behilflich sein, er kennt viele Richter, und wenn er selbst auch keinen großen Einfluss haben sollte, so kann er Ihnen doch Ratschläge geben, wie man verschiedenen einflussreichen Leuten beikommen kann. Und wenn auch diese Ratschläge an und für sich nicht entscheidend sein sollten, so werden sie doch, meiner Meinung nach, in Ihrem Besitz von großer Bedeutung sein. Sie sind ja fast ein Advokat. Ich pflege immer zu sagen: Prokurist K. ist fast ein Advokat. Oh, ich habe keine Sorgen wegen Ihres Prozesses. Wollen Sie nun aber zu Titorelli gehen? Auf meine Empfehlung hin wird er gewiss alles tun, was ihm möglich ist. Ich denke wirklich, Sie sollten hingehen. Es muss natürlich nicht heute sein, einmal, gelegentlich. Allerdings sind Sie – das will ich noch sagen – dadurch, dass ich Ihnen diesen Rat gebe, nicht im Geringsten verpflichtet, auch wirklich zu Titorelli hinzugehen. Nein, wenn Sie Titorelli entbehren zu können glauben, ist es gewiss besser, ihn ganz beiseitezulassen.

Vielleicht haben Sie schon einen ganz genauen Plan, und Titorelli könnte ihn stören. Nein, dann gehen Sie natürlich auf keinen Fall hin! Es kostet gewiss auch Überwindung, sich von einem solchen Burschen Ratschläge geben zu lassen. Nun, wie Sie wollen. Hier ist das Empfehlungsschreiben und hier die Adresse."

Enttäuscht nahm K. den Brief und steckte ihn in die Tasche. Selbst im günstigsten Falle war der Vorteil, den ihm die Empfehlung bringen konnte, unverhältnismäßig kleiner als der Schaden, der darin lag, dass der Fabrikant von seinem Prozess wusste und dass der Maler die Nachricht weiterverbreitete. Er konnte sich kaum dazu zwingen, dem Fabrikanten, der schon auf dem Weg zur Tür war, mit ein paar Worten zu danken. „Ich werde hingehen", sagte er, als er sich bei der Tür vom Fabrikanten verabschiedete, „oder ihm, da ich jetzt sehr beschäftigt bin, schreiben, er möge einmal zu mir ins Büro kommen." „Ich wusste ja", sagte der Fabrikant, „dass Sie den besten Ausweg finden würden. Allerdings dachte ich, dass Sie es lieber vermeiden wollen, Leute wie diesen Titorelli in die Bank einzuladen, um mit ihm hier über den Prozess zu sprechen. Es ist auch nicht immer vorteilhaft, Briefe an solche Leute aus der Hand zu geben. Aber Sie haben gewiss alles durchgedacht und wissen, was Sie tun dürfen." K. nickte und begleitete den Fabrikanten noch durch das Vorzimmer. Aber trotz äußerlicher Ruhe war er über sich sehr erschrocken; dass er Titorelli schreiben würde, hatte er eigentlich nur gesagt, um dem Fabrikanten irgendwie zu zeigen, dass er die Empfehlung zu schätzen wisse und die Möglichkeiten, mit Titorelli zusammenzukommen, sofort überlege, aber wenn er Titorellis Beistand für wertvoll angesehen hätte, hätte er auch nicht gezögert, ihm wirklich zu schreiben. Die Gefahren aber, die das zur Folge haben könnte, hatte er erst durch die Bemerkung des Fabrikanten erkannt. Konnte er sich auf seinen eigenen Verstand tatsächlich schon so wenig verlassen? Wenn es möglich war, dass er einen fragwürdigen Menschen durch einen deutlichen Brief in die Bank einlud, um von ihm, nur durch eine Tür vom Direktor-Stellvertreter getrennt, Ratschläge wegen seines Prozesses zu erbitten, war es dann nicht möglich und sogar sehr wahrscheinlich, dass er auch andere Gefahren übersah oder in sie hineinrannte? Nicht immer stand jemand neben ihm, um ihn zu warnen. Und gerade jetzt, wo er mit gesammelten Kräften auftreten sollte, mussten derartige, ihm bisher fremde Zweifel an seiner eigenen Wachsamkeit auftreten! Sollten die Schwierigkeiten, die er bei Ausführung seiner Büroarbeit fühlte, nun auch im Prozess beginnen? Jetzt allerdings begriff er es gar nicht mehr, wie es möglich gewesen war, dass er an Titorelli hatte schreiben und ihn in die Bank einladen wollen.

Er schüttelte noch den Kopf darüber, als der Diener an seine Seite trat und ihn auf drei Herren aufmerksam machte, die hier im Vorzimmer auf einer Bank saßen. Sie warteten schon lange darauf, zu K. vorgelassen zu werden. Jetzt, da der Diener mit K. sprach, waren sie aufgestanden, und jeder wollte eine günstige Gelegenheit ausnützen, um sich vor den anderen an K. heranzumachen. Da man vonseiten der Bank so rücksichtslos war, sie hier im Wartezimmer ihre Zeit verlieren zu lassen, wollten auch sie keine Rücksicht mehr üben. „Herr Prokurist", sagte schon der eine. Aber K. hatte sich vom Diener den Winterrock bringen lassen und sagte, während er ihn mithilfe des Dieners anzog, allen dreien: „Verzeihen Sie, meine Herren, ich habe augenblicklich leider keine Zeit, Sie zu empfangen. Ich bitte Sie sehr um Verzeihung, aber ich habe einen dringenden Geschäftsgang zu erledigen und muss sofort weggehen. Sie haben ja selbst gesehen, wie lange ich jetzt aufgehalten wurde. Wären Sie so freundlich, morgen oder wann immer wiederzukommen? Oder wollen wir die Sachen vielleicht telefonisch besprechen? Oder wollen Sie mir vielleicht jetzt kurz sagen, worum es sich handelt, und ich gebe Ihnen dann eine ausführliche schriftliche Antwort. Am besten wäre es allerdings, Sie kämen nächstens." Diese Vorschläge K.s brachten die Herren, die nun vollständig nutzlos gewartet haben sollten, in solches Staunen, dass sie einander stumm ansahen. „Wir sind also einig?", fragte K., der sich nach dem Diener umgewendet hatte, der ihm nun auch den Hut brachte. Durch die offene Tür von K.s Zimmer sah man, wie sich draußen der Schneefall sehr verstärkt hatte. K. schlug daher den Mantelkragen in die Höhe und knöpfte ihn hoch unter dem Halse zu.

Da trat gerade aus dem Nebenzimmer der Direktor-Stellvertreter, sah lächelnd K. im Winterrock mit den Herren verhandeln und fragte: „Sie gehen jetzt weg, Herr Prokurist?“ „Ja“, sagte K. und richtete sich auf, „ich habe einen Geschäftsgang zu machen.“ Aber der Direktor-Stellvertreter hatte sich schon den Herren zugewendet. „Und die Herren?“, fragte er. „Ich glaube, sie warten schon lange.“ „Wir haben uns schon geeinigt“, sagte K. Aber nun ließen sich die Herren nicht mehr halten, umringten K. und erklärten, dass sie nicht stundenlang gewartet hätten, wenn ihre Angelegenheiten nicht wichtig wären und nicht jetzt, und zwar ausführlich und unter vier Augen, besprochen werden müssten. Der Direktor-Stellvertreter hörte ihnen ein Weilchen zu, betrachtete auch K., der den Hut in der Hand hielt und ihn stellenweise von Staub reinigte, und sagte dann: „Meine Herren, es gibt ja einen sehr einfachen Ausweg. Wenn Sie mit mir vorlieb nehmen wollen, übernehme ich sehr gerne die Verhandlungen statt des Herrn Prokuristen. Ihre Angelegenheiten müssen natürlich sofort besprochen werden. Wir sind Geschäftsleute wie Sie und wissen die Zeit von Geschäftsleuten richtig zu bewerten. Wollen Sie hier eintreten?“ Und er öffnete die Tür, die zu dem Vorzimmer seines Büros führte.

Wie sich doch der Direktor-Stellvertreter alles anzueignen verstand, was K. jetzt notgedrungen aufgeben musste! Gab aber K. nicht mehr auf, als unbedingt nötig war? Während er mit unbestimmten und, wie er sich eingestehen musste, sehr geringen Hoffnungen zu einem unbekannten Maler lief, erlitt hier sein Ansehen eine unheilbare Schädigung. Es wäre wahrscheinlich viel besser gewesen, den Winterrock wieder auszuziehen und wenigstens die zwei Herren, die ja nebenan doch noch warten mussten, für sich zurückzugewinnen. K. hätte es vielleicht auch versucht, wenn er nicht jetzt in seinem Zimmer den Direktor-Stellvertreter erblickt hätte, wie er im Bücherständer, als wäre es sein eigener, etwas suchte. Als K. sich erregt der Tür näherte, rief er: „Ach, Sie sind noch nicht weggegangen!“ Er wandte ihm sein Gesicht zu, dessen viele straffe Falten nicht Alter, sondern Kraft zu beweisen schienen, und fing sofort wieder zu suchen an. „Ich suche eine Vertragsabschrift“, sagte er, „die sich, wie der Vertreter der Firma behauptet, bei Ihnen befinden soll. Wollen Sie mir nicht suchen helfen?“ K. machte einen Schritt, aber der Direktor-Stellvertreter sagte: „Danke, ich habe es schon gefunden“, und kehrte mit einem großen Paket Schriften, das nicht nur die Vertragsabschrift, sondern gewiss noch vieles andere enthielt, wieder in sein Zimmer zurück.

„Jetzt bin ich ihm nicht gewachsen“, sagte sich K., „wenn aber meine persönlichen Schwierigkeiten einmal beseitigt sein werden, dann soll er wahrhaftig der Erste sein, der es zu fühlen bekommt, und zwar möglichst bitter.“ Durch diesen Gedanken ein wenig beruhigt, gab K. dem Diener, der schon lange die Tür zum Korridor für ihn offen hielt, den Auftrag, dem Direktor gelegentlich die Meldung zu machen, dass er sich auf einem Geschäftsgang befinde, und verließ, fast glücklich darüber, sich eine Zeit lang vollständiger seiner Sache widmen zu können, die Bank.

Er fuhr sofort zum Maler, der in einer Vorstadt wohnte, die jener, in welcher sich die Gerichtskanzleien befanden, vollständig entgegengesetzt war. Es war eine noch ärmere Gegend, die Häuser noch dunkler, die Gassen voll Schmutz, der auf dem zerflossenen Schnee langsam umhertrieb. Im Hause, in dem der Maler wohnte, war nur ein Flügel des großen Tores geöffnet, in den anderen aber war unten in der Mauer eine Lücke gebrochen, aus der gerade, als sich K. näherte, eine widerliche, gelbe, rauchende Flüssigkeit herausschoss, vor der sich einige Ratten in den nahen Kanal flüchteten. Unten an der Treppe lag ein kleines Kind bäuchlings auf der Erde und weinte, aber man hörte es kaum infolge des alles übertönenden Lärms, der aus einer Klempnerwerkstätte auf der anderen Seite des Torganges kam. Die Tür der Werkstätte war offen, drei Gehilfen standen im Halbkreis um irgendein Werkstück, auf das sie mit den Hämmern schlugen. Eine große Platte Weißblech, die an der Wand hing, warf ein bleiches Licht, das zwischen zwei Gehilfen eindrang und die Gesichter und Arbeitsschürzen erhellte. K. hatte für alles nur einen flüchtigen Blick, er wollte möglichst rasch hier fertig werden, nur den Maler mit ein paar Worten ausforschen und sofort wieder in die Bank zurückgehen. Wenn er hier nur den kleinsten Erfolg hatte, sollte das auf seine heutige Arbeit in der Bank noch eine gute Wirkung ausüben. Im dritten Stockwerk musste er seinen Schritt mäßigen, er war ganz außer Atem, die Treppen, ebenso wie die Stockwerke, waren übermäßig hoch, und der Maler sollte ganz oben in einer Dachkammer wohnen. Auch war die Luft sehr drückend, es gab keinen Treppenhof, die enge Treppe war auf beiden Seiten von Mauern eingeschlossen, in denen nur hier und da fast ganz oben kleine Fenster angebracht waren. Gerade als K. ein wenig stehen blieb, liefen ein paar kleine Mädchen aus einer Wohnung heraus und eilten lachend die Treppe weiter hinauf. K. folgte ihnen langsam, holte eines der Mädchen ein, das gestolpert und hinter den andern zurückgeblieben war, und fragte es, während sie nebeneinander weiterstiegen: „Wohnt hier ein Maler Titorelli?“ Das Mädchen, ein kaum dreizehnjähriges, etwas buckliges Mädchen, stieß ihn darauf mit dem Ellbogen an und sah von der Seite zu ihm auf. Weder ihre Jugend noch ihr Körperfehler hatte verhindern können, dass sie schon ganz verdorben war. Sie lächelte nicht einmal, sondern sah K. ernst mit scharfem, aufforderndem Blicke an. K. tat, als hätte er ihr Benehmen nicht bemerkt, und fragte: „Kennst du den Maler Titorelli?“ Sie nickte und fragte ihrerseits: „Was wollen Sie von ihm?“ K. schien es vorteilhaft, sich noch schnell ein wenig über Titorelli zu unterrichten: „Ich will mich von ihm malen lassen“, sagte er. „Malen lassen?“, fragte sie, öffnete übermäßig den Mund, schlug leicht mit der Hand gegen K., als hätte er etwas außerordentlich Überraschendes oder Ungeschicktes gesagt, hob mit beiden Händen ihr ohnedies sehr kurzes Röckchen und lief, so schnell sie konnte, hinter den andern Mädchen her, deren Geschrei schon undeutlich in der Höhe sich verlor. Bei der nächsten Wendung der Treppe aber traf K. schon wieder alle Mädchen. Sie waren offenbar von der Buckligen von K.s Absicht verständigt worden und erwarteten ihn. Sie standen zu beiden Seiten der Treppe, drückten sich an die Mauer, damit K. bequem zwischen ihnen durchkomme, und glätteten mit der Hand ihre Schürzen. Alle Gesichter, wie auch diese Spalierbildung, stellten eine Mischung von Kindlichkeit und Verworfenheit dar. Oben, an der Spitze der Mädchen, die sich jetzt hinter K. lachend zusammenschlossen, war die Bucklige, welche die Führung übernahm. K. hatte es ihr zu verdanken, dass er gleich den richtigen Weg fand. Er wollte nämlich geradeaus weitersteigen, sie aber zeigte ihm, dass er eine Abzweigung der Treppe wählen müsse, um zu Titorelli zu kommen. Die Treppe, die zu ihm führte, war besonders schmal, sehr lang, ohne Biegung, in ihrer ganzen Länge zu übersehen und oben unmittelbar vor Titorellis Tür abgeschlossen. Diese Tür, die durch ein kleines, schief über ihr eingesetztes Oberlichtfenster im Gegensatz zur übrigen Treppe verhältnismäßig hell beleuchtet wurde, war aus nicht übertünchten Balken zusammengesetzt, auf die der Name Titorelli mit roter Farbe in breiten Pinselstrichen gemalt war. K. war mit seinem Gefolge noch kaum in der Mitte der Treppe, als oben, offenbar veranlasst durch das Geräusch der vielen Schritte, die Tür ein wenig geöffnet wurde und ein wahrscheinlich nur mit einem Nachthemd bekleideter Mann in der Türspalte erschien. „Oh!“, rief er, als er die Menge kommen sah, und verschwand. Die Bucklige klatschte vor Freude in die Hände, und die übrigen Mädchen drängten hinter K., um ihn schneller vorwärtszutreiben.

Sie waren aber noch nicht einmal hinaufgekommen, als oben der Maler die Tür gänzlich aufriss und mit einer tiefen Verbeugung K. einlud, einzutreten. Die Mädchen dagegen wehrte er ab, er wollte keine von ihnen einlassen, sosehr sie baten und sosehr sie versuchten, wenn schon nicht mit seiner Erlaubnis, so gegen seinen Willen einzudringen. Nur der Buckligen gelang es, unter seinem ausgestreckten Arm durchzuschlüpfen, aber der Maler jagte hinter ihr her, packte sie bei den Röcken, wirbelte sie einmal um sich herum und setzte sie dann vor die Tür bei den anderen Mädchen ab, die es, während der Maler seinen Posten verlassen hatte, doch nicht gewagt hatten, die Schwelle zu überschreiten. K. wusste nicht, wie er das Ganze beurteilen sollte, es hatte nämlich den Anschein, als ob alles in freundschaftlichem Einvernehmen geschehe. Die Mädchen bei der Tür streckten, eines hinter dem anderen, die Hälse in die Höhe, riefen dem Maler verschiedene scherzhaft gemeinte Worte zu, die K. nicht verstand, und auch der Maler lachte, während die Bucklige in seiner Hand fast flog. Dann schloss er die Tür, verbeugte sich nochmals vor K., reichte ihm die Hand und sagte, sich vorstellend: „Kunstmaler Titorelli.“ K. zeigte auf die Tür, hinter der die Mädchen flüsterten, und sagte: „Sie scheinen im Hause sehr beliebt zu sein.“ „Ach, die Fratzen!“, sagte der Maler und suchte vergebens sein Nachthemd am Halse zuzuknöpfen. Er war im Übrigen bloßfüßig und nur noch mit einer breiten, gelblichen Leinenhose bekleidet, die mit einem Riemen festgemacht war, dessen langes Ende frei hin und her schlug. „Diese Fratzen sind mir eine wahre Last“, fuhr er fort, während er vom Nachthemd, dessen letzter Knopf gerade abgerissen war, abließ, einen Sessel holte und K. zum Niedersetzen nötigte. „Ich habe eine von ihnen – sie ist heute nicht einmal dabei – einmal gemalt, und seitdem verfolgen mich alle. Wenn ich selbst hier bin, kommen sie nur herein, wenn ich es erlaube, bin ich aber einmal weg, dann ist immer zumindest eine da. Sie haben sich einen Schlüssel zu meiner Tür machen lassen, den sie untereinander verleihen. Man kann sich kaum vorstellen, wie lästig das ist. Ich komme zum Beispiel mit einer Dame, die ich malen soll, nach Hause, öffne die Tür mit meinem Schlüssel und finde etwa die Bucklige dort beim Tischchen, wie sie sich mit dem Pinsel die Lippen rot färbt, während ihre kleinen Geschwister, die sie zu beaufsichtigen hat, sich herumtreiben und das Zimmer in allen Ecken verunreinigen. Oder ich komme, wie es mir erst gestern geschehen ist, spätabends nach Hause – entschuldigen Sie, bitte, mit Rücksicht darauf meinen Zustand und die Unordnung im Zimmer –, also ich komme spätabends nach Hause und will ins Bett steigen, da zwickt mich etwas ins Bein, ich schaue unter das Bett und ziehe wieder so ein Ding heraus. Warum sie sich so zu mir drängen, weiß ich nicht, dass ich sie nicht zu mir zu locken suche, dürften Sie eben bemerkt haben. Natürlich bin ich dadurch auch in meiner Arbeit gestört. Wäre mir dieses Atelier nicht umsonst zur Verfügung gestellt, ich wäre schon längst ausgezogen." Gerade rief hinter der Tür ein Stimmchen zart und ängstlich: „Titorelli, dürfen wir schon kommen?" „Nein", antwortete der Maler. „Ich allein auch nicht?", fragte es wieder. „Auch nicht", sagte der Maler, ging zur Tür und sperrte sie ab.

K. hatte sich inzwischen im Zimmer umgesehen, er wäre niemals selbst auf den Gedanken gekommen, dass man dieses elende kleine Zimmer ein Atelier nennen könnte. Mehr als zwei lange Schritte konnte man der Länge und Quere nach kaum hier machen. Alles, Fußboden, Wände und Zimmerdecke, war aus Holz, zwischen den Balken sah man schmale Ritzen. K. gegenüber stand an der Wand das Bett, das mit verschiedenfarbigem Bettzeug überladen war. In der Mitte des Zimmers war auf einer Staffelei ein Bild, das mit einem Hemd verhüllt war, dessen Ärmel bis zum Boden baumelten. Hinter K. war das Fenster, durch das man im Nebel nicht weiter sehen konnte als über das mit Schnee bedeckte Dach des Nachbarhauses.

Das Umdrehen des Schlüssels im Schloss erinnerte K. daran, dass er bald hatte weggehen wollen. Er zog daher den Brief des Fabrikanten aus der Tasche, reichte ihn dem Maler und sagte: „Ich habe durch diesen Herrn, Ihren Bekannten, von Ihnen erfahren und bin auf seinen Rat hin gekommen." Der Maler las den Brief flüchtig durch und warf ihn aufs Bett. Hätte der Fabrikant nicht auf das Bestimmteste von Titorelli als von seinem Bekannten gesprochen, als von einem armen Menschen, der auf seine Almosen angewiesen war, so hätte man jetzt wirklich glauben können, Titorelli kenne den Fabrikanten nicht oder wisse sich an ihn wenigstens nicht zu erinnern. Überdies fragte nun der Maler: „Wollen Sie Bilder kaufen oder sich selbst malen lassen?“ K. sah den Maler erstaunt an. Was stand denn eigentlich in dem Brief? K. hatte es als selbstverständlich angenommen, dass der Fabrikant in dem Brief den Maler davon unterrichtet hatte, dass K. nichts anderes wollte, als sich hier wegen seines Prozesses zu erkundigen. Er war doch gar zu eilig und unüberlegt hierher gelaufen! Aber er musste jetzt dem Maler irgendwie antworten und sagte mit einem Blick auf die Staffelei: „Sie arbeiten gerade an einem Bild?“ „Ja“, sagte der Maler und warf das Hemd, das über der Staffelei hing, dem Brief nach auf das Bett. „Es ist ein Porträt. Eine gute Arbeit, aber noch nicht ganz fertig.“ Der Zufall war K. günstig, die Möglichkeit, vom Gericht zu reden, wurde ihm förmlich dargeboten, denn es war offenbar das Porträt eines Richters. Es war übrigens dem Bild im Arbeitszimmer des Advokaten auffallend ähnlich. Es handelte sich hier zwar um einen ganz anderen Richter, einen dicken Mann mit schwarzem, buschigem Vollbart, der seitlich weit die Wangen hinaufreichte, auch war jenes Bild ein Ölbild, dieses aber mit Pastellfarben schwach und undeutlich angesetzt. Aber alles Übrige war ähnlich, denn auch hier wollte sich gerade der Richter von seinem Thronsessel, dessen Seitenlehnen er festhielt, drohend erheben. „Das ist ja ein Richter“, hatte K. gleich sagen wollen, hielt sich dann aber vorläufig noch zurück und näherte sich dem Bild, als wolle er es in den Einzelheiten studieren. Eine große Figur, die in der Mitte der Rückenlehne des Thronsessels stand, konnte er sich nicht erklären und fragte den Maler nach ihr. Sie müsse noch ein wenig ausgearbeitet werden, antwortete der Maler, holte von einem Tischchen einen Pastellstift und strichelte mit ihm ein wenig an den Rändern der Figur, ohne sie aber dadurch für K. deutlicher zu machen. „Es ist die Gerechtigkeit“, sagte der Maler schließlich. „Jetzt erkenne ich sie schon“, sagte K., „hier ist die Binde um die Augen und hier die Waage. Aber sind nicht an den Fersen Flügel und befindet sie sich nicht im Lauf?“ „Ja“, sagte der Maler, „ich musste es über Auftrag so malen, es ist eigentlich die Gerechtigkeit und die Siegesgöttin in einem.“ „Das ist keine gute Verbindung“, sagte K. lächelnd, „die Gerechtigkeit muss ruhen, sonst schwankt die Waage, und es ist kein gerechtes Urteil möglich.“ „Ich füge mich darin meinem Auftraggeber“, sagte der Maler. „Ja gewiss“, sagte K., der mit seiner Bemerkung niemanden hatte kränken wollen. „Sie haben die Figur so gemalt, wie sie auf dem Thronsessel wirklich steht.“ „Nein“, sagte der Maler, „ich habe weder die Figur noch den Thronsessel gesehen, das alles ist Erfindung, aber es wurde mir angegeben, was ich zu malen habe.“ „Wie?“ fragte K., er tat absichtlich, als verstehe er den Maler nicht völlig, „es ist doch ein Richter, der auf dem Richterstuhl sitzt?“ „Ja“, sagte der Maler, „aber er ist kein hoher Richter und ist niemals auf einem solchen Thronsessel gesessen.“ „Und lässt sich doch in so feierlicher Haltung malen, er sitzt ja da wie ein Gerichtspräsident.“ „Ja, eitel sind die Herren“, sagte der Maler. „Aber sie haben die höhere Erlaubnis, sich so malen zu lassen. Jedem ist genau vorgeschrieben, wie er sich malen lassen darf. Nur kann man leider gerade nach diesem Bilde die Einzelheiten der Tracht und des Sitzes nicht beurteilen, die Pastellfarben sind für solche Darstellungen nicht geeignet.“ „Ja“, sagte K., „es ist sonderbar, dass es in Pastellfarben gemalt ist.“ „Der Richter wünschte es so“, sagte der Maler, „es ist für eine Dame bestimmt.“ Der Anblick des Bildes schien ihm Lust zur Arbeit gemacht zu haben, er krempelte die Hemdärmel aufwärts, nahm einige Stifte in die Hand, und K. sah zu, wie unter den zitternden Spitzen der Stifte anschließend an den Kopf des Richters ein rötlicher Schatten sich bildete, der strahlenförmig gegen den Rand des Bildes verging. Allmählich umgab dieses Spiel des Schattens den Kopf wie ein Schmuck oder eine hohe Auszeichnung. Um die Figur der Gerechtigkeit aber blieb es bis auf eine unmerkliche Tönung hell, in dieser Helligkeit schien die Figur besonders vorzudringen, sie erinnerte kaum mehr an die Göttin der

Gerechtigkeit, aber auch nicht an die des Sieges, sie sah jetzt vielmehr vollkommen wie die Göttin der Jagd aus. Die Arbeit des Malers zog K. mehr an, als er wollte; schließlich aber machte er sich doch Vorwürfe, dass er so lange schon hier war und im Grunde noch nichts für seine eigene Sache unternommen hatte. „Wie heißt dieser Richter?“, fragte er plötzlich. „Das darf ich nicht sagen“, antwortete der Maler, er war tief zum Bild hinabgebeugt und vernachlässigte deutlich seinen Gast, den er doch zuerst so rücksichtsvoll empfangen hatte. K. hielt das für eine Laune und ärgerte sich darüber, weil er dadurch Zeit verlor. „Sie sind wohl ein Vertrauensmann des Gerichtes?“, fragte er. Sofort legte der Maler die Stifte beiseite, richtete sich auf, rieb die Hände aneinander und sah K. lächelnd an. „Nur immer gleich mit der Wahrheit heraus“, sagte er, „Sie wollen etwas über das Gericht erfahren, wie es ja auch in Ihrem Empfehlungsschreiben steht, und haben zunächst über meine Bilder gesprochen, um mich zu gewinnen. Aber ich nehme das nicht übel, Sie konnten ja nicht wissen, dass das bei mir unangebracht ist. Oh, bitte!“, sagte er scharf abwehrend, als K. etwas einwenden wollte. Und fuhr dann fort: „Im Übrigen haben Sie mit Ihrer Bemerkung vollständig Recht, ich bin ein Vertrauensmann des Gerichtes.“ Er machte eine Pause, als wolle er K. Zeit lassen, sich mit dieser Tatsache abzufinden. Man hörte jetzt wieder hinter der Tür die Mädchen. Sie drängten sich wahrscheinlich um das Schlüsselloch, vielleicht konnte man auch durch die Ritzen ins Zimmer hineinsehen. K. unterließ es, sich irgendwie zu entschuldigen, denn er wollte den Maler nicht ablenken, wohl aber wollte er nicht, dass der Maler sich allzu sehr überhebe und sich auf diese Weise gewissermaßen unerreichbar mache, er fragte deshalb: „Ist das eine öffentlich anerkannte Stellung?“ „Nein“, sagte der Maler kurz, als sei ihm dadurch die weitere Rede verschlagen. K. wollte ihn aber nicht verstummen lassen und sagte: „Nun, oft sind derartige nichtanerkannte Stellungen einflussreicher als die anerkannten.“ „Das ist eben bei mir der Fall“, sagte der Maler und nickte mit zusammengezogener Stirn. „Ich sprach gestern mit dem

Fabrikanten über Ihren Fall, er fragte mich, ob ich Ihnen nicht helfen wollte, ich antwortete: ‚Der Mann kann ja einmal zu mir kommen', und nun freue ich mich, Sie so bald hier zu sehen. Die Sache scheint Ihnen ja sehr nahezugehen, worüber ich mich natürlich gar nicht wundere. Wollen Sie vielleicht zunächst Ihren Rock ablegen?" Obwohl K. beabsichtigte, nur ganz kurze Zeit hierzubleiben, war ihm diese Aufforderung des Malers doch sehr willkommen. Die Luft im Zimmer war ihm allmählich drückend geworden, öfters hatte er schon verwundert auf einen kleinen, zweifellos nicht geheizten Eisenofen in der Ecke hingesehen, die Schwüle im Zimmer war unerklärlich. Während er den Winterrock ablegte und auch noch den Rock aufknöpfte, sagte der Maler, sich entschuldigend: „Ich muss Wärme haben. Es ist hier doch sehr behaglich, nicht? Das Zimmer ist in dieser Hinsicht sehr gut gelegen." K. sagte nichts dazu, aber es war eigentlich nicht die Wärme, die ihm Unbehagen machte, es war vielmehr die dumpfe, das Atmen fast behindernde Luft, das Zimmer war wohl schon lange nicht gelüftet. Diese Unannehmlichkeit wurde für K. dadurch verstärkt, dass ihn der Maler bat, sich auf das Bett zu setzen, während er selbst sich auf den einzigen Stuhl des Zimmers vor der Staffelei niedersetzte. Außerdem schien es der Maler misszuverstehen, warum K. nur am Bettrand blieb, er bat vielmehr, K. möchte es sich bequem machen und ging, da K. zögerte, selbst hin und drängte ihn tief in die Betten und Polster hinein. Dann kehrte er wieder zu seinem Sessel zurück und stellte endlich die erste sachliche Frage, die K. alles andere vergessen ließ. „Sie sind unschuldig?", fragte er. „Ja", sagte K. Die Beantwortung dieser Frage machte ihm geradezu Freude, besonders da sie gegenüber einem Privatmann, also ohne jede Verantwortung erfolgte. Noch niemand hatte ihn so offen gefragt. Um diese Freude auszukosten, fügte er noch hinzu: „Ich bin vollständig unschuldig." „So", sagte der Maler, senkte den Kopf und schien nachzudenken. Plötzlich hob er wieder den Kopf und sagte: „Wenn Sie unschuldig sind, dann ist ja die Sache sehr einfach." K.s Blick trübte sich, dieser angebliche Vertrauensmann des Gerichtes redete wie ein unwissendes Kind. „Meine Unschuld vereinfacht die Sache nicht“, sagte K. Er musste trotz allem lächeln und schüttelte langsam den Kopf „Es kommt auf viele Feinheiten an, in denen sich das Gericht verliert. Zum Schluss aber zieht es von irgendwoher, wo ursprünglich gar nichts gewesen ist, eine große Schuld hervor.“ „Ja, ja, gewiss“, sagte der Maler, als störe K. unnötigerweise seinen Gedankengang. „Sie sind aber doch unschuldig?“ „Nun ja“, sagte K. „Das ist die Hauptsache“, sagte der Maler. Er war durch Gegengründe nicht zu beeinflussen, nur war es trotz seiner Entschiedenheit nicht klar, ob er aus Überzeugung oder nur aus Gleichgültigkeit so redete. K. wollte das zunächst feststellen und sagte deshalb: „Sie kennen ja gewiss das Gericht viel besser als ich, ich weiß nicht viel mehr, als was ich darüber, allerdings von ganz verschiedenen Leuten, gehört habe. Darin stimmten aber alle überein, dass leichtsinnige Anklagen nicht erhoben werden und dass das Gericht, wenn es einmal anklagt, fest von der Schuld des Angeklagten überzeugt ist und von dieser Überzeugung nur schwer abgebracht werden kann.“ „Schwer?“, fragte der Maler und warf eine Hand in die Höhe. „Niemals ist das Gericht davon abzubringen. Wenn ich hier alle Richter nebeneinander auf eine Leinwand male und Sie werden sich vor dieser Leinwand verteidigen, so werden Sie mehr Erfolg haben als vor dem wirklichen Gericht.“ „Ja“, sagte K. für sich und vergaß, dass er den Maler nur hatte ausforschen wollen.

Wieder begann ein Mädchen hinter der Tür zu fragen: „Titorelli, wird er denn nicht schon bald weggehen?“ „Schweigt!“, rief der Maler zur Tür hin, „seht ihr denn nicht, dass ich mit dem Herrn eine Besprechung habe?“ Aber das Mädchen gab sich damit nicht zufrieden, sondern fragte: „Du wirst ihn malen?“ Und als der Maler nicht antwortete, sagte sie noch: „Bitte, mal ihn nicht, einen so hässlichen Menschen.“ Ein Durcheinander unverständlicher zustimmender Zurufe folgte. Der Maler machte einen Sprung zur Tür, öffnete sie bis zu einem Spalt – man sah die bittend vorgestreckten, gefalteten Hände der Mädchen – und sagte: „Wenn ihr nicht still seid, werfe ich euch alle die Treppe hinunter. Setzt euch hier auf die Stufen und verhaltet euch ruhig." Wahrscheinlich folgten sie nicht gleich, sodass er kommandieren musste: „Nieder auf die Stufen!" Erst dann wurde es still.

„Verzeihen Sie", sagte der Maler, als er zu K. wieder zurückkehrte. K. hatte sich kaum zur Tür hingewendet, er hatte es vollständig dem Maler überlassen, ob und wie er ihn in Schutz nehmen wollte. Er machte auch jetzt kaum eine Bewegung, als sich der Maler zu ihm niederbeugte und ihm, um draußen nicht gehört zu werden, ins Ohr flüsterte: „Auch diese Mädchen gehören zum Gericht." „Wie?", fragte K., wich mit dem Kopf zur Seite und sah den Maler an. Dieser aber setzte sich wieder auf seinen Sessel und sagte halb im Scherz, halb zur Erklärung: „Es gehört ja alles zum Gericht." „Das habe ich noch nicht bemerkt", sagte K. kurz, die allgemeine Bemerkung des Malers nahm dem Hinweis auf die Mädchen alles Beunruhigende. Trotzdem sah K. ein Weilchen lang zur Tür hin, hinter der die Mädchen jetzt still auf den Stufen saßen. Nur eines hatte einen Strohhalm durch eine Ritze zwischen den Balken gesteckt und führte ihn langsam auf und ab.

„Sie scheinen noch keinen Überblick über das Gericht zu haben", sagte der Maler, er hatte die Beine weit auseinandergestreckt und klatschte mit den Fußspitzen auf den Boden. „Da Sie aber unschuldig sind, werden Sie ihn auch nicht benötigen. Ich allein hole Sie heraus." „Wie wollen Sie das tun?", fragte K. „Da Sie doch vor kurzem selbst gesagt haben, dass das Gericht für Beweisgründe vollständig unzugänglich ist." „Unzugänglich nur für Beweisgründe, die man vor dem Gericht vorbringt", sagte der Maler und hob den Zeigefinger, als habe K. eine feine Unterscheidung nicht bemerkt. „Anders verhält es sich aber damit, was man in dieser Hinsicht hinter dem öffentlichen Gericht versucht, also in den Beratungszimmern, in den Korridoren oder zum Beispiel auch hier, im Atelier." Was der Maler jetzt sagte, schien K. nicht mehr so unglaubwürdig, es zeigte vielmehr eine große Übereinstimmung mit dem, was K.

auch von anderen Leuten gehört hatte. Ja, es war sogar sehr hoffnungsvoll. Waren die Richter durch persönliche Beziehungen wirklich so leicht zu lenken, wie es der Advokat dargestellt hatte, dann waren die Beziehungen des Malers zu den eitlen Richtern besonders wichtig und jedenfalls keineswegs zu unterschätzen. Dann fügte sich der Maler sehr gut in den Kreis von Helfern, die K. allmählich um sich versammelte. Man hatte einmal in der Bank sein Organisationstalent gerühmt, hier, wo er ganz allein auf sich gestellt war, zeigte sich eine gute Gelegenheit, es auf das Äußerste zu erproben. Der Maler beobachtete die Wirkung, die seine Erklärung auf K. gemacht hatte, und sagte dann mit einer gewissen Ängstlichkeit: „Fällt es Ihnen nicht auf, dass ich fast wie ein Jurist spreche? Es ist der ununterbrochene Verkehr mit den Herren vom Gericht, der mich so beeinflusst. Ich habe natürlich viel Gewinn davon, aber der künstlerische Schwung geht zum großen Teil verloren." „Wie sind Sie denn zum ersten Mal mit den Richtern in Verbindung gekommen?", fragte K., er wollte zuerst das Vertrauen des Malers gewinnen, bevor er ihn geradezu in seine Dienste nahm. „Das war sehr einfach", sagte der Maler, „ich habe diese Verbindung geerbt. Schon mein Vater war Gerichtsmaler. Es ist das eine Stellung, die sich immer vererbt. Man kann dafür neue Leute nicht brauchen. Es sind nämlich für das Malen der verschiedenen Beamtengrade so verschiedene, vielfache und vor allem geheime Regeln aufgestellt, dass sie überhaupt nicht außerhalb bestimmter Familien bekannt werden. Dort in der Schublade zum Beispiel habe ich die Aufzeichnungen meines Vaters, die ich niemandem zeige. Aber nur wer sie kennt, ist zum Malen von Richtern befähigt. Jedoch, selbst wenn ich sie verlöre, blieben mir noch so viele Regeln, die ich allein in meinem Kopfe trage, dass mir niemand meine Stellung streitig machen könnte. Es will doch jeder Richter so gemalt werden, wie die alten, großen Richter gemalt worden sind, und das kann nur ich." „Das ist beneidenswert", sagte K., der an seine Stellung in der Bank dachte. „Ihre Stellung ist also unerschütterlich?" „Ja, unerschütterlich", sagte der Maler und hob stolz die Achseln.

„Deshalb kann ich es auch wagen, hier und da einem armen Manne, der einen Prozess hat, zu helfen.“ „Und wie tun Sie das?“, fragte K., als sei es nicht er, den der Maler soeben einen armen Mann genannt hatte. Der Maler aber ließ sich nicht ablenken, sondern sagte: „In Ihrem Fall zum Beispiel werde ich, da Sie vollständig unschuldig sind, Folgendes unternehmen.“ Die wiederholte Erwähnung seiner Unschuld wurde K. schon lästig. Ihm schien es manchmal, als mache der Maler durch solche Bemerkungen einen günstigen Ausgang des Prozesses zur Voraussetzung seiner Hilfe, die dadurch natürlich in sich selbst zusammenfiel. Trotz diesen Zweifeln bezwang sich aber K. und unterbrach den Maler nicht. Verzichten wollte er auf die Hilfe des Malers nicht, dazu war er entschlossen, auch schien ihm diese Hilfe durchaus nicht fragwürdiger als die des Advokaten zu sein. K. zog sie jener sogar bei weitem vor, weil sie harmloser und offener dargeboten wurde.

Der Maler hatte seinen Sessel näher zum Bett gezogen und fuhr mit gedämpfter Stimme fort: „Ich habe vergessen, Sie zunächst zu fragen, welche Art der Befreiung Sie wünschen. Es gibt drei Möglichkeiten, nämlich die wirkliche Freisprechung, die scheinbare Freisprechung und die Verschleppung. Die wirkliche Freisprechung ist natürlich das Beste, nur habe ich nicht den geringsten Einfluss auf diese Art der Lösung. Es gibt meiner Meinung nach überhaupt keine einzelne Person, die auf die wirkliche Freisprechung Einfluss hätte. Hier entscheidet wahrscheinlich nur die Unschuld des Angeklagten. Da Sie unschuldig sind, wäre es wirklich möglich, dass Sie sich allein auf Ihre Unschuld verlassen. Dann brauchen Sie aber weder mich noch irgendeine andere Hilfe.“

Diese geordnete Darstellung verblüffte K. anfangs, dann aber sagte er ebenso leise wie der Maler: „Ich glaube, Sie widersprechen sich.“ „Wie denn?“, fragte der Maler geduldig und lehnte sich lächelnd zurück. Dieses Lächeln erweckte in K. das Gefühl, als ob er jetzt daran gehe, nicht in den Worten des Malers, sondern in dem Gerichtsverfahren selbst Widersprüche zu entdecken. Trotzdem wich er aber nicht zurück und sagte: „Sie haben früher die Bemerkung gemacht, dass das Gericht für Beweisgründe unzugänglich ist, später haben Sie dies auf das öffentliche Gericht eingeschränkt, und jetzt sagen Sie sogar, dass der Unschuldige vor dem Gericht keine Hilfe braucht. Darin liegt schon ein Widerspruch. Außerdem aber haben Sie früher gesagt, dass man die Richter persönlich beeinflussen kann, stellen aber jetzt in Abrede, dass die wirkliche Freisprechung, wie Sie sie nennen, jemals durch persönliche Beeinflussung zu erreichen ist. Darin liegt der zweite Widerspruch." „Diese Widersprüche sind leicht aufzuklären", sagte der Maler. „Es ist hier von zwei verschiedenen Dingen die Rede, von dem, was im Gesetz steht, und von dem, was ich persönlich erfahren habe, das dürfen Sie nicht verwechseln. Im Gesetz, ich habe es allerdings nicht gelesen, steht natürlich einerseits, dass der Unschuldige freigesprochen wird, andererseits steht dort aber nicht, dass die Richter beeinflusst werden können. Nun habe aber ich gerade das Gegenteil dessen erfahren. Ich weiß von keiner wirklichen Freisprechung, wohl aber von vielen Beeinflussungen. Es ist natürlich möglich, dass in allen mir bekannten Fällen keine Unschuld vorhanden war. Aber ist das nicht unwahrscheinlich? In so vielen Fällen keine einzige Unschuld? Schon als Kind hörte ich dem Vater genau zu, wenn er zu Hause von Prozessen erzählte, auch die Richter, die in sein Atelier kamen, erzählten vom Gericht, man spricht in unseren Kreisen überhaupt von nichts anderem; kaum bekam ich die Möglichkeit, selbst zu Gericht zu gehen, nützte ich sie immer aus, unzählbare Prozesse habe ich in wichtigen Stadien angehört und, soweit sie sichtbar sind, verfolgt, und – ich muss es zugeben – nicht einen einzigen wirklichen Freispruch erlebt." „Keinen einzigen Freispruch also", sagte K., als rede er zu sich selbst und zu seinen Hoffnungen. „Das bestätigt aber die Meinung, die ich von dem Gericht schon habe. Es ist also auch von dieser Seite zwecklos. Ein einziger Henker könnte das ganze Gericht ersetzen." „Sie dürfen nicht verallgemeinern", sagte der Maler unzufrieden, „ich habe ja nur von meinen Erfahrungen gesprochen." „Das genügt doch", sagte

K., „oder haben Sie von Freisprüchen aus früherer Zeit gehört?“ „Solche Freisprüche“, antwortete der Maler, „soll es allerdings gegeben haben. Nur ist es sehr schwer, das festzustellen. Die abschließenden Entscheidungen des Gerichts werden nicht veröffentlicht, sie sind nicht einmal den Richtern zugänglich, infolgedessen haben sich über alte Gerichtsfälle nur Legenden erhalten. Diese enthalten allerdings sogar in der Mehrzahl wirkliche Freisprechungen, man kann sie glauben, nachweisbar sind sie aber nicht. Trotzdem muss man sie nicht ganz vernachlässigen, eine gewisse Wahrheit enthalten sie wohl gewiss, auch sind sie sehr schön, ich selbst habe einige Bilder gemalt, die solche Legenden zum Inhalt haben.“ „Bloße Legenden ändern meine Meinung nicht“, sagte K., „man kann sich wohl auch vor Gericht auf diese Legenden nicht berufen?“ Der Maler lachte. „Nein, das kann man nicht“, sagte er. „Dann ist es nutzlos, darüber zu reden“, sagte K., er wollte vorläufig alle Meinungen des Malers hinnehmen, selbst wenn er sie für unwahrscheinlich hielt und sie anderen Berichten widersprachen. Er hatte jetzt nicht die Zeit, alles was der Maler sagte, auf die Wahrheit hin zu überprüfen oder gar zu widerlegen, es war schon das Äußerste erreicht, wenn er den Maler dazu bewog, ihm in irgendeiner, sei es auch in einer nicht entscheidenden Weise zu helfen. Darum sagte er: „Sehen wir also von der wirklichen Freisprechung ab, Sie erwähnten aber noch zwei andere Möglichkeiten.“ „Die scheinbare Freisprechung und die Verschleppung. Um die allein kann es sich handeln“, sagte der Maler. „Wollen Sie aber nicht, ehe wir davon reden, den Rock ausziehen? Es ist Ihnen wohl heiß.“ „Ja“, sagte K., der bisher auf nichts als auf die Erklärungen des Malers geachtet hatte, dem aber jetzt, da er an die Hitze erinnert worden war, starker Schweiß auf der Stirn ausbrach. „Es ist fast unerträglich.“ Der Maler nickte, als verstehe er K.s Unbehagen sehr gut. „Könnte man nicht das Fenster öffnen?“, fragte K. „Nein“, sagte der Maler. „Es ist bloß eine fest eingesetzte Glasscheibe, man kann es nicht öffnen.“ Jetzt erkannte K., dass er die ganze Zeit über darauf gehofft hatte, plötzlich werde der Maler oder er zum Fenster gehen und es aufreißen. Er war darauf vorbereitet, selbst den Nebel mit offenem Mund einzuatmen. Das Gefühl, hier von der Luft vollständig abgesperrt zu sein, verursachte ihm Schwindel. Er schlug leicht mit der Hand auf das Federbett neben sich und sagte mit schwacher Stimme: „Das ist ja unbequem und ungesund.“ „O nein“, sagte der Maler zur Verteidigung seines Fensters, „dadurch, dass es nicht aufgemacht werden kann, wird, obwohl es nur eine einfache Scheibe ist, die Wärme hier besser festgehalten als durch ein Doppelfenster. Will ich aber lüften, was nicht sehr notwendig ist, da durch die Balkenritzen überall Luft eindringt, kann ich eine meiner Türen oder sogar beide öffnen.“ K., durch diese Erklärung ein wenig getröstet, blickte herum, um die zweite Tür zu finden. Der Maler bemerkte das und sagte: „Sie ist hinter Ihnen, ich musste sie durch das Bett verstellen.“ Jetzt erst sah K. die kleine Tür in der Wand. „Es ist eben hier alles viel zu klein für ein Atelier“, sagte der Maler, als wolle er einem Tadel K.s zuvorkommen. „Ich musste mich einrichten, so gut es ging. Das Bett vor der Tür steht natürlich an einem sehr schlechten Platz. Der Richter zum Beispiel, den ich jetzt male, kommt immer durch die Tür beim Bett, und ich habe ihm auch einen Schlüssel von dieser Tür gegeben, damit er, auch wenn ich nicht zu Hause bin, hier im Atelier auf mich warten kann. Nun kommt er aber gewöhnlich früh am Morgen, während ich noch schlafe. Es reißt mich natürlich immer aus dem tiefsten Schlaf, wenn sich neben dem Bett die Tür öffnet. Sie würden jede Ehrfurcht vor den Richtern verlieren, wenn Sie die Flüche hörten, mit denen ich ihn empfange, wenn er früh über mein Bett steigt. Ich könnte ihm allerdings den Schlüssel wegnehmen, aber es würde dadurch nur ärger werden. Man kann hier alle Türen mit der geringsten Anstrengung aus den Angeln brechen.“ Während dieser ganzen Rede überlegte K., ob er den Rock ausziehen sollte, er sah aber schließlich ein, dass er, wenn er es nicht tat, unfähig war, hier noch länger zu bleiben, er zog daher den Rock aus, legte ihn aber über die Knie, um ihn, falls die Besprechung zu Ende wäre, wieder anziehen zu können. Kaum hatte er den Rock ausgezogen, rief eines der Mädchen: „Er hat schon den Rock ausgezogen!“ und man hörte, wie sich alle zu den Ritzen drängten, um das Schauspiel selbst zu sehen. „Die Mädchen glauben nämlich“, sagte der Maler, „dass ich Sie malen werde und dass Sie sich deshalb ausziehen.“ „So“, sagte K., nur wenig belustigt, denn er fühlte sich nicht viel besser als früher, obwohl er jetzt in Hemdärmeln dasaß. Fast mürrisch fragte er: „Wie nannten Sie die zwei anderen Möglichkeiten?“ Er hatte die Ausdrücke schon wieder vergessen. „Die scheinbare Freisprechung und die Verschleppung“, sagte der Maler. „Es liegt an Ihnen, was Sie davon wählen. Beides ist durch meine Hilfe erreichbar, natürlich nicht ohne Mühe, der Unterschied in dieser Hinsicht ist der, dass die scheinbare Freisprechung eine gesammelte zeitweilige, die Verschleppung eine viel geringere, aber dauernde Anstrengung verlangt. Zunächst also die scheinbare Freisprechung. Wenn Sie diese wünschen sollten, schreibe ich auf einem Bogen Papier eine Bestätigung Ihrer Unschuld auf. Der Text für eine solche Bestätigung ist mir von meinem Vater überliefert und ganz unangreifbar. Mit dieser Bestätigung mache ich nun einen Rundgang bei den mir bekannten Richtern. Ich fange also etwa damit an, dass ich dem Richter, den ich jetzt male, heute Abend, wenn er zur Sitzung kommt, die Bestätigung vorlege. Ich lege ihm die Bestätigung vor, erkläre ihm, dass Sie unschuldig sind, und verbürge mich für Ihre Unschuld. Das ist aber keine bloß äußerliche, sondern eine wirkliche, bindende Bürgschaft.“ In den Blikken des Malers lag es wie ein Vorwurf, dass K. ihm die Last einer solchen Bürgschaft auferlegen wolle. „Das wäre ja sehr freundlich“, sagte K. „Und der Richter würde Ihnen glauben und mich trotzdem nicht wirklich freisprechen?“ „Wie ich schon sagte“, antwortete der Maler. „Übrigens ist es durchaus nicht sicher, dass jeder mir glauben würde, mancher Richter wird zum Beispiel verlangen, dass ich Sie selbst zu ihm hinführe. Dann müssten Sie also einmal mitkommen. Allerdings ist in einem solchen Falle die Sache schon halb gewonnen, besonders da ich Sie natürlich vorher genau darüber unterrichten würde, wie Sie sich bei dem betreffenden Richter zu verhalten haben. Schlimmer ist es bei den Richtern, die mich – auch das wird vorkommen – von vornherein abweisen. Auf diese müssen wir, wenn ich es auch an mehrfachen Versuchen gewiss nicht fehlen lassen werde, verzichten, wir dürfen das aber auch, denn einzelne Richter können hier nicht den Ausschlag geben. Wenn ich nun auf dieser Bestätigung eine genügende Anzahl von Unterschriften der Richter habe, gehe ich mit dieser Bestätigung zu dem Richter, der Ihren Prozess gerade führt. Möglicherweise habe ich auch seine Unterschrift, dann entwickelt sich alles noch ein wenig rascher als sonst. Im Allgemeinen gibt es aber dann überhaupt nicht mehr viel Hindernisse, es ist dann für den Angeklagten die Zeit der höchsten Zuversicht. Es ist merkwürdig, aber wahr, die Leute sind in dieser Zeit zuversichtlicher als nach dem Freispruch. Es bedarf jetzt keiner besonderen Mühe mehr. Der Richter besitzt in der Bestätigung die Bürgschaft einer Anzahl von Richtern, kann Sie unbesorgt freisprechen und wird es, allerdings nach Durchführung verschiedener Formalitäten, mir und anderen Bekannten zu Gefallen zweifellos tun. Sie aber treten aus dem Gericht und sind frei." „Dann bin ich also frei", sagte K. zögernd. „Ja", sagte der Maler, „aber nur scheinbar frei oder, besser ausgedrückt, zeitweilig frei. Die untersten Richter nämlich, zu denen meine Bekannten gehören, haben nicht das Recht, endgültig freizusprechen, dieses Recht hat nur das oberste, für Sie, für mich und für uns alle ganz unerreichbare Gericht. Wie es dort aussieht, wissen wir nicht und wollen wir, nebenbei gesagt, auch nicht wissen. Das große Recht, von der Anklage zu befreien, haben also unsere Richter nicht, wohl aber haben sie das Recht, von der Anklage loszulösen. Das heißt, wenn Sie auf diese Weise freigesprochen werden, sind Sie für den Augenblick der Anklage entzogen, aber sie schwebt auch weiterhin über Ihnen und kann, sobald nur der höhere Befehl kommt, sofort in Wirkung treten. Da ich mit dem Gericht in so guter Verbindung stehe, kann ich Ihnen auch sagen, wie sich in den Vorschriften für die Gerichtskanzleien der Unterschied zwischen der wirklichen und der scheinbaren Freisprechung rein äußerlich zeigt. Bei einer wirklichen Freisprechung sollen die Prozessakten vollständig abgelegt werden, sie verschwinden gänzlich aus dem Verfahren, nicht nur die Anklage, auch der Prozess und sogar der Freispruch sind vernichtet, alles ist vernichtet. Anders beim scheinbaren Freispruch. Mit dem Akt ist keine weitere Veränderung vor sich gegangen, als dass er um die Bestätigung der Unschuld, um den Freispruch und um die Begründung des Freispruchs bereichert worden ist. Im Übrigen aber bleibt er im Verfahren, er wird, wie es der ununterbrochene Verkehr der Gerichtskanzleien erfordert, zu den höheren Gerichten weitergeleitet, kommt zu den niedrigeren zurück und pendelt so mit größeren und kleineren Schwingungen, mit größeren und kleineren Stockungen auf und ab. Diese Wege sind unberechenbar. Von außen gesehen, kann es manchmal den Anschein bekommen, dass alles längst vergessen, der Akt verloren und der Freispruch ein vollkommener ist. Ein Eingeweihter wird das nicht glauben. Es geht kein Akt verloren, es gibt bei Gericht kein Vergessen. Eines Tages – niemand erwartet es – nimmt irgendein Richter den Akt aufmerksamer in die Hand, erkennt, dass in diesem Fall die Anklage noch lebendig ist, und ordnet die sofortige Verhaftung an. Ich habe hier angenommen, dass zwischen dem scheinbaren Freispruch und der neuen Verhaftung eine lange Zeit vergeht, das ist möglich, und ich weiß von solchen Fällen, es ist aber ebenso gut möglich, dass der Freigesprochene vom Gericht nach Hause kommt und dort schon Beauftragte warten, um ihn wieder zu verhaften. Dann ist natürlich das freie Leben zu Ende." „Und der Prozess beginnt von neuem?", fragte K. fast ungläubig. „Allerdings", sagte der Maler, „der Prozess beginnt von neuem, es besteht aber wieder die Möglichkeit, ebenso wie früher, einen scheinbaren Freispruch zu erwirken. Man muss wieder alle Kräfte zusammennehmen und darf sich nicht ergeben." Das Letztere sagte der Maler vielleicht unter dem Eindruck, den K., der ein wenig zusammengesunken war, auf ihn machte. „Ist aber“, fragte K., als wolle er jetzt irgendwelchen Enthüllungen des Malers zuvorkommen, „die Erwirkung eines zweiten Freispruchs nicht schwieriger als die des ersten?“ „Man kann“, antwortete der Maler, „in dieser Hinsicht nichts Bestimmtes sagen. Sie meinen wohl, dass die Richter durch die zweite Verhaftung in ihrem Urteil zuungunsten des Angeklagten beeinflusst werden? Das ist nicht der Fall. Die Richter haben ja schon beim Freispruch diese Verhaftung vorgesehen. Dieser Umstand wirkt also kaum ein. Wohl aber kann aus zahllosen sonstigen Gründen die Stimmung der Richter sowie ihre rechtliche Beurteilung des Falles eine andere geworden sein, und die Bemühungen um den zweiten Freispruch müssen daher den veränderten Umständen angepasst werden und im Allgemeinen ebenso kräftig sein wie die vor dem ersten Freispruch.“ „Aber dieser zweite Freispruch ist doch wieder nicht endgültig“, sagte K. und drehte abweisend den Kopf. „Natürlich nicht“, sagte der Maler, „dem zweiten Freispruch folgt die dritte Verhaftung, dem dritten Freispruch die vierte Verhaftung, und so fort. Das liegt schon im Begriff des scheinbaren Freispruchs.“ K. schwieg. „Der scheinbare Freispruch scheint Ihnen offenbar nicht vorteilhaft zu sein“, sagte der Maler, „vielleicht entspricht Ihnen die Verschleppung besser. Soll ich Ihnen das Wesen der Verschleppung erklären?“ K. nickte. Der Maler hatte sich breit in seinen Sessel zurückgelehnt, das Nachthemd war weit offen, er hatte eine Hand daruntergeschoben, mit der er über die Brust und die Seiten strich. „Die Verschleppung“, sagte der Maler und sah einen Augenblick vor sich hin, als suche er eine vollständig zutreffende Erklärung, „die Verschleppung besteht darin, dass der Prozess dauernd im niedrigsten Prozessstadium erhalten wird. Um dies zu erreichen, ist es nötig, dass der Angeklagte und der Helfer, insbesondere aber der Helfer in ununterbrochener persönlicher Fühlung mit dem Gericht bleibt. Ich wiederhole, es ist hierfür kein solcher Kraftaufwand nötig wie bei der Erreichung eines scheinbaren Freispruchs, wohl aber ist eine viel größere Aufmerksamkeit nötig. Man darf den Prozess nicht aus den Augen verlieren, man muss zu dem betreffenden Richter in regelmäßigen Zwischenräumen und außerdem bei besonderen Gelegenheiten gehen und ihn auf jede Weise sich freundlich zu erhalten suchen; ist man mit dem Richter nicht persönlich bekannt, so muss man durch bekannte Richter ihn beeinflussen lassen, ohne dass man etwa deshalb die unmittelbaren Besprechungen aufgeben dürfte. Versäumt man in dieser Hinsicht nichts, so kann man mit genügender Bestimmtheit annehmen, dass der Prozess über sein erstes Stadium nicht hinauskommt. Der Prozess hört zwar nicht auf, aber der Angeklagte ist vor einer Verurteilung fast ebenso gesichert, wie wenn er frei wäre. Gegenüber dem scheinbaren Freispruch hat die Verschleppung den Vorteil, dass die Zukunft des Angeklagten weniger unbestimmt ist, er bleibt vor dem Schrecken der plötzlichen Verhaftungen bewahrt und muss nicht fürchten, etwa gerade zu Zeiten, wo seine sonstigen Umstände dafür am wenigsten günstig sind, die Anstrengungen und Aufregungen auf sich nehmen zu müssen, welche mit der Erreichung des scheinbaren Freispruchs verbunden sind. Allerdings hat auch die Verschleppung für den Angeklagten gewisse Nachteile, die man nicht unterschätzen darf. Ich denke hierbei nicht daran, dass hier der Angeklagte niemals frei ist, das ist er ja auch bei der scheinbaren Freisprechung im eigentlichen Sinne nicht. Es ist ein anderer Nachteil. Der Prozess kann nicht stillstehen, ohne dass wenigstens scheinbare Gründe dafür vorliegen. Es muss deshalb im Prozess nach außen hin etwas geschehen. Es müssen also von Zeit zu Zeit verschiedene Anordnungen getroffen werden, der Angeklagte muss verhört werden, Untersuchungen müssen stattfinden und so weiter. Der Prozess muss eben immerfort in dem kleinen Kreis, auf den er künstlich eingeschränkt worden ist, gedreht werden. Das bringt natürlich gewisse Unannehmlichkeiten für den Angeklagten mit sich, die Sie sich aber wiederum nicht zu schlimm vorstellen dürfen. Es ist ja alles nur äußerlich, die Verhöre beispielsweise sind also nur ganz kurz, wenn man einmal keine Zeit oder keine Lust hat, hinzugehen, darf man sich entschuldigen, man kann sogar bei gewissen Richtern die Anordnungen für eine lange Zeit im Voraus gemeinsam festsetzen, es handelt sich im Wesen nur darum, dass man, da man Angeklagter ist, von Zeit zu Zeit bei seinem Richter sich meldet." Schon während der letzten Worte hatte K. den Rock über den Arm gelegt und war aufgestanden. „Er steht schon auf!", rief es sofort draußen vor der Tür. „Sie wollen schon fortgehen?", fragte der Maler, der auch aufgestanden war. „Es ist gewiss die Luft, die Sie von hier vertreibt. Es ist mir sehr peinlich. Ich hätte Ihnen auch noch manches zu sagen. Ich musste mich ganz kurz fassen. Ich hoffe aber, verständlich gewesen zu sein." „O ja", sagte K., dem von der Anstrengung, mit der er sich zum Zuhören gezwungen hatte, der Kopf schmerzte. Trotz dieser Bestätigung sagte der Maler, alles noch einmal zusammenfassend, als wolle er K. auf den Heimweg einen Trost mitgeben: „Beide Methoden haben das Gemeinsame, dass sie eine Verurteilung des Angeklagten verhindern." „Sie verhindern aber auch die wirkliche Freisprechung", sagte K. leise, als schäme er sich, das erkannt zu haben. „Sie haben den Kern der Sache erfasst", sagte der Maler schnell. K. legte die Hand auf seinen Winterrock, konnte sich aber nicht einmal entschließen, den Rock anzuziehen. Am liebsten hätte er alles zusammengepackt und wäre damit an die frische Luft gelaufen. Auch die Mädchen konnten ihn nicht dazu bewegen, sich anzuziehen, obwohl sie, verfrüht, einander schon zuriefen, dass er sich anziehe. Dem Maler lag daran, K.s Stimmung irgendwie zu deuten, er sagte deshalb: „Sie haben sich wohl hinsichtlich meiner Vorschläge noch nicht entschieden. Ich billige das. Ich hätte Ihnen sogar davon abgeraten, sich sofort zu entscheiden. Die Vorteile und Nachteile sind haarfein. Man muss alles genau abschätzen. Allerdings darf man auch nicht zu viel Zeit verlieren." „Ich werde bald wiederkommen", sagte K., der in einem plötzlichen Entschluss den Rock anzog, den Mantel über die Schulter warf und zur Tür eilte, hinter der jetzt die Mädchen zu schreien anfingen. K. glaubte, die schreienden Mädchen durch die Tür zu sehen. „Sie müssen aber Wort halten", sagte der Maler, der ihm nicht gefolgt war, „sonst komme ich in die Bank, um selbst nachzufragen." „Sperren Sie doch die Tür auf", sagte K. und riss an der Klinke, die die Mädchen, wie er an dem Gegendruck merkte, draußen festhielten. „Wollen Sie von den Mädchen belästigt werden?", fragte der Maler. „Benützen Sie doch lieber diesen Ausgang", und er zeigte auf die Tür hinter dem Bett. K. war damit einverstanden und sprang zum Bett zurück. Aber statt die Tür dort zu öffnen, kroch der Maler unter das Bett und fragte von unten: „Nur noch einen Augenblick; wollen Sie nicht noch ein Bild sehen, das ich Ihnen verkaufen könnte?" K. wollte nicht unhöflich sein, der Maler hatte sich wirklich seiner angenommen und versprochen, ihm weiterhin zu helfen, auch war infolge der Vergesslichkeit K.s über die Entlohnung für die Hilfe noch gar nicht gesprochen worden, deshalb konnte ihn K. jetzt nicht abweisen und ließ sich das Bild zeigen, wenn er auch vor Ungeduld zitterte, aus dem Atelier wegzukommen. Der Maler zog unter dem Bett einen Haufen ungerahmter Bilder hervor, die so mit Staub bedeckt waren, dass dieser, als ihn der Maler vom obersten Bild wegzublasen suchte, längere Zeit atemraubend K. vor den Augen wirbelte. „Eine Heidelandschaft", sagte der Maler und reichte K. das Bild. Es stellte zwei schwache Bäume dar, die weit voneinander entfernt im dunklen Gras standen. Im Hintergrund war ein vielfarbiger Sonnenuntergang. „Schön", sagte K., „ich kaufe es." K. hatte unbedacht sich so kurz geäußert, er war daher froh, als der Maler, statt dies übelzunehmen, ein zweites Bild vom Boden aufhob. „Hier ist ein Gegenstück zu diesem Bild", sagte der Maler. Es mochte als Gegenstück beabsichtigt sein, es war aber nicht der geringste Unterschied gegenüber dem ersten Bild zu merken, hier waren die Bäume, hier das Gras und dort der Sonnenuntergang. Aber K. lag wenig daran. „Es sind schöne Landschaften", sagte er, „ich kaufe beide und werde sie in meinem Büro aufhängen." „Das Motiv scheint Ihnen zu gefallen", sagte der Maler und holte ein drittes Bild herauf, „es trifft sich gut, dass ich noch ein ähnliches

Bild hier habe.“ Es war aber nicht ähnlich, es war vielmehr die völlig gleiche Heidelandschaft. Der Maler nützte diese Gelegenheit, alte Bilder zu verkaufen, gut aus. „Ich nehme auch dieses noch“, sagte K. „Wie viel kosten die drei Bilder?“ „Darüber werden wir nächstens sprechen“, sagte der Maler. „Sie haben jetzt Eile, und wir bleiben doch in Verbindung. Im Übrigen freut es mich, dass Ihnen die Bilder gefallen, ich werde Ihnen alle Bilder mitgeben, die ich hier unten habe. Es sind lauter Heidelandschaften, ich habe schon viele Heidelandschaften gemalt. Manche Leute weisen solche Bilder ab, weil sie zu düster sind, andere aber, und Sie gehören zu ihnen, lieben gerade das Düstere.“ Aber K. hatte jetzt keinen Sinn für die beruflichen Erfahrungen des Bettelmalers. „Packen Sie alle Bilder ein!“, rief er, dem Maler in die Rede fallend, „morgen kommt mein Diener und wird sie holen.“ „Es ist nicht nötig“, sagte der Maler. „Ich hoffe, ich werde Ihnen einen Träger verschaffen können, der gleich mit Ihnen gehen wird.“ Und er beugte sich endlich über das Bett und sperrte die Tür auf. „Steigen Sie ohne Scheu auf das Bett“, sagte der Maler, „das tut jeder, der hier hereinkommt.“ K. hätte auch ohne diese Aufforderung keine Rücksicht genommen, er hatte sogar schon einen Fuß mitten auf das Federbett gesetzt, da sah er durch die offene Tür hinaus und zog den Fuß wieder zurück. „Was ist das?“, fragte er den Maler. „Worüber staunen Sie?“, fragte dieser, seinerseits staunend. „Es sind die Gerichtskanzleien. Wussten Sie nicht, dass hier Gerichtskanzleien sind? Gerichtskanzleien sind doch fast auf jedem Dachboden, warum sollten sie gerade hier fehlen? Auch mein Atelier gehört eigentlich zu den Gerichtskanzleien, das Gericht hat es mir aber zur Verfügung gestellt.“ K. erschrak nicht so sehr darüber, dass er auch hier Gerichtskanzleien gefunden hatte, er erschrak hauptsächlich über sich, über seine Unwissenheit in Gerichtssachen. Als eine Grundregel für das Verhalten eines Angeklagten erschien es ihm, immer vorbereitet zu sein, sich niemals überraschen zu lassen, nicht ahnungslos nach rechts zu schauen, wenn links der Richter neben ihm stand, und gerade gegen diese

Grundregel verstieß er immer wieder. Vor ihm dehnte sich ein langer Gang, aus dem eine Luft wehte, mit der verglichen die Luft im Atelier erfrischend war. Bänke waren zu beiden Seiten des Ganges aufgestellt, genauso wie im Wartezimmer der Kanzlei, die für K. zuständig war. Es schienen genaue Vorschriften für die Einrichtung von Kanzleien zu bestehen. Augenblicklich war der Parteienverkehr hier nicht sehr groß. Ein Mann saß dort halb liegend, das Gesicht hatte er auf der Bank in seine Arme vergraben und schien zu schlafen; ein anderer stand im Halbdunkel am Ende des Ganges. K. stieg nun über das Bett, der Maler folgte ihm mit den Bildern. Sie trafen bald einen Gerichtsdiener – K. erkannte jetzt schon alle Gerichtsdiener an dem Goldknopf, den diese an ihrem Zivilanzug unter den gewöhnlichen Knöpfen hatten – und der Maler gab ihm den Auftrag, K. mit den Bildern zu begleiten. K. wankte mehr, als er ging, das Taschentuch hielt er an den Mund gedrückt. Sie waren schon nahe dem Ausgang, da stürmten ihnen die Mädchen entgegen, die also K. auch nicht erspart geblieben waren. Sie hatten offenbar gesehen, dass die zweite Tür des Ateliers geöffnet worden war, und hatten den Umweg gemacht, um von dieser Seite einzudringen. „Ich kann Sie nicht mehr begleiten!“, rief der Maler lachend unter dem Andrang der Mädchen. „Auf Wiedersehen! Und überlegen Sie nicht zu lange!“ K. sah sich nicht einmal nach ihm um. Auf der Gasse nahm er den ersten Wagen, der ihm in den Weg kam. Es lag ihm daran, den Diener loszuwerden, dessen Goldknopf ihm unaufhörlich in die Augen stach, wenn er auch sonst wahrscheinlich niemandem auffiel. In seiner Dienstfertigkeit wollte sich der Diener noch auf den Kutschbock setzen. K. jagte ihn aber hinunter. Mittag war schon längst vorüber, als K. vor der Bank ankam. Er hätte gern die Bilder im Wagen gelassen, fürchtete aber, bei irgendeiner Gelegenheit genötigt zu werden, sich dem Maler gegenüber mit ihnen auszuweisen. Er ließ sie daher in sein Büro schaffen und versperrte sie in die unterste Lade seines Tisches, um sie wenigstens für die allernächsten Tage vor den Blicken des Direktor-Stellvertreters in Sicherheit zu bringen.

Achtes Kapitel

Kaufmann Block – Kündigung des Advokaten

Endlich hatte sich K. doch entschlossen, dem Advokaten seine Vertretung zu entziehen. Zweifel daran, ob es richtig war, so zu handeln, waren zwar nicht auszurotten, aber die Überzeugung von der Notwendigkeit dessen überwog. Die Entschließung hatte K. an dem Tage, an dem er zum Advokaten gehen wollte, viel Arbeitskraft entzogen, er arbeitete besonders langsam, er musste sehr lange im Büro bleiben, und es war schon zehn Uhr vorüber, als er endlich vor der Tür des Advokaten stand. Noch ehe er läutete, überlegte er, ob es nicht besser wäre, dem Advokaten telefonisch oder brieflich zu kündigen, die persönliche Unterredung würde gewiss sehr peinlich werden. Trotzdem wollte K. schließlich auf sie nicht verzichten, bei jeder anderen Art der Kündigung würde diese stillschweigend oder mit ein paar förmlichen Worten angenommen werden, und K. würde, wenn nicht etwa Leni einiges erforschen könnte, niemals erfahren, wie der Advokat die Kündigung aufgenommen hatte und was für Folgen für K. diese Kündigung nach der nicht unwichtigen Meinung des Advokaten haben könnte. Saß aber der Advokat K. gegenüber und wurde er von der Kündigung überrascht, so würde K., selbst wenn der Advokat sich nicht viel entlocken ließ, aus seinem Gesicht und seinem Benehmen alles, was er wollte, leicht entnehmen können. Es war sogar nicht ausgeschlossen, dass er überzeugt wurde, dass es doch gut wäre, dem Advokaten die Verteidigung zu überlassen und dass er dann seine Kündigung zurückzog.

Das erste Läuten an der Tür des Advokaten war, wie gewöhnlich, zwecklos. „Leni könnte flinker sein", dachte K. Aber es war schon ein Vorteil, wenn sich nicht die andere Partei einmischte, wie sie es gewöhnlich tat, sei es, dass der Mann im Schlafrock oder sonst jemand zu belästigen anfing. Während K. zum zweiten Mal den Knopf drückte, sah er nach der anderen Tür zurück, diesmal aber blieb auch sie geschlossen. Endlich erschienen an dem Guckfenster der Tür des Advokaten zwei Augen, es waren aber nicht Lenis Augen. Jemand schloss die Tür auf, stemmte sich aber vorläufig noch gegen sie, rief in die Wohnung zurück: „Er ist es!“ und öffnete erst dann vollständig. K. hatte gegen die Tür gedrängt, denn schon hörte er, wie hinter ihm in der Tür der anderen Wohnung der Schlüssel hastig im Schloss gedreht wur-de. Als sich daher die Tür vor ihm endlich öffnete, stürmte er geradezu ins Vorzimmer und sah noch, wie durch den Gang, der zwischen den Zimmern hindurch-führte, Leni, welcher der Warnungsruf des Türöffners ge-golten hatte, im Hemd davonlief. Er blickte ihr ein Weil-chen nach und sah sich dann nach dem Türöffner um. Es war ein kleiner, dürrer Mann mit Vollbart, er hielt eine Kerze in der Hand. „Sie sind hier angestellt?“, fragte K. „Nein“, antwortete der Mann, „ich bin hier fremd, der Advokat ist nur mein Vertreter, ich bin hier wegen einer Rechtsangelegenheit.“ „Ohne Rock?“, fragte K. und zeig-te mit einer Handbewegung auf die mangelhafte Beklei-dung des Mannes. „Ach, verzeihen Sie!“, sagte der Mann und beleuchtete sich selbst mit der Kerze, als sähe er selbst zum ersten Mal seinen Zustand. „Leni ist Ihre Ge-liebte?“, fragte K. kurz. Er hatte die Beine ein wenig ge-spreizt, die Hände, in denen er den Hut hielt, hinten ver-schlungen. Schon durch den Besitz eines starken Überrocks fühlte er sich dem mageren Kleinen sehr über-legen. „O Gott“, sagte der und hob die eine Hand in er-schrockener Abwehr vor das Gesicht, „nein, nein, was denken Sie denn?“ „Sie sehen glaubwürdig aus“, sagte K. lächelnd, „trotzdem – kommen Sie.“ Er winkte ihm mit dem Hut und ließ ihn vor sich gehen. „Wie heißen Sie denn?“, fragte K. auf dem Weg. „Block, Kaufmann Block“, sagte der Kleine und drehte sich bei dieser Vor-stellung nach K. um, stehen bleiben ließ ihn aber K. nicht. „Ist das Ihr wirklicher Name?“, fragte K. „Gewiss“, war die Antwort, „warum haben Sie denn Zweifel?“ „Ich dachte, Sie könnten Grund haben, Ihren Namen zu ver-schweigen“, sagte K. Er fühlte sich so frei, wie man es sonst nur ist, wenn man in der Fremde mit niedrigen Leuten spricht, alles, was einen selbst betrifft, bei sich behält, nur gleichmütig von den Interessen der anderen redet, sie dadurch vor sich selbst erhöht, aber auch nach Belieben fallen lassen kann. Bei der Tür des Arbeitszimmers des Advokaten blieb K. stehen, öffnete sie und rief dem Kaufmann, der folgsam weitergegangen war, zu: „Nicht so eilig! Leuchten Sie hier!" K. dachte, Leni könnte sich hier versteckt haben, er ließ den Kaufmann alle Winkel absuchen, aber das Zimmer war leer. Vor dem Bild des Richters hielt K. den Kaufmann hinten an den Hosenträgern zurück. „Kennen Sie den?", fragte er und zeigte mit dem Zeigefinger in die Höhe. Der Kaufmann hob die Kerze, sah blinzelnd hinauf und sagte: „Es ist ein Richter." „Ein hoher Richter?", fragte K. und stellte sich seitlich vor den Kaufmann, um den Eindruck, den das Bild auf ihn machte, zu beobachten. Der Kaufmann sah bewundernd aufwärts. „Es ist ein hoher Richter", sagte er. „Sie haben keinen großen Einblick", sagte K. „Unter den niedrigen Untersuchungsrichtern ist er der niedrigste." „Nun erinnere ich mich", sagte der Kaufmann und senkte die Kerze, „ich habe es auch schon gehört." „Aber natürlich", rief K., „ich vergaß ja, natürlich müssen Sie es schon gehört haben." „Aber warum denn, warum denn?", fragte der Kaufmann, während er sich, von K. mit den Händen angetrieben, zur Tür fortbewegte. Draußen auf dem Gang sagte K.: „Sie wissen doch, wo sich Leni versteckt hat?" „Versteckt?", sagte der Kaufmann, „nein, sie dürfte aber in der Küche sein und dem Advokaten eine Suppe kochen." „Warum haben Sie das nicht gleich gesagt?", fragte K. „Ich wollte Sie ja hinführen, Sie haben mich aber wieder zurückgerufen", antwortete der Kaufmann, wie verwirrt durch die widersprechenden Befehle. „Sie glauben wohl sehr schlau zu sein", sagte K., „führen Sie mich also!" In der Küche war K. noch nie gewesen, sie war überraschend groß und reich ausgestattet. Allein der Herd war dreimal so groß wie gewöhnliche Herde, von dem Übrigen sah man keine Einzelheiten, denn die Küche wurde jetzt nur von einer kleinen Lampe beleuchtet, die beim Eingang hing. Am Herd stand Leni in weißer Schürze, wie immer, und leerte Eier in einen Topf aus, der auf einem Spiritusfeuer stand. „Guten Abend, Josef", sagte sie mit einem Seitenblick. „Guten Abend", sagte K. und zeigte mit einer Hand auf einen abseitsstehenden Sessel, auf den sich der Kaufmann setzen sollte, was dieser auch tat. K. aber ging ganz nahe hinter Leni, beugte sich über ihre Schulter und fragte: „Wer ist der Mann?" Leni umfasste K. mit einer Hand, die andere quirlte die Suppe, zog ihn nach vorn zu sich und sagte: „Es ist ein bedauernswerter Mensch, ein armer Kaufmann, ein gewisser Block. Sieh ihn nur an." Sie blickten beide zurück. Der Kaufmann saß auf dem Sessel, auf den ihn K. gewiesen hatte, er hatte die Kerze, deren Licht jetzt unnötig war, ausgepustet und drückte mit den Fingern den Docht, um den Rauch zu verhindern. „Du warst im Hemd", sagte K. und wendete ihren Kopf mit der Hand wieder dem Herd zu. Sie schwieg. „Er ist dein Geliebter?", fragte K. Sie wollte nach dem Suppentopf greifen, aber K. nahm ihre beiden Hände und sagte: „Nun antworte!" Sie sagte: „Komm ins Arbeitszimmer, ich werde dir alles erklären." „Nein", sagte K., „ich will, dass du es hier erklärst." Sie hing sich an ihn und wollte ihn küssen. K. wehrte sie aber ab und sagte: „Ich will nicht, dass du mich jetzt küsst." „Josef", sagte Leni und sah K. bittend und doch offen in die Augen, „du wirst doch nicht auf Herrn Block eifersüchtig sein. – Rudi", sagte sie dann, sich an den Kaufmann wendend, „so hilf mir doch, du siehst, ich werde verdächtigt, lass die Kerze." Man hätte denken können, er hätte nicht achtgegeben, aber er war vollständig eingeweiht. „Ich wüsste auch nicht, warum Sie eifersüchtig sein sollten", sagte er wenig schlagfertig. „Ich weiß es eigentlich auch nicht", sagte K. und sah den Kaufmann lächelnd an. Leni lachte laut, benützte die Unaufmerksamkeit K.s, um sich in seinen Arm einzuhängen, und flüsterte: „Lass ihn jetzt, du siehst ja, was für ein Mensch er ist. Ich habe mich seiner ein wenig angenommen, weil er eine große Kundschaft des Advokaten ist, aus keinem andern Grund. Und du? Willst du noch heute mit dem Advokaten sprechen? Er ist heute sehr krank, aber wenn du willst, melde ich dich doch an. Über Nacht bleibst du aber bei mir, ganz gewiss. Du warst auch schon so lange nicht bei uns, selbst der Advokat hat nach dir gefragt. Vernachlässige den Prozess nicht! Auch ich habe dir Verschiedenes mitzuteilen, was ich erfahren habe. Nun aber zieh fürs Erste deinen Mantel aus!“ Sie half ihm, sich ausziehen, nahm ihm den Hut ab, lief mit den Sachen ins Vorzimmer, sie anzuhängen, lief dann wieder zurück und sah nach der Suppe. „Soll ich zuerst dich anmelden oder ihm zuerst die Suppe bringen?“ „Melde mich zuerst an“, sagte K. Er war ärgerlich, er hatte ursprünglich beabsichtigt, mit Leni seine Angelegenheit, insbesondere die fragliche Kündigung genau zu besprechen, die Anwesenheit des Kaufmanns hatte ihm aber die Lust dazu genommen. Jetzt aber hielt er seine Sache doch für zu wichtig, als dass dieser kleine Kaufmann vielleicht entscheidend eingreifen sollte, und so rief er Leni, die schon auf dem Gang war, wieder zurück. „Bring ihm doch zuerst die Suppe“, sagte er, „er soll sich für die Unterredung mit mir stärken, er wird es nötig haben.“ „Sie sind auch ein Klient des Advokaten“, sagte, wie zur Feststellung, der Kaufmann leise aus seiner Ecke. Es wurde aber nicht gut aufgenommen. „Was kümmert Sie denn das?“, sagte K., und Leni sagte: „Wirst du still sein. – Dann bringe ich ihm also zuerst die Suppe“, sagte Leni zu K. und goss die Suppe auf einen Teller. „Es ist dann nur zu befürchten, dass er bald einschläft, nach dem Essen schläft er bald ein.“ „Das, was ich ihm sagen werde, wird ihn wach erhalten“, sagte K., er wollte immerfort durchblicken lassen, dass er etwas Wichtiges mit dem Advokaten zu verhandeln beabsichtige, er wollte von Leni gefragt werden, was es sei, und dann erst sie um Rat fragen. Aber sie erfüllte pünktlich bloß die ausgesprochenen Befehle. Als sie mit der Tasse an ihm vorüberging, stieß sie absichtlich sanft an ihn und flüsterte: „Wenn er die Suppe gegessen hat, melde ich dich gleich an, damit ich dich möglichst bald wiederbekomme.“ „Geh nur“, sagte K., „geh nur.“ „Sei doch freundlicher“, sagte sie und drehte sich in der Tür mit der Tasse nochmals ganz um.

K. sah ihr nach; nun war es endgültig beschlossen, dass der Advokat entlassen würde, es war wohl auch besser,

dass er vorher mit Leni nicht mehr darüber sprechen konnte; sie hatte kaum den genügenden Überblick über das Ganze, hätte gewiss abgeraten, hätte möglicherweise K. auch wirklich von der Kündigung diesmal abgehalten, er wäre weiterhin in Zweifel und Unruhe geblieben, und schließlich hätte er nach einiger Zeit seinen Entschluss doch ausgeführt, denn dieser Entschluss war allzu zwingend. Je früher er aber ausgeführt wurde, desto mehr Schaden wurde abgehalten. Vielleicht wusste übrigens der Kaufmann etwas darüber zu sagen.
K. wandte sich um, kaum bemerkte das der Kaufmann, als er sofort aufstehen wollte. „Bleiben Sie sitzen", sagte K. und zog einen Sessel neben ihn. „Sind Sie schon ein alter Klient des Advokaten?", fragte K. „Ja", sagte der Kaufmann, „ein sehr alter Klient." „Wie viel Jahre vertritt er Sie denn schon?", fragte K. „Ich weiß nicht, wie Sie es meinen", sagte der Kaufmann, „in geschäftlichen Rechtsangelegenheiten – ich habe ein Getreidegeschäft – vertritt mich der Advokat schon, seit ich das Geschäft übernommen habe, also etwa seit zwanzig Jahren, in meinem eigenen Prozess, auf den Sie wahrscheinlich anspielen, vertritt er mich auch seit Beginn, es ist schon länger als fünf Jahre. Ja, weit über fünf Jahre", fügte er dann hinzu und zog eine alte Brieftasche hervor, „hier habe ich alles aufgeschrieben; wenn Sie wollen, sage ich Ihnen die genauen Daten. Es ist schwer, alles zu behalten. Mein Prozess dauert wahrscheinlich schon viel länger, er begann kurz nach dem Tod meiner Frau, und das ist schon länger als fünfeinhalb Jahre." K. rückte näher zu ihm. „Der Advokat übernimmt also auch gewöhnliche Rechtssachen?", fragte er. Diese Verbindung der Gerichte und Rechtswissenschaften schien K. ungemein beruhigend. „Gewiss", sagte der Kaufmann und flüsterte dann K. zu: „Man sagt sogar, dass er in diesen Rechtssachen tüchtiger ist als in den anderen." Aber dann schien er das Gesagte zu bereuen, er legte K. eine Hand auf die Schulter und sagte: „Ich bitte Sie sehr, verraten Sie mich nicht." K. klopfte ihm zur Beruhigung auf den Schenkel und sagte: „Nein, ich bin kein Verräter." „Er ist nämlich rachsüchtig", sagte der Kaufmann. „Gegen einen so

treuen Klienten wird er gewiss nichts tun“, sagte K. „O doch“, sagte der Kaufmann, „wenn er aufgeregt ist, kennt er keine Unterschiede, übrigens bin ich ihm nicht eigentlich treu.“ „Wieso denn nicht?“, fragte K. „Soll ich es Ihnen anvertrauen?“, fragte der Kaufmann zweifelnd. „Ich denke, Sie dürfen es“, sagte K. „Nun“, sagte der Kaufmann, „ich werde es Ihnen zum Teil anvertrauen, Sie müssen mir aber auch ein Geheimnis sagen, damit wir uns gegenüber dem Advokaten gegenseitig festhalten.“ „Sie sind sehr vorsichtig“, sagte K., „aber ich werde Ihnen ein Geheimnis sagen, das Sie vollständig beruhigen wird. Worin besteht also Ihre Untreue gegenüber dem Advokaten?“ „Ich habe“, sagte der Kaufmann zögernd und in einem Ton, als gestehe er etwas Unehrenhaftes ein, „ich habe außer ihm noch andere Advokaten.“ „Das ist doch nichts so Schlimmes“, sagte K., ein wenig enttäuscht. „Hier ja“, sagte der Kaufmann, der noch seit seinem Geständnis schwer atmete, infolge K.s Bemerkung aber mehr Vertrauen fasste. „Es ist nicht erlaubt. Und am allerwenigsten ist es erlaubt, neben einem sogenannten Advokaten auch noch Winkeladvokaten zu nehmen. Und gerade das habe ich getan, ich habe außer ihm noch fünf Winkeladvokaten.“ „Fünf!“, rief K., erst die Zahl setzte ihn in Erstaunen, „fünf Advokaten außer diesem.“ Der Kaufmann nickte: „Ich verhandle gerade noch mit einem sechsten.“ „Aber wozu brauchen Sie denn so viel Advokaten?“, fragte K. „Ich brauche alle“, sagte der Kaufmann. „Wollen Sie mir das nicht erklären?“, fragte K. „Gern“, sagte der Kaufmann. „Vor allem will ich doch meinen Prozess nicht verlieren, das ist doch selbstverständlich. Infolgedessen darf ich nichts, was mir nützen könnte, außer Acht lassen; selbst wenn die Hoffnung auf Nutzen in einem bestimmten Falle nur ganz gering ist, darf ich sie auch nicht verwerfen. Ich habe deshalb alles, was ich besitze, auf den Prozess verwendet. So habe ich zum Beispiel alles Geld meinem Geschäft entzogen, früher füllten die Büroräume meines Geschäfts fast ein Stockwerk, heute genügt eine kleine Kammer im Hinterhaus, wo ich mit einem Lehrjungen arbeite. Diesen Rückgang hat natürlich nicht nur die

Entziehung des Geldes verschuldet, sondern mehr noch die Entziehung meiner Arbeitskraft. Wenn man für seinen Prozess etwas tun will, kann man sich mit anderem nur wenig befassen." „Sie arbeiten also auch selbst bei Gericht?", fragte K. „Gerade darüber möchte ich gern etwas erfahren." „Darüber kann ich nur wenig berichten", sagte der Kaufmann, „anfangs habe ich es wohl auch versucht, aber ich habe bald wieder davon abgelassen. Es ist zu erschöpfend und bringt nicht viel Erfolg. Selbst dort zu arbeiten und zu unterhandeln, hat sich wenigstens für mich als ganz unmöglich erwiesen. Es ist ja dort schon das bloße Sitzen und Warten eine große Anstrengung. Sie kennen ja selbst die schwere Luft in den Kanzleien." „Wieso wissen Sie denn, dass ich dort war?", fragte K. „Ich war gerade im Wartezimmer, als Sie durchgingen." „Was für ein Zufall das ist!", rief K., ganz hingenommen und die frühere Lächerlichkeit des Kaufmanns ganz vergessend. „Sie haben mich also gesehen! Sie waren im Wartezimmer, als ich durchging. Ja, ich bin dort einmal durchgegangen." „Es ist kein so großer Zufall", sagte der Kaufmann, „ich bin dort fast jeden Tag." „Ich werde nun wahrscheinlich auch öfters hingehen müssen", sagte K., „nur werde ich wohl kaum mehr so ehrenvoll aufgenommen werden wie damals. Alle standen auf. Man dachte wohl, ich sei ein Richter." „Nein", sagte der Kaufmann, „wir grüßten damals den Gerichtsdiener. Dass Sie ein Angeklagter sind, das wussten wir. Solche Nachrichten verbreiten sich sehr rasch." „Das wussten Sie also schon", sagte K., „dann erschien Ihnen aber mein Benehmen vielleicht hochmütig. Sprach man sich nicht darüber aus?" „Nein", sagte der Kaufmann, „im Gegenteil. Aber das sind Dummheiten." „Was für Dummheiten denn?", fragte K. „Warum fragen Sie danach?", sagte der Kaufmann ärgerlich. „Sie scheinen die Leute dort noch nicht zu kennen und werden es vielleicht unrichtig auffassen. Sie müssen bedenken, dass in diesem Verfahren immer wieder viele Dinge zur Sprache kommen, für die der Verstand nicht mehr ausreicht, man ist einfach zu müde und abgelenkt für vieles, und zum Ersatz verlegt man sich auf den Aberglauben. Ich rede von den anderen, bin aber selbst gar nicht besser. Ein solcher Aberglaube ist es zum Beispiel, dass viele aus dem Gesicht des Angeklagten, insbesondere aus der Zeichnung der Lippen, den Ausgang des Prozesses erkennen wollen. Diese Leute also haben behauptet, Sie würden, nach Ihren Lippen zu schließen, gewiss und bald verurteilt werden. Ich wiederhole, es ist ein lächerlicher Aberglaube und in den meisten Fällen durch die Tatsachen auch vollständig widerlegt, aber wenn man in jener Gesellschaft lebt, ist es schwer, sich solchen Meinungen zu entziehen. Denken Sie nur, wie stark dieser Aberglaube wirken kann. Sie haben doch einen dort angesprochen, nicht? Er konnte Ihnen aber kaum antworten. Es gibt natürlich viele Gründe, um dort verwirrt zu sein, aber einer davon war auch der Anblick Ihrer Lippen. Er hat später erzählt, er hätte auf Ihren Lippen auch das Zeichen seiner eigenen Verurteilung zu sehen geglaubt." „Meine Lippen?", fragte K., zog einen Taschenspiegel hervor und sah sich an. „Ich kann an meinen Lippen nichts Besonderes erkennen. Und Sie?" „Ich auch nicht", sagte der Kaufmann, „ganz und gar nicht." „Wie abergläubisch diese Leute sind!", rief K. aus. „Sagte ich es nicht?", fragte der Kaufmann. „Verkehren sie denn so viel untereinander und tauschen sie ihre Meinungen aus?", sagte K. „Ich habe mich bisher ganz abseits gehalten." „Im Allgemeinen verkehren sie nicht miteinander", sagte der Kaufmann, „das wäre nicht möglich, es sind ja so viele. Es gibt auch wenig gemeinsame Interessen. Wenn manchmal in einer Gruppe der Glaube an ein gemeinsames Interesse auftaucht, so erweist er sich bald als ein Irrtum. Gemeinsam lässt sich gegen das Gericht nichts durchsetzen. Jeder Fall wird für sich untersucht, es ist ja das sorgfältigste Gericht. Gemeinsam kann man also nichts durchsetzen, nur ein Einzelner erreicht manchmal etwas im Geheimen; erst wenn es erreicht ist, erfahren es die anderen; keiner weiß, wie es geschehen ist. Es gibt also keine Gemeinsamkeit, man kommt zwar hie und da in den Wartezimmern zusammen, aber dort wird wenig besprochen. Die abergläubischen Meinungen bestehen schon seit alters her und vermehren sich förmlich von selbst." „Ich sah die Herren dort im Wartezimmer", sagte K., „ihr Warten kam mir so nutzlos vor." „Das Warten ist nicht nutzlos", sagte der Kaufmann, „nutzlos ist nur das selbstständige Eingreifen. Ich sagte schon, dass ich jetzt außer diesem noch fünf Advokaten habe. Man sollte doch glauben – ich selbst glaubte es zuerst –, jetzt könnte ich ihnen die Sache vollständig überlassen. Das wäre aber ganz falsch. Ich kann sie ihnen weniger überlassen, als wenn ich nur einen hätte. Sie verstehen das wohl nicht?" „Nein", sagte K. und legte, um den Kaufmann an seinem allzu schnellen Reden zu hindern, die Hand beruhigend auf seine Hand, „ich möchte Sie nur bitten, ein wenig langsamer zu reden, es sind doch lauter für mich sehr wichtige Dinge, und ich kann Ihnen nicht recht folgen." „Gut, dass Sie mich daran erinnern", sagte der Kaufmann, „Sie sind ja ein Neuer, ein Junger. Ihr Prozess ist ein halbes Jahr alt, nicht wahr? Ja, ich habe davon gehört. Ein so junger Prozess! Ich aber habe diese Dinge schon unzählige Mal durchgedacht, sie sind mir das Selbstverständlichste auf der Welt." „Sie sind wohl froh, dass Ihr Prozess schon so weit fortgeschritten ist?", fragte K., er wollte nicht geradezu fragen, wie die Angelegenheiten des Kaufmanns stünden. Er bekam aber auch keine deutliche Antwort. „Ja, ich habe meinen Prozess fünf Jahre lang fortgewälzt", sagte der Kaufmann und senkte den Kopf, „es ist keine kleine Leistung." Dann schwieg er ein Weilchen. K. horchte, ob Leni nicht schon komme. Einerseits wollte er nicht, dass sie komme, denn er hatte noch vieles zu fragen und wollte auch nicht von Leni in diesem vertraulichen Gespräch mit dem Kaufmann angetroffen werden, andererseits aber ärgerte er sich darüber, dass sie trotz seiner Anwesenheit so lange beim Advokaten blieb, viel länger, als zum Reichen der Suppe nötig war. „Ich erinnere mich noch an die Zeit genau", begann der Kaufmann wieder, und K. war gleich voll Aufmerksamkeit, „als mein Prozess etwa so alt war wie jetzt Ihr Prozess. Ich hatte damals nur diesen Advokaten, war aber nicht sehr mit ihm zufrieden." Hier erfahre ich ja alles, dachte K. und nickte lebhaft mit dem Kopf, als könne er dadurch den Kaufmann aufmuntern, alles Wissenswerte zu sagen. „Mein Prozess“, fuhr der Kaufmann fort, „kam nicht vorwärts, es fanden zwar Untersuchungen statt, ich kam auch zu jeder, sammelte Material, erlegte alle meine Geschäftsbücher bei Gericht, was, wie ich später erfuhr, nicht einmal nötig war, ich lief immer wieder zum Advokaten, er brachte auch verschiedene Eingaben ein –.“ „Verschiedene Eingaben?“, fragte K. „Ja, gewiss“, sagte der Kaufmann. „Das ist mir sehr wichtig“, sagte K., „in meinem Fall arbeitet er noch immer an der ersten Eingabe. Er hat noch nichts getan. Ich sehe jetzt, er vernachlässigt mich schändlich.“ „Dass die Eingabe noch nicht fertig ist, kann verschiedene berechtigte Gründe haben“, sagte der Kaufmann. „Übrigens hatte es sich bei meinen Eingaben später gezeigt, dass sie ganz wertlos waren. Ich habe sogar eine durch das Entgegenkommen eines Gerichtsbeamten selbst gelesen. Sie war zwar gelehrt, aber eigentlich inhaltlos. Vor allem sehr viel Latein, das ich nicht verstehe, dann seitenlange allgemeine Anrufungen des Gerichtes, dann Schmeicheleien für einzelne bestimmte Beamte, die zwar nicht genannt waren, die aber ein Eingeweihter jedenfalls erraten musste, dann Selbstlob des Advokaten, wobei er sich auf geradezu hündische Weise vor dem Gericht demütigte, und endlich Untersuchungen von Rechtsfällen aus alter Zeit, die dem meinigen ähnlich sein sollten. Diese Untersuchungen waren allerdings, soweit ich ihnen folgen konnte, sehr sorgfältig gemacht. Ich will auch mit diesem allen kein Urteil über die Arbeit des Advokaten abgeben, auch war die Eingabe, die ich gelesen habe, nur eine unter mehreren, jedenfalls aber, und davon will ich jetzt sprechen, konnte ich damals in meinem Prozess keinen Fortschritt sehen.“ „Was für einen Fortschritt wollten Sie denn sehen?“, fragte K. „Sie fragen ganz vernünftig“, sagte der Kaufmann lächelnd, „man kann in diesem Verfahren nur selten Fortschritte sehen. Aber damals wusste ich das nicht. Ich bin Kaufmann und war es damals noch viel mehr als heute, ich wollte greifbare Fortschritte haben, das Ganze sollte sich zum Ende neigen oder wenigstens den regelrechten Aufstieg nehmen. Stattdessen gab es nur Einvernehmungen, die meist den gleichen Inhalt hatten; die Antworten hatte ich schon bereit wie eine Litanei; mehrmals in der Woche kamen Gerichtsboten in mein Geschäft, in meine Wohnung oder wo sie mich sonst antreffen konnten; das war natürlich störend (heute ist es wenigstens in dieser Hinsicht viel besser, der telefonische Anruf stört viel weniger), auch unter meinen Geschäftsfreunden, insbesondere aber unter meinen Verwandten, fingen Gerüchte von meinem Prozess sich zu verbreiten an, Schädigungen gab es also von allen Seiten, aber nicht das geringste Anzeichen sprach dafür, dass auch nur die erste Gerichtsverhandlung in der nächsten Zeit stattfinden würde. Ich ging also zum Advokaten und beklagte mich. Er gab mir zwar lange Erklärungen, lehnte es aber entschieden ab, etwas in meinem Sinne zu tun, niemand habe Einfluss auf die Festsetzung der Verhandlung, in einer Eingabe darauf zu dringen – wie ich es verlangte –, sei einfach unerhört und würde mich und ihn verderben. Ich dachte: Was dieser Advokat nicht will oder kann, wird ein anderer wollen und können. Ich sah mich also nach anderen Advokaten um. Ich will es gleich vorwegnehmen: Keiner hat die Festsetzung der Hauptverhandlung verlangt oder durchgesetzt, es ist, allerdings mit einem Vorbehalt, von dem ich noch sprechen werde, wirklich unmöglich, hinsichtlich dieses Punktes hat mich also dieser Advokat nicht getäuscht; im Übrigen aber hatte ich es nicht zu bedauern, mich noch an andere Advokaten gewendet zu haben. Sie dürften wohl von Dr. Huld auch schon manches über die Winkeladvokaten gehört haben, er hat sie Ihnen wahrscheinlich als sehr verächtlich dargestellt, und das sind sie wirklich. Allerdings unterläuft ihm immer, wenn er von ihnen spricht und sich und seine Kollegen zu ihnen in Vergleich setzt, ein kleiner Fehler, auf den ich Sie ganz nebenbei auch aufmerksam machen will. Er nennt dann immer die Advokaten seines Kreises zur Unterscheidung die ‚großen Advokaten'. Das ist falsch, es kann sich natürlich jeder ‚groß' nennen, wenn es ihm beliebt, in diesem Fall aber entscheidet doch nur der Gerichtsgebrauch. Nach diesem gibt es nämlich außer den Winkeladvokaten noch kleine und große Advokaten. Dieser Advokat und seine Kollegen sind jedoch nur die kleinen Advokaten, die großen Advokaten aber, von denen ich nur gehört und die ich nie gesehen habe, stehen im Rang unvergleichlich höher über den kleinen Advokaten als diese über den verachteten Winkeladvokaten." „Die großen Advokaten?", fragte K. „Wer sind denn die? Wie kommt man zu ihnen?" „Sie haben also noch nie von ihnen gehört", sagte der Kaufmann. „Es gibt kaum einen Angeklagten, der nicht, nachdem er von ihnen erfahren hat, eine Zeit lang von ihnen träumen würde. Lassen Sie sich lieber nicht dazu verführen. Wer die großen Advokaten sind, weiß ich nicht, und zu ihnen kommen kann man wohl gar nicht. Ich kenne keinen Fall, von dem sich mit Bestimmtheit sagen ließe, dass sie eingegriffen hätten. Manchen verteidigen sie, aber durch eigenen Willen kann man das nicht erreichen, sie verteidigen nur den, den sie verteidigen wollen. Die Sache, deren sie sich annehmen, muss aber wohl über das niedrige Gericht schon hinausgekommen sein. Im Übrigen ist es besser, nicht an sie zu denken, denn sonst kommen einem die Besprechungen mit den anderen Advokaten, deren Ratschläge und deren Hilfeleistungen so widerlich und nutzlos vor, ich habe es selbst erfahren, dass man am liebsten alles wegwerfen, sich zu Hause ins Bett legen und von nichts mehr hören wollte. Das wäre aber natürlich wieder das Dümmste, auch hätte man im Bett nicht lange Ruhe." „Sie dachten damals also nicht an die großen Advokaten?", fragte K. „Nicht lange", sagte der Kaufmann und lächelte wieder, „vollständig vergessen kann man sie leider nicht, besonders die Nacht ist solchen Gedanken günstig. Aber damals wollte ich ja sofortige Erfolge, ich ging daher zu den Winkeladvokaten."

„Wie ihr hier beieinandersitzt!", rief Leni, die mit der Tasse zurückgekommen war und in der Tür stehen blieb. Sie saßen wirklich eng beisammen, bei der kleinsten Wendung mussten sie mit den Köpfen aneinanderstoßen, der Kaufmann, der, abgesehen von seiner Kleinheit auch noch den Rücken gekrümmt hielt, hatte K. gezwungen, sich auch tief zu bücken, wenn er alles hören wollte. „Noch ein Weilchen!", rief K. Leni abwehrend zu und zuckte ungeduldig mit der Hand, die er noch immer auf des Kaufmanns Hand liegen hatte. „Er wollte, dass ich ihm von meinem Prozess erzähle", sagte der Kaufmann zu Leni. „Erzähle nur, erzähle", sagte diese. Sie sprach mit dem Kaufmann liebevoll, aber doch auch herablassend, K. gefiel das nicht; wie er jetzt erkannt hatte, hatte der Mann doch einen gewissen Wert, zumindest hatte er Erfahrungen, die er gut mitzuteilen verstand. Leni beurteilte ihn wahrscheinlich unrichtig. Er sah ärgerlich zu, als Leni jetzt dem Kaufmann die Kerze, die er die ganze Zeit über festgehalten hatte, abnahm, ihm die Hand mit ihrer Schürze abwischte und dann neben ihm niederkniete, um etwas Wachs wegzukratzen, das von der Kerze auf seine Hose getropft war. „Sie wollten mir von den Winkeladvokaten erzählen", sagte K. und schob, ohne eine weitere Bemerkung, Lenis Hand weg. „Was willst du denn?", fragte Leni, schlug leicht nach K. und setzte ihre Arbeit fort. „Ja, von den Winkeladvokaten", sagte der Kaufmann und fuhr sich über die Stirn, als denke er nach. K. wollte ihm nachhelfen und sagte: „Sie wollten sofortige Erfolge haben und gingen deshalb zu den Winkeladvokaten." „Ganz richtig", sagte der Kaufmann, setzte aber nicht fort. „Er will vielleicht vor Leni nicht davon sprechen", dachte K., bezwang seine Ungeduld, das Weitere gleich jetzt zu hören, und drang nun nicht mehr weiter in ihn.

„Hast du mich angemeldet?", fragte er Leni. „Natürlich", sagte diese, „er wartet auf dich. Lass jetzt Block, mit Block kannst du auch später reden, er bleibt doch hier." K. zögerte noch. „Sie bleiben hier?", fragte er den Kaufmann, er wollte dessen eigene Antwort, er wollte nicht, dass Leni vom Kaufmann wie von einem Abwesenden sprach, er war heute gegen Leni voll geheimen Ärgers. Und wieder antwortete nur Leni: „Er schläft hier öfters." „Schläft hier?", rief K., er hatte gedacht, der Kaufmann werde hier nur auf ihn warten, während er die Unterredung mit dem Advokaten rasch erledigen würde, dann aber würden sie gemeinsam fortgehen und alles gründlich und ungestört besprechen. „Ja“, sagte Leni, „nicht jeder wird wie du, Josef, zu beliebiger Stunde beim Advokaten vorgelassen. Du scheinst dich ja gar nicht darüber zu wundern, dass dich der Advokat trotz seiner Krankheit noch um elf Uhr nachts empfängt. Du nimmst das, was deine Freunde für dich tun, doch als gar zu selbstverständlich an. Nun, deine Freunde, oder zumindest ich, tun es gerne. Ich will keinen anderen Dank und brauche auch keinen anderen, als dass du mich liebhast.“ „Dich liebhaben?“, dachte K. im ersten Augenblick, erst dann ging es ihm durch den Kopf: „Nun ja, ich habe sie lieb.“ Trotzdem sagte er, alles andere vernachlässigend: „Er empfängt mich, weil ich sein Klient bin. Wenn auch dafür noch fremde Hilfe nötig wäre, müsste man bei jedem Schritt immer gleichzeitig betteln und danken.“ „Wie schlimm er heute ist, nicht?“, fragte Leni den Kaufmann. „Jetzt bin ich der Abwesende“, dachte K. und wurde fast sogar auf den Kaufmann böse, als dieser, die Unhöflichkeit Lenis übernehmend, sagte: „Der Advokat empfängt ihn auch noch aus anderen Gründen. Sein Fall ist nämlich interessanter als der meine. Außerdem aber ist sein Prozess in den Anfängen, also wahrscheinlich noch nicht sehr verfahren, da beschäftigt sich der Advokat noch gern mit ihm. Später wird das anders werden.“ „Ja, ja“, sagte Leni und sah den Kaufmann lachend an, „wie er schwatzt! Ihm darfst du nämlich“, hierbei wandte sie sich an K., „gar nichts glauben. So lieb er ist, so geschwätzig ist er. Vielleicht mag ihn der Advokat auch deshalb nicht leiden. Jedenfalls empfängt er ihn nur, wenn er in Laune ist. Ich habe mir schon viel Mühe gegeben, das zu ändern, aber es ist unmöglich. Denke nur, manchmal melde ich Block an, er empfängt ihn aber erst am dritten Tag nachher. Ist Block aber zu der Zeit, wenn er vorgerufen wird, nicht zur Stelle, so ist alles verloren und er muss von neuem angemeldet werden. Deshalb habe ich Block erlaubt, hier zu schlafen, es ist ja schon vorgekommen, dass er in der Nacht um ihn geläutet hat. Jetzt ist also Block auch in der Nacht bereit. Allerdings geschieht es jetzt wieder, dass der Advokat, wenn es sich zeigt, dass Block da ist, seinen Auftrag, ihn vorzulassen, manchmal widerruft." K. sah fragend zum Kaufmann hin. Dieser nickte und sagte, so offen wie er früher mit K. gesprochen hatte, vielleicht war er zerstreut vor Beschämung: „Ja, man wird später sehr abhängig von seinem Advokaten." „Er klagt ja nur zum Schein", sagte Leni. „Er schläft ja hier sehr gern, wie er mir schon oft gestanden hat." Sie ging zu einer kleinen Tür und stieß sie auf. „Willst du sein Schlafzimmer sehen?", fragte sie. K. ging hin und sah von der Schwelle aus in den niedrigen fensterlosen Raum, der von einem schmalen Bett vollständig ausgefüllt war. In dieses Bett musste man über den Bettpfosten steigen. Am Kopfende des Bettes war eine Vertiefung in der Mauer, dort standen, peinlich geordnet, eine Kerze, Tintenfass und Feder sowie ein Bündel Papiere, wahrscheinlich Prozessschriften. „Sie schlafen im Dienstmädchenzimmer?", fragte K. und wendete sich zum Kaufmann zurück. „Leni hat es mir eingeräumt", antwortete der Kaufmann, „es ist sehr vorteilhaft." K. sah ihn lange an; der erste Eindruck, den er von dem Kaufmann erhalten hatte, war vielleicht doch der richtige gewesen; Erfahrungen hatte er, denn sein Prozess dauerte schon lange, aber er hatte diese Erfahrungen teuer bezahlt. Plötzlich ertrug K. den Anblick des Kaufmanns nicht mehr. „Bring ihn doch ins Bett!", rief er Leni zu, die ihn gar nicht zu verstehen schien. Er selbst aber wollte zum Advokaten gehen und durch die Kündigung sich nicht nur vom Advokaten, sondern auch von Leni und dem Kaufmann befreien. Aber noch ehe er zur Tür gekommen war, sprach ihn der Kaufmann mit leiser Stimme an: „Herr Prokurist", K. wandte sich mit bösem Gesicht um. „Sie haben Ihr Versprechen vergessen", sagte der Kaufmann und streckte sich von seinem Sitz aus bittend K. entgegen. „Sie wollten mir noch ein Geheimnis sagen." „Wahrhaftig", sagte K. und streifte auch Leni, die ihn aufmerksam ansah, mit einem Blick, „also hören Sie: Es ist allerdings fast kein Geheimnis mehr. Ich gehe jetzt zum Advokaten um ihn zu entlassen." „Er entlässt ihn!", rief der Kaufmann, sprang vom Sessel und lief mit erhobenen Armen in der Küche umher. Immer wieder rief er: „Er entlässt den Advokaten!“ Leni wollte gleich auf K. losfahren, aber der Kaufmann kam ihr in den Weg, wofür sie ihm mit den Fäusten einen Hieb gab. Noch mit den zu Fäusten geballten Händen lief sie dann hinter K., der aber einen großen Vorsprung hatte. Er war schon in das Zimmer des Advokaten eingetreten, als ihn Leni einholte. Die Tür hatte er hinter sich fast geschlossen, aber Leni, die mit dem Fuß den Türflügel offen hielt, fasste ihn beim Arm und wollte ihn zurückziehen. Aber er drückte ihr Handgelenk so stark, dass sie unter einem Seufzer ihn loslassen musste. Ins Zimmer einzutreten wagte sie nicht gleich, K. aber versperrte die Tür mit dem Schlüssel.

„Ich warte schon sehr lange auf Sie“, sagte der Advokat vom Bett aus, legte ein Schriftstück, das er beim Licht einer Kerze gelesen hatte, auf das Nachttischchen und setzte sich eine Brille auf, mit der er K. scharf ansah. Statt sich zu entschuldigen, sagte K.: „Ich gehe bald wieder weg.“ Der Advokat hatte K.s Bemerkung, weil sie keine Entschuldigung war, unbeachtet gelassen und sagte: „Ich werde Sie nächstens zu dieser späten Stunde nicht mehr vorlassen.“ „Das kommt meinem Anliegen entgegen“, sagte K. Der Advokat sah ihn fragend an. „Setzen Sie sich“, sagte er. „Weil Sie es wünschen“, sagte K., zog einen Sessel zum Nachttischchen und setzte sich. „Es schien mir, dass Sie die Tür abgesperrt haben“, sagte der Advokat. „Ja“, sagte K., „es war Lenis wegen.“ Er hatte nicht die Absicht, irgendjemanden zu schonen. Aber der Advokat fragte: „War sie wieder zudringlich?“ „Zudringlich?“, fragte K. „Ja“, sagte der Advokat, er lachte dabei, bekam einen Hustenanfall und begann, nachdem dieser vergangen war, wieder zu lachen. „Sie haben doch wohl ihre Zudringlichkeit schon bemerkt?“, fragte er und klopfte K. auf die Hand, die dieser zerstreut auf das Nachttischchen gestützt hatte und die er jetzt rasch zurückzog. „Sie legen dem nicht viel Bedeutung bei“, sagte der Advokat, als K. schwieg, „desto besser. Sonst hätte ich mich vielleicht bei Ihnen entschuldigen müssen. Es ist eine Sonderbarkeit Lenis, die ich ihr übrigens längst verziehen habe und von der ich auch nicht reden würde, wenn Sie nicht eben jetzt die Tür abgesperrt hätten. Diese Sonderbarkeit, Ihnen allerdings müsste ich sie wohl am wenigsten erklären, aber Sie sehen mich so bestürzt an und deshalb tue ich es, diese Sonderbarkeit besteht darin, dass Leni die meisten Angeklagten schön findet. Sie hängt sich an alle, liebt alle, scheint allerdings auch von allen geliebt zu werden; um mich zu unterhalten, erzählt sie mir dann, wenn ich es erlaube, manchmal davon. Ich bin über das Ganze nicht so erstaunt, wie Sie es zu sein scheinen. Wenn man den richtigen Blick dafür hat, findet man die Angeklagten wirklich oft schön. Das allerdings ist eine merkwürdige, gewissermaßen naturwissenschaftliche Erscheinung. Es tritt natürlich als Folge der Anklage nicht etwa eine deutliche, genau zu bestimmende Veränderung des Aussehens ein. Es ist doch nicht wie bei anderen Gerichtssachen, die meisten bleiben in ihrer gewöhnlichen Lebensweise und werden, wenn sie einen guten Advokaten haben, der für sie sorgt, durch den Prozess nicht behindert. Trotzdem sind diejenigen, welche darin Erfahrung haben, imstande, aus der größten Menge die Angeklagten, Mann für Mann, zu erkennen. Woran?, werden Sie fragen. Meine Antwort wird Sie nicht befriedigen. Die Angeklagten sind eben die Schönsten. Es kann nicht die Schuld sein, die sie schön macht, denn – so muss wenigstens ich als Advokat sprechen – es sind doch nicht alle schuldig, es kann auch nicht die richtige Strafe sein, die sie jetzt schon schön macht, denn es werden doch nicht alle bestraft, es kann also nur an dem gegen sie erhobenen Verfahren liegen, das ihnen irgendwie anhaftet. Allerdings gibt es unter den Schönen auch besonders schöne. Schön sind aber alle, selbst Block, dieser elende Wurm."

K. war, als der Advokat geendet hatte, vollständig gefasst, er hatte sogar zu den letzten Worten auffallend genickt und sich so selbst die Bestätigung seiner alten Ansicht gegeben, nach welcher der Advokat ihn immer und so auch diesmal durch allgemeine Mitteilungen, die nicht zur Sache gehörten, zu zerstreuen und von der Hauptfrage, was er an tatsächlicher Arbeit für K.s Sache getan hatte, abzulenken suchte. Der Advokat merkte wohl, dass ihm K. diesmal mehr Widerstand leistete als sonst, denn er verstummte jetzt, um K. die Möglichkeit zu geben, selbst zu sprechen, und fragte dann, da K. stumm blieb: „Sind Sie heute mit einer bestimmten Absicht zu mir gekommen?“ „Ja“, sagte K. und blendete mit der Hand ein wenig die Kerze ab, um den Advokaten besser zu sehen, „ich wollte Ihnen sagen, dass ich Ihnen mit dem heutigen Tage meine Vertretung entziehe.“ „Verstehe ich Sie recht?“, fragte der Advokat, erhob sich halb im Bett und stützte sich mit einer Hand auf die Kissen. „Ich nehme es an“, sagte K., der straff aufgerichtet, wie auf der Lauer, dasaß. „Nun, wir können ja auch diesen Plan besprechen“, sagte der Advokat nach einem Weilchen. „Es ist kein Plan mehr“, sagte K. „Mag sein“, sagte der Advokat, „wir wollen aber trotzdem nichts übereilen.“ Er gebrauchte das Wort „wir“, als habe er nicht die Absicht, K. freizulassen, und als wolle er, wenn er schon nicht sein Vertreter sein dürfte, wenigstens sein Berater bleiben. „Es ist nicht übereilt“, sagte K., stand langsam auf und trat hinter seinen Sessel, „es ist gut überlegt und vielleicht sogar zu lange. Der Entschluss ist endgültig.“ „Dann erlauben Sie mir nur noch einige Worte“, sagte der Advokat, hob das Federbett weg und setzte sich auf den Bettrand. Seine nackten, weißhaarigen Beine zitterten vor Kälte. Er bat K., ihm vom Kanapee eine Decke zu reichen. K. holte die Decke und sagte: „Sie setzen sich ganz unnötig einer Verkühlung aus.“ „Der Anlass ist wichtig genug“, sagte der Advokat, während er mit dem Federbett den Oberkörper umhüllte und dann die Beine in die Decke einwickelte. „Ihr Onkel ist mein Freund, und auch Sie sind mir im Laufe der Zeit lieb geworden. Ich gestehe das offen ein. Ich brauche mich dessen nicht zu schämen.“ Diese rührseligen Reden des alten Mannes waren K. sehr unwillkommen, denn sie zwangen ihn zu einer ausführlicheren Erklärung, die er gern vermieden hätte, und sie beirrten ihn außerdem, wie er sich offen eingestand, wenn sie allerdings auch seinen Entschluss niemals rückgängig machen konnten. „Ich danke Ihnen für Ihre freundliche Gesinnung“, sagte er, „ich erkenne auch an, dass Sie sich meiner Sache so sehr angenommen haben, wie es Ihnen möglich ist und wie es Ihnen für mich vorteilhaft scheint. Ich jedoch habe in der letzten Zeit die Überzeugung gewonnen, dass das nicht genügend ist. Ich werde natürlich niemals versuchen, Sie, einen so viel älteren und erfahreneren Mann, von meiner Ansicht überzeugen zu wollen; wenn ich es manchmal unwillkürlich versucht habe, so verzeihen Sie mir, die Sache aber ist, wie Sie sich selbst ausdrückten, wichtig genug, und es ist meiner Überzeugung nach notwendig, viel kräftiger in den Prozess einzugreifen, als es bisher geschehen ist." „Ich verstehe Sie", sagte der Advokat, „Sie sind ungeduldig." „Ich bin nicht ungeduldig", sagte K. ein wenig gereizt und achtete nicht mehr so viel auf seine Worte. „Sie dürften bei meinem ersten Besuch, als ich mit meinem Onkel zu Ihnen kam, bemerkt haben, dass mir an dem Prozess nicht viel lag, wenn man mich nicht gewissermaßen gewaltsam an ihn erinnerte, vergaß ich ihn vollständig. Aber mein Onkel bestand darauf, dass ich Ihnen meine Vertretung übergebe, ich tat es, um ihm gefällig zu sein. Und nun hätte man doch erwarten sollen, dass mir der Prozess noch leichter fallen würde als bis dahin, denn man übergibt doch dem Advokaten die Vertretung, um die Last des Prozesses ein wenig von sich abzuwälzen. Es geschah aber das Gegenteil. Niemals früher hatte ich so große Sorgen wegen des Prozesses wie seit der Zeit, seitdem Sie mich vertreten. Als ich allein war, unternahm ich nichts in meiner Sache, aber ich fühlte es kaum, jetzt dagegen hatte ich einen Vertreter, alles war dafür eingerichtet, dass etwas geschehe, unaufhörlich und immer gespannter erwartete ich Ihr Eingreifen, aber es blieb aus. Ich bekam von Ihnen allerdings verschiedene Mitteilungen über das Gericht, die ich vielleicht von niemandem sonst hätte bekommen können. Aber das kann mir nicht genügen, wenn mir jetzt der Prozess, förmlich im Geheimen, immer näher an den Leib rückt." K. hatte den Sessel von sich gestoßen und stand, die Hände in den Rocktaschen, aufrecht da. „Von einem gewissen Zeitpunkt der Praxis an", sagte der Advokat leise und ruhig, „ereignet sich nichts wesentlich

Neues mehr. Wie viele Parteien sind in ähnlichen Stadien der Prozesse ähnlich wie Sie vor mir gestanden und haben ähnlich gesprochen!" „Dann haben", sagte K., „alle diese ähnlichen Parteien ebenso Recht gehabt wie ich. Das widerlegt mich gar nicht." „Ich wollte Sie damit nicht widerlegen", sagte der Advokat, „ich wollte aber noch hinzufügen, dass ich bei Ihnen mehr Urteilskraft erwartet hätte als bei den anderen, besonders da ich Ihnen mehr Einblick in das Gerichtswesen und in meine Tätigkeit gegeben habe, als ich es sonst Parteien gegenüber tue. Und nun muss ich sehen, dass Sie trotz allem nicht genügend Vertrauen zu mir haben. Sie machen es mir nicht leicht." Wie sich der Advokat vor K. demütigte! Ohne jede Rücksicht auf die Standesehre, die gewiss gerade in diesem Punkte am empfindlichsten ist. Und warum tat er das? Er war doch dem Anschein nach ein vielbeschäftigter Advokat und überdies ein reicher Mann, es konnte ihm an und für sich weder an dem Verdienstentgang noch an dem Verlust eines Klienten viel liegen. Außerdem war er kränklich und hätte selbst darauf bedacht sein sollen, dass ihm Arbeit abgenommen werde. Und trotzdem hielt er K. so fest! Warum? War es persönliche Anteilnahme für den Onkel oder sah er K.s Prozess wirklich für so außerordentlich an und hoffte sich darin auszuzeichnen, entweder für K. oder – diese Möglichkeit war eben niemals auszuschließen – für die Freunde beim Gericht. An ihm selbst war nichts zu erkennen, so rücksichtslos prüfend ihn auch K. ansah. Man hätte fast annehmen können, er warte mit absichtlich verschlossener Miene die Wirkung seiner Worte ab. Aber er deutete offenbar das Schweigen K.s für sich allzu günstig, wenn er jetzt fortfuhr: „Sie werden bemerkt haben, dass ich zwar eine große Kanzlei habe, aber keine Hilfskräfte beschäftige. Das war früher anders, es gab eine Zeit, wo einige junge Juristen für mich arbeiteten, heute arbeite ich allein. Es hängt dies zum Teil mit der Änderung meiner Praxis zusammen, indem ich mich immer mehr auf Rechtssachen von der Art der Ihrigen beschränkte, zum Teil mit der immer tieferen Erkenntnis, die ich von diesen Rechtssachen erhielt. Ich fand, dass ich diese Arbeit niemandem überlassen dürfe, wenn ich mich nicht an meinen Klienten und an der Aufgabe, die ich übernommen hatte, versündigen wollte. Der Entschluss aber, alle Arbeit selbst zu leisten, hatte die natürlichen Folgen: Ich musste fast alle Ansuchen um Vertretungen abweisen und konnte nur denen nachgeben, die mir besonders nahegingen – nun, es gibt ja genug Kreaturen, und sogar ganz in der Nähe, die sich auf jeden Brocken stürzen, den ich wegwerfe. Und außerdem wurde ich vor Überanstrengung krank. Aber trotzdem bereue ich meinen Entschluss nicht, es ist möglich, dass ich mehr Vertretungen hätte abweisen sollen, als ich getan habe, dass ich aber den übernommenen Prozessen mich ganz hingegeben habe, hat sich als unbedingt notwendig herausgestellt und durch die Erfolge belohnt. Ich habe einmal in einer Schrift den Unterschied sehr schön ausgedrückt gefunden, der zwischen der Vertretung in gewöhnlichen Rechtssachen und der Vertretung in diesen Rechtssachen besteht. Es hieß dort: Der Advokat führt seinen Klienten an einem Zwirnsfaden bis zum Urteil, der andere aber hebt seinen Klienten gleich auf die Schultern und trägt ihn, ohne ihn abzusetzen, zum Urteil und noch darüber hinaus. So ist es. Aber es war nicht ganz richtig, wenn ich sagte, dass ich diese große Arbeit niemals bereue. Wenn sie, wie in Ihrem Fall, so vollständig verkannt wird, dann, nun dann bereue ich fast." K. wurde durch diese Reden mehr ungeduldig als überzeugt. Er glaubte irgendwie aus dem Tonfall des Advokaten herauszuhören, was ihn erwartete, wenn er nachgäbe, wieder würden die Vertröstungen beginnen, die Hinweise auf die fortschreitende Eingabe, auf die gebesserte Stimmung der Gerichtsbeamten, aber auch auf die großen Schwierigkeiten, die sich der Arbeit entgegenstellten, – kurz, all das bis zum Überdruss Bekannte würde hervorgeholt werden, um K. wieder mit unbestimmten Hoffnungen zu täuschen und mit unbestimmten Drohungen zu quälen. Das musste endgültig verhindert werden, er sagte deshalb: „Was wollen Sie in meiner Sache unternehmen, wenn Sie die Vertretung behalten?" Der Advokat fügte sich sogar dieser beleidigenden Frage und antwortete: „In dem, was ich für Sie bereits unternommen habe, weiter fortfahren.“ „Ich wusste es ja“, sagte K., „nun ist aber jedes weitere Wort überflüssig.“ „Ich werde noch einen Versuch machen“, sagte der Advokat, als geschehe das, was K. erregte, nicht K., sondern ihm. „Ich habe nämlich die Vermutung, dass Sie nicht nur zu der falschen Beurteilung meines Rechtsbeistandes, sondern auch zu Ihrem sonstigen Verhalten dadurch verleitet werden, dass man Sie, obwohl Sie Angeklagter sind, zu gut behandelt oder, richtiger ausgedrückt, nachlässig, scheinbar nachlässig behandelt. Auch dieses Letztere hat seinen Grund; es ist oft besser, in Ketten als frei zu sein. Aber ich möchte Ihnen doch zeigen, wie andere Angeklagte behandelt werden, vielleicht gelingt es Ihnen, daraus eine Lehre zu nehmen. Ich werde jetzt nämlich Block vorrufen, sperren Sie die Tür auf und setzen Sie sich hier neben den Nachttisch!“ „Gerne“, sagte K. und tat, was der Advokat verlangt hatte; zu lernen war er immer bereit. Um sich aber für jeden Fall zu sichern, fragte er noch: „Sie haben aber zur Kenntnis genommen, dass ich Ihnen meine Vertretung entziehe?“ „Ja“, sagte der Advokat, „Sie können es aber heute noch rückgängig machen.“ Er legte sich wieder ins Bett zurück, zog das Federbett bis zum Kinn und drehte sich der Wand zu. Dann läutete er.

Fast gleichzeitig mit dem Glockenzeichen erschien Leni, sie suchte durch rasche Blicke zu erfahren, was geschehen war; dass K. ruhig beim Bett des Advokaten saß, schien ihr beruhigend. Sie nickte K., der sie starr ansah, lächelnd zu. „Hole Block“, sagte der Advokat. Statt ihn aber zu holen, trat sie nur vor die Tür, rief: „Block! Zum Advokaten!“ und schlüpfte dann, wahrscheinlich weil der Advokat zur Wand abgekehrt blieb und sich um nichts kümmerte, hinter K.s Sessel. Sie störte ihn von nun ab, indem sie sich über die Sessellehne vorbeugte oder mit den Händen, allerdings sehr zart und vorsichtig, durch sein Haar fuhr und über seine Wangen strich. Schließlich suchte K. sie daran zu hindern, indem er sie bei einer Hand erfasste, die sie ihm nach einigem Widerstreben überließ.

Block war auf den Anruf hin gleich gekommen, blieb aber vor der Tür stehen und schien zu überlegen, ob er eintreten sollte. Er zog die Augenbrauen hoch und neigte den Kopf, als horche er, ob sich der Befehl, zum Advokaten zu kommen, wiederholen würde. K. hätte ihn zum Eintreten aufmuntern können, aber er hatte sich vorgenommen, nicht nur mit dem Advokaten, sondern mit allem, was hier in der Wohnung war, endgültig zu brechen und verhielt sich deshalb regungslos. Auch Leni schwieg. Block merkte, dass ihn wenigstens niemand verjage und trat auf den Fußspitzen ein, das Gesicht gespannt, die Hände auf dem Rücken verkrampft. Die Tür hatte er für einen möglichen Rückzug offen gelassen. K. blickte er gar nicht an, sondern immer nur das hohe Federbett, unter dem der Advokat, da er sich ganz nahe an die Wand geschoben hatte, nicht einmal zu sehen war. Da hörte man aber seine Stimme: „Block hier?“, fragte er. Diese Frage gab Block, der schon eine große Strecke weitergerückt war, förmlich einen Stoß in die Brust und dann einen in den Rücken, er taumelte, blieb tief gebückt stehen und sagte: „Zu dienen.“ „Was willst du?“, fragte der Advokat, „du kommst ungelegen.“ „Wurde ich nicht gerufen?“, fragte Block mehr sich selbst als den Advokaten, hielt die Hände zum Schutze vor und war bereit wegzulaufen. „Du wurdest gerufen“, sagte der Advokat, „trotzdem kommst du ungelegen.“ Und nach einer Pause fügte er hinzu: „Du kommst immer ungelegen.“ Seitdem der Advokat sprach, sah Block nicht mehr auf das Bett hin, er starrte vielmehr irgendwo in eine Ecke und lauschte nur, als sei der Anblick des Sprechers zu blendend, als dass er ihn ertragen könnte. Es war aber auch das Zuhören schwer, denn der Advokat sprach gegen die Wand, und zwar leise und schnell. „Wollt Ihr, dass ich weggehe?“, fragte Block. „Nun bist du einmal da“, sagte der Advokat. „Bleib!“ Man hätte glauben können, der Advokat habe nicht Blocks Wunsch erfüllt, sondern ihm, etwa mit Prügeln, gedroht, denn jetzt fing Block wirklich zu zittern an. „Ich war gestern“, sagte der Advokat, „beim Dritten Richter, meinem Freund, und habe allmählich das Gespräch auf dich gelenkt.

Willst du wissen, was er sagte?“ „O bitte“, sagte Block. Da der Advokat nicht gleich antwortete, wiederholte Block nochmals die Bitte und neigte sich, als wolle er niederknien. Da fuhr ihn aber K. an: „Was tust du?“, rief er. Da ihn Leni an dem Ausruf hatte hindern wollen, fasste er auch ihre zweite Hand. Es war nicht der Druck der Liebe, mit dem er sie festhielt, sie seufzte auch öfters und suchte ihm die Hände zu entwinden. Für K.s Ausruf aber wurde Block gestraft, denn der Advokat fragte ihn: „Wer ist denn dein Advokat?“ „Ihr seid es“, sagte Block. „Und außer mir?“, fragte der Advokat. „Niemand außer Euch“, sagte Block. „Dann folge auch niemandem sonst“, sagte der Advokat. Block erkannte das vollständig an, er maß K. mit bösen Blicken und schüttelte heftig gegen ihn den Kopf. Hätte man dieses Benehmen in Worte übersetzt, so wären es grobe Beschimpfungen gewesen. Mit diesem Menschen hatte K. freundschaftlich über seine eigene Sache reden wollen! „Ich werde dich nicht mehr stören“, sagte K., in den Sessel zurückgelehnt. „Knie nieder oder krieche auf allen vieren, tu, was du willst. Ich werde mich darum nicht kümmern.“ Aber Block hatte doch Ehrgefühl, wenigstens gegenüber K., denn er ging, mit den Fäusten fuchtelnd, auf ihn zu, und rief so laut, als er es nur in der Nähe des Advokaten wagte: „Sie dürfen nicht so mit mir reden, das ist nicht erlaubt. Warum beleidigen Sie mich? Und überdies noch hier, vor dem Herrn Advokaten, wo wir beide, Sie und ich, nur aus Barmherzigkeit geduldet sind? Sie sind kein besserer Mensch als ich, denn Sie sind auch angeklagt und haben auch einen Prozess. Wenn Sie aber trotzdem noch ein Herr sind, dann bin ich ein ebensolcher Herr, wenn nicht gar ein noch größerer. Und ich will auch als ein solcher angesprochen werden, gerade von Ihnen. Wenn Sie sich aber dadurch für bevorzugt halten, dass Sie hier sitzen und ruhig zuhören dürfen, während ich, wie Sie sich ausdrücken, auf allen vieren krieche, dann erinnere ich Sie an den alten Rechtsspruch: Für den Verdächtigen ist Bewegung besser als Ruhe, denn der, welcher ruht, kann immer, ohne es zu wissen, auf einer Waagschale sein und mit seinen Sünden gewogen werden." K. sagte nichts, er staunte nur mit unbeweglichen Augen diesen verwirrten Menschen an. Was für Veränderungen waren mit ihm nur schon in der letzten Stunde vor sich gegangen! War es der Prozess, der ihn so hin und her warf und ihn nicht erkennen ließ, wo Freund und wo Feind war? Sah er denn nicht, dass der Advokat ihn absichtlich demütigte und diesmal nichts anderes bezweckte, als sich vor K. mit seiner Macht zu brüsten und sich dadurch vielleicht auch K. zu unterwerfen? Wenn Block aber nicht fähig war, das zu erkennen oder wenn er den Advokaten so sehr fürchtete, dass ihm jene Erkenntnis nichts helfen konnte, wie kam es, dass er doch wieder so schlau oder so kühn war, den Advokaten zu betrügen und ihm zu verschweigen, dass er außer ihm noch andere Advokaten für sich arbeiten ließ? Und wie wagte er es, K. anzugreifen, da dieser doch gleich sein Geheimnis verraten konnte? Aber er wagte noch mehr, er ging zum Bett des Advokaten und begann, sich nun auch dort über K. zu beschweren: „Herr Advokat", sagte er, „habt Ihr gehört, wie dieser Mann mit mir gesprochen hat? Man kann noch die Stunden seines Prozesses zählen, und schon will er mir, einem Mann, der fünf Jahre im Prozesse steht, gute Lehren geben. Er beschimpft mich sogar. Weiß nichts und beschimpft mich, der ich, soweit meine schwachen Kräfte reichen, genau studiert habe, was Anstand, Pflicht und Gerichtsgebrauch verlangt." „Kümmere dich um niemanden", sagte der Advokat, „und tue, was dir richtig scheint." „Gewiss", sagte Block, als spreche er sich selbst Mut zu, und kniete unter einem kurzen Seitenblick nun knapp beim Bett nieder. „Ich knie schon, mein Advokat", sagte er. Der Advokat schwieg aber. Block streichelte mit einer Hand vorsichtig das Federbett. In der Stille, die jetzt herrschte, sagte Leni, indem sie sich von K.s Händen befreite: „Du machst mir Schmerzen. Lass mich. Ich gehe zu Block." Sie ging hin und setzte sich auf den Bettrand. Block war über ihr Kommen sehr erfreut, er bat sie gleich durch lebhafte, aber stumme Zeichen, sich beim Advokaten für ihn einzusetzen. Er benötigte offenbar die Mitteilungen des Advokaten sehr dringend, aber vielleicht nur zu dem Zweck, um sie durch seine übrigen Advokaten ausnützen zu lassen. Leni wusste wahrscheinlich genau, wie man dem Advokaten beikommen könne, sie zeigte auf die Hand des Advokaten und spitzte die Lippen wie zum Kuss. Gleich führte Block den Handkuss aus und wiederholte ihn, auf eine Aufforderung Lenis hin, noch zweimal. Aber der Advokat schwieg noch immer. Da beugte sich Leni über den Advokaten hin, der schöne Wuchs ihres Körpers wurde sichtbar, als sie sich so streckte, und strich, tief zu seinem Gesicht geneigt, über sein langes, weißes Haar. Das zwang ihm nun doch eine Antwort ab. „Ich zögere, es ihm mitzuteilen“, sagte der Advokat, und man sah, wie er den Kopf ein wenig schüttelte, vielleicht, um des Druckes von Lenis Hand mehr teilhaftig zu werden. Block horchte mit gesenktem Kopf, als übertrete er durch dieses Horchen ein Gebot. „Warum zögerst du denn?“, fragte Leni. K. hatte das Gefühl, als höre er ein einstudiertes Gespräch, das sich schon oft wiederholt hatte, das sich noch oft wiederholen würde und das nur für Block seine Neuheit nicht verlieren konnte. „Wie hat er sich heute verhalten?“, fragte der Advokat, statt zu antworten. Ehe sich Leni darüber äußerte, sah sie zu Block hinunter und beobachtete ein Weilchen, wie er die Hände ihr entgegenhob und bittend aneinanderrieb. Schließlich nickte sie ernst, wandte sich zum Advokaten und sagte: „Er war ruhig und fleißig.“ Ein alter Kaufmann, ein Mann mit langem Bart, flehte ein junges Mädchen um ein günstiges Zeugnis an. Mochte er dabei auch Hintergedanken haben, nichts konnte ihn in den Augen eines Mitmenschen rechtfertigen. K. begriff nicht, wie der Advokat daran hatte denken können, durch diese Vorführung ihn zu gewinnen. Hätte er ihn nicht schon früher verjagt, er hätte es durch diese Szene erreicht. Er entwürdigte fast den Zuseher. So bewirkte also die Methode des Advokaten, welcher K. glücklicherweise nicht lange genug ausgesetzt gewesen war, dass der Klient schließlich die ganze Welt vergaß und nur auf diesem Irrweg zum Ende des Prozesses sich fortzuschleppen hoffte. Das war kein Klient mehr, das war der

Hund des Advokaten. Hätte ihm dieser befohlen, unter das Bett wie in eine Hundehütte zu kriechen und von dort aus zu bellen, er hätte es mit Lust getan. Als sei K. beauftragt, alles, was hier gesprochen wurde, genau in sich aufzunehmen, an einem höheren Ort die Anzeige davon zu erstatten und einen Bericht abzulegen, hörte er prüfend und überlegen zu. „Was hat er während des ganzen Tages getan?“, fragte der Advokat. „Ich habe ihn“, sagte Leni, „damit er mich bei der Arbeit nicht störe, in dem Dienstmädchenzimmer eingesperrt, wo er sich ja gewöhnlich aufhält. Durch die Lücke konnte ich von Zeit zu Zeit nachsehen, was er machte. Er kniete immer auf dem Bett, hatte die Schriften, die du ihm geliehen hast, auf dem Fensterbrett aufgeschlagen und las in ihnen. Das hat einen guten Eindruck auf mich gemacht; das Fenster führt nämlich nur in einen Luftschacht und gibt fast kein Licht. Dass Block trotzdem las, zeigte mir, wie folgsam er ist.“ „Es freut mich, das zu hören“, sagte der Advokat. „Hat er aber auch mit Verständnis gelesen?“ Block bewegte während dieses Gesprächs unaufhörlich die Lippen, offenbar formulierte er die Antworten, die er von Leni erhoffte. „Darauf kann ich natürlich“, sagte Leni, „nicht mit Bestimmtheit antworten. Jedenfalls habe ich gesehen, dass er gründlich las. Er hat den ganzen Tag über die gleiche Seite gelesen und beim Lesen den Finger die Zeilen entlanggeführt. Immer, wenn ich zu ihm hineinsah, hat er geseufzt, als mache ihm das Lesen viel Mühe. Die Schriften, die du ihm geliehen hast, sind wahrscheinlich schwer verständlich.“ „Ja“, sagte der Advokat, „das sind sie allerdings. Ich glaube auch nicht, dass er etwas von ihnen versteht. Sie sollen ihm nur eine Ahnung davon geben, wie schwer der Kampf ist, den ich zu seiner Verteidigung führe. Und für wen führe ich diesen schweren Kampf? Für – es ist fast lächerlich, es auszusprechen – für Block. Auch was das bedeutet, soll er begreifen lernen. Hat er ununterbrochen studiert?“ „Fast ununterbrochen“, antwortete Leni, „nur einmal hat er mich um Wasser zum Trinken gebeten. Da habe ich ihm ein Glas durch die Luke gereicht. Um acht Uhr habe ich ihn dann herausgelassen und ihm etwas zu essen gegeben.“ Block streifte K. mit einem Seitenblick, als werde hier Rühmendes von ihm erzählt und müsse auch auf K. Eindruck machen. Er schien jetzt gute Hoffnungen zu haben, bewegte sich freier und rückte auf den Knien hin und her. Desto deutlicher war es, wie er unter den folgenden Worten des Advokaten erstarrte. „Du lobst ihn“, sagte der Advokat. „Aber gerade das macht es mir schwer, zu reden. Der Richter hatte sich nämlich nicht günstig ausgesprochen, weder über Block selbst noch über seinen Prozess.“ „Nicht günstig?“, fragte Leni. „Wie ist das möglich?“ Block sah sie mit einem so gespannten Blick an, als traue er ihr die Fähigkeit zu, jetzt noch die längst ausgesprochenen Worte des Richters zu seinen Gunsten zu wenden. „Nicht günstig“, sagte der Advokat. „Er war sogar unangenehm berührt, als ich von Block zu sprechen anfing. ‚Reden Sie nicht von Block‘, sagte er. ‚Er ist mein Klient‘, sagte ich. ‚Sie lassen sich missbrauchen‘, sagte er. ‚Ich halte seine Sache nicht für verloren‘, sagte ich. ‚Sie lassen sich missbrauchen‘, wiederholte er. ‚Ich glaube es nicht‘, sagte ich. ‚Block ist im Prozess fleißig und immer hinter seiner Sache her. Er wohnt fast bei mir, um immer auf dem Laufenden zu sein. Solchen Eifer findet man nicht immer. Gewiss, er ist persönlich nicht angenehm, hat hässliche Umgangsformen und ist schmutzig, aber in prozessualer Hinsicht ist er untadelhaft.‘ Ich sagte untadelhaft, ich übertrieb absichtlich. Darauf sagte er: ‚Block ist bloß schlau. Er hat viel Erfahrung angesammelt und versteht es, den Prozess zu verschleppen. Aber seine Unwissenheit ist noch viel größer als seine Schlauheit. Was würde er wohl dazu sagen, wenn er erführe, dass sein Prozess noch gar nicht begonnen hat, wenn man ihm sagte, dass noch nicht einmal das Glockenzeichen zum Beginn des Prozesses gegeben ist.‘ Ruhig, Block“, sagte der Advokat, denn Block begann sich gerade auf unsicheren Knien zu erheben und wollte offenbar um Aufklärung bitten. Es war jetzt das erste Mal, dass sich der Advokat mit ausführlicheren Worten geradezu an Block wendete. Mit müden Augen sah er halb ziellos, halb zu Block hinunter, der unter diesem Blick wieder langsam in die Knie zurücksank. „Diese Äußerung des Richters hat für dich gar keine Bedeutung", sagte der Advokat. „Erschrick doch nicht bei jedem Wort. Wenn sich das wiederholt, werde ich dir gar nichts mehr verraten. Man kann keinen Satz beginnen, ohne dass du einen anschaust, als ob jetzt dein Endurteil käme. Schäme dich hier vor meinem Klienten! Auch erschütterst du das Vertrauen, das er in mich setzt. Was willst du denn? Noch lebst du, noch stehst du unter meinem Schutz. Sinnlose Angst! Du hast irgendwo gelesen, dass das Endurteil in manchen Fällen unversehens komme, aus beliebigem Munde, zu beliebiger Zeit. Mit vielen Vorbehalten ist das allerdings wahr, ebenso wahr aber ist es, dass mich deine Angst anwidert und dass ich darin einen Mangel des notwendigen Vertrauens sehe. Was habe ich denn gesagt? Ich habe die Äußerung eines Richters wiedergegeben. Du weißt, die verschiedenen Ansichten häufen sich um das Verfahren bis zur Undurchdringlichkeit. Dieser Richter zum Beispiel nimmt den Anfang des Verfahrens zu einem anderen Zeitpunkt an als ich. Ein Meinungsunterschied, nichts weiter. In einem gewissen Stadium des Prozesses wird nach altem Brauch ein Glockenzeichen gegeben. Nach der Ansicht dieses Richters beginnt damit der Prozess. Ich kann dir jetzt nicht alles sagen, was dagegen spricht, du würdest es auch nicht verstehen, es genüge dir, dass viel dagegen spricht." Verlegen fuhr Block unten mit den Fingern durch das Fell des Bettvorlegers, die Angst wegen des Ausspruchs des Richters ließ ihn zeitweise die eigene Untertänigkeit gegenüber dem Advokaten vergessen, er dachte dann nur an sich und drehte die Worte des Richters nach allen Seiten. „Block", sagte Leni in warnendem Ton und zog ihn am Rockkragen ein wenig in die Höhe. „Lass jetzt das Fell und höre dem Advokaten zu."

Dieses Kapitel wurde nicht vollendet.

Neuntes Kapitel

Im Dom

K. bekam den Auftrag, einem italienischen Geschäftsfreund der Bank, der für sie sehr wichtig war und sich zum ersten Mal in dieser Stadt aufhielt, einige Kunstdenkmäler zu zeigen. Es war ein Auftrag, den er zu anderer Zeit gewiss für ehrend gehalten hätte, den er aber jetzt, da er nur mit großer Anstrengung sein Ansehen in der Bank noch wahren konnte, widerwillig übernahm. Jede Stunde, die er dem Büro entzogen wurde, machte ihm Kummer; er konnte zwar die Bürozeit bei weitem nicht mehr so ausnützen wie früher, er brachte manche Stunden nur unter dem notdürftigsten Anschein wirklicher Arbeit hin, aber desto größer waren seine Sorgen, wenn er nicht im Büro war. Er glaubte dann zu sehen, wie der Direktor-Stellvertreter, der ja immer auf der Lauer gewesen war, von Zeit zu Zeit in sein Büro kam, sich an seinen Schreibtisch setzte, seine Schriftstücke durchsuchte, Parteien, mit denen K. seit Jahren fast befreundet gewesen war, empfing und ihm abspenstig machte, ja vielleicht sogar Fehler aufdeckte, von denen sich K. während der Arbeit jetzt immer aus tausend Richtungen bedroht sah und die er nicht mehr vermeiden konnte. Wurde er daher einmal, sei es in noch so auszeichnender Weise, zu einem Geschäftsweg oder gar zu einer kleinen Reise beauftragt – solche Aufträge hatten sich in der letzten Zeit ganz zufällig gehäuft –, dann lag immerhin die Vermutung nahe, dass man ihn für ein Weilchen aus dem Büro entfernen und seine Arbeit überprüfen wolle oder wenigstens, dass man im Büro ihn für leicht entbehrlich halte. Die meisten dieser Aufträge hätte er ohne Schwierigkeit ablehnen können, aber er wagte es nicht, denn, wenn seine Befürchtung auch nur im Geringsten begründet war, bedeutete die Ablehnung des Auftrags Geständnis seiner Angst. Aus diesem Grunde nahm er solche Aufträge scheinbar gleichmütig hin und verschwieg sogar, als er eine anstrengende zweitägige Geschäftsreise machen sollte, eine ernstliche Verkühlung,

um sich nur nicht der Gefahr auszusetzen, mit Berufung auf das gerade herrschende regnerische Herbstwetter von der Reise abgehalten zu werden. Als er von dieser Reise mit wütenden Kopfschmerzen zurückkehrte, erfuhr er, dass er dazu bestimmt sei, am nächsten Tag den italienischen Geschäftsfreund zu begleiten. Die Verlockung, sich wenigstens dieses eine Mal zu weigern, war sehr groß, vor allem war das, was man ihm hier zugedacht hatte, keine unmittelbar mit dem Geschäft zusammenhängende Arbeit, aber die Erfüllung dieser gesellschaftlichen Pflicht gegenüber dem Geschäftsfreund war an sich zweifellos wichtig genug, nur nicht für K., der wohl wusste, dass er sich nur durch Arbeitserfolge erhalten könne und dass es, wenn ihm das nicht gelänge, vollständig wertlos war, wenn er diesen Italiener unerwarteterweise sogar bezaubern sollte; er wollte nicht einmal für einen Tag aus dem Bereich der Arbeit geschoben werden, denn die Furcht, nicht mehr zurückgelassen zu werden, war zu groß, eine Furcht, die er sehr genau als übertrieben erkannte, die ihn aber doch beengte.
In diesem Fall allerdings war es fast unmöglich, einen annehmbaren Einwand zu erfinden, K.s Kenntnis des Italienischen war zwar nicht sehr groß, aber immerhin genügend; das Entscheidende aber war, dass K. aus früherer Zeit einige kunsthistorische Kenntnisse besaß, was in äußerst übertriebener Weise dadurch in der Bank bekannt geworden war, dass K. eine Zeitlang, übrigens auch nur aus geschäftlichen Gründen, Mitglied des Vereins zur Erhaltung der städtischen Kunstdenkmäler gewesen war. Nun war aber der Italiener, wie man gerüchteweise erfahren hatte, ein Kunstliebhaber, und die Wahl K.s zu seinem Begleiter war daher selbstverständlich.
Es war ein sehr regnerischer, stürmischer Morgen, als K. voll Ärger über den Tag, der ihm bevorstand, schon um sieben Uhr ins Büro kam, um wenigstens einige Arbeit noch fertig zu bringen, ehe der Besuch ihn allem entziehen würde. Er war sehr müde, denn er hatte die halbe Nacht mit dem Studium einer italienischen Grammatik verbracht, um sich ein wenig vorzubereiten; das Fenster, an dem er in der letzten Zeit viel zu oft zu sitzen pflegte,

lockte ihn mehr als der Schreibtisch, aber er widerstand und setzte sich zur Arbeit. Leider trat gerade der Diener ein und meldete, der Herr Direktor habe ihn geschickt, um nachzusehen, ob der Herr Prokurist schon hier sei; sei er hier, dann möge er so freundlich sein und ins Empfangszimmer hinüberkommen, der Herr aus Italien sei schon da. „Ich komme schon", sagte K., steckte ein kleines Wörterbuch in die Tasche, nahm ein Album der städtischen Sehenswürdigkeiten, das er für den Fremden vorbereitet hatte, unter den Arm und ging durch das Büro des Direktor-Stellvertreters in das Direktionszimmer. Er war glücklich darüber, so früh ins Büro gekommen zu sein und sofort zur Verfügung stehen zu können, was wohl niemand ernstlich erwartet hatte. Das Büro des Direktor-Stellvertreters war natürlich noch leer wie in tiefer Nacht, wahrscheinlich hatte der Diener auch ihn ins Empfangszimmer berufen sollen, es war aber erfolglos gewesen. Als K. ins Empfangszimmer eintrat, erhoben sich die zwei Herren aus den tiefen Fauteuils. Der Direktor lächelte freundlich, offenbar war er sehr erfreut über K.s Kommen, er besorgte sofort die Vorstellung, der Italiener schüttelte K. kräftig die Hand und nannte lächelnd irgendjemanden einen Frühaufsteher. K. verstand nicht genau, wen er meinte, es war überdies ein sonderbares Wort, dessen Sinn K. erst nach einem Weilchen erriet. Er antwortete mit einigen glatten Sätzen, die der Italiener wieder lachend hinnahm, wobei er mehrmals mit nervöser Hand über seinen graublauen, buschigen Schnurrbart fuhr. Dieser Bart war offenbar parfümiert, man war fast versucht, sich zu nähern und zu riechen. Als sich alle gesetzt hatten und ein kleines, einleitendes Gespräch begann, bemerkte K. mit großem Unbehagen, dass er den Italiener nur bruchstückweise verstand. Wenn er ganz ruhig sprach, verstand er ihn fast vollständig, das waren aber nur seltene Ausnahmen, meistens quoll ihm die Rede aus dem Mund, er schüttelte den Kopf wie vor Lust darüber. Bei solchen Reden aber verwickelte er sich regelmäßig in irgendeinen Dialekt, der für K. nichts Italienisches mehr hatte, den aber der Direktor nicht nur verstand, sondern auch sprach, was K. allerdings hätte voraussehen können, denn der Italiener stammte aus Süditalien, wo auch der Direktor einige Jahre gewesen war. Jedenfalls erkannte K., dass ihm die Möglichkeit, sich mit dem Italiener zu verständigen, zum größten Teil genommen war, denn auch dessen Französisch war nur schwer verständlich, auch verdeckte der Bart die Lippenbewegungen, deren Anblick vielleicht zum Verständnis geholfen hätte. K. begann viel Unannehmlichkeiten vorauszusehen, vorläufig gab er es auf, den Italiener verstehen zu wollen – in der Gegenwart des Direktors, der ihn so leicht verstand, wäre es unnötige Anstrengung gewesen –, und er beschränkte sich darauf, ihn verdrießlich zu beobachten, wie er tief und doch leicht in dem Fauteuil ruhte, wie er öfters an seinem kurzen, scharf geschnittenen Röckchen zupfte und wie er einmal mit erhobenen Armen und lose in den Gelenken bewegten Händen irgendetwas darzustellen versuchte, das K. nicht begreifen konnte, obwohl er vorgebeugt die Hände nicht aus den Augen ließ. Schließlich machte sich bei K., der sonst unbeschäftigt, nur mechanisch mit den Blicken dem Hin und Her der Reden folgte, die frühere Müdigkeit geltend, und er ertappte sich einmal zu seinem Schrecken, glücklicherweise noch rechtzeitig, dabei, dass er in der Zerstreutheit gerade hatte aufstehen, sich umdrehen und weggehen wollen. Endlich sah der Italiener auf die Uhr und sprang auf. Nachdem er sich vom Direktor verabschiedet hatte, drängte er sich an K., und zwar so dicht, dass K. seinen Fauteuil zurückschieben musste, um sich bewegen zu können. Der Direktor, der gewiss an K.s Augen die Not erkannte, in der er sich gegenüber diesem Italienisch befand, mischte sich in das Gespräch, und zwar so klug und so zart, dass es den Anschein hatte, als füge er nur kleine Ratschläge bei, während er in Wirklichkeit alles, was der Italiener, unermüdlich ihm in die Rede fallend, vorbrachte, in aller Kürze K. verständlich machte. K. erfuhr von ihm, dass der Italiener vorläufig noch einige Geschäfte zu besorgen habe, dass er leider auch im Ganzen nur wenig Zeit haben werde, dass er auch keinesfalls beabsichtige, in Eile alle Sehenswürdigkeiten abzulaufen, dass er sich vielmehr – allerdings nur, wenn K. zustimme, bei ihm allein liege die Entscheidung – entschlossen habe, nur den Dom, diesen aber gründlich, zu besichtigen. Er freue sich ungemein, diese Besichtigung in Begleitung eines so gelehrten und liebenswürdigen Mannes – damit war K. gemeint, der mit nichts anderem beschäftigt war, als den Italiener zu überhören und die Worte des Direktors schnell aufzufassen – vornehmen zu können, und er bitte ihn, wenn ihm die Stunde gelegen sei, in zwei Stunden, etwa um zehn Uhr, sich im Dom einzufinden. Er selbst hoffe, um diese Zeit schon bestimmt dort sein zu können. K. antwortete einiges Entsprechende, der Italiener drückte zuerst dem Direktor, dann K., dann nochmals dem Direktor die Hand und ging, von beiden gefolgt, nur noch halb ihnen zugewendet, im Reden aber noch immer nicht aussetzend, zur Tür. K. blieb dann noch ein Weilchen mit dem Direktor beisammen, der heute besonders leidend aussah. Er glaubte, sich bei K. irgendwie entschuldigen zu müssen und sagte – sie standen vertraulich nahe beisammen –, zuerst hätte er beabsichtigt, selbst mit dem Italiener zu gehen, dann aber – er gab keinen näheren Grund an – habe er sich entschlossen, lieber K. zu schicken. Wenn er den Italiener nicht gleich im Anfang verstehe, so müsse er sich dadurch nicht verblüffen lassen, das Verständnis komme sehr rasch, und wenn er auch viel überhaupt nicht verstehen sollte, so sei es auch nicht so schlimm, denn für den Italiener sei es nicht gar so wichtig, verstanden zu werden. Übrigens sei K.s Italienisch überraschend gut, und er werde sich gewiss ausgezeichnet mit der Sache abfinden. Damit war K. verabschiedet. Die Zeit, die ihm noch frei blieb, verbrachte er damit, seltene Vokabeln, die er zur Führung im Dom benötigte, aus dem Wörterbuch herauszuschreiben. Es war eine äußerst lästige Arbeit, Diener brachten die Post, Beamte kamen mit verschiedenen Anfragen und blieben, da sie K. beschäftigt sahen, bei der Tür stehen, rührten sich aber nicht weg, bevor sie K. angehört hatte, der Direktor-Stellvertreter ließ es sich nicht entgehen, K. zu stören, kam öfters herein, nahm ihm das Wörterbuch aus der Hand und blätterte offenbar ganz sinnlos darin, selbst Parteien tauchten, wenn sich die Tür öffnete, im Halbdunkel des Vorzimmers auf und verbeugten sich zögernd – sie wollten auf sich aufmerksam machen, waren aber dessen nicht sicher, ob sie gesehen wurden –, das alles bewegte sich um K. als um seinen Mittelpunkt, während er selbst die Wörter, die er brauchte, zusammenstellte, dann im Wörterbuch suchte, dann herausschrieb, dann ihre Aussprache übte und schließlich auswendig zu lernen versuchte. Sein früheres gutes Gedächtnis schien ihn aber ganz verlassen zu haben, manchmal wurde er auf den Italiener, der ihm diese Anstrengung verursachte, so wütend, dass er das Wörterbuch unter Papieren vergrub, mit der festen Absicht, sich nicht mehr vorzubereiten, dann aber sah er ein, dass er doch nicht stumm mit dem Italiener vor den Kunstwerken im Dom auf und ab gehen könne, und er zog mit noch größerer Wut das Wörterbuch wieder hervor.

Gerade um halb zehn Uhr, als er weggehen wollte, erfolgte ein telefonischer Anruf, Leni wünschte ihm guten Morgen und fragte nach seinem Befinden, K. dankte eilig und bemerkte, er könne sich jetzt unmöglich in ein Gespräch einlassen, denn er müsse in den Dom. „In den Dom?“, fragte Leni. „Nun ja, in den Dom.“ „Warum denn in den Dom?“, sagte Leni. K. suchte es ihr in Kürze zu erklären, aber kaum hatte er damit angefangen, sagte Leni plötzlich: „Sie hetzen dich.“ Bedauern, das er nicht herausgefordert und nicht erwartet hatte, vertrug K. nicht, er verabschiedete sich mit zwei Worten, sagte aber doch, während er den Hörer an seinen Platz hängte, halb zu sich, halb zu dem fernen Mädchen, das es nicht mehr hörte: „Ja, sie hetzen mich.“

Nun war es aber schon spät, es bestand schon fast die Gefahr, dass er nicht rechtzeitig ankam. Im Automobil fuhr er hin, im letzten Augenblick hatte er sich noch an das Album erinnert, das er früh zu übergeben keine Gelegenheit gefunden hatte und das er deshalb jetzt mitnahm. Er hielt es auf seinen Knien und trommelte darauf unruhig während der ganzen Fahrt. Der Regen war schwächer geworden, aber es war feucht, kühl und dunkel, man würde im Dom wenig sehen, wohl aber würde sich dort, infolge des langen Stehens auf den kalten Fliesen, K.s Verkühlung sehr verschlimmern. Der Domplatz war ganz leer, K. erinnerte sich, dass es ihm schon als kleinem Kind aufgefallen war, dass in den Häusern dieses engen Platzes immer fast alle Fenstervorhänge herabgelassen waren. Bei dem heutigen Wetter war es allerdings verständlicher als sonst. Auch im Dom schien es leer zu sein, es fiel natürlich niemandem ein, jetzt hierherzukommen. K. durchlief beide Seitenschiffe, er traf nur ein altes Weib, das, eingehüllt in ein warmes Tuch, vor einem Marienbild kniete und es anblickte. Von weitem sah er dann noch einen hinkenden Diener in einer Mauertür verschwinden. K. war pünktlich gekommen, gerade bei seinem Eintritt hatte es zehn geschlagen, der Italiener war aber noch nicht hier. K. ging zum Haupteingang zurück, stand dort eine Zeitlang unentschlossen und machte dann im Regen einen Rundgang um den Dom, um nachzusehen, ob der Italiener nicht vielleicht bei irgendeinem Seiteneingang warte. Er war nirgends zu finden. Sollte der Direktor etwa die Zeitangabe missverstanden haben? Wie konnte man auch diesen Menschen richtig verstehen? Wie es aber auch sein mochte, jedenfalls musste K. zumindest eine halbe Stunde auf ihn warten. Da er müde war, wollte er sich setzen, er ging wieder in den Dom, fand auf einer Stufe einen kleinen, teppichartigen Fetzen, zog ihn mit der Fußspitze vor eine nahe Bank, wickelte sich fester in seinen Mantel, schlug den Kragen in die Höhe und setzte sich. Um sich zu zerstreuen, schlug er das Album auf, blätterte darin ein wenig, musste aber bald aufhören, denn es wurde so dunkel, dass er, als er aufblickte, in dem nahen Seitenschiff kaum eine Einzelheit unterscheiden konnte.

In der Ferne funkelte auf dem Hauptaltar ein großes Dreieck von Kerzenlichtern, K. hätte nicht mit Bestimmtheit sagen können, ob er sie schon früher gesehen hatte. Vielleicht waren sie erst jetzt angezündet worden. Die Kirchendiener sind berufsmäßige Schleicher, man bemerkt sie nicht. Als sich K. zufällig umdrehte, sah er nicht weit hinter sich eine hohe, starke, an einer Säule befestigte Kerze gleichfalls brennen. So schön das war, zur Beleuchtung der Altarbilder, die meistens in der Finsternis der Seitenaltäre hingen, war das gänzlich unzureichend, es vermehrte vielmehr die Finsternis. Es war vom Italiener ebenso vernünftig als unhöflich gehandelt, dass er nicht gekommen war, es wäre nichts zu sehen gewesen, man hätte sich damit begnügen müssen, mit K.s elektrischer Taschenlampe einige Bilder zollweise abzusuchen. Um zu versuchen, was man davon erwarten könnte, ging K. zu einer nahen Seitenkapelle, stieg ein paar Stufen bis zu einer niedrigen Marmorbrüstung und, über sie vorgebeugt, beleuchtete er mit der Lampe das Altarbild. Störend schwebte das ewige Licht davor. Das erste, was K. sah und zum Teil erriet, war ein großer, gepanzerter Ritter, der am äußersten Rande des Bildes dargestellt war. Er stützte sich auf sein Schwert, das er in den kahlen Boden vor sich – nur einige Grashalme kamen hie und da hervor – gestoßen hatte. Er schien aufmerksam einen Vorgang zu beobachten, der sich vor ihm abspielte. Es war erstaunlich, dass er so stehen blieb und sich nicht näherte. Vielleicht war er dazu bestimmt, Wache zu stehen. K., der schon lange keine Bilder gesehen hatte, betrachtete den Ritter längere Zeit, obwohl er immerfort mit den Augen zwinkern musste, da er das grüne Licht der Lampe nicht vertrug. Als er dann das Licht über den übrigen Teil des Bildes streichen ließ, fand er eine Grablegung Christi in gewöhnlicher Auffassung, es war übrigens ein neueres Bild. Er steckte die Lampe ein und kehrte wieder zu seinem Platz zurück.

Es war nun schon wahrscheinlich unnötig, auf den Italiener zu warten, draußen war aber gewiss strömender Regen, und da es hier nicht so kalt war, wie K. erwartet hatte, beschloss er, vorläufig hierzubleiben. In seiner Nachbarschaft war die große Kanzel, auf ihrem kleinen, runden Dach waren halb liegend zwei leere, goldene Kreuze angebracht, die einander mit ihrer äußersten Spitze überquerten. Die Außenwand der Brüstung und der Übergang zur tragenden Säule war von grünem Laubwerk gebildet, in das kleine Engel griffen, bald lebhaft, bald ruhend. K. trat vor die Kanzel und untersuchte sie von allen Seiten, die Bearbeitung des Steines war überaus sorgfältig, das tiefe Dunkel zwischen dem Laubwerk und hinter ihm schien wie eingefangen und festgehalten, K. legte seine Hand in eine solche Lücke und tastete dann den Stein vorsichtig ab, von dem Dasein dieser Kanzel hatte er bisher gar nicht gewusst. Da bemerkte er zufällig hinter der nächsten Bankreihe einen Kirchendiener, der dort in einem hängenden, faltigen, schwarzen Rock stand, in der linken Hand eine Schnupftabaksdose hielt und ihn betrachtete. Was will denn der Mann?, dachte K. Bin ich ihm verdächtig? Will er ein Trinkgeld? Als sich aber nun der Kirchendiener von K. bemerkt sah, zeigte er mit der Rechten, zwischen zwei Fingern hielt er noch eine Prise Tabak, in irgendeiner unbestimmten Richtung. Sein Benehmen war fast unverständlich, K. wartete noch ein Weilchen, aber der Kirchendiener hörte nicht auf, mit der Hand etwas zu zeigen und bekräftigte es noch durch Kopfnicken. „Was will er denn?", fragte K. leise, er wagte es nicht, hier zu rufen; dann aber zog er die Geldtasche und drängte sich durch die nächste Bank, um zu dem Mann zu kommen. Doch dieser machte sofort eine abwehrende Bewegung mit der Hand, zuckte die Schultern und hinkte davon. Mit einer ähnlichen Gangart, wie es dieses eilige Hinken war, hatte K. als Kind das Reiten auf Pferden nachzuahmen versucht. „Ein kindischer Alter", dachte K., „sein Verstand reicht nur noch zum Kirchendienst aus. Wie er stehen bleibt, wenn ich stehe, und wie er lauert, ob ich weitergehen will." Lächelnd folgte K. dem Alten durch das ganze Seitenschiff fast bis zur Höhe des Hauptaltars, der Alte hörte nicht auf, etwas zu zeigen, aber K. drehte sich absichtlich nicht um, das Zeigen hatte keinen anderen Zweck, als ihn von der Spur des Alten abzubringen. Schließlich ließ er wirklich von ihm, er wollte ihn nicht zu sehr ängstigen, auch wollte er die Erscheinung, für den Fall, dass der Italiener doch noch kommen sollte, nicht ganz verscheuchen.

Als er in das Hauptschiff trat, um seinen Platz zu suchen, auf dem er das Album liegen gelassen hatte, bemerkte er an einer Säule, fast angrenzend an die Bänke des Altarchors, eine kleine Nebenkanzel, ganz einfach, aus kahlem, bleichem Stein. Sie war so klein, dass sie aus der Ferne wie eine noch leere Nische erschien, die für die Aufnahme einer Heiligenstatue bestimmt war. Der Prediger konnte gewiss keinen vollen Schritt von der Brüstung zurücktreten. Außerdem begann die steinerne Einwölbung der Kanzel ungewöhnlich tief und stieg, zwar ohne jeden Schmuck, aber derartig geschweift in die Höhe, dass ein mittelgroßer Mann dort nicht aufrecht stehen konnte, sondern sich dauernd über die Brüstung vorbeugen musste. Das Ganze war wie zur Qual des Predigers bestimmt, es war unverständlich, wozu man diese Kanzel benötigte, da man doch die andere, große und so kunstvoll geschmückte zur Verfügung hatte.

K. wäre auch diese kleine Kanzel gewiss nicht aufgefallen, wenn nicht oben eine Lampe befestigt gewesen wäre, wie man sie kurz vor einer Predigt bereitzustellen pflegt. Sollte jetzt etwa eine Predigt stattfinden? In der leeren Kirche? K. sah an der Treppe hinab, die an die Säule sich anschmiegend zur Kanzel führte und so schmal war, als solle sie nicht für Menschen, sondern nur zum Schmuck der Säule dienen. Aber unten an der Kanzel, K. lächelte vor Staunen, stand wirklich der Geistliche, hielt die Hand am Geländer, bereit aufzusteigen, und sah auf K. hin. Dann nickte er ganz leicht mit dem Kopf, worauf K. sich bekreuzigte und verbeugte, was er schon früher hätte tun sollen. Der Geistliche gab sich einen kleinen Aufschwung und stieg mit kurzen, schnellen Schritten die Kanzel hinauf. Sollte wirklich eine Predigt beginnen? War vielleicht der Kirchendiener doch nicht so ganz vom Verstand verlassen und hatte K. dem Prediger zutreiben wollen, was allerdings in der leeren Kirche äußerst notwendig gewesen war? Übrigens gab es ja noch irgendwo vor einem Marienbild ein altes Weib, das auch hätte kommen sollen. Und wenn es schon eine Predigt sein sollte, warum wurde sie nicht von der Orgel eingeleitet? Aber die blieb still und blinkte nur schwach aus der Finsternis ihrer großen Höhe.

K. dachte daran, ob er sich jetzt nicht eiligst entfernen sollte, wenn er es jetzt nicht tat, war keine Aussicht, dass er es während der Predigt tun könnte, er musste dann bleiben, solange sie dauerte, im Büro verlor er so viel Zeit, auf den Italiener zu warten, war er längst nicht mehr verpflichtet, er sah auf seine Uhr, es war elf. Aber konnte denn wirklich gepredigt werden? Konnte K. allein die Gemeinde darstellen? Wie, wenn er ein Fremder gewesen wäre, der nur die Kirche besichtigen wollte? Im Grunde war er auch nichts anderes. Es war unsinnig daran zu denken, dass gepredigt werden sollte, jetzt um elf Uhr, an einem Werktag, bei grässlichstem Wetter. Der Geistliche – ein Geistlicher war es zweifellos, ein junger Mann mit glattem, dunklem Gesicht – ging offenbar nur hinauf, um die Lampe zu löschen, die irrtümlich angezündet worden war.

Es war aber nicht so, der Geistliche prüfte vielmehr das Licht und schraubte es noch ein wenig auf, dann drehte er sich langsam der Brüstung zu, die er vorn an der kantigen Einfassung mit beiden Händen erfasste. So stand er eine Zeitlang und blickte, ohne den Kopf zu rühren, umher. K. war ein großes Stück zurückgewichen und lehnte mit den Ellbogen an der vordersten Kirchenbank. Mit unsicheren Augen sah er irgendwo, ohne den Ort genau zu bestimmen, den Kirchendiener, mit krummem Rücken, friedlich, wie nach beendeter Aufgabe, sich zusammenkauern. Was für eine Stille herrschte jetzt im Dom! Aber K. musste sie stören, er hatte nicht die Absicht, hierzubleiben; wenn es die Pflicht des Geistlichen war, zu einer bestimmten Stunde, ohne Rücksicht auf die Umstände, zu predigen, so mochte er es tun, es würde auch ohne K.s Beistand gelingen, ebenso wie die Anwesenheit K.s die Wirkung gewiss nicht steigern würde. Langsam setzte sich also K. in Gang, tastete sich auf den Fußspitzen an der Bank hin, kam dann in den breiten Hauptweg und ging auch dort ganz ungestört, nur dass der steinerne Boden unter dem leisesten Schritt erklang und die Wölbungen schwach, aber ununterbrochen, in vielfachem, gesetzmäßigem Fortschreiten davon widerhallten. K. fühlte sich ein wenig verlassen, als er dort, vom Geistlichen vielleicht beobachtet, zwischen den leeren Bänken allein hindurchging, auch schien ihm die Größe des Doms gerade an der Grenze des für Menschen noch Erträglichen zu liegen. Als er zu seinem früheren Platz kam, haschte er förmlich, ohne weiteren Aufenthalt, nach dem dort liegen gelassenen Album und nahm es an sich. Fast hatte er schon das Gebiet der Bänke verlassen und näherte sich dem freien Raum, der zwischen ihnen und dem Ausgang lag, als er zum ersten Mal die Stimme des Geistlichen hörte. Eine mächtige, geübte Stimme. Wie durchdrang sie den zu ihrer Aufnahme bereiten Dom! Es war aber nicht die Gemeinde, die der Geistliche anrief, es war ganz eindeutig, und es gab keine Ausflüchte, er rief: „Josef K.!“

K. stockte und sah vor sich auf den Boden. Vorläufig war er noch frei, er konnte noch weitergehen und durch eine der drei kleinen, dunklen Holztüren, die nicht weit vor ihm waren, sich davonmachen. Es würde eben bedeuten, dass er nicht verstanden hatte, oder dass er zwar verstanden hatte, sich aber darum nicht kümmern wollte. Falls er sich aber umdrehte, war er festgehalten, denn dann hatte er das Geständnis gemacht, dass er gut verstanden hatte, dass er wirklich der Angerufene war und dass er auch folgen wollte. Hätte der Geistliche nochmals gerufen, wäre K. gewiss fortgegangen, aber da alles still blieb, solange K. auch wartete, drehte er doch ein wenig den Kopf, denn er wollte sehen, was der Geistliche jetzt mache. Er stand ruhig auf der Kanzel wie früher, es war aber deutlich zu sehen, dass er K.s Kopfwendung bemerkt hatte. Es wäre ein kindliches Versteckenspiel gewesen, wenn sich jetzt K. nicht vollständig umgedreht hätte. Er tat es und wurde vom Geistlichen durch ein Winken des Fingers näher gerufen. Da jetzt alles offen geschehen konnte, lief er – er tat es auch aus Neugierde und um die Angelegenheit abzukürzen – mit langen, fliegenden Schritten der Kanzel entgegen. Bei den ersten Bänken machte er halt, aber dem Geistlichen schien die Entfernung noch zu groß, er streckte die Hand aus und zeigte mit dem scharf gesenkten Zeigefinger auf eine Stelle knapp vor der Kanzel. K. folgte auch darin, er musste auf diesem Platz den Kopf schon weit zurückbeugen, um den Geistlichen noch zu sehen. „Du bist Josef K.", sagte der Geistliche und erhob eine Hand auf der Brüstung in einer unbestimmten Bewegung. „Ja", sagte K., er dachte daran, wie offen er früher immer seinen Namen genannt hatte, seit einiger Zeit war er ihm eine Last, auch kannten jetzt seinen Namen Leute, mit denen er zum ersten Mal zusammenkam, wie schön war es, sich zuerst vorzustellen und dann erst gekannt zu werden. „Du bist angeklagt", sagte der Geistliche besonders leise. „Ja", sagte K., „man hat mich davon verständigt." „Dann bist du der, den ich suche", sagte der Geistliche. „Ich bin der Gefängniskaplan." „Ach so", sagte K. „Ich habe dich hierher rufen lassen", sagte der Geistliche, „um mit dir zu sprechen." „Ich wusste es nicht", sagte K. „Ich bin hierhergekommen, um einem Italiener den Dom zu zeigen." „Lass das Nebensächliche", sagte der Geistliche. „Was hältst du in der Hand? Ist es ein Gebetbuch?" „Nein", antwortete K., „es ist ein Album der städtischen Sehenswürdigkeiten." „Leg es aus der Hand", sagte der Geistliche. K. warf es so heftig weg, dass es aufklappte und mit zerdrückten Blättern ein Stück über den Boden schleifte. „Weißt du, dass dein Prozess schlecht steht?", fragte der Geistliche. „Es scheint mir auch so", sagte K. „Ich habe mir alle Mühe gegeben, bisher aber ohne Erfolg. Allerdings habe ich die Eingabe noch nicht fertig." „Wie stellst du dir das Ende vor?", fragte der Geistliche. „Früher dachte ich, es müsse gut enden", sagte K., „jetzt zweifle ich daran manchmal selbst. Ich weiß nicht, wie es enden wird. Weißt du es?" „Nein", sagte der Geistliche, „aber ich fürchte, es wird schlecht enden. Man hält dich für schuldig. Dein Prozess wird vielleicht über ein niedriges Gericht gar nicht hinauskommen. Man hält wenigstens vorläufig deine Schuld für erwiesen." „Ich bin aber nicht schuldig", sagte K., „es ist ein Irrtum. Wie kann denn ein Mensch überhaupt schuldig sein. Wir sind hier doch alle Menschen, einer wie der andere." „Das ist richtig", sagte der Geistliche, „aber so pflegen die Schuldigen zu reden." „Hast auch du ein Vorurteil gegen mich?", fragte K. „Ich habe kein Vorurteil gegen dich", sagte der

Geistliche. „Ich danke dir“, sagte K., „alle anderen aber, die an dem Verfahren beteiligt sind, haben ein Vorurteil gegen mich. Sie flößen es auch den Unbeteiligten ein. Meine Stellung wird immer schwieriger.“ „Du missverstehst die Tatsachen“, sagte der Geistliche, „das Urteil kommt nicht mit einem Mal, das Verfahren geht allmählich ins Urteil über.“ „So ist es also“, sagte K. und senkte den Kopf. „Was willst du nächstens in deiner Sache tun?“, fragte der Geistliche. „Ich will noch Hilfe suchen“, sagte K. und hob den Kopf, um zu sehen, wie der Geistliche es beurteile. „Es gibt noch gewisse Möglichkeiten, die ich nicht ausgenützt habe.“ „Du suchst zu viel fremde Hilfe“, sagte der Geistliche missbilligend, „und besonders bei Frauen. Merkst du denn nicht, dass es nicht die wahre Hilfe ist?“ „Manchmal und sogar oft könnte ich dir Recht geben“, sagte K., „aber nicht immer. Die Frauen haben eine große Macht. Wenn ich einige Frauen, die ich kenne, dazu bewegen könnte, gemeinschaftlich für mich zu arbeiten, müsste ich durchdringen. Besonders bei diesem Gericht, das fast nur aus Frauenjägern besteht. Zeig dem Untersuchungsrichter eine Frau aus der Ferne, und er überrennt, um nur rechtzeitig hinzukommen, den Gerichtstisch und den Angeklagten.“ Der Geistliche neigte den Kopf zur Brüstung, jetzt erst schien die Überdachung der Kanzel ihn niederzudrücken. Was für ein Unwetter mochte draußen sein? Das war kein trüber Tag mehr, das war schon tiefe Nacht. Keine Glasmalerei der großen Fenster war imstande, die dunkle Wand auch nur mit einem Schimmer zu unterbrechen. Und gerade jetzt begann der Kirchendiener, die Kerzen auf dem Hauptaltar, eine nach der anderen, auszulöschen. „Bist du mir böse?“, fragte K. den Geistlichen. „Du weißt vielleicht nicht, was für einem Gericht du dienst.“ Er bekam keine Antwort. „Es sind doch nur meine Erfahrungen“, sagte K. Oben blieb es noch immer still. „Ich wollte dich nicht beleidigen“, sagte K. Da schrie der Geistliche zu K. hinunter: „Siehst du denn nicht zwei Schritte weit?“ Es war im Zorn geschrien, aber gleichzeitig wie von einem, der jemanden fallen sieht und, weil er selbst erschrocken ist, unvorsichtig, ohne Willen schreit.

Nun schwiegen beide lange. Gewiss konnte der Geistliche in dem Dunkel, das unten herrschte, K. nicht genau erkennen, während K. den Geistlichen im Licht der kleinen Lampe deutlich sah. Warum kam der Geistliche nicht herunter? Eine Predigt hatte er ja nicht gehalten, sondern K. nur einige Mitteilungen gemacht, die ihm, wenn er sie genau beachtete, wahrscheinlich mehr schaden als nützen würden. Wohl aber schien K. die gute Absicht des Geistlichen zweifellos zu sein, es war nicht unmöglich, dass er sich mit ihm, wenn er herunterkäme, einigen würde, es war nicht unmöglich, dass er von ihm einen entscheidenden und annehmbaren Rat bekäme, der ihm zum Beispiel zeigen würde, nicht etwa wie der Prozess zu beeinflussen war, sondern wie man aus dem Prozess ausbrechen, wie man ihn umgehen, wie man außerhalb des Prozesses leben könnte. Diese Möglichkeit musste bestehen, K. hatte in der letzten Zeit öfters an sie gedacht. Wusste aber der Geistliche eine solche Möglichkeit, würde er sie vielleicht, wenn man ihn darum bat, verraten, obwohl er selbst zum Gerichte gehörte und obwohl er, als K. das Gericht angegriffen hatte, sein sanftes Wesen unterdrückt und K. sogar angeschrien hatte.

„Willst du nicht herunterkommen?“, sagte K. „Es ist doch keine Predigt zu halten. Komm zu mir herunter.“

„Jetzt kann ich schon kommen“, sagte der Geistliche, er bereute vielleicht sein Schreien. Während er die Lampe von ihrem Haken löste, sagte er: „Ich musste zuerst aus der Entfernung mit dir sprechen. Ich lasse mich sonst zu leicht beeinflussen und vergesse meinen Dienst.“

K. erwartete ihn unten an der Treppe. Der Geistliche streckte ihm schon von einer oberen Stufe im Hinuntergehen die Hand entgegen. „Hast du ein wenig Zeit für mich?“, fragte K. „So viel Zeit, als du brauchst“, sagte der Geistliche und reichte K. die kleine Lampe, damit er sie trage. Auch in der Nähe verlor sich eine gewisse Feierlichkeit aus seinem Wesen nicht. „Du bist sehr freundlich zu mir“, sagte K., sie gingen nebeneinander im dunklen Seitenschiff auf und ab. „Du bist eine Ausnahme unter allen, die zum Gericht gehören. Ich habe mehr

Vertrauen zu dir als zu irgendjemandem von ihnen, so viele ich schon kenne. Mit dir kann ich offen reden." „Täusche dich nicht", sagte der Geistliche. „Worin sollte ich mich denn täuschen?", fragte K. „In dem Gericht täuschst du dich", sagte der Geistliche, „in den einleitenden Schriften zum Gesetz heißt es von dieser Täuschung: Vor dem Gesetz steht ein Türhüter. Zu diesem Türhüter kommt ein Mann vom Lande und bittet um Eintritt in das Gesetz. Aber der Türhüter sagt, dass er ihm jetzt den Eintritt nicht gewähren könne. Der Mann überlegt und fragt dann, ob er also später werde eintreten dürfen. ‚Es ist möglich', sagt der Türhüter, ‚jetzt aber nicht.' Da das Tor zum Gesetz offensteht wie immer und der Türhüter beiseitetritt, bückt sich der Mann, um durch das Tor in das Innere zu sehen. Als der Türhüter das merkt, lacht er und sagt: ‚Wenn es dich so lockt, versuche es doch, trotz meinem Verbot hineinzugehen. Merke aber: Ich bin mächtig. Und ich bin nur der unterste Türhüter. Von Saal zu Saal stehen aber Türhüter, einer mächtiger als der andere. Schon den Anblick des dritten kann nicht einmal ich mehr vertragen.' Solche Schwierigkeiten hat der Mann vom Lande nicht erwartet, das Gesetz soll doch jedem und immer zugänglich sein, denkt er, aber als er jetzt den Türhüter in seinem Pelzmantel genauer ansieht, seine große Spitznase, den langen, dünnen, schwarzen, tartarischen Bart, entschließt er sich doch, lieber zu warten, bis er die Erlaubnis zum Eintritt bekommt. Der Türhüter gibt ihm einen Schemel und lässt ihn seitwärts von der Tür sich niedersetzen. Dort sitzt er Tage und Jahre. Er macht viele Versuche, eingelassen zu werden und ermüdet den Türhüter durch seine Bitten. Der Türhüter stellt öfters kleine Verhöre mit ihm an, fragt ihn nach seiner Heimat aus und nach vielem anderen, es sind aber teilnahmslose Fragen, wie sie große Herren stellen, und zum Schlusse sagt er ihm immer wieder, dass er ihn noch nicht einlassen könne. Der Mann, der sich für seine Reise mit vielem ausgerüstet hat, verwendet alles, und sei es noch so wertvoll, um den Türhüter zu bestechen. Dieser nimmt zwar alles an, aber sagt dabei: ‚Ich nehme es nur an, damit du nicht glaubst, etwas versäumt zu haben.‘ Während der vielen Jahre beobachtet der Mann den Türhüter fast ununterbrochen. Er vergisst die anderen Türhüter, und dieser erste scheint ihm das einzige Hindernis für den Eintritt in das Gesetz. Er verflucht den unglücklichen Zufall in den ersten Jahren laut, später, als er alt wird, brummt er nur noch vor sich hin. Er wird kindisch, und da er in dem jahrelangen Studium des Türhüters auch die Flöhe in seinem Pelzkragen erkannt hat, bittet er auch die Flöhe, ihm zu helfen und den Türhüter umzustimmen. Schließlich wird sein Augenlicht schwach, und er weiß nicht, ob es um ihn wirklich dunkler wird oder ob ihn nur die Augen täuschen. Wohl aber erkennt er jetzt im Dunkel einen Glanz, der unverlöschlich aus der Türe des Gesetzes bricht. Nun lebt er nicht mehr lange. Vor seinem Tode sammeln sich in seinem Kopfe alle Erfahrungen der ganzen Zeit zu einer Frage, die er bisher an den Türhüter noch nicht gestellt hat. Er winkt ihm zu, da er seinen erstarrenden Körper nicht mehr aufrichten kann. Der Türhüter muss sich tief zu ihm hinunterneigen, denn die Größenunterschiede haben sich sehr zuungunsten des Mannes verändert. ‚Was willst du denn jetzt noch wissen?‘, fragt der Türhüter, ‚du bist unersättlich.‘ ‚Alle streben doch nach dem Gesetz‘, sagt der Mann, ‚wie kommt es, dass in den vielen Jahren niemand außer mir Einlass verlangt hat?‘ Der Türhüter erkennt, dass der Mann schon am Ende ist, und um sein vergehendes Gehör noch zu erreichen, brüllt er ihn an: ‚Hier konnte niemand sonst Einlass erhalten, denn dieser Eingang war nur für dich bestimmt. Ich gehe jetzt und schließe ihn.‘“

„Der Türhüter hat also den Mann getäuscht“, sagte K. sofort, von der Geschichte sehr stark angezogen. „Sei nicht übereilt“, sagte der Geistliche, „übernimm nicht die fremde Meinung ungeprüft. Ich habe dir die Geschichte im Wortlaut der Schrift erzählt. Von Täuschung steht darin nichts.“ „Es ist aber klar“, sagte K., „und deine erste Deutung war ganz richtig. Der Türhüter hat die erlösende Mitteilung erst dann gemacht, als sie dem Manne nicht mehr helfen konnte.“ „Er wurde nicht früher gefragt", sagte der Geistliche, „bedenke auch, dass er nur Türhüter war, und als solcher hat er seine Pflicht erfüllt." „Warum glaubst du, dass er seine Pflicht erfüllt hat?", fragte K., „er hat sie nicht erfüllt. Seine Pflicht war es vielleicht, alle Fremden abzuwehren, diesen Mann aber, für den der Eingang bestimmt war, hätte er einlassen müssen." „Du hast nicht genug Achtung vor der Schrift und veränderst die Geschichte", sagte der Geistliche. „Die Geschichte enthält über den Einlass ins Gesetz zwei wichtige Erklärungen des Türhüters, eine am Anfang, eine am Ende. Die eine Stelle lautet: dass er ihm jetzt den Eintritt nicht gewähren könne, und die andere: dieser Eingang war nur für dich bestimmt. Bestände zwischen diesen beiden Erklärungen ein Widerspruch, dann hättest du Recht, und der Türhüter hätte den Mann getäuscht. Nun besteht aber kein Widerspruch. Im Gegenteil, die erste Erklärung deutet sogar auf die zweite hin. Man könnte fast sagen, der Türhüter ging über seine Pflicht hinaus, indem er dem Mann eine zukünftige Möglichkeit des Einlasses in Aussicht stellte. Zu jener Zeit scheint es nur seine Pflicht gewesen zu sein, den Mann abzuweisen, und tatsächlich wundern sich viele Erklärer der Schrift darüber, dass der Türhüter jene Andeutung überhaupt gemacht hat, denn er scheint die Genauigkeit zu lieben und wacht streng über sein Amt. Durch viele Jahre verlässt er seinen Posten nicht und schließt das Tor erst ganz zuletzt, er ist sich der Wichtigkeit seines Dienstes sehr bewusst, denn er sagt: ‚Ich bin mächtig', er hat Ehrfurcht vor den Vorgesetzten, denn er sagt: ‚Ich bin nur der unterste Türhüter', er ist nicht geschwätzig, denn während der vielen Jahre stellt er nur, wie es heißt, ‚teilnahmslose Fragen', er ist nicht bestechlich, denn er sagt über ein Geschenk: ‚Ich nehme es nur an, damit du nicht glaubst, etwas versäumt zu haben', er ist, wo es um Pflichterfüllung geht, weder zu rühren noch zu erbittern, denn es heißt von dem Mann, ‚er ermüdet den Türhüter durch sein Bitten', schließlich deutet auch sein Äußeres auf einen pedantischen Charakter hin, die große Spitznase und der lange, dünne, schwarze, tartarische Bart. Kann es einen pflichttreueren Türhüter geben? Nun mischen sich aber in den Türhüter noch andere Wesenszüge ein, die für den, der Einlass verlangt, sehr günstig sind und welche es immerhin begreiflich machen, dass er in jener Andeutung einer zukünftigen Möglichkeit über seine Pflicht etwas hinausgehen konnte. Es ist nämlich nicht zu leugnen, dass er ein wenig einfältig und im Zusammenhang damit ein wenig eingebildet ist. Wenn auch seine Äußerungen über seine Macht und über die Macht der anderen Türhüter und über deren sogar für ihn unerträglichen Anblick – ich sage, wenn auch alle diese Äußerungen an sich richtig sein mögen, so zeigt doch die Art, wie er diese Äußerungen vorbringt, dass seine Auffassung durch Einfalt und Überhebung getrübt ist. Die Erklärer sagen hiezu: ‚Richtiges Auffassen einer Sache und Missverstehen der gleichen Sache schließen einander nicht vollständig aus.' Jedenfalls aber muss man annehmen, dass jene Einfalt und Überhebung, so geringfügig sie sich vielleicht auch äußern, doch die Bewachung des Eingangs schwächen, es sind Lücken im Charakter des Türhüters. Hinzu kommt noch, dass der Türhüter seiner Naturanlage nach freundlich zu sein scheint, er ist durchaus nicht immer Amtsperson. Gleich in den ersten Augenblicken macht er den Spaß, dass er den Mann trotz dem ausdrücklich aufrechterhaltenen Verbot zum Eintritt einlädt, dann schickt er ihn nicht etwa fort, sondern gibt ihm, wie es heißt, einen Schemel und lässt ihn seitwärts von der Tür sich niedersetzen. Die Geduld, mit der er durch alle die Jahre die Bitten des Mannes erträgt, die kleinen Verhöre, die Annahme der Geschenke, die Vornehmheit, mit der er es zulässt, dass der Mann neben ihm laut den unglücklichen Zufall verflucht, der den Türhüter hier aufgestellt hat – alles dieses lässt auf Regungen des Mitleids schließen. Nicht jeder Türhüter hätte so gehandelt. Und schließlich beugt er sich noch auf einen Wink hin tief zu dem Mann hinab, um ihm Gelegenheit zur letzten Frage zu geben. Nur eine schwache Ungeduld – der Türhüter weiß ja, dass alles zu Ende ist – spricht sich in den Worten aus: ‚Du bist unersättlich.' Manche gehen sogar in dieser Art der Erklärung noch weiter und meinen, die

Worte ‚Du bist unersättlich', drücken eine Art freundschaftlicher Bewunderung aus, die allerdings von Herablassung nicht frei ist. Jedenfalls schließt sich so die Gestalt des Türhüters anders ab, als du es glaubst." „Du kennst die Geschichte genauer als ich und längere Zeit", sagte K. Sie schwiegen ein Weilchen. Dann sagte K.: „Du glaubst also, der Mann wurde nicht getäuscht?" „Missverstehe mich nicht", sagte der Geistliche, „ich zeige dir nur die Meinungen, die darüber bestehen. Du musst nicht zu viel auf Meinungen achten. Die Schrift ist unveränderlich und die Meinungen sind oft nur ein Ausdruck der Verzweiflung darüber. In diesem Falle gibt es sogar eine Meinung, nach welcher gerade der Türhüter der Getäuschte ist." „Das ist eine weitgehende Meinung", sagte K. „Wie wird sie begründet?" „Die Begründung", antwortete der Geistliche, „geht von der Einfalt des Türhüters aus. Man sagt, dass er das Innere des Gesetzes nicht kennt, sondern nur den Weg, den er vor dem Eingang immer wieder abgehen muss. Die Vorstellungen, die er von dem Innern hat, werden für kindlich gehalten, und man nimmt an, dass er das, wovor er dem Manne Furcht machen will, selbst fürchtet. Ja, er fürchtet es mehr als der Mann, denn dieser will ja nichts anderes als eintreten, selbst als er von den schrecklichen Türhütern des Innern gehört hat, der Türhüter dagegen will nicht eintreten, wenigstens erfährt man nichts darüber. Andere sagen zwar, dass er bereits im Innern gewesen sein muss, denn er ist doch einmal in den Dienst des Gesetzes aufgenommen worden, und das könne nur im Innern geschehen sein. Darauf ist zu antworten, dass er wohl auch durch einen Ruf aus dem Innern zum Türhüter bestellt worden sein könnte und dass er zumindest tief im Innern nicht gewesen sein dürfte, da er doch schon den Anblick des dritten Türhüters nicht mehr ertragen kann. Außerdem aber wird auch nicht berichtet, dass er während der vielen Jahre außer der Bemerkung über die Türhüter irgendetwas von dem Innern erzählt hätte. Es könnte ihm verboten sein, aber auch vom Verbot hat er nichts erzählt. Aus alledem schließt man, dass er über das Aussehen und die Bedeutung des Innern nichts weiß und sich darüber in Täuschung befindet. Aber auch über den Mann vom Lande soll er sich in Täuschung befinden, denn er ist diesem Mann untergeordnet und weiß es nicht. Dass er den Mann als einen Untergeordneten behandelt, erkennt man aus vielem, das dir noch erinnerlich sein dürfte. Dass er ihm aber tatsächlich untergeordnet ist, soll nach dieser Meinung ebenso deutlich hervorgehen. Vor allem ist der Freie dem Gebundenen übergeordnet. Nun ist der Mann tatsächlich frei, er kann hingehen, wohin er will, nur der Eingang in das Gesetz ist ihm verboten, und überdies nur von einem Einzelnen, vom Türhüter. Wenn er sich auf den Schemel seitwärts vom Tor niedersetzt und dort sein Leben lang bleibt, so geschieht dies freiwillig, die Geschichte erzählt von keinem Zwang. Der Türhüter dagegen ist durch sein Amt an seinen Posten gebunden, er darf sich nicht auswärts entfernen, allem Anschein nach aber auch nicht in das Innere gehen, selbst wenn er es wollte. Außerdem ist er zwar im Dienst des Gesetzes, dient aber nur für diesen Eingang, also auch nur für diesen Mann, für den dieser Eingang allein bestimmt ist. Auch aus diesem Grunde ist er ihm untergeordnet. Es ist anzunehmen, dass er durch viele Jahre, durch ein ganzes Mannesalter gewissermaßen nur leeren Dienst geleistet hat, denn es wird gesagt, dass ein Mann kommt, also jemand im Mannesalter, dass also der Türhüter lange warten musste, ehe sich sein Zweck erfüllte, und zwar so lange warten musste, als es dem Mann beliebte, der doch freiwillig kam. Aber auch das Ende des Dienstes wird durch das Lebensende des Mannes bestimmt, bis zum Ende also bleibt er ihm untergeordnet. Und immer wieder wird betont, dass von alledem der Türhüter nichts zu wissen scheint. Daran wird aber nichts Auffälliges gesehen, denn nach dieser Meinung befindet sich der Türhüter noch in einer viel schwereren Täuschung, sie betrifft seinen Dienst. Zuletzt spricht er nämlich vom Eingang und sagt: ‚Ich gehe jetzt und schließe ihn‘, aber am Anfang heißt es, dass das Tor zum Gesetz offensteht wie immer, steht es aber immer offen, immer, das heißt unabhängig von der Lebensdauer des Mannes, für den es bestimmt ist, dann wird es auch der Türhüter nicht schließen können. Darüber gehen die Meinungen auseinander, ob der Türhüter mit der Ankündigung, dass er das Tor schließen wird, nur eine Antwort geben oder seine Dienstpflicht betonen oder den Mann noch im letzten Augenblick in Reue und Trauer setzen will. Darin aber sind viele einig, dass er das Tor nicht wird schließen können. Sie glauben sogar, dass er, wenigstens am Ende, auch in seinem Wissen dem Manne untergeordnet ist, denn dieser sieht den Glanz, der aus dem Eingang des Gesetzes bricht, während der Türhüter als solcher wohl mit dem Rücken zum Eingang steht und auch durch keine Äußerung zeigt, dass er eine Veränderung bemerkt hätte." „Das ist gut begründet", sagte K., der einzelne Stellen aus der Erklärung des Geistlichen halblaut für sich wiederholt hatte. „Es ist gut begründet, und ich glaube nun auch, dass der Türhüter getäuscht ist. Dadurch bin ich aber von meiner früheren Meinung nicht abgekommen, denn beide decken sich teilweise. Es ist unentscheidend, ob der Türhüter klar sieht oder getäuscht wird. Ich sagte, der Mann wird getäuscht. Wenn der Türhüter klar sieht, könnte man daran zweifeln, wenn der Türhüter aber getäuscht ist, dann muss sich seine Täuschung notwendig auf den Mann übertragen. Der Türhüter ist dann zwar kein Betrüger, aber so einfältig, dass er sofort aus dem Dienst gejagt werden müsste. Du musst doch bedenken, dass die Täuschung, in der sich der Türhüter befindet, ihm nichts schadet, dem Mann aber tausendfach." „Hier stößt du auf eine Gegenmeinung", sagte der Geistliche. „Manche sagen nämlich, dass die Geschichte niemandem ein Recht gibt, über den Türhüter zu urteilen. Wie er uns auch erscheinen mag, ist er doch ein Diener des Gesetzes, also zum Gesetz gehörig, also dem menschlichen Urteil entrückt. Man darf dann auch nicht glauben, dass der Türhüter dem Manne untergeordnet ist. Durch seinen Dienst auch nur an den Eingang des Gesetzes gebunden zu sein, ist unvergleichlich mehr, als frei in der Welt zu leben. Der Mann kommt erst zum Gesetz, der Türhüter ist schon dort. Er ist vom Gesetz zum Dienst bestellt, an seiner Würdigkeit zu zweifeln, hieße am Gesetz zweifeln." „Mit dieser Meinung stimme ich nicht überein", sagte K. kopfschüttelnd, „denn wenn man sich ihr anschließt, muss man alles, was der Türhüter sagt, für wahr halten. Dass das aber nicht möglich ist, hast du ja selbst ausführlich begründet." „Nein", sagte der Geistliche, „man muss nicht alles für wahr halten, man muss es nur für notwendig halten." „Trübselige Meinung", sagte K. „Die Lüge wird zur Weltordnung gemacht."

K. sagte das abschließend, aber sein Endurteil war es nicht. Er war zu müde, um alle Folgerungen der Geschichte übersehen zu können, es waren auch ungewohnte Gedankengänge, in die sie ihn führte, unwirkliche Dinge, besser geeignet zur Besprechung für die Gesellschaft der Gerichtsbeamten als für ihn. Die einfache Geschichte war unförmlich geworden, er wollte sie von sich abschütteln, und der Geistliche, der jetzt ein großes Zartgefühl bewies, duldete es und nahm K.s Bemerkung schweigend auf, obwohl sie mit seiner eigenen Meinung gewiss nicht übereinstimmte.

Sie gingen eine Zeitlang schweigend weiter, K. hielt sich eng neben dem Geistlichen, ohne zu wissen, wo er sich befand. Die Lampe in seiner Hand war längst erloschen. Einmal blinkte gerade vor ihm das silberne Standbild eines Heiligen nur mit dem Schein des Silbers und spielte gleich wieder ins Dunkel über. Um nicht vollständig auf den Geistlichen angewiesen zu bleiben, fragte ihn K.: „Sind wir jetzt nicht in der Nähe des Haupteinganges?" „Nein", sagte der Geistliche, „wir sind weit von ihm entfernt. Willst du schon fortgehen?" Obwohl K. gerade jetzt nicht daran gedacht hatte, sagte er sofort: „Gewiss, ich muss fortgehen. Ich bin Prokurist einer Bank, man wartet auf mich, ich bin nur hergekommen, um einem ausländischen Geschäftsfreund den Dom zu zeigen." „Nun", sagte der Geistliche und reichte K. die Hand, „dann geh." „Ich kann mich aber im Dunkel allein nicht zurechtfinden", sagte K. „Geh links zur Wand", sagte der Geistliche, „dann weiter die Wand entlang, ohne sie zu verlassen, und du wirst einen Ausgang finden." Der Geistliche hatte sich erst ein paar Schritte entfernt, aber K. rief schon sehr laut: „Bitte, warte noch!" „Ich warte", sagte der Geistliche. „Willst du nicht noch etwas von mir?“, fragte K. „Nein“, sagte der Geistliche. „Du warst früher so freundlich zu mir“, sagte K., „und hast mir alles erklärt, jetzt aber entlässt du mich, als läge dir nichts an mir.“ „Du musst doch fortgehen“, sagte der Geistliche. „Nun ja“, sagte K., „sieh das doch ein.“ „Sieh du zuerst ein, wer ich bin“, sagte der Geistliche. „Du bist der Gefängniskaplan“, sagte K. und ging näher zum Geistlichen hin, seine sofortige Rückkehr in die Bank war nicht so notwendig, wie er sie dargestellt hatte, er konnte recht gut noch hierbleiben. „Ich gehöre also zum Gericht“, sagte der Geistliche. „Warum sollte ich also etwas von dir wollen. Das Gericht will nichts von dir. Es nimmt dich auf, wenn du kommst, und es entlässt dich, wenn du gehst.“

Zehntes Kapitel

Ende

Am Vorabend seines einunddreißigsten Geburtstages – es war gegen neun Uhr abends, die Zeit der Stille auf den Straßen – kamen zwei Herren in K.s Wohnung. In Gehröcken, bleich und fett, mit scheinbar unverrückbaren Zylinderhüten. Nach einer kleinen Förmlichkeit bei der Wohnungstür wegen des ersten Eintretens wiederholte sich die gleiche Förmlichkeit in größerem Umfange vor K.s Tür. Ohne dass ihm der Besuch angekündigt gewesen wäre, saß K., gleichfalls schwarz angezogen, in einem Sessel in der Nähe der Türe und zog langsam neue, scharf sich über die Finger spannende Handschuhe an, in der Haltung, wie man Gäste erwartet. Er stand gleich auf und sah die Herren neugierig an. „Sie sind also für mich bestimmt?“, fragte er. Die Herren nickten, einer zeigte mit dem Zylinderhut in der Hand auf den anderen. K. gestand sich ein, dass er einen anderen Besuch erwartet hatte. Er ging zum Fenster und sah noch einmal auf die dunkle Straße. Auch fast alle Fenster auf der anderen Straßenseite waren schon dunkel, in vielen die Vorhänge herabgelassen. In einem beleuchteten Fenster des Stockwerkes spielten kleine Kinder hinter einem Gitter miteinander und tasteten, noch unfähig, sich von ihren Plätzen fortzubewegen, mit den Händchen nacheinander. „Alte, untergeordnete Schauspieler schickt man um mich“, sagte sich K. und sah sich um, um sich nochmals davon zu überzeugen. „Man sucht auf billige Weise mit mir fertigzuwerden.“ K. wendete sich plötzlich ihnen zu und fragte: „An welchem Theater spielen Sie?“ „Theater?“, fragte der eine Herr mit zuckenden Mundwinkeln den anderen um Rat. Der andere gebärdete sich wie ein Stummer, der mit dem widerspenstigsten Organismus kämpft. „Sie sind nicht darauf vorbereitet, gefragt zu werden“, sagte sich K. und ging seinen Hut holen.

Schon auf der Treppe wollten sich die Herren in K. einhängen, aber K. sagte: „Erst auf der Gasse, ich bin nicht krank.“ Gleich aber vor dem Tor hängten sie sich in ihn

in einer Weise ein, wie K. noch niemals mit einem Menschen gegangen war. Sie hielten die Schultern eng hinter den seinen, knickten die Arme nicht ein, sondern benützten sie, um K.s Arme in ihrer ganzen Länge zu umschlingen, unten erfassten sie K.s Hände mit einem schulmäßigen, eingeübten, unwiderstehlichen Griff. K. ging straff gestreckt zwischen ihnen, sie bildeten jetzt alle drei eine solche Einheit, dass, wenn man einen von ihnen zerschlagen hätte, alle zerschlagen gewesen wären. Es war eine Einheit, wie sie fast nur Lebloses bilden kann.
Unter den Laternen versuchte K. öfters, so schwer es bei diesem engen Aneinander ausgeführt werden konnte, seine Begleiter deutlicher zu sehen, als es in der Dämmerung seines Zimmers möglich gewesen war. „Vielleicht sind es Tenöre", dachte er im Anblick ihres schweren Doppelkinns. Er ekelte sich vor der Reinlichkeit ihrer Gesichter. Man sah förmlich noch die säubernde Hand, die in ihre Augenwinkel gefahren, die ihre Oberlippe gerieben, die die Falten am Kinn ausgekratzt hatte.
Als K. das bemerkte, blieb er stehen, infolgedessen blieben auch die andern stehen; sie waren am Rand eines freien, menschenleeren, mit Anlagen geschmückten Platzes. „Warum hat man gerade Sie geschickt!", rief er mehr, als er fragte. Die Herren wussten scheinbar keine Antwort, sie warteten mit dem hängenden, freien Arm, wie Krankenwärter, wenn der Kranke sich ausruhen will. „Ich gehe nicht weiter", sagte K. versuchsweise. Darauf brauchten die Herren nicht zu antworten, es genügte, dass sie den Griff nicht lockerten und K. von der Stelle wegzuheben versuchten, aber K. widerstand. „Ich werde nicht mehr viel Kraft brauchen, ich werde jetzt alle anwenden", dachte er. Ihm fielen die Fliegen ein, die mit zerreißenden Beinchen von der Leimrute wegstreben. „Die Herren werden schwere Arbeit haben."
Da stieg vor ihnen aus einer tiefer gelegenen Gasse auf einer kleinen Treppe Fräulein Bürstner zum Platz empor. Es war nicht ganz sicher, ob sie es war, die Ähnlichkeit war freilich groß. Aber K. lag auch nichts daran, ob es bestimmt Fräulein Bürstner war, bloß die Wertlosigkeit seines Widerstandes kam ihm gleich zum Bewusstsein.

Es war nichts Heldenhaftes, wenn er widerstand, wenn er jetzt den Herren Schwierigkeiten bereitete, wenn er jetzt in der Abwehr noch den letzten Schein des Lebens zu genießen versuchte. Er setzte sich in Gang, und von der Freude, die er dadurch den Herren machte, ging noch etwas auf ihn selbst über. Sie duldeten es jetzt, dass er die Wegrichtung bestimmte, und er bestimmte sie nach dem Weg, den das Fräulein vor ihnen nahm, nicht etwa, weil er sie einholen, nicht etwa, weil er sie möglichst lange sehen wollte, sondern nur deshalb, um die Mahnung, die sie für ihn bedeutete, nicht zu vergessen. „Das Einzige, was ich jetzt tun kann“, sagte er sich, und das Gleichmaß seiner Schritte und der Schritte der beiden anderen bestätigte seine Gedanken, „das Einzige, was ich jetzt tun kann, ist, bis zum Ende den ruhig einteilenden Verstand behalten. Ich wollte immer mit zwanzig Händen in die Welt hineinfahren und überdies zu einem nicht zu billigenden Zweck. Das war unrichtig. Soll ich nun zeigen, dass nicht einmal der einjährige Prozess mich belehren konnte? Soll ich als ein begriffsstutziger Mensch abgehen? Soll man mir nachsagen dürfen, dass ich am Anfang des Prozesses ihn beenden wollte und jetzt, an seinem Ende, ihn wieder beginnen will? Ich will nicht, dass man das sagt. Ich bin dafür dankbar, dass man mir auf diesem Weg diese halb stummen, verständnislosen Herren mitgegeben hat und dass man es mir überlassen hat, mir selbst das Notwendige zu sagen.“

Das Fräulein war inzwischen in eine Seitengasse eingebogen, aber K. konnte sie schon entbehren und überließ sich seinen Begleitern. Alle drei zogen nun in vollem Einverständnis über eine Brücke im Mondschein, jeder kleinen Bewegung, die K. machte, gaben die Herren jetzt bereitwillig nach, als er ein wenig zum Geländer sich wendete, drehten auch sie sich in ganzer Front dorthin. Das im Mondlicht glänzende und zitternde Wasser teilte sich um eine kleine Insel, auf der, wie zusammengedrängt, Laubmassen von Bäumen und Sträuchern sich aufhäuften. Unter ihnen, jetzt unsichtbar, führten Kieswege mit bequemen Bänken, auf denen K. in manchem Sommer sich gestreckt und gedehnt hatte. „Ich wollte ja gar nicht stehen

bleiben“, sagte er zu seinen Begleitern, beschämt durch ihre Bereitwilligkeit. Der eine schien dem anderen hinter K.s Rücken einen sanften Vorwurf wegen des missverständlichen Stehenbleibens zu machen, dann gingen sie weiter.
Sie kamen durch einige ansteigende Gassen, in denen hie und da Polizisten standen oder gingen; bald in der Ferne, bald in nächster Nähe. Einer mit buschigem Schnurrbart, die Hand am Griff des Säbels, trat wie mit Absicht nahe an die nicht ganz unverdächtige Gruppe. Die Herren stockten, der Polizeimann schien schon den Mund zu öffnen, da zog K. mit Macht die Herren vorwärts. Öfters drehte er sich vorsichtig um, ob der Polizeimann nicht folge; als sie aber eine Ecke zwischen sich und dem Polizeimann hatten, fing K. zu laufen an, die Herren mussten trotz großer Atemnot auch mitlaufen.
So kamen sie rasch aus der Stadt hinaus, die sich in dieser Richtung fast ohne Übergang an die Felder anschloss. Ein kleiner Steinbruch, verlassen und öde, lag in der Nähe eines noch ganz städtischen Hauses. Hier machten die Herren Halt, sei es, dass dieser Ort von allem Anfang an ihr Ziel gewesen war, sei es, dass sie zu erschöpft waren, um noch weiterzulaufen. Jetzt ließen sie K. los, der stumm wartete, nahmen die Zylinderhüte ab und wischten sich, während sie sich im Steinbruch umsahen, mit den Taschentüchern den Schweiß von der Stirn. Überall lag der Mondschein mit seiner Natürlichkeit und Ruhe, die keinem anderen Licht gegeben ist.
Nach Austausch einiger Höflichkeiten hinsichtlich dessen, wer die nächsten Aufgaben auszuführen habe – die Herren schienen die Aufträge ungeteilt bekommen zu haben –, ging der eine zu K. und zog ihm den Rock, die Weste und schließlich das Hemd aus. K. fröstelte unwillkürlich, worauf ihm der Herr einen leichten, beruhigenden Schlag auf den Rücken gab. Dann legte er die Sachen sorgfältig zusammen, wie Dinge, die man noch gebrauchen wird, wenn auch nicht in allernächster Zeit. Um K. nicht ohne Bewegung der immerhin kühlen Nachtluft auszusetzen, nahm er ihn unter den Arm und ging mit ihm ein wenig auf und ab, während der andere Herr den Steinbruch nach irgendeiner passenden Stelle

absuchte. Als er sie gefunden hatte, winkte er, und der andere Herr geleitete K. hin. Es war nahe der Bruchwand, es lag dort ein losgebrochener Stein. Die Herren setzten K. auf die Erde nieder, lehnten ihn an den Stein und betteten seinen Kopf obenauf. Trotz aller Anstrengung, die sie sich gaben, und trotz allem Entgegenkommen, das ihnen K. bewies, blieb seine Haltung eine sehr gezwungene und unglaubwürdige. Der eine Herr bat daher den anderen, ihm für ein Weilchen das Hinlegen K.s allein zu überlassen, aber auch dadurch wurde es nicht besser. Schließlich ließen sie K. in einer Lage, die nicht einmal die beste von den bereits erreichten Lagen war. Dann öffnete der eine Herr seinen Gehrock und nahm aus einer Scheide, die an einem um die Weste gespannten Gürtel hing, ein langes, dünnes beiderseitig geschärftes Fleischermesser, hielt es hoch und prüfte die Schärfe im Licht. Wieder begannen die widerlichen Höflichkeiten, einer reichte über K. hinweg das Messer dem anderen, dieser reichte es wieder über K. zurück. K. wusste jetzt genau, dass es seine Pflicht gewesen wäre, das Messer, als es von Hand zu Hand über ihm schwebte, selbst zu fassen und sich einzubohren. Aber er tat es nicht, sondern drehte den noch freien Hals und sah umher. Vollständig konnte er sich nicht bewähren, alle Arbeit den Behörden nicht abnehmen, die Verantwortung für diesen letzten Fehler trug der, der ihm den Rest der dazu nötigen Kraft versagt hatte. Seine Blicke fielen auf das letzte Stockwerk des an den Steinbruch angrenzenden Hauses. Wie ein Licht aufzuckt, so fuhren die Fensterflügel eines Fensters dort auseinander, ein Mensch, schwach und dünn in der Ferne und Höhe, beugte sich mit einem Ruck weit vor und streckte die Arme noch weiter aus. Wer war es? Ein Freund? Ein guter Mensch? Einer, der teilnahm? Einer, der helfen wollte? War es ein Einzelner? Waren es alle? War noch Hilfe? Gab es Einwände, die man vergessen hatte? Gewiss gab es solche. Die Logik ist zwar unerschütterlich, aber einem Menschen, der leben will, widersteht sie nicht. Wo war der Richter, den er nie gesehen hatte? Wo war das hohe Gericht, bis zu dem er nie gekommen war? Er hob die Hände und spreizte alle Finger.

Aber an K.s Gurgel legten sich die Hände des einen Herrn, während der andere das Messer ihm tief ins Herz stieß und zweimal dort drehte. Mit brechenden Augen sah noch K., wie die Herren, nahe vor seinem Gesicht, Wange an Wange aneinandergelehnt, die Entscheidung beobachteten. „Wie ein Hund!", sagte er, es war, als sollte die Scham ihn überleben.

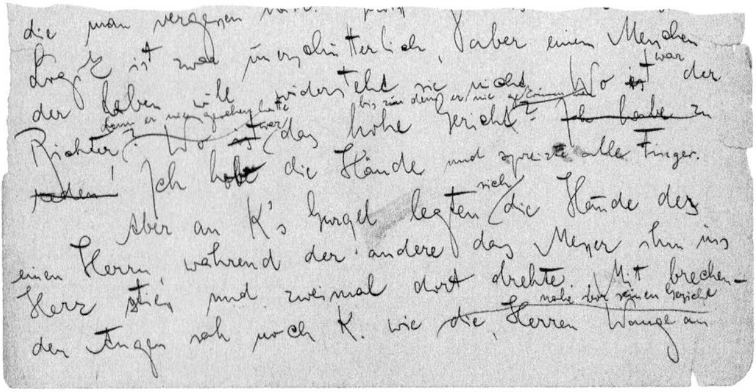

war
der [wi]leben will, widersteht sie nicht. Wo [e]st der
denn er nie gesehen hatte, war, bis z[um]u dem er nie
gekommen war
Richter? Wo ist das hohe Gericht? Ich habe zu reden!
Ich h[ebe]ob die H[a]änd[.]e und spreizte alle Finger.
sich
Aber an K's Gurgel legten die Hände de[r]s
einen Herrn, während der andere das Messer ihm ins
Herz [u]stiess und zweimal dort drehte. Mit brechen-
nahe [f]vor seinen Gesicht
den Augen sah noch K. wie die Herren Wange an

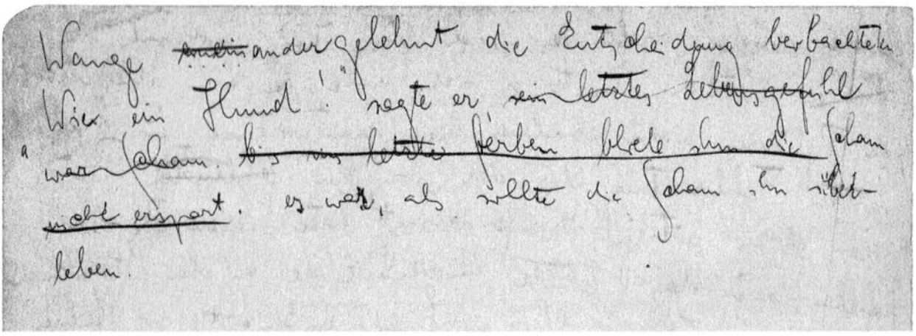

Wange [und]aneinandergelehnt die Entscheidung beob-
achteten.
„Wie ein Hund!" sagte er, sein letztes Lebensgefühl
war Scham. bis ins letzte Sterben blieb ihm die Scham
nicht erspart, e[r]s wa[s]r, als sollte die Scham ihn [ih] übe[l]r-
leben.

Handschrift Kafkas am Schluss des Romans

Anhang

1. „Eine wahrhaft ungeheure Reise“

„Ich versuche immerfort, etwas Nicht-Mitteilbares mitzuteilen, etwas Unerklärliches zu erklären.“ (Franz Kafka)

Franz Kafka: Kleine Fabel[1]

„Ach“, sagte die Maus, „die Welt wird enger mit jedem Tag. Zuerst war sie so breit, dass ich Angst hatte, ich lief weiter und war glücklich, dass ich endlich rechts und links in der Ferne Mauern sah, aber diese langen Mauern eilen so schnell aufeinander zu, dass ich schon im letzten Zimmer bin, und dort im Winkel steht die Falle, in die ich laufe.“ – „Du musst nur die Laufrichtung ändern“, sagte die Katze und fraß sie.

Norbert Schläbitz/Judith Hillers: Lebenslauf Franz Kafkas

Am dritten Juli 1883 kommt Franz Kafka als erstes Kind des Kaufmanns Herrmann Kafka (1852–1931) und seiner Frau Julia, geborene Löwy aus Podìbrad (1856–1934), in Prag zur Welt. Prag, eine Stadt, die Osten und Westen miteinander vereint, prägt und fesselt ihn von Kindheit an. So schreibt Kafka in einem Brief vom 20.12.1902 an seinen Freund Oskar Pollak: „Prag lässt nicht los [...] Dieses Mütterchen hat Krallen.“ (Kafka 1992: 14) Und der Biograf Klaus Wagenbach berichtet: „Während seines ganzen

[1] Text aus dem Nachlass Kafkas, Überschrift stammt von Max Brod

Kafkas Geburtshaus (1898)

Lebens [...] hat Kafka diesen innersten Bezirk der Prager Altstadt nur selten verlassen. „Als wir einmal vom Fenster auf den Ringelplatz hinunterschauten", so berichtet ein Zeuge, „sagte er, auf die Gebäude hinweisend: ‚Hier war mein Gymnasium, dort in dem Gebäude, das herübersieht, die Universität und ein Stückchen weiter links hin mein Bureau. In diesem kleinen Kreis [...] ist mein ganzes Leben eingeschlossen.'" (Wagenbach [32]1997: 18) Das Haus Nr. 27 in der Maislgasse, in dem Kafka geboren wird[1], steht im sogenannten Prager Ghetto, das offiziell als das fünfte Stadtviertel bezeichnet wurde. In diesem Milieu geht es laut und zweifelhaft zu, auch weil sich in einer Spelunke gegenüber seines Geburtshauses ein Teil der Prager Unterwelt versammelt.

Zu Kafkas Geburt beginnt sich das äußere Bild des Ghettos im Zuge des im Umbruch befindlichen Zeitgeistes aber bereits zu verändern. Eine neue Handels-, Industrie- und Finanzentfaltung bricht sich Bahn und fordert ein Höchst-

[1] 1903 wird das Haus im Zuge der Sanierung des Ghettoviertels abgerissen.

maß an Leistungsfähigkeit von den damaligen Geschäftsmännern und Unternehmen und ganz allgemein von den Menschen. Im Vordergrund steht daher der geschäftliche Erfolg; Kindererziehung und Familienleben sind eher zweitrangig. Zwei Geschwister Kafkas sterben, ehe 1889 die älteste Schwester Elli, ein Jahr später Valli und zwei Jahre später Ottla geboren werden. (Alle drei Schwestern sterben während der Naziherrschaft in NS-Konzentrationslagern.) Bis dahin wächst er allein in der Gesellschaft von Ammen, alten Kindermädchen, Gouvernanten auf, da die Eltern sich fast ausschließlich im Geschäft aufhalten. Weil der Sohn es einmal „besser“ haben soll als die Eltern, wird er 1889 auf eine deutsch-jüdische Volksschule geschickt, da er, nach Meinung des Vaters, als Jude nur dann in Österreich etwas werden kann, wenn er die eigentliche „Staatssprache“ – die der österreichischen Monarchie – beherrscht.

Franz Kafka als Student

Nach vier Jahren Volksschule wechselt Kafka 1893 zum humanistischen Staatsgymnasium, wo er im Verlaufe der Zeit zum überzeugten Darwinisten und Nietzsche-Anhänger wird.

In den ersten drei Jahren schneidet Kafka hervorragend ab, wird später dann aber eher durchschnittlich bewertet. Konstant bleiben allein die schlechten Leistungen in Mathematik. Kafka wird von seinen Klassenkameraden als bescheiden, zurückhaltend und unscheinbar beschrieben. Einzig mit Rudolf Illowy, bei dem er erste sozialistische Kenntnisse erwirbt, Hugo Bergmann (überzeugter Zionist), Ewald Felix Přibram und Oskar Pollak freundet er sich an.

Nach dem Abitur 1901 macht Kafka mit seinem Onkel Siegfried einige Wochen Urlaub auf Helgoland und Norderney. Anschließend beginnt Kafka mit O. Pollak und H.

Bergmann ein Studium der Chemie, wechselt aber zwei Wochen später ins juristische Fach, ist allerdings auch stark an kunsthistorischen und germanistischen Vorlesungen interessiert. Ein kurzer Abstecher ins germanistische Fach wird nicht weiter verfolgt. Die Wahl Kafkas für das Jurastudium ist nicht eindeutig geklärt. Der Wunsch, einen Brotberuf auszuüben, der ihm nebenher das Schreiben ermöglichte, wird wohl ausschlaggebend gewesen sein. „Also eigentliche Freiheit der Berufswahl gab es für mich nicht, ich wusste: Alles wird mir gegenüber der Hauptsache genauso gleichgültig sein, wie alle Lehrgegenstände im Gymnasium, es handelt sich also darum, einen Beruf zu finden, der mir, ohne meine Eitelkeit allzu sehr zu verletzen, diese Gleichgültigkeit am ehesten erlaubt. Also war Jus das Selbstverständliche“ (Kafka, Brief an den Vater 1999: 105). Bereits im Gymnasium hat Kafka mit dem Schreiben begonnen. Das erste größere erhaltene Werk entsteht 1904/05 mit dem Titel „Beschreibung eines Kampfes“.[1]

Zu dieser Zeit ist Kafka Mitglied der „Sektion Dichtkunst“ in der „Lese- und Redehalle deutscher Studenten“. Dort lernt er bei einem Vortrag über Nietzsche auch Max Brod kennen, der sein lebenslanger Freund, Förderer, Berater und schließlich Nachlassverwalter wird.

Am 18. Juni 1906 legt Kafka seine knapp mit „genügend“ bestandene Promotion ab. Über die Prüfung vermerkt er, dass „es sehr lustig, wenn auch nicht kenntnisreich“ gewesen sei (Postkarte an Max Brod vom 15.03.1906, zitiert nach Brod/Kafka 1989: 21). Im Anschluss daran absolviert er die sogenannte „Rechtspraxis“ (ein halbes Jahr Zivilgericht, ein halbes Jahr Strafgericht). Kafka entschließt sich aber, weder im Staatsdienst noch in der Advokatur zu arbeiten. Durch die Vermittlung seines Onkels Alfred beginnt er in der Prager Dependance der Versicherungsgesellschaft „Assicurazioni Generali“. Da die Arbeitsbedingungen dort jedoch sehr schwer sind (Arbeitszeit: 8^{00}–12^{00}/14^{00}–18^{00}, Verpflichtung zu unbezahlten Überstunden, 14 Tage Urlaub alle 2 Jahre) und die Bezahlung überdies noch schlecht ist,

[1] Max Brod nennt als Entstehungsjahr 1902, Klaus Wagenbach 1904.

Klassenfoto von 1898
Kafka (2. von links, oberste Reihe) Oskar Pollak (2. Reihe von oben, 2. von links) Rudolf Illowy (3. Reihe von oben, ganz links) Hugo Bergmann (3. Reihe von oben, 3. von links) Ewald Felix Přibram (3. Reihe von oben, ganz rechts)

wechselt er 1908, nach einem Kurs für Arbeiterversicherung an der Prager Handelsakademie und auf Protektion des Vaters seines Schulkameraden Přibram, in die „Arbeiter-Unfall-Versicherungs-Anstalt für das Königreich Böhmen“. Die Dienststunden umfassen nun die Tage von Montag bis Samstag zwischen 8^{00} und 14^{00}. „Das Schicksal des einzelnen Arbeiters wurde Kafka besonders klar bei der juristischen Bearbeitung der Unfallentschädigungen [...]; die Arbeiter hatten ja keinen Anwalt, sie kamen manchmal sogar direkt zu ihm. [...] Dies erklärt auch die ihm zwar zugeteilte, aber in der Tonart ungewöhnlich deutliche Agitation Kafkas für den Unfallschutz“ (Wagenbach, in Kafka 1995: 84). Zu Kafkas Aufgaben gehört u.a. das Verfassen darstellender Texte (z.B. Unfallverhütung, Automobilversicherungen etc.), Einteilung der Betriebe in Gefahrenklassen, Kontrollbesuche der Fabriken und ggf. die Vertretung der Anstalt vor Gericht. „Obwohl der Beamte Kafka beim Eintritt in die Prager ‚Arbeiter-Unfall-Versicherungsanstalt für das Königreich Böhmen‘ von ehrgeizigen Karriereab-

Felice Bauer und Franz Kafka

sichten frei war, obwohl ihn bei einer Beförderung in Anwesenheit seines Vorgesetzten ein zwanghafter Lachanfall überkam, blieb er in seiner Beamtenlaufbahn wie schon in der des Schülers keineswegs der ewige Versager, zu dem er sich so oft stilisierte. Der Aushilfsbeamte wurde zum Concipisten, zum Vice-Sekretär, schließlich zum Obersekretär und Bevollmächtigten der Versicherungsanstalt. In dieser Position unterstand er unmittelbar dem Direktor" (Anz ^{2}1992: 115), und er verdient dabei nicht schlecht. Kafka hat somit in seinem Brotberuf rechtschaffenen Erfolg gehabt, der sich aus seinen autobiografischen Aussagen, wie Anz feststellt, nicht unbedingt ableiten lässt. Zugleich ist auch die Haltung zur Tristesse zumindest graduell zu hinterfragen, wenn man Max Brods Aussagen – fraglos mit aller Vorsicht – gelten lässt, der sagt: „Von irgendeinem Belastetsein durch zwanghafte, düstere Jugendeindrücke, Décadence oder Snobismus, die sich leicht als Auswege solcher Gedrücktheit hätten anbieten können, von Zerknitterung, Zerknirschung der Seele war für den, der mit Kafka zusammentraf, nichts zu merken. Das, was in dem ‚Brief an den Vater' niedergelegt ist, schien nach außen hin nicht zu existieren – oder zeigte sich vielmehr nur andeutungsweise und nur bei sehr vertrautem Umgang. Ich lernte dieses Leid erst allmählich kennen und verstehen. Für den ersten Anschein war Kafka ein gesunder junger Mensch, allerdings merkwürdig still, beobachtend, zurückhaltend. [...] Ich habe immer wieder erlebt, dass Verehrer Kafkas, die ihn nur aus seinen Büchern kennen, ein ganz falsches Bild von ihm haben. Sie glauben, er müsse auch im Umgang traurig, ja verzweifelt gewirkt haben. Das Gegenteil ist der Fall" (Brod 1974: 41f.).

Von großer Bedeutung ist Kafkas Begegnung mit einer jiddischen Schauspielertruppe aus Polen, die ab Oktober 1911 für einige Monate in Prag gastiert. Dort lernt Kafka den wichtigsten Schauspieler und seinen späteren Freund Jizchak Löwy kennen. Als Theater fungiert, unter erbärmlichsten Bedingungen, das „Hermanns Cafe-Restaurant Savoy" am Ziegenplatz in Prag. Dieses Theater besucht Kafka am häufigsten in seinem Leben, und dessen Einflüsse und Eindrücke führen bis in seine Spätwerke.
Er gründet mit einer Geldeinlage seines Vaters im Herbst 1911 zusammen mit seinem Schwager die „Prager Asbestfabrik" und verbleibt als stiller Teilhaber im Hintergrund, was ihm stetige Vorwürfe seines Vaters einbringt, da er sich auch zur gelegentlichen Mitarbeit verpflichtet hat, der er aber nicht nachkommt. Unter den immer wieder erhobenen Vorwürfen leidet der Sohn.
Das Jahr 1912, in dem er sich nach fünfjähriger Berufspraxis als Beamter mit seinem Leben als Schriftsteller konfrontiert sieht, ist für Kafka ein Wendepunkt. Es entstehen eine erste, umfangreiche Fassung des Romans „Der Verschollene", der posthum unter dem Titel „Amerika" erscheint, sowie kleine Prosastücke und Ansätze zu größeren Texten. Ende Juni 1912 bespricht Kafka erstmals mit seinem Verleger die Veröffentlichung eines Buches. Drei Monate später verfasst er das „Urteil" als Tagebuchaufzeichnung, zwei Tage später die zweite Fassung des „Verschollenen" und im November und Dezember „Die Verwandlung".
Privat ist das Jahr 1912 für Kafka mit vielen Aufregungen verbunden. Während dieser Zeit beginnt er mit der Niederschrift der Erzählung „Das Urteil", die er seiner späteren Verlobten Felice Bauer, welche er wenige Wochen zuvor kennengelernt hat, widmet. In den ersten Monaten pflegt Kafka einen intensiven Briefwechsel mit Felice Bauer. Im Juni 1913 äußert er Heiratsabsichten. Kurz danach bricht Kafka aber den Kontakt wieder ab. Im September 1913 reist er nach Riva am Gardasee in ein Sanatorium. Dort lernt er eine Schweizerin kennen und lieben, was er jedoch nach außen hin verschweigt. Seine literarische Produktivität, die er während seines intensiven Briefwechsels mit F. Bauer einstellt, setzt nicht wieder ein. Ein neuerlicher,

aber unregelmäßiger Kontakt zu F. Bauer führt im April 1914 zu einer überraschenden inoffiziellen Verlobung. Pfingsten folgt die offizielle Verlobung, bei der auch die Eltern anwesend sind. Kafka allerdings, der sich gebunden fühlt „wie ein Verbrecher“ (Tagebucheintrag vom 6.6.14), löst diese Verlobung nach nur sechs Wochen wieder auf.
Kafka wird 1914 wegen seiner schwachen Gesundheit nicht als Soldat einberufen. Für ihn beginnt eine unstete Zeit. Auf der Suche nach einer eigenen Wohnung lebt er abwechselnd bei seinen Schwestern Valli und Elli, bis er dann endlich im März 1915 in der Langen Gasse 18 einzieht. Innerhalb dieser von Unruhe geprägten Monate entstehen große Teile des „Prozesses“, den er Ende Juli 1914 begonnen hat, das letzte Kapitel des „Verschollenen“ und die „Strafkolonie“. Im Januar 1915 treffen F. Bauer und Kafka erneut zusammen. Der Versuch einer weiteren Annäherung bei einem gemeinsamen Pfingstausflug verläuft aber unerfreulich, sodass Kafka seinen Sommerurlaub allein in einem Sanatorium in Rumburg verbringt. Der folgende gemeinsame Sommerurlaub im Jahr 1916 allerdings bringt eine Wende. Beide beschließen, nach Kriegsende zu heiraten. Kafkas literarische Produktivität lebt wieder auf und wird besonders durch die Aussicht gefördert, ab November 1916 nachts in einem von Schwester Ottla gemieteten Haus in der Alchimistengasse 22 schreiben zu können, und ab Mitte März 1917 im Schönborn-Palais. In diesen beiden Wohnungen entstehen zahlreiche Prosastücke sowie fast alle „Landarzt“-Erzählungen. Wenige Wochen nach der zweiten Verlobung mit F. Bauer, im August, bricht die Erkrankung (Tuberkulose) Kafkas aus, die auch zum späteren Tode führt. Das hat zur Folge, dass er seine Heiratsbestrebungen aufgibt.

Julie Wohryzek

Im September 1917 zieht Kafka für acht Monate zu

seiner Schwester Ottla nach Zürau, einem kleinen Dorf in einem Hopfenanbaugebiet. Hier entstehen keine größeren literarischen Texte. Diese für ihn überaus glückliche Zeit beschreibt er einmal mit den Worten: „Ottla trägt mich förmlich auf ihren Flügeln durch die schwierige Welt [...] und die Freiheit, die Freiheit vor allem“ und „[m]it Ottla lebe ich in kleiner guter Ehe.“ Nach diesem Landaufenthalt nimmt Kafka für ein halbes Jahr seine Bürotätigkeit wieder auf, der ab November 1918 ein weiterer Urlaub folgt, den Kafka vier Monate in einer Pension bei Liboch an der Elbe verbringt. Diese monatelangen Aufenthalte werden möglich, da sich sein Arbeitgeber gegen eine krankheitsbedingte, frühzeitige Pensionierung ausspricht, aber mehrmonatigen Urlauben und deren Verlängerungen stattgibt.

Milena Jesenská

Die Begegnung mit der Schusterstochter Julie Wohryzek führt zu einer baldigen Verlobung. Diese Verbindung wird vom Vater heftig bekämpft, da sie ihm nicht standesgemäß ist. „Sie hat wahrscheinlich irgendeine ausgesuchte Bluse angezogen, wie das die Prager Jüdinnen verstehn, und daraufhin hast du dich natürlich entschlossen, sie zu heiraten. [...] Ich begreife dich nicht, du bist doch ein erwachsener Mensch, bist in der Stadt, und weißt dir keinen anderen Rat als gleich eine Beliebige zu heiraten“ (Kafkas

Dora Diamant

Das letzte Foto von Kafka

Vater, zitiert nach Wagenbach [32]1997: 120). Der Vater rät seinem Sohn abschließend, doch lieber ins Bordell zu gehen. Vor diesem Hintergrund entsteht im November 1919 der „Brief an den Vater“. Trotz einer geplanten Hochzeit im November und einer in Aussicht stehenden Wohnung scheitert auch diese Verlobung, was aber weniger dem Vater und dessen Ansichten anzulasten ist, als vielmehr in den persönlichen Zweifeln an der Beziehung begründet liegt (vgl. Salfellner 1998: 167f.).

Erst im April 1920 wird Kafka eine weitere Kur bewilligt, während der er für drei Monate nach Meran fährt. Aus einer brieflichen Korrespondenz zwischen Kafka und der Intellektuellen Milena Jesenká, die er seit Ende 1919 kennt und die mehrere Kafka-Texte in Tschechische übersetzt, entwickelt sich eine tiefe Zuneigung und Liebe, die aber ebenfalls zum Scheitern verurteilt ist: Milena, die 1944 im KZ Ravensbrück verstirbt, ist verheiratet und nicht-jüdische Tschechin. Kafkas Drängen, ihren ungeliebten Mann zu verlassen und zu ihm nach Prag zu ziehen, erhört sie nicht. Kafka fühlt sich den daraus mit aller Wahrscheinlichkeit entstehenden Schwierigkeiten nicht gewachsen und löst die Beziehung. Nichtsdestoweniger bleibt zwischen beiden ein sehr tiefes Vertrauensverhältnis bestehen, was Kafka im Oktober 1921 dazu bewegt, Milena alle Tagebücher zu übergeben. Sie erhält auch den „Brief an den Vater“ sowie das Fragment des „Verschollenen“. Im Herbst 1920 – Kafka arbeitet wieder – setzt nach über dreijähriger Pause eine kurze Phase literarischer Produktivität ein. Zahlreiche Parabeln entstehen. Ab Dezember verbringt er acht Monate in der „Hohen Tatra“, erstmals

unter Lungenkranken. Dort lernt er Robert Klopstock kennen, mit dem ihn eine Freundschaft bis ans Lebensende verbindet.
Im Juni 1922 wird Kafka pensioniert. Im gleichen Jahr, in Spindelmühle, hat Kafka mit dem „Schloss" begonnen, unterbrochen von „Forschungen eines Hundes", „Erstes Leid" und „Ein Hungerkünstler". Nach einem langen Pragaufenthalt, ein Jahr später, beginnt er wieder zu schreiben. 1923 macht Kafka während eines Sommerurlaubs die Bekanntschaft mit Dora Diamant. Zusammen nehmen sie im September eine Wohnung in Berlin. Berlin bedeutet für Kafka ein, vielleicht „das" Stück Befreiung, nach dem er sich immer gesehnt hat. „Eine kleine Frau", „Der Bau" und andere Erzählungen entstehen. Kafka schließt einen Verlagsvertrag über sein Buch „Ein Hungerkünstler" ab, das nach seinem Tod erscheint. Im März 1924 bringt Max Brod den kranken Freund nach Prag, im April fahren Dora Diamant und R. Klopstock Kafka nach Kierling bei Wien in das Sanatorium „Dr. Hoffmann", wo er am 03.06.24 stirbt. So endet Kafkas Lebensweg, auf dem er ein Werk geschaffen hat, das selbstredend „fragwürdig" ist und daher fraglos dauerhaft zu wahrhaft ungeheuren Gedankenreisen einlädt.

Franz Kafka: Der Aufbruch

Ich befahl mein Pferd aus dem Stall zu holen. Der Diener verstand mich nicht. Ich ging selbst in den Stall, sattelte mein Pferd und bestieg es. In der Ferne hörte ich eine Trompete blasen, ich fragte ihn, was das bedeute. Er wusste nichts und hatte nichts gehört. Beim Tore hielt er mich auf und fragte: „Wohin reitest du, Herr?" „Ich weiß es nicht", sagte ich, „nur weg von hier, nur weg von hier. Immerfort weg von hier, nur so kann ich mein Ziel erreichen." „Du kennst also dein Ziel?", fragte er. „Ja", antworte ich, „ich sagte es doch: ‚Weg-von-hier', das ist mein Ziel." „Du hast keinen Essvorrat mit", sagte er. „Ich brauche keinen", sagte ich, „die Reise ist so lang, dass ich verhungern muss, wenn ich auf dem Weg nichts bekomme. Kein Essvorrat kann mich retten. Es ist ja zum Glück eine wahrhaft ungeheure Reise."

Norbert Schläbitz/Judith Hillers: Ein Leben in Zahlen

Kafkas Mutter

1883 Am 3. Juli in dem ehemaligen Niklas-Theater in der Altstadt Prags geboren.

1889–1893 Volksschule am Fleischmarkt.

1893–1901 Altstädter Deutsches Staatsgymnasium.

1901 Abitur im Juli, im Herbst Beginn des Hochschulstudiums an der Deutschen Universität in Prag in Chemie (Germanistik, Kunstgeschichte), dann in Jura.

1904 „Beschreibung eines Kampfes" (Beginn der Arbeit an der ersten Fassung).

1906 Promotion zum Doktor juris.

1906–1907 „Hochzeitsvorbereitungen auf dem Lande", einzig erhaltenes Jugendfragment.

1907 Als Aushilfskraft bei der „Assicurazioni-Generali" in Prag.

1908 Februar – Mai Besuch eines Kurses für Arbeiterversicherung an der Prager Handelsakademie. Ende Juli Beginn des Angestelltenverhältnisses in der Arbeiter-Unfall-Versicherungsanstalt in Prag.
Erste Publikation in dem von Franz Blei u. Carl Sternheim in München herausgegebenen „Hyperion".

1910 Beginn der Tagebuchaufzeichnungen. Veröffentlichungen kleiner Prosastücke in der Prager Bohemia.

1911–1914 Arbeit an dem Roman „Der Verschollene", dessen Fragment nach Kafkas Tod unter dem Titel „Amerika" erscheint.

1912 In der Nacht vom 22. auf den 23. September entsteht die Geschichte „Das Urteil" und im November und Dezember „Die Verwandlung".

1913 Im Januar erscheint bei Rowohlt in Leipzig Kafkas erstes Buch „Betrachtungen“. Im gleichen Jahr kommt das erste Kapitel des unvollendeten Romans „Der Verschollene“ unter dem Titel „Der Heizer“ sowie die Erzählung „Das Urteil“ bei Rowohlts ehemaligem Sozius Kurt Wolff heraus. Die Erzählung „Die Verwandlung“ wird erst im November 1915 veröffentlicht. Briefwechsel mit Felice Bauer beginnt.

1914 „In der Strafkolonie“ entsteht. Verlobung mit Felice Bauer. Im gleichen Jahr Entlobung. Beginn der Arbeit an dem Roman „Der Prozess.“ Parallel zu der Arbeit am Roman entsteht im Oktober die Erzählung „In der Strafkolonie“.

1915 Publikation der Erzählung „Die Verwandlung“ in der Zeitschrift „Die weißen Blätter“. Verleihung des Fontane-Preises durch Carl Sternheim.

1916–1918 Entstehung der Erzählungen „Ein Landarzt“. Am 4. September wird bei Kafka Tuberkulose festgestellt. Kafka und F. treffen sich wieder, schmieden erneut Heiratspläne. Erneute Entlobung mit Felice. Oktober 1918: Ausrufung der ersten Tschechoslowakischen Republik. Kafka arbeitet wieder im Büro.

1919 „Ein Landarzt“ und „In der Strafkolonie“ erscheinen wiederum bei Kurt Wolff. Bekanntschaft und Verlobung mit Julie Wohryzek. „Brief an den Vater“ wird verfasst.

1920 Kur in Meran, erste Begegnung und intensiver Briefwechsel mit Milena Jesenská in Wien, Entlobung mit Julie Wohryzek. Rückkehr ins Prager Büro. Im Spätherbst zur Kur in die Hohe Tatra. Bekanntschaft mit Robert Klopstock.

1921 Rückkehr nach Prag. Neuerliche Verschlechterung des Gesundheitszustandes.

1922 Kafka wird am 3. Februar zum Obersekretär ernannt und am 1. Juli pensioniert. Niederschrift zum Romanfragment „Das Schloss“ beginnt. „Ein Hungerkünstler“ entsteht.

1923 Bekanntschaft mit Dora Diamant. Entstehung des letzten Novellenbandes „Ein Hungerkünstler".

1924 „Josefine, die Sängerin" wird geschrieben. Franz Kafka stirbt am 3. Juni und wird am 11. Juni beigesetzt.

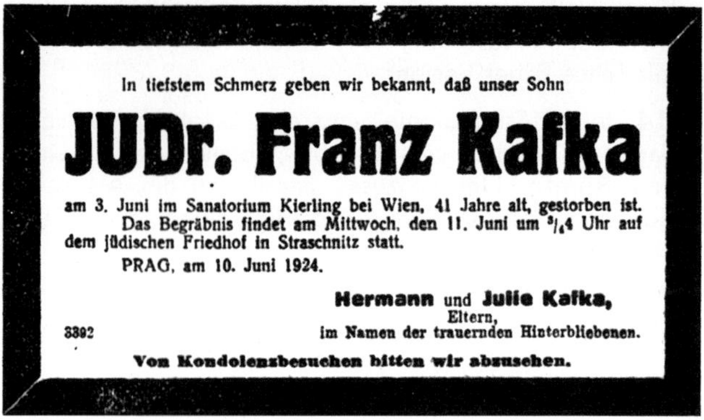

In tiefstem Schmerz geben wir bekannt, daß unser Sohn

JUDr. Franz Kafka

am 3. Juni im Sanatorium Kierling bei Wien, 41 Jahre alt, gestorben ist.
Das Begräbnis findet am Mittwoch, den 11. Juni um $^{3}/_{4}$4 Uhr auf dem jüdischen Friedhof in Straschnitz statt.

PRAG, am 10. Juni 1924.

Hermann und **Julie Kafka,**
Eltern,
im Namen der trauernden Hinterbliebenen.

3392

Von Kondolenzbesuchen bitten wir abzusehen.

Todesanzeige

2. Kafka in Selbstzeugnissen

Kafka und sein Verhältnis zum Schreiben

Wenngleich Kafka sich seiner Bestimmung, literarisch tätig sein zu wollen, gewiss war, so war er zugleich unerbittlicher Kritiker seiner Werke. Phasen der Zufriedenheit wechseln ab mit Phasen vernichtender Selbstkritik und anhaltender Unproduktivität. So schreibt er über den „Prozess“ bspw.: „Schluss eines Kapitels misslungen, ein anderes, schön begonnenes werde ich kaum, oder vielmehr ganz bestimmt nicht so schön weiterführen können, während es mir damals in der Nacht sicher gelungen wäre“ (29.08.14), oder: „Jämmerliches Vorwärtskriechen der Arbeit“ (14.12.14), aber auch: „Vierzehn Tage gute Arbeit“ (15.10.14).-Vom „Gekritzel“ spricht er, das er schließlich auch zu einem großen Teil nach seinem Tode vernichtet sehen wollte, weil es ihm nicht überlieferungswürdig schien. Seine Romane schließlich und so auch „Der Prozess“ gelten ihm als „künstlerisch misslungene [...] Arbeiten“, wie er in einem Brief an Max Brod Ende Dezember 1917 feststellt. Unbenommen dessen ist ihm der Drang zum Schreiben tief innewohnend, ohne dass er sich allerdings zur Gänze auf die Unsicherheit eines Lebens als freier Schriftsteller einzulassen vermochte.

Tagebucheintrag v. 28.11.1911

[...] Diesem Literarischen kann ich mich nun nicht vollständig hingeben, wie es sein müsste, und zwar aus verschiedenen Gründen nicht. Abgesehen von meinen Familienverhältnissen könnte ich von der Literatur schon infolge des langsamen Entstehens meiner Arbeiten und ihres besonderen Charakters nicht leben; überdies hindert mich auch meine Gesundheit und mein Charakter daran, mich einem im günstigsten Falle ungewissen Leben hinzugeben. Ich bin daher Beamter in einer sozialen Versicherungsanstalt geworden. Nun können diese zwei Berufe einander niemals ertragen und ein gemeinsames Glück zulassen. Das kleinste Glück in einem wird ein großes Unglück im zweiten. Hatte ich an einem Abend Gutes geschrieben, brenne ich am nächsten Tag im Bureau und kann nichts fertig bringen. Dieses Hin und Her wird immer ärger. Im Bureau genüge ich meinen äußerlichen Pflichten, meinen innern Pflichten aber nicht, und jede nicht erfüllte innere Pflicht wird zu einem Unglück, das sich aus mir nicht mehr rührt. [...]

Tagebucheintrag v. 03. 01.1912

[...] In mir kann ganz gut eine Konzentration auf das Schreiben hin erkannt werden. Als es in meinem Organismus klargeworden war, dass das Schreiben die ergiebigste Richtung meines Wesens sei, drängte sich alles hin und ließ alle Fähigkeiten leerstehn, die sich auf die Freuden des Geschlechtes, des Essens, des Trinkens, des philosophischen Nachdenkens, der Musik zuallererst, richteten. Ich magerte nach allen diesen Richtungen ab. Das war notwendig, weil meine Kräfte in ihrer Gesamtheit so gering waren, dass sie nur gesammelt dem Zweck des Schreibens halbwegs dienen konnten. Ich habe diesen Zweck natürlich nicht selbstständig und bewusst gefunden, er fand sich selbst und wird jetzt nur noch durch das Bureau, aber hier von Grund aus, gehindert. [...]

Aus: Franz Kafka: Tagebücher. 1909–1912. Frankfurt/M. (Fischer) 1994, S. 30f. u. S. 264

Brief an Felice v. 14./15.01.1913

[...] Einmal schriebst du, du wolltest bei mir sitzen, während ich schreibe; denke nur, da könnte ich nicht schreiben (ich kann auch sonst nicht viel), aber da könnte ich gar nicht schreiben. Schreiben heißt ja sich öffnen bis zum Übermaß; [...]. [...] Deshalb kann man nicht genug allein sein, wenn man schreibt, deshalb kann es nicht genug still um einen sein, wenn man schreibt, die Nacht ist noch zu wenig Nacht. Deshalb kann nicht genug Zeit einem zur Verfügung stehn, denn die Wege sind lang, und man irrt leicht ab, man bekommt sogar manchmal Angst und hat schon ohne Zwang und Lockung Lust zurückzulaufen (eine später immer schwer bestrafte Lust), wie erst, wenn man unversehens einen Kuss vom liebsten Mund bekäme! Oft dachte ich schon daran, dass es die beste Lebensweise für mich wäre, mit Schreibzeug und einer Lampe im innersten Raume eines ausgedehnten, abgesperrten Kellers zu sein. Das Essen brächte man mir, stellte es immer weit von meinem Raum entfernt hinter der äußersten Tür des Kellers nieder. Der Weg um das Essen, im Schlafrock, durch alle Kellergewölbe hindurch wäre mein einziger Spaziergang. Dann kehrte ich zu meinem Tisch zurück, würde langsam und mit Bedacht essen und wieder gleich zu schreiben anfangen. [...]

Brief an Felice v. 26.06.1913

[...] Mein Verhältnis zum Schreiben und mein Verhältnis zu den Menschen ist unwandelbar und in meinem Wesen, nicht in den zeitweiligen Verhältnissen begründet. Ich brauche zu meinem Schreiben Abgeschiedenheit, nicht ‚wie ein Einsiedler', das wäre nicht genug, sondern wie ein Toter. [...]

Aus: Franz Kafka: Briefe an Felice. Frankfurt/M. (Fischer) 1976, S. 250 u. S. 412

Tagebucheintrag v. 21.08.1913[1]

[...] Da ich nichts anderes bin als Literatur und nichts anderes sein kann und will, so kann mich mein Posten niemals zu sich reißen, wohl aber kann er mich gänzlich zerrütten. Davon bin ich nicht weit entfernt. [...] Sie könnten fragen, warum ich diesen Posten nicht aufgebe und mich – Vermögen besitze ich nicht – nicht von literarischen Arbeiten zu erhalten suche. Darauf kann ich nur die erbärmliche Antwort geben, dass ich nicht die Kraft dazu habe [...].
Und nun stellen Sie mich Ihrer Tochter gegenüber, diesem gesunden, lustigen, natürlichen, kräftigen Mädchen. Sooft ich es ihr auch in etwa fünfhundert Briefen wiederholte und sooft sie mich mit einem allerdings nicht überzeugend begründeten ‚Nein' beruhigte – es bleibt doch wahr, sie muss mit mir unglücklich werden, soweit ich es absehen kann. [...] Alles, was nicht Literatur ist, langweilt mich und ich hasse es, denn es stört mich oder hält mich auf, wenn auch nur vermeintlich. Für Familienleben fehlt mir dabei jeder Sinn, außer der des Beobachters im besten Fall. [...] Eine Ehe könnte mich nicht verändern, ebenso wie mich mein Posten nicht verändern kann.

[1] Entwurf eines Briefes an den Vater von Felice Bauer, den Kafka nicht abschickte

Tagebucheintrag v. 09.03.1914

[...] Ich konnte damals nicht heiraten, alles in mir hat dagegen revoltiert, so sehr ich F.[1] immer liebte. Es war hauptsächlich die Rücksicht auf meine schriftstellerische Arbeit, die mich abhielt, denn ich glaubte diese Arbeit durch die Ehe gefährdet. Ich mag Recht gehabt haben; durch das Junggesellentum aber innerhalb meines jetzigen Lebens ist sie vernichtet. Ich habe ein Jahr lang nichts geschrieben, ich kann auch weiterhin nichts schreiben, ich habe und behalte im Kopf nichts als den einen Gedanken und der zerfrisst mich. [...] Übrigens gehe ich bei meiner durch diese Lebensweise zumindest genährten Unselbstständigkeit an alles zögernd heran und bringe nichts mit dem ersten Schlag fertig. So war es auch hier. [...]

Tagebucheintrag v. 06. 08.1914

[...] Von der Literatur aus gesehen ist mein Schicksal sehr einfach. Der Sinn für die Darstellung meines traumhaften innern Lebens hat alles andere ins Nebensächliche gerückt, und es ist in einer schrecklichen Weise verkümmert und hört nicht auf zu verkümmern. Nichts anderes kann mich jemals zufriedenstellen. [...]

Tagebucheintrag v. 15. 08.1914

Ich schreibe seit ein paar Tagen, möchte es sich halten.[2] So ganz geschützt und in die Arbeit eingekrochen, wie ich es vor 2 Jahren war, bin ich heute nicht, immerhin habe ich doch einen Sinn bekommen, mein regelmäßiges, leeres, irrsinniges junggesellenmäßiges Leben hat eine Rechtfertigung. Ich kann wieder ein Zwiegespräch mit mir führen und starre nicht so in vollständige Leere. Nur auf diesem Wege gibt es für mich eine Besserung.

Aus: Franz Kafka: Tagebücher. 1912–1914. Frankfurt/M. (Fischer) 1994, S. 192f., S. 135, S. 167 u. S. 169

1 F. = Felice Bauer

2 Kafka schreibt am „Prozess“.

Franz Kafka hat zwei Verfügungen hinterlassen, wie man mit seinem Schriftgut umzugehen habe. Beide sind an Max Brod gerichtet. Über deren genaue Entstehungszeit herrscht allerdings Unklarheit. Max Brod datiert die erste auf das Jahr 1920/21, weil er die hier zuerst wiedergegebene in jenem Zeitabschnitt schon einmal zu Gesicht bekam. Die zweite, beginnend mit „Lieber Max", glaubt er zu einem früheren Datum entstanden. Andere Annahmen bekunden – unter Berücksichtigung der dort angesprochenen Texte – der zweiten das aktuellere Datum (vgl. Dietz [2]1990: 123).

Max Brod (1884–1968)

Liebster Max, meine letzte Bitte: Alles, was sich in meinem Nachlass (also im Buchkasten, Wäscheschrank, Schreibtisch, zu Hause und im Büro, oder wohin sonst irgendetwas vertragen worden sein sollte und dir auffällt) an Tagebüchern, Manuskripten, Briefen, fremden und eignen, Gezeichnetem und so weiter findet, restlos und ungelesen zu verbrennen, ebenso alles Geschriebene oder Gezeichnete, das du oder andre, die du in meinem Namen darum bitten sollst, haben. Briefe, die man dir nicht übergeben will, soll man wenigstens selbst zu verbrennen sich verpflichten.

Dein Franz Kafka.

Lieber Max, vielleicht stehe ich diesmal doch nicht mehr auf, das Kommen der Lungenentzündung ist nach dem Monat Lungenfieber genug wahrscheinlich, und nicht einmal, dass ich es niederschreibe, wird sie abwehren, trotzdem es eine gewisse Macht hat.
Für diesen Fall also mein letzter Wille hinsichtlich alles von mir Geschriebenen:

Von allem, was ich geschrieben habe, gelten nur die Bücher: Urteil, Heizer, Verwandlung. Strafkolonie, Landarzt und die Erzählung: Hungerkünstler. (Die paar Exemplare der ‚Betrachtung' mögen bleiben, ich will niemandem die Mühe des Einstampfens machen, aber neu gedruckt darf nichts daraus werden.) Wenn ich sage, dass jene fünf Bücher und die Erzählung gelten, so meine ich damit nicht, dass ich den Wunsch habe, sie mögen neu gedruckt und künftigen Zeiten überliefert werden, im Gegenteil, sollten sie ganz verlorengehn, entspricht dieses meinem eigentlichen Wunsch. Nur hindere ich, da sie schon einmal da sind, niemanden daran, sie zu erhalten, wenn er dazu Lust hat.
Dagegen ist alles, was sonst an Geschriebenem von mir vorliegt (in Zeitschriften Gedrucktes, im Manuskript oder in Briefen) ausnahmslos, soweit es erreichbar oder durch Bitten von den Adressaten zu erhalten ist (die meisten Adressaten kennst du ja, in der Hauptsache handelt es sich um ..., vergiss besonders nicht paar Hefte, die ... hat) – alles dieses ist ausnahmslos, am liebsten ungelesen (doch wehre ich dir nicht hineinzuschaun, am liebsten wäre es mir allerdings, wenn du es nicht tust, jedenfalls aber darf niemand andrer hineinschauen) – alles dieses ist ausnahmslos zu verbrennen, und dies möglichst bald zu tun bitte ich dich

Franz. [...]

Aus: Franz Kafka: Erzählungen, hrsg. von Kurt Krolop. Nachwort. Leipzig (Reclam) 1990, S. 241f.

Kafka und sein Verhältnis zu Frauen und zur Sexualität

Kafkas Verhältnis zu Frauen war schwierig. Die Vorstellung einer Ehe standen wie sein Broterwerb einer Schriftstellerexistenz störend entgegen, wie er mehrfach bemerkte.-Am nächsten – so scheint es – fühlte er sich Frauen wie bspw. Felice Bauer dann, wenn sie ihm ferne standen und er in Briefen sich mitteilen konnte. Zu seiner Schwester Ottla schließlich – „[m]it Ottla lebe ich in kleiner guter Ehe" – fühlte er sich mehr als geschwisterlich hingezogen, wohl auch deshalb, weil das Verständnis füreinander gegeben war, aber die absolute, die geschlechtliche Nähe ausgeschlossen blieb, die er für ein Unglück hielt. Am

14.08.1913 notierte er in sein Tagebuch: „Der Coitus als Bestrafung des Glückes des Beisammenseins.“ Sexualität erschien ihm schmutzig, verwerflich, sodass er fortfuhr: „Möglichst asketisch leben, asketischer als ein Junggeselle.“

Ich erinnere mich an die erste Nacht. Wir wohnten damals in der Zeltnergasse, gegenüber war ein Konfektionsgeschäft, in der Tür stand immer ein Ladenmädchen, oben wanderte ich, etwas über 20 Jahre alt, unaufhörlich im Zimmer auf und ab mit dem nervenspannenden Einlernen für mich sinnloser Dinge zur ersten Staatsprüfung beschäftigt. Es war im Sommer, sehr heiß, diese Zeit wohl, es war ganz unerträglich, beim Fenster blieb ich, die widerliche römische Rechtsgeschichte zwischen den Zähnen, immer stehn, schließlich verständigten wir uns durch Zeichen. Am Abend um 8 Uhr sollte ich sie abholen, aber als ich am Abend hinunterkam, war schon ein anderer da, nun das änderte nicht viel, ich hatte vor der ganzen Welt Angst, also auch vor diesem Mann; wenn er nicht da gewesen wäre, hätte ich auch Angst vor ihm gehabt. Aber das Mädchen hängte sich zwar in ihn ein, aber machte mir Zeichen, dass ich hinter ihnen gehen solle. So kamen wir auf die Schützeninsel, tranken dort Bier, ich am Nebentisch, gingen dann, ich hinterher, langsam zur Wohnung des Mädchens, irgendwo beim Fleischmarkt, dort nahm der Mann Abschied, das Mädchen lief ins Haus, ich wartete ein Weilchen, bis sie wieder zu mir herauskam und dann gingen wir in ein Hotel auf der Kleinseite. Das alles war, schon vor dem Hotel, reizend, aufregend und abscheulich, im Hotel war es nicht anders. Und als wir dann gegen Morgen, es war noch immer heiß und schön, über die Karlsbrücke nach Hause gingen, war ich allerdings glücklich, aber dieses Glück bestand nur darin, dass ich endlich Ruhe hatte vor dem ewig jammernden Körper, vor allem aber bestand das Glück darin, dass das Ganze nicht noch abscheulicher, nicht noch schmutziger gewesen war. Ich war dann noch einmal mit dem Mädchen beisammen, ich glaube, 2 Nächte später, es war alles so gut wie zum ersten Mal, aber als ich dann gleich in die Sommerfrische fuhr, draußen ein wenig mit einem Mädchen spielte, konnte ich in Prag das Ladenmädchen nicht mehr ansehn, kein Wort habe ich mehr mit ihr gesprochen, sie war (von mir aus gesehn) meine böse Feindin und war doch ein gutmütiges freundliches Mädchen, immerfort verfolgte sie mich mit ihren nichts verstehenden Augen. Ich will nicht sagen, dass der alleinige Grund meiner Feindschaft (sicher war er es nicht) der gewesen ist, dass das Mädchen im Hotel in aller Unschuld eine winzige Abscheulichkeit gemacht hat (nicht der Rede wert), eine kleine Schmutzigkeit gesagt hat (nicht der Rede wert), aber die Erinnerung blieb, ich wusste im gleichen Augenblick, dass ich das nie vergessen werde, und gleichzeitig wusste ich oder glaubte es zu wissen, dass dieses Abscheuliche und Schmutzige, äußerlich gewiss nicht notwendig, innerlich aber sehr notwendig mit dem Ganzen zusammenhänge und dass mich gerade dieses Abscheuliche und Schmutzige (dessen kleines Zeichen mir ihre kleine Handlung, ihr kleines Wort gewesen war) mit so wahnsinniger Gewalt in dieses Hotel gezogen hatte, dem ich sonst ausgewichen wäre mit meiner letzten Kraft.

Und so wie es damals war, blieb es immer. Mein Körper, oft jahrelang still, wurde dann wieder geschüttelt bis zum Nicht-ertragen-können von dieser Sehnsucht nach einer kleinen, nach einer ganz bestimmten Abscheulichkeit, nach etwas leicht Widerlichem, Peinlichem, Schmutzigem, noch in dem Besten, was es hier für mich gab, war etwas davon, irgendein kleiner schlechter Geruch, etwas Schwefel, etwas Hölle. Dieser Trieb hatte etwas vom ewigen Juden, sinnlos gezogen, sinnlos wandernd durch eine sinnlos schmutzige Welt.

Dann aber gab es auch Zeiten, wo der Körper nicht still war, wo überhaupt gar nichts still war, wo ich aber trotzdem unter gar keinem Zwang war, es war ein gutes, ruhiges, nur durch Hoffnung beunruhigtes (kennst du eine bessere Unruhe?) Leben. In diesen Zeiten, soweit sie nur irgendeine Dauer hatten, war ich immer allein. Zum ersten Mal in meinem Leben gibt es jetzt solche Zeiten, in denen ich nicht allein bin. Darum ist nicht nur deine körperliche Nähe, sondern du selbst beruhigend-beunruhigend. Darum habe ich keine Sehnsucht nach Schmutz (in der ersten Meraner Hälfte machte ich gegen meinen offenen Willen

Tag und Nacht Pläne, wie ich mich des Stubenmädchens bemächtigen könnte (noch Ärgeres), gegen das Meraner Ende zu lief mir ein sehr williges Mädchen in die Hände, ich musste mir ihre Worte gewissermaßen erst in meine Sprache übersetzen, um sie überhaupt verstehn zu können) ich sehe förmlich auch keinen Schmutz, nichts Derartiges, was von außen reizt, ist da, aber alles, das von innen Leben bringt, kurz, etwas von der Luft ist da, die man im Paradies vor dem Sündenfall geatmet hat.

Aus: Brief an Milena Jesenská-Pollak v. 9. August 1920; zitiert nach: Kafka-Brevier, hrg. von Joseph Vogel. Stuttgart 1995, S. 64–67

[...] Als Junge war ich (und wäre es sehr lange geblieben, wenn ich nicht mit Gewalt auf sexuelle Dinge gestoßen worden wäre) hinsichtlich sexueller Angelegenheiten so unschuldig und uninteressiert wie heute etwa hinsichtlich der Relativitätstheorie. Nur Kleinigkeiten (aber auch die erst nach genauer Belehrung) fielen mir auf, etwa dass gerade die Frauen, die mir auf der Gasse die schönsten und die schönstangezogenen schienen, schlecht sein sollten. [...]

Aus: Franz Kafka: Tagebücher. 1914–1923. Frankfurt/M. (Fischer) 1994, S. 228

Kafka und sein Verhältnis zum Vater (Auszug aus dem „Brief an den Vater")

Der Brief an den Vater, immerhin 50 getippte und 2 1/2 handgeschriebene Seiten lang, gleicht einer Anklage an den Vater sowie einer Aufarbeitung der persönlichen Lebensbiografie. Während auf der einen Seite der Vater als ein dynamischer, im Leben stehender Mann beschrieben wird, der allerdings tyrannische Züge offenbart, haben wir es auf der anderen Seite mit einem lebensuntauglichen wie kränklichen Menschen zu tun, als der Franz Kafka sich darstellt. Die ganze Übermacht und Präsenz des Vaters, unter der der Sohn litt, kommen hierin zum Ausdruck. Ein wirklich authentisches Bild ist allerdings aus dem „Brief an den Vater" und den dokumentierten biografischen Zügen wohl nicht zu gewinnen, da dem Brief, wie von Max Brod u.a. konstatiert wird, die Tendenz zur Übertreibung innewohnt. So schreibt auch Kafka in einem Brief an Felice Bauer, dass er infolge seiner Anlage regelmäßig zu Übertreibungen neige (v.

13./14.02.1913), und an Grete Bloch im November desselben Jahres von seiner „Lust, Schmerzliches zu verstärken“. Des Weiteren entwickelt der Brief im Prozess des Schreibens sich zu einem eigenständigen Stück Literatur, was der Annahme einer reinen Autobiografie entgegensteht. Gleichwohl werden existenzielle Problemlagen, die Kafka berührten und im Zusammenhang mit seinem Vater stehen, angesprochen. So bietet der Brief ein Selbstporträt mit entsprechenden Einschränkungen, da er darüber hinaus als Literatur über die Person Kafkas hinausweist und paradigmatisch Existenzprobleme anspricht (vgl. Anz ²1992: 24–31).

Liebster Vater,

Du hast mich letzthin einmal gefragt, warum ich behaupte, ich hätte Furcht vor dir. Ich wusste dir, wie gewöhnlich, nichts zu antworten, zum Teil eben aus der Furcht, die ich vor dir habe, zum Teil deshalb, weil zur Begründung dieser Furcht zu viele Einzelheiten gehören, als dass ich sie im Reden halbwegs zusammenhalten könnte. Und wenn ich hier versuche, dir schriftlich zu antworten, so wird es doch nur sehr unvollständig sein, weil auch im Schreiben die Furcht und ihre Folgen mich dir gegenüber behindern und weil die Größe des Stoffs über mein Gedächtnis und meinen Verstand weit hinausgeht.

Dir hat sich die Sache immer sehr einfach dargestellt, wenigstens soweit du vor mir und, ohne Auswahl, vor vielen anderen davon gesprochen hast. Es schien dir etwa so zu sein: Du hast dein ganzes Leben lang schwer gearbeitet, alles für deine Kinder, vor allem für mich geopfert, ich habe infolgedessen „in Saus und Braus“ gelebt, habe vollständige

Kafkas Vater

Freiheit gehabt zu lernen, was ich wollte, habe keinen Anlass zu Nahrungssorgen, also zu Sorgen überhaupt gehabt; du hast dafür keine Dankbarkeit verlangt, du kennst „die Dankbarkeit der Kinder“, aber doch wenigstens irgendein Entgegenkommen, Zeichen eines Mitgefühls; stattdessen habe ich mich seit jeher vor dir verkrochen, in mein Zimmer, zu Büchern, zu verrückten Freunden, zu verspannten Ideen; offen gesprochen habe ich mit dir niemals, in den Tempel bin ich nicht zu dir gekommen, in Franzensbad habe ich dich nie besucht, auch sonst nie Familiensinn gehabt, um das Geschäft und deine sonstigen Angelegenheiten habe ich mich nicht gekümmert, die Fabrik habe ich dir aufgehalst und dich dann verlassen, Ottla habe ich in ihrem Eigensinn unterstützt, und während ich für dich keinen Finger rühre (nicht einmal eine Theaterkarte bringe ich dir), tue ich für Freunde alles. Fasst du dein Urteil über mich zusammen, so ergibt sich, dass du mir zwar etwas geradezu Unanständiges oder Böses nicht vorwirfst (mit Ausnahme vielleicht meiner letzten Heiratsabsicht), aber Kälte, Fremdheit, Undankbarkeit. Und zwar wirfst du es mir so vor, als wäre es meine Schuld, als hätte ich etwa mit einer Steuerdrehung das Ganze anders einrichten können, während du nicht die geringste Schuld daran hast, es wäre denn die, dass du zu gut zu mir gewesen bist. Diese deine übliche Darstellung halte ich nur so weit für richtig, dass auch ich glaube, du seist gänzlich schuldlos an unserer Entfremdung. Aber ebenso gänzlich schuldlos bin auch ich. Könnte ich dich dazu bringen, dass du das anerkennst, dann wäre – nicht etwa ein neues Leben möglich, dazu sind wir beide viel zu alt, aber doch eine Art Friede, kein Aufhören, aber doch ein Mildern deiner unaufhörlichen Vorwürfe. [...]

Ich wäre glücklich gewesen, dich als Freund, als Chef, als Onkel, als Großvater, ja selbst (wenn auch schon zögernder) als Schwiegervater zu haben. Nur eben als Vater warst du zu stark für mich, besonders da meine Brüder klein starben, die Schwestern erst lange nachher kamen, ich also den ersten Stoß ganz allein aushalten musste, dazu war ich viel zu schwach. [...]

Direkt erinnere ich mich nur an einen Vorfall aus den ersten Jahren. Du erinnerst dich vielleicht auch daran. Ich winselte einmal in der Nacht immerfort um Wasser, gewiss nicht aus Durst, sondern wahrscheinlich teils um zu ärgern, teils um mich zu unterhalten. Nachdem einige starke Drohungen nicht geholfen hatten, nahmst du mich aus dem Bett, trugst mich auf die Pawlatsche[1] und ließest mich dort allein vor der geschlossenen Tür ein Weilchen im Hemd stehn. Ich will nicht sagen, dass das unrichtig war, vielleicht war damals die Nachtruhe auf andere Weise wirklich nicht zu verschaffen, ich will aber damit deine Erziehungsmittel und ihre Wirkung auf mich charakterisieren. Ich war damals nachher wohl schon folgsam, aber ich hatte einen inneren Schaden davon. Das für mich Selbstverständliche des sinnlosen Um-Wasser-Bittens und das außerordentliche Schreckliche des Hinausgetragenwerdens konnte ich meiner Natur nach niemals in die richtige Verbindung bringen. Noch nach Jahren litt ich unter der quälenden Vorstellung, dass der riesige Mann, mein Vater, die letzte Instanz, fast ohne Grund kommen und mich in der Nacht aus dem Bett auf die Pawlatsche tragen konnte und dass ich also ein solches Nichts für ihn war. [...]

Damals und damals überall hätte ich die Aufmunterung gebraucht. Ich war ja schon niedergedrückt durch deine bloße Körperlichkeit. Ich erinnere mich zum Beispiel daran, wie wir uns öfters zusammen in einer Kabine auszogen. Ich mager, schwach, schmal, du stark, groß, breit. Schon in der Kabine kam ich mir jämmerlich vor, und zwar nicht nur vor dir, sondern vor der ganzen Welt, denn du warst für mich das Maß aller Dinge. [...]

Dem entsprach weiter deine geistige Oberherrschaft. Du hattest dich allein durch eigene Kraft so hoch hinaufgearbeitet, infolgedessen hattest du unbeschränktes Vertrauen zu deiner Meinung. Das war für mich als Kind nicht einmal so blendend wie später für den heranwachsenden jungen Mann. In deinem Lehnstuhl regiertest du die Welt. Deine Meinung war richtig, jede andere war verrückt, überspannt, meschugge, nicht normal. Dabei war dein Selbstvertrauen

[1] rundum laufender Balkon auf der Hofinnenseite (tschechisch)

so groß, dass du gar nicht konsequent sein musstest und doch nicht aufhörtest Recht zu haben. [...] Du konntest zum Beispiel auf die Tschechen schimpfen, dann auf die Deutschen, dann auf die Juden, und zwar nicht nur in Auswahl, sondern in jeder Hinsicht, und schließlich blieb niemand mehr übrig außer dir. Du bekamst für mich das Rätselhafte, das alle Tyrannen haben, deren Recht auf ihrer Person, nicht auf dem Denken begründet ist. Wenigstens schien es mir so.

Nun behieltest du ja mir gegenüber tatsächlich erstaunlich oft Recht, im Gespräch war das selbstverständlich, denn zum Gespräch kam es kaum, aber auch in Wirklichkeit. Doch war auch das nichts besonders Unbegreifliches: Ich stand ja in allem meinem Denken unter deinem schweren Druck, auch in dem Denken, das nicht mit dem deinen übereinstimmte, und besonders in diesem. [...]

[...] Es genügte, dass ich an einem Menschen ein wenig Interesse hatte – es geschah ja infolge meines Wesens nicht sehr oft –, dass du schon ohne jede Rücksicht auf mein Gefühl und ohne Achtung vor meinem Urteil mit Beschimpfung, Verleumdung, Entwürdigung dreinfuhrst. [...]

Aber so war deine ganze Erziehung. Du hast, glaube ich, ein Erziehungstalent; einem Menschen deiner Art hättest du durch Erziehung gewiss nützen können; er hätte die Vernünftigkeit dessen, was du ihm sagtest, eingesehn, sich um nichts Weiteres gekümmert und die Sachen ruhig so ausgeführt. Für mich als Kind war aber alles, was du mir zuriefst, geradezu Himmelsgebot, ich vergaß es nie, es blieb mir das wichtigste Mittel zur Beurteilung der Welt, vor allem zur Beurteilung deiner selbst, und da versagtest du vollständig. [...]

[...] Wenn ich etwas zu tun anfing, was dir nicht gefiel und du drohtest mir mit dem Misserfolg, so war die Ehrfurcht vor deiner Meinung so groß, dass damit der Misserfolg, wenn auch vielleicht erst für eine spätere Zeit, unaufhaltsam war. Ich verlor das Vertrauen zu eigenem Tun. Ich war unbeständig, zweifelhaft. Je älter ich wurde, desto größer war das Material, das du mir zum Beweis meiner Wertlosigkeit entgegenhalten konntest; allmählich bekamst du in gewisser Hinsicht wirklich Recht. Wieder hüte ich mich zu behaupten, dass ich nur durch dich so wurde; du verstärktest nur, was war, aber du verstärktest es sehr, weil du eben mir gegenüber sehr mächtig warst und alle Macht dazu verwendetest. [...]

Ganz unverträglich mit dieser Stellung zu deinen Kindern schien es zu sein, wenn du, was ja sehr oft geschah, öffentlich dich beklagtest. Ich gestehe, dass ich als Kind (später wohl) dafür gar kein Gefühl hatte und nicht verstand, wie du überhaupt erwarten konntest, Mitgefühl zu finden. Du warst so riesenhaft in jeder Hinsicht; was konnte dir an unserem Mitleid liegen oder gar an unserer Hilfe? Die musstest du doch eigentlich verachten, wie uns selbst so oft. Ich glaubte daher den Klagen nicht und suchte irgendeine geheime Absicht hinter ihnen. Erst später begriff ich, dass du wirklich durch die Kinder sehr littest, [...]

Das nächste äußere Ergebnis dieser ganzen Erziehung war, dass ich alles floh, was nur von der Ferne an dich erinnerte. [...]

Richtiger trafst du mit deiner Abneigung mein Schreiben und was, dir unbekannt, damit zusammenhing. Hier war ich tatsächlich ein Stück selbstständig von dir weggekommen, wenn es auch ein wenig an den Wurm erinnerte, der, hinten von einem Fuß niedergetreten, sich mit dem Vorderteil losreißt und zur Seite schleppt. Einigermaßen in Sicherheit war ich, es gab ein Aufatmen, die Abneigung, die du natürlich auch gleich gegen mein Schreiben hattest, war mir hier ausnahmsweise willkommen. Meine Eitelkeit, mein Ehrgeiz litten zwar unter deiner für uns berühmt gewordenen Begrüßung meiner Bücher: „Leg's auf den Nachttisch!" (meistens spieltest du ja Karten, wenn ein Buch kam), aber im Grunde war mir dabei doch wohl, nicht nur aus aufbegehrender Bosheit, nicht nur aus Freude über eine neue Bestätigung meiner Auffassung unseres Verhältnisses, sondern ganz ursprünglich, weil jene Formel mir klang wie etwa: „Jetzt bist du frei!" Natürlich war es eine Täuschung, ich war nicht oder im allergünstigsten Falle noch nicht frei. Mein Schreiben handelte von dir, ich klagte dort ja nur, was ich an deiner Brust nicht klagen konnte. Es war ein absichtlich in die Länge gezogener Abschied von dir, nur dass er zwar von dir erzwungen war, aber in der von mir bestimmten Richtung verlief. Aber wie wenig war das alles! [...]

[...] Dort, wo ich lebte, war ich verworfen, abgeurteilt, niedergekämpft, und anderswohin mich zu flüchten strengte mich zwar äußerst an, aber das war keine Arbeit, denn es handelte sich um Unmögliches, das für meine Kräfte bis auf kleine Ausnahmen unerreichbar war. [...] Traute ich mir es denn noch zu, einen wirklichen Beruf erreichen zu können? Meine Selbstbewertung war von dir viel abhängiger als von irgendetwas sonst, etwa von einem äußeren Erfolg. Der war die Stärkung eines Augenblicks, sonst nichts, aber auf der anderen Seite zog dein Gewicht immer viel stärker hinunter. Niemals würde ich durch die erste Volksschulklasse kommen, dachte ich, aber es gelang, ich bekam sogar eine Prämie; aber die Aufnahmeprüfung ins Gymnasium würde ich gewiss nicht bestehn, aber es gelang; aber nun falle ich in der ersten Gymnasialklasse bestimmt durch, nein, ich fiel nicht durch, und es gelang immer weiter und weiter. Daraus ergab sich aber keine Zuversicht, im Gegenteil, immer war ich überzeugt – und in deiner abweisenden Miene hatte ich förmlich den Beweis dafür –, dass, je mehr mir gelingt, desto schlimmer es schließlich wird ausgehn müssen. [...]

Franz

Aus: Franz Kafka: Die Verwandlung/Brief an den Vater und weitere Werke. Erarbeitet und mit Anmerkungen versehen von Elisabeth Becker; hrsg. von: Johannes Diekhans. Paderborn (Schöningh) 1999.

3. Prag – die unheimliche Stadt

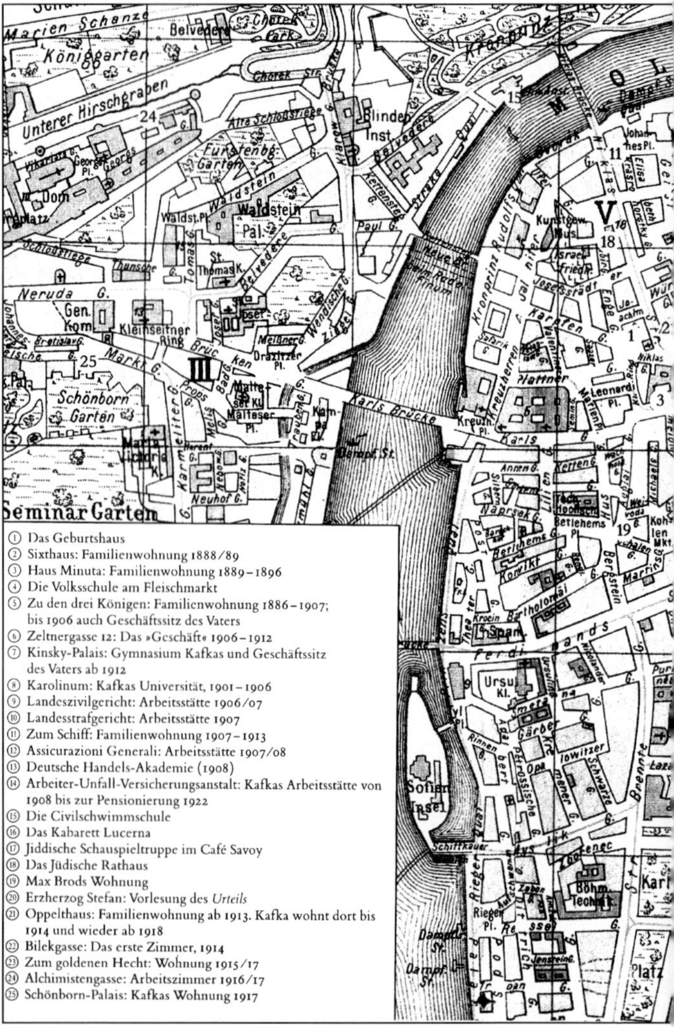

① Das Geburtshaus
② Sixthaus: Familienwohnung 1888/89
③ Haus Minuta: Familienwohnung 1889–1896
④ Die Volksschule am Fleischmarkt
⑤ Zu den drei Königen: Familienwohnung 1886–1907; bis 1906 auch Geschäftssitz des Vaters
⑥ Zeltnergasse 12: Das »Geschäft« 1906–1912
⑦ Kinsky-Palais: Gymnasium Kafkas und Geschäftssitz des Vaters ab 1912
⑧ Karolinum: Kafkas Universität, 1901–1906
⑨ Landeszivilgericht: Arbeitsstätte 1906/07
⑩ Landesstrafgericht: Arbeitsstätte 1907
⑪ Zum Schiff: Familienwohnung 1907–1913
⑫ Assicurazioni Generali: Arbeitsstätte 1907/08
⑬ Deutsche Handels-Akademie (1908)
⑭ Arbeiter-Unfall-Versicherungsanstalt: Kafkas Arbeitsstätte von 1908 bis zur Pensionierung 1922
⑮ Die Civilschwimmschule
⑯ Das Kabarett Lucerna
⑰ Jiddische Schauspieltruppe im Café Savoy
⑱ Das Jüdische Rathaus
⑲ Max Brods Wohnung
⑳ Erzherzog Stefan: Vorlesung des *Urteils*
㉑ Oppelthaus: Familienwohnung ab 1913. Kafka wohnt dort bis 1914 und wieder ab 1918
㉒ Bilekgasse: Das erste Zimmer, 1914
㉓ Zum goldenen Hecht: Wohnung 1915/17
㉔ Alchimistengasse: Arbeitszimmer 1916/17
㉕ Schönborn-Palais: Kafkas Wohnung 1917

Prag im frühen 20. Jahrhundert ist eine Stadt, in der aufgrund des ansteigenden Zuzugs der tschechischen Landbevölkerung Juden und Deutsche gleichermaßen in Bedrängnis geraten. Viele Literaten verlassen Prag und wenden sich Deutschland zu. Unter ihnen sind bekannte Autoren wie Gustav Meyrink (1868–1932), Rainer Maria Rilke (1875–1926), Franz Werfel (1890–1945) oder auch Egon Erwin Kisch (1885–1948). Trotz der „Fluchtbewegung", die so vollzogen wird, übt Prag zugleich umgekehrt eine große, widersprüchlich anmutende Anziehungskraft auf jene Autoren aus, wird Prag doch aus der Distanz heraus wieder zum Ort des literarischen Geschehens erhoben. Franz Kafka allerdings verbleibt in Prag. Auch er fühlt die Widersprüchlichkeit und die Paradoxie von Abstoßung wie Anziehung, die dieser Stadt innewohnt: „Dieses Mütterchen hat Krallen. Da muss man sich fügen oder –. An zwei Seiten müssten wir es anzünden, am Vyšehrad und am Hradschin, dann wäre es möglich, dass wir loskommen." Die Atmosphäre des Geheimnisvollen wie Unheimlichen geben die folgenden Texte wieder, eine faszinierende Atmosphäre, die auch in späteren Jahrzehnten und wohl noch heute gegenwärtig ist, wie auch das hier aufgenommene und 1977 entstandene Gedicht von Rose Ausländer dokumentiert.

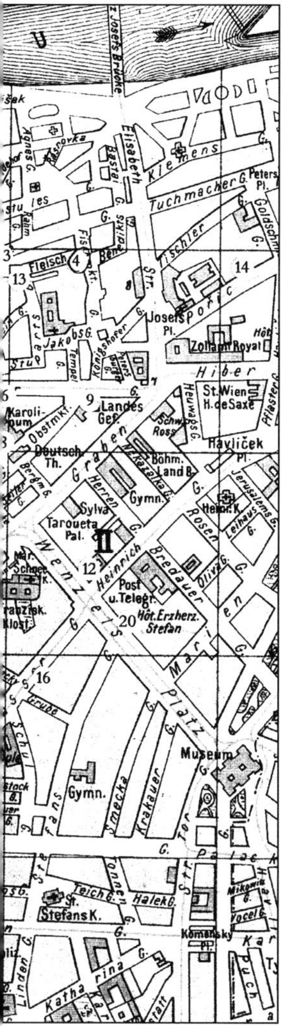

Stadtplan von Prag

Rose Ausländer (1901–1988): Prag

Immer träumte ich nach Prag
Immer kam etwas dazwischen
Zeitnot Krankheit Krieg

Kafka stand
Vor dem Hradschin
Verirrter Himmelsbote

Ich schwöre
beim heiligen Franz
Ich kann die Mauern
Nicht durchbrechen
Die Zauberkünste schlafen

Dort träumen Dichter
Ihre Wunder
Gut mit ihnen
Kirschen essen

Trauert Prag
Um meinen Traum?
Mein Traum
trauert um Prag

Aus: Rose Ausländer: Sanduhrschritt. Gedichte. Frankfurt/M. (Fischer) 1994, S. 51

Gustav Meyrink (1868–1932):- Vom dämonenhaften Zauber einer Stadt

Siebzehn Jahre lang war ich in Prag, kam hin als Gymnasiast und verließ es 1903 als Schriftsteller, krank und arm. Als ich 1916 einen Abstecher nach Prag machte und am Bahnhof ausstieg, empfand ich sofort dasselbe würgende, unheimliche Gefühl, das mich jedes Mal befallen hatte, wenn ich nach längerer Zeit wieder Prager Luft atmete. Für mich ist Prag, ich kann mir nicht helfen, die Stadt der Verbrecherintelligenz und ihre Atmosphäre ist die Atmosphäre des Hasses. Der Grund, weshalb ich Prag verließ? Schicksal! Jahrelang war es mein heißester Wunsch gewesen, Prag für immer den Rücken kehren zu können, aber wie mit Kerkermauern hielt es mich fest. Kaum war es mir gelungen, so wendete sich auch schon mein Schicksal zum Besseren.

Wenn mich jemand fragt: „Würden Sie gern wieder in Prag leben?“, so antworte ich: ja, aber nur in der Erinnerung; in Wirklichkeit nicht eine Stunde. Oft des Nachts träume ich von Prag und seinem unheimlichen, dämonenhaften Zauber; dann, wenn ich erwache, ist mir, als sei ich von einem Alb befreit. Seit ich Prag verlassen habe, lebe ich, zwei Jahre Wien nicht gerechnet, in Deutschland und habe viele deutsche Städte gesehen – auch solche, die schöne mittelalterliche Bauten tragen wie Prag und eine ähnliche blutige Vergangenheit haben; in keiner jedoch schwingt jene unfassbar merkwürdige Stimmung. Sie sind – desinfiziert und man geht in ihnen herum wie in langweiligen Museen.

In: Helmut G. Haasis (Hrg.): Die unheimliche Stadt. Ein Prag-Lesebuch. München (Piper) 1992, S. 158

Franz Werfel (1890– 1945): Eine Stadt als unwirklicher Tagtraum

1912, in meinem zweiundzwanzigsten Lebensjahr, habe ich Prag endgültig verlassen. Es war damals ein halb noch unbewusster Rettungsversuch. Mein Lebensinstinkt wehrte sich gegen Prag. Für den Nichttschechen, so scheint es mir, hat diese Stadt keine Wirklichkeit, sie ist ihm ein Tagtraum, der kein Erlebnis gibt, ein lähmendes Ghetto, ohne auch nur die armen Lebensbeziehungen des Ghetto zu haben, eine dumpfe Welt, aus der keine oder falsche Aktivität herkommt. Prag kann man nur als einen Drogenrausch, als eine Fata Morgana des Lebens ertragen, und das ist der Grund, warum so viele Künstler nicht geflohen sind. Der deutsche Prager, der zur Zeit fortging, ist schnell und radikal expatriiert[1], und doch liebt er seine Heimat, deren Leben ihm wie ein ferner Wahn vorkommt; er liebt sie mit einer mysteriösen Liebe. Für die gesunde, einfach-kräftige Rasse, die jetzt Herr im Land ist, bedeutet Prag Leben, Hauptstadt, Kultur, Kulmination, – das Geheimnis der Stadt versteht der Heimatlose daheim und in der Fremde besser. Denn ein Heimatloser gerade – Gustav Meyrink – hat an

1 ausbürgern aus einem Staat, verbannen; Substantiv: Expatriation

ihren tiefsten Nerv gerührt, ihr zweites Gesicht, den verworrenen Traum ihres uralten Wesens gebildet.

In: Helmut G. Haasis (Hrg.): Die unheimliche Stadt. Ein Prag-Lesebuch. München (Piper) 1992, S. 159

Rainer Maria Rilke (1875–1926): Stadt der welkenden Mauern, stillen Paläste und wachsamen Türme (1899)

Karlsbrücke, um 1910

Die giebelige, türmige Stadt ist seltsam gebaut: Die große Historie kann in ihr nicht verhallen. Der Nachklang tönender Tage schwingt in den welkenden Mauern. Glänzende Namen liegen, wie heimliches Licht, auf den Stirnen stiller Paläste. Gott dunkelt in hohen gotischen Kirchen. In silbernen Särgen sind heilige Leiber zerfallen und liegen wie Blütenstaub in den metallenen Blättern. Wachsame Türme reden von jeder Stunde, und in der Nacht begegnen sich ihre einsamen Stimmen. Brükken sind über den gelblichen Strom gebogen, der, an den letzten verhutzelten Hütten vorbei, breit wird im flachen böhmischen Land. Dann Felder und Felder. Erst ein wenig bange und ärmliche Felder, die der Ruß noch erreicht aus den letzten lauten Fabriken, und ihre staubigen Sommer horchen hinein in die Stadt. Dann, an langen Alleen steilstämmiger Pappeln, beginnen rechts und links die immer wogenderen Ernten. Apfelbäume, krumm von den reichlichen Jahren, heben sich bunt aus dem Korn. Vorn, am Straßenrand, verstaubt ein Kartoffelfeld, und wie später

Abendschatten dunkelt ein Dreieck Kohl, blauviolett, vor dem jungen Gehölz. Tannen dahinter beenden schweigsam das Land. Kleine hastige Winde hoch in der Luft. Alles andere – Himmel. So ist meine Heimat.
Da sollte man meinen: In diesem Lande ist das Kindsein besonders leicht. Was andere Kinder anderswo mühsam zusammenträumen, das steht hier lebensgroß und von der Wirklichkeit bejaht, mitten in ihrem Tag. Man geht an keiner Kirche vorbei, ohne die goldenen Geheimnisse hinter den Ampeln schimmern zu sehen, und auf den großen Plätzen zittert die Luft noch von stolzen fürstlichen Stimmen. Alles Große ist wie gestern geschehen, und die Kinder ahnen: Es kann wiederkehren und mit Glanz oder mit Grausamkeit den täglichen Tag verdecken, den sie doch nur zum Schein und ohne tiefere Teilnahme leben. Und aus dieser steten Erwartung des bunten und sonderbaren Schicksals, aus diesem Horchen nach dem Unerhörten, müsste am Rande der Kindheit, dort, wo die Kräfte sich zurückziehen aus den verstreuten Dingen, um im Jüngling selbst sich zitternd zu vereinen, das Bestreben entstehen, das Fremde, ewig Nahende und Feierliche, wie ein lang verdientes Recht, in die Wirklichkeit zu reißen: zu schaffen. Das heißt, aus dieser *Prager* Kindheit müsste eine *Prager* Kunst entstehen, wie eine natürliche Fortsetzung, wie ein zweiter Band jenes wundervollen Märchenbuches, der den ersten erfüllt, bestätigt und in strahlenden Apotheosen[1] zusammenfasst.
Aber es scheint, dass die Kinder nicht unwillkürlich, nicht offen genug sind gegen ihr Kindsein. Es liegt vielleicht auch an der Zeit, welche so viele Verlockungen hat, und an der noch ganz jungen Vergangenheit, welche neben der reifen Historie zu ihren Sinnen spricht, sodass sie darüber ihre Fantasie vergessen und den Tag leben und alle seine Kleinheiten und Beklemmungen auch. Denn der Tag ist gar laut und wichtig in der Stadt der vielen Feindschaften und Falschheiten, und es gehen allmorgendlich zwei Sonnen auf über dem Hradschin: eine deutsche und eine – andere. Diese andere Sonne liebt das Land, und (was noch notwendiger ist) sie begreift es. In ihrer Wärme entsteht eine innige und intime Kunst mit

1 Vergöttlichung, Verherrlichung

Alchimistengasse auf dem Hradschin, links das Haus Ottlas (Kafkas „Lieblings“-Schwester)

gutem (nur etwas stark von den Franzosen beeinflusstem) Nachwuchs, von der ich hier nicht zu sprechen habe. Unter der ersteren Sonne, der deutschen, schließen sich verschiedene Künstlervereine – wie um größerer Wärme willen – zusammen und ihre Mitglieder sind die Vertreter einer unnationalen, überall möglichen Kunst, die durch nichts auffällt und dem kaufenden Publikum selten Ärgernis gibt. So fließt in den jährlichen Weihnachtsausstellungen des „Vereines der deutschen bildenden Künstler in Böhmen“ jene Mußestundenkunst alternder lediger Damen fast unmerklich mit den anderen Ausstellungsgegenständen zusammen. Einzelne tüchtige Arbeiten können kaum zu ihrem Rechte kommen, wo die Mittelmäßigkeit sich so behaglich und so sehr anerkannt von der öffentlichen Meinung breitmacht. Im deutschen Böhmen ist die Literatur – Zeitungsschreiberei und die bildende Kunst ihrerseits das geworden, was dem Journalismus entspricht. Es gibt nur zwei Wege, diesen Zustand irgendwie zu überdauern: entweder sich auf sich selbst zurückzuziehen, sich enger an das Land, seine Art und Anmut anzuschließen, als den einzigen Verkehr, der fördern und festigen kann, so wie es etwa Hans Schwaiger in seinem mährischen Dörfchen tut, – oder in die Fremde zu ziehen, wo sich so viel Großes und Verheißungsvolles begibt, mit einem freudigen Willen, alles anzuerkennen und zu lernen, und mit der stillen Hoffnung im Herzen, als Könner in die Heimat wiederzukehren, um sie neu und würdig und reif auszusprechen mit echt goldenen Worten. [...]

Rainer Maria Rilke: Ein Prager Künstler. In: ders.: Zwei Prager Geschichten. Frankfurt/M. (Insel Verlag) 1976, S. 137–139

 [1]

4. Wie Franz Kafka erzählt – Kafka und die deutsche Sprache

Die Pragerpresse vom 05. Juni 1924 erscheint mit folgendem Nachruf auf Kafka: „Kafkas Fantasmagorien mit ihren völlig neuen Werten einer gespenstischen Dämonie sind in einer klaren, einfachen, fast pedantisch auf das Gesetzmäßige bedachten Sprache geschrieben, die jeder auffälligen Wendung, jedem billigen Effekt in geradezu ängstlicher Keuschheit ausweicht." Diese Sprache ist nicht zuletzt auf das sprachliche Umfeld, in dem Kafka lebt, zurückzuführen. Sie ist umrahmt von einer tschechischen Sprachlandschaft und zeigt sich – isoliert vom deutschen Sprachraum – weniger mundartlich lebendig als vielmehr trocken „papieren", wie der Literat und Philosoph Fritz Mauthner (1849–1923) schreibt. Das zum Fortentwickeln so notwendige authentische Lebensmilieu fehlt an diesem Ort der deutschen Sprache, die Kafka nutzt und in der er lebt.

Ludwig Dietz: Das „Pragerdeutsch"

Seit dem Mittelalter lebt Prag aus der Spannung dreier Völker in seiner Stadt: der Tschechen, der Deutschen und der Juden; der Nationalität nach sind um 1900 rund 90% der Prager Einwohner Tschechen, 5–6% Deutsche, 4–5% andere Minderheiten (Juden, Kroaten, Ungarn etc). [...]
Die Juden Prags bildeten eine Mehrheit innerhalb der nicht-tschechischen und nicht-deutschen Minorität; ein hoher Prozentsatz von ihnen, darunter alle Angehörigen der wirtschaftlichen und gesellschaftlichen Oberschicht, sprach

1 Zeichnung von Franz Kafka, siehe auch S. 264, 289, 295, 299, 306

inzwischen deutsch; in nicht wenigen ihrer Familien hatten erst die Eltern sich entschlossen, die nun mögliche Assimilation[1] zum sozialen Aufstieg zu nutzen und sich den Deutschen anzuschließen, welche die herrschende Oberschicht darstellten. Kafkas Vater war noch als jiddisch und tschechisch sprechender Jude nach Prag gekommen und hatte erst hier (und aufs Äußerlichste) diesen Prozess zum ‚deutschen' Juden hinter sich gebracht. Kafka und seine Freunde fühlten sich je nach dem Grad ihrer Assimilation oder Abgrenzung als deutsche oder deutschsprachige Juden.[2] Kulturell zählten sie jedenfalls zu den Deutschen. Die rund 35-000 deutschsprechenden Prager waren bildungspolitisch bis 1918 überrepräsentiert: Sie besaßen z.B. eine Universität, eine Hochschule, neun Höhere Schulen, zwei Theater, ein Konzertgebäude und zwei große Tageszeitungen. [...]
Die Landflucht der Juden im Zuge der nationaltschechischen Entwicklung hatte ihren vorher oft sehr lebendigen Kontakt mit dem Jiddischen verringert, das im 13. und 14. Jh. bei dem Durchgang der Juden durch die mittelhochdeutschen Sprachen als Nahsprache des Deutschen sich gebildet hatte und das sie bei ihrer Flucht vor den einsetzenden Pogromen mit sich nach Osten genommen und weiterentwickelt hatten. Eine Voraussetzung für das Jiddische war die Tatsache, dass die Juden ihre Existenz als Volk nicht aufgaben und überall früher oder später in eine Ghettosituation geraten waren. Die Nähe des Jiddischen zum Deutschen führte dann freilich eben dort, wo die

---

1 assimilieren: angleichen, anpassen

2 Kafka schreibt: „Mit den Hinterbeinchen kleben sie noch am Judentum des Vaters und mit den Vorderbeinen fanden sie noch keinen neuen Boden. Die Verzweiflung darüber war ihre Inspiration." Marthe Roberts beurteilt die vergeblichen Assimilationsbemühungen wie folgt: „Bei sich zu Hause leben, denken, fühlen und schreiben die jungen Leute aus Prag wie Deutsche, äußerlich den anderen gleich, doch außerhalb ihrer Viertel täuscht sich niemand, die anderen erkennen sie sofort an ihrem Gesicht, ihrem Benehmen, ihrem Akzent. Gewiss sind sie assimiliert, doch nur in dem geschlossenen Raum ihres geborgten Deutschtums, oder anders gesagt, sie sind an ihre eigene Entwurzelung ‚assimiliert'" (zitiert nach Baumann 1995: 113).

Sprache nicht mehr aus ihrer Fülle wirkte und die Ghettosituation aufgehoben war, zu Angleichungen, so hier in Prag zum sogenannten Mauscheldeutsch, einem jiddischen Deutsch, gegen das sich die deutschen Puristen nur mühsam und unter Verlust lebendiger Sprachformen abzugrenzen versuchten. [...]
Die Situation der deutschen Sprache in Prag und Böhmen und derer, die sie hier vorzugsweise verwendeten, hat man als „Insellage" bezeichnet. Von den rund 450000 Pragern um 1900 sprachen nur 34000 deutsch, aber 415000 tschechisch; von den rund 25000 Juden etwa 11000 deutsch und 14000 tschechisch. Das Deutsch der deutschsprachigen Juden mochte im Einzelfall deutlichere Einmischungen (meist unreiner) jiddischer Elemente enthalten. Auf Vorwürfe Karl Kraus' (pauschal an die Prager, speziell an Werfels Adresse) meint Kafka: „So mauscheln [jiddeln] wie Kraus kann niemand"; und „Ich sage damit nichts gegen das Mauscheln, das Mauscheln an sich ist sogar schön, es ist eine organische Verbindung von Papierdeutsch und Gebärdendeutsch" und bekennt: „Wir mauscheln alle". Tatsächlich sind Spuren des Mauschelns wie bei Brod und Werfel auch bei Kafka, aber auch bei nichtjüdischen deutschen Literaten der Donaumonarchie zu beobachten. Echtem Jiddisch war Kafka bei Löwy und seiner Truppe erst 1910 begegnet.
Das zum Papierdeutsch erstarrte „reine" und das gesprochene „unreine" Deutsch Prags und Böhmens („Deutsch, das wir von unsern undeutschen Müttern noch im Ohre haben", sagt Kafka) war *das* Problem des Prager Schriftstellers. Auf diese Tatsache führt man die eigentliche Armut überwuchernde schwulstig-barocke Sprachlichkeit Prager Literaten um und nach 1900 zurück (natürlich wäre deutlich zu trennen, welchen Anteil an solchen Erscheinungen – wie sie sich an Prosa und Poesie Rilkes, Leppins, Meyrinks, Werfels u.a. leicht beobachten lassen – der Jugendstil und welchen tatsächlich die sprachliche Insellage hat). Kafka sieht eine Möglichkeit, dem „sprachlichen Mittelstand" zu entrinnen, in „allerpersönlichstem Hochdeutsch": „Das Mauscheln ist eine organische Verbindung von Papierdeutsch und Gebärdensprache [...] und ein

Ergebnis zarten Sprachgefühls, welches erkannt hat, dass im Deutschen nur die Dialekte und außer ihnen das allerpersönlichste Hochdeutsch wirklich lebt, während das Übrige, der sprachliche Mittelstand, nichts als Asche ist, die zu einem Scheinleben nur dadurch gebracht werden kann, dass überlebendige Judenhände sie durchwühlen. Das ist eine Tatsache, lustig oder schrecklich, wie man will; aber warum lockt es die Juden so unwiderstehlich dorthin?" (Br 336 f.). In einigen Formulierungen Kafkas ist Fritz Mauthners Beschreibung des „Pragerdeutschen" (1918) zu erkennen: „Der Deutsche im Innern von Böhmen, umgeben von einer tschechischen Landbevölkerung, spricht ein papierenes Deutsch, es mangelt an Fülle des erdgewachsenen Ausdrucks, es mangelt an Fülle der mundartlichen Formen. Die Sprache ist arm." Man hat viel vom „reinen" Prager Deutsch und pointiert vom „Kanzleistil" Kafkas gesprochen; Kafkas späte Aussage vom „allerpersönlichsten Deutsch" bleibt dabei unbeachtet. Richtig ist sicher, dass sich die Prager und eben auch Kafka von anderen deutschen Schriftstellern dieser Zeit, Expressionisten, Futuristen, Dadaisten, durch ihr als Treue zu bezeichnendes Verhältnis zur sprachlichen Norm unterscheiden.

Aus: Ludwig Dietz: Franz Kafka. Stuttgart (Metzler) 2. erw. und verb. Auflage 1990, S. 17–19

Horst Steinmetz: Erzählperspektive

[...] Auf den ersten Blick und an der Oberfläche scheint es in diesen Romanen und Erzählungen viel weniger Schwierigkeiten zu geben als in vielen anderen aus derselben Zeit. Denn bei Kafka werden ja durchaus (noch) Geschichten erzählt. [...] Allerdings darf man sich nicht täuschen lassen. Denn bei Kafka wird auf eine besondere Art erzählt. Alles, was der Leser erfährt, erfährt er nämlich in den weitaus

meisten Fällen ausschließlich aus der Perspektive der Hauptpersonen. Man sieht und erlebt alle Vorgänge und Ereignisse immer nur zusammen mit den Hauptgestalten. Was außerhalb ihres Wahrnehmungs- und Erlebnisbereiches liegt, bleibt auch dem Leser unbekannt. Eine der Schwierigkeiten, die Kafkas Werke aufwerfen, ist in eben dieser Erzählweise begründet. Sie hat u.a. zur Folge, dass der Leser zu keinem Zeitpunkt mehr weiß und kennt als die Personen in den Romanen.[1] Für die Konkretisierungen hat das große Konsequenzen. Wir lassen die besonderen Probleme, die hiermit zusammenhängen, jedoch beiseite. Sieht man von der charakteristischen Art dieses einzelperspektivischen Erzählens ab, dann bieten sich Kafkas Romane und Erzählungen in einer vergleichsweise traditionellen Form dar. Meist wird in einer richtigen Geschichte gewissermaßen korrekt, auch in leicht nachvollziehbarer chronologischer Folge erzählt, was einem Menschen widerfährt. In dem Roman „Der Prozess“ zum Beispiel kann man den Erlebnissen von Josef K. ohne jede Mühe folgen, von seiner Verhaftung am Beginn bis zu seinem Tode am Ende.
Aber natürlich sind diese Geschichten nur ihrer äußeren Anlage nach traditionell. Hinter der äußeren Schale gibt es zahllose ungewohnte und unerwartete, häufig fremdartige und unheimliche Vorkommnisse und Geschehnisse. Die Menschen, die auftreten, scheinen ganz normale Menschen zu sein, und doch werden sie in Vorgänge verstrickt, die vom normalen Leben in vieler Hinsicht abweichen. Noch ganz abgesehen davon, dass sprechende Tiere erscheinen und Menschen gar in Tiere verwandelt werden. Manche Erzählungen erinnern darum an Märchen, aber an Märchen mit einem unmärchenhaften Ausgang. Wie überhaupt allen Romanen und Erzählungen gemein ist, dass es nie zu einem glücklichen Ende kommt. Sie alle vermitteln eine Stimmung der Vergeblichkeit. [...]

Aus: Horst Steinmetz: Der Fall Franz Kafka. In: ders.: Moderne Literatur lesen. München (Beck) 1996, S. 218f.

[1] Dieser Vorgang des Erzählens, der „keinen Raum neben oder über den Gestalten, keinen Abstand von dem Vorgang lässt“ (Beißner 1983: 42), wird auch als „einsinnig“ bezeichnet.

Norbert Schläbitz: „Kafkaesk" – Beschreiben des Unbeschreiblichen

Kafkas Sprache erscheint so außergewöhnlich und für sich selbst stehend, dass zu ihrer Charakterisierung sich kurz nach dem Tode des Autors ein eigenständiges Adjektiv aus dessen Namen ableitete: „kafkaesk", worin sich ein für die Literatur nahezu einzigartiger Vorgang spiegelt. Seinen Ausgang nimmt dieser Neologismus[1] in der englischen Sprachgemeinschaft, um sich von dort – trotz mannigfaltigen Widerstandes – auch seinen Weg in den deutschen Sprachraum zu bahnen. Vom „hässliche[n] Eigenschaftswort" hat Max Brod gesprochen, von der „modische[n] Wortmissgeburt" Wilhelm Emrich und vom „läppische[n] Unwort" Friedrich Beißner. Unbenommen der Kritik und des Versuches, Alternativen zu bieten („kafkaisch", G. König/ „kafkasch", Wilhelm Emanuel Süskind[2]) setzt es sich durch (vgl. Neff 1979: 881 u. 883).

Was meint nun kafkaesk? Der Duden definiert weitgehend tautologisch: „in der Art der Schilderungen Kafkas; auf rätselvolle Weise unheimlich, bedrohend". In Beschreibungen einer Welt, die sich als absurd und bürokratisch inhuman darbietet, offenbaren sich kafkaeske Formen. In dem Adjektiv ist ein Ohnmachtsgefühl gegenüber einem in der Anonymität verbleibenden Machtapparat ausgedrückt, dessen gleichgültige Mühlen jene unweigerlich und ungefragt zermahlen, die – wie auch immer – zwischen die Mühlsteine geraten sind. Das Doku-

Szenenfoto aus dem Film: „Der Prozess" von Orson Welles

[1] Wortneuschöpfung

[2] Publizist und Romancier und Vater von Patrick Süskind, Autor des Erfolgsromans „Das Parfum"

Szenenfoto aus dem Film „Der Prozess“ von Orson Welles

mentieren der Ausweglosigkeit des Einzelnen in einer verwalteten Welt, das Dokumentieren der Entfremdung des Einzelnen vor dem Hintergrund quasi schicksalsträchtiger Verhältnisse, denen man sich ohnmächtig ausgeliefert sieht, das Dokumentieren der Sinnlosigkeit allen Strebens, das alles – dargelegt mit nüchternen, schnörkellosen Worten, die sich trotz allem rätselhaft chiffriert lesen – macht das Kafkaeske aus. „Kafkas Sprache ist [...] von kristallklarer, harter, spröder, oft äußerst einfacher Form, was umso eigenartiger wirken muss, als ein Nachspüren des Unfassbaren geschieht, ein detailliertes Beschreiben des Unbeschreibbaren, ein realistisches Angehen des Unrealistischen. ‚Ich versuche immerfort etwas Nicht-Mitteilbares mitzuteilen, etwas Unerklärliches zu erklären.‘ So sind Kafkas Werke Spiegel eines paradoxen Daseins, absurden Seins“ (Glaser/Lehmann/Lubos 1997: 585). Diese Form des Schreibens, kristallklar und spröde, deckt sich in keiner Weise mit dem tragischen Inhalt, sodass über diesen Umweg das Unbeschreibbare zum Ausdruck gelangt, ohne sich evident darzubieten, weil das so Ausgedrückte nicht ist, was es zu sein vorgibt. „Bei Kafka ist [...] das Klima der Sprache für ihre Bedeutungsebene ganz unpassend. [...] Auf diese Weise öffnet Kafka einen ästhetisch unüberbrückbaren Abgrund zwischen der Form und der Bedeutung seiner Sätze. Automatisch nimmt die Botschaft den Charakter eines Codes an, sie wird verschlüsselt. Während die Botschaft [...] fast unerträglich tragisch ist, ist der Code lächerlich und grotesk. Aus der Unvereinbarkeit zwischen Code und Botschaft entsteht das Erlebnis des Absurden, das uns Kafka verschafft“ (Flusser 1995: 169). Durch diese Distanz – die nicht aufhebbare Differenz – zwischen Form und Inhalt verbleiben die Texte, trotz der vermeintlichen

Klarheit, rätselhaft und bleiben die Deutungen vielfältig, da „ein gewisser Zweifel über die Gültigkeit der entzifferten Botschaft infolge der absurden Unvereinbarkeit beider [Form und Inhalt respektive Bedeutung, N.S.]“ bestehen bleibt (ebd.: 170).

Im Kafkaesken drückt sich insgesamt ein Welt- und Daseinsgefühl aus, das für das 20. Jahrhundert prägend gewesen ist (vgl. Neff 1979: 883). So nimmt kein Wunder, dass „[v]iele deutsche und ausländische Autoren [...] mit ihren Werken Kafka verpflichtet [sind]; ‚kafkaesk‘ ist geradezu Kennzeichen einer eigenen Stilrichtung und literarischen Strömung geworden“ (Glaser/Lehmann/Lubos 1997: 586).

Christian Schärf: Zur Entstehungsgeschichte oder: Der Roman als Prozess

Kafkas Fragment gebliebener Roman „Der Prozess“ wird von Max Brod 1925 posthum herausgegeben. Bei der Veröffentlichung beschränkt dieser sich allein auf die abgeschlossenen Kapitel und vermittelt so den Eindruck des in sich geschlossenen, fertiggestellten Romans. Zu Lebzeiten des Autors erscheint unter dem Titel „Vor dem Gesetz“ einzig die aus dem Dom-Kapitel herausgelöste Türhüterparabel, die Kafka für gelungen befindet und gleich mehrfach publizieren lässt. Für den eigentlichen Roman und nicht unerheblichen Rest dagegen findet er keine guten Worte: „Worin liegt der Sinn des Aufhebens solcher ‚sogar‘ künstlerisch misslungener Arbeiten?“ Und ganz allgemein ist das Urteil über seine schriftstellerische Tätigkeit vernichtend: „Niemand wird lesen, was ich hier schreibe“, eine Einschätzung, die sich – dank Max Brod – nicht erfüllte und wie sie irriger nicht sein konnte. Diese kritische Einschätzung dem eigenen Schreiben gegenüber hat u.a., wie Kafka schreibt, mit seiner „Schwierigkeit der Beendigung“ bzw. mit dem „Unglück des fortwährenden Anfangs“ zu tun – was im Grunde das Gleiche ist –, die sich auch in der Entstehungsgeschichte zum Roman „Der Prozess“ spiegeln.

Als Kafka im August 1914 den *Proceß* zu schreiben beginnt, deutet nichts auf eine Beziehung zum Ausbruch des Ersten

Weltkrieges hin. Am 2. August 1914 notiert Kafka in sein Tagebuch: „Deutschland hat Russland den Krieg erklärt. – Nachmittag Schwimmschule“ (T, 261). Später spielt der Krieg für die Entstehung des Textes nur insofern eine Rolle, als Kafka sich als an der Heimatfront Verbliebener noch mehr als Versager vorkam. In der zweiten Hälfte des Jahres 1914 nimmt der Kampf um das Schreiben eine ausschließliche Position in Kafkas Reflexionen ein. Dieser Kampf überdeckt alles, auch die politischen Ereignisse.

[...] Kafka hat den *Proceß* in zehn Quartheften, die er zum Teil auch für andere erzählerische Versuche oder für Tagebucheintragungen benutzte, niedergeschrieben. Aus diesen Heften löste er – vermutlich nach Beendigung der Niederschrift – die verstreut eingetragenen Romanteile heraus, um das Manuskript in die einzelnen Kapitel zu separieren. Dabei musste er in einigen Fällen, wo Anfangs- und Endpassagen auf einem Blatt standen, eine der beiden Passagen auf einem neuen Blatt abschreiben. Für die Aufbewahrung der so gebildeten *Proceß*-Konvolute hat er zwei verschiedene Methoden verwendet, je nachdem, ob es sich um abgeschlossene Kapitel handelte oder um solche, deren Abschluss sich noch nicht abzeichnete. Im ersten Fall hat er die Konvolute jeweils mit einem Deckblatt versehen, auf dem er die betreffende Inhaltsangabe eintrug, während er im zweiten Fall jedes Konvolut in ein Einschlagblatt gelegt hat, auf dem er ebenfalls eine Inhaltsbezeichnung anbrachte. [...]

Die zehn Hefte lassen sich mithilfe einer Untersuchung von Wasserzeichen, Reißspuren usw. in ihrer ursprünglichen Blattfolge nahezu vollständig rekonstruieren. Diese Rekonstruktion ergibt Aufschlüsse über die Reihenfolge, in der die verschiedenen Textpartien des Romans entstanden sind. Vor allem aber wird durch die Rekonstruktion deutlich, dass Kafka seinen *Proceß*-Roman auf eine neue, bis dahin für ihn uncharakteristische Art und Weise geschrieben hat. Kafka lässt die streng lineare Arbeitsweise fallen. Vor allem wohl deshalb, weil er die Unübersichtlichkeit der Handlung bei einer noch dazu rein auf die momentane Intuition bauenden Schreibweise, wie sie sich beim *Verschollenen* eingestellt hat, vermeiden wollte. Kafka versucht

jetzt, Anfang August 1914 und in den darauffolgenden Monaten, eine praktikable Strukturierung des Schreibens aufzubauen. [...]
Kafka stützt sein neues Konzept auf eine Reihe von Einzelkapiteln, die er in unterschiedlichen Ansätzen zu verfassen beginnt, und deren Handlungsstationen nicht immer eine logische Abfolge beschreiben. Das gleichzeitige Arbeiten an unterschiedlichen Stellen des Textes führt ab einer bestimmten Größe des Manuskriptes zu einer Unübersichtlichkeit, bei der die einzelnen Handlungsfäden aus dem Blick geraten können. Kafka steigt jetzt an immer anderen Stellen des Romans ein, treibt einmal dieses, ein anderes Mal jenes Kapitel voran, beginnt dann wieder ein neues, sodass er immer mehr Fäden in der Hand hält, die er abwechselnd fortzuspinnen versucht. Es handelt sich um jenes System des Teilbaus, das Kafka in seiner Erzählung *Beim Bau der chinesischen Mauer* beschrieben hat. Er bleibt allerdings auch jetzt seiner ursprünglichen Kompositionsweise treu – einem intuitiv ansetzenden Schreiben, das das Ende (des jeweiligen Textteils) jeweils offen hält.
Der Beginn der Niederschrift lässt sich relativ genau bestimmen. Am 15. August 1914 heißt es im Tagebuch: „Ich schreibe seit ein paar Tagen, möchte es sich halten. So ganz ungeschützt und in die Arbeit eingekrochen, wie ich es vor zwei Jahren war, bin ich heute nicht, immerhin habe ich doch einen Sinn bekommen, mein regelmäßiges, leeres, irrsinniges, junggesellenmäßiges Leben hat eine Rechtfertigung“ (T, 263). Der Abbruch der Niederschrift lässt sich zeitlich weniger eindeutig bestimmen, mehrere biografische Zeugnisse legen jedoch nahe, den 20. Januar 1915 anzunehmen. Bestimmte Methoden der Analyse der Manuskriptblätter (Zahl der Wörter auf den einzelnen Seiten) lassen darauf schließen, dass Kafka bis zu seinem Urlaub, der am 18. Oktober 1914 endete, etwa zweihundert Manuskriptseiten gefüllt hat, in der verbleibenden Zeit bis Januar 1915 nur noch etwa achtzig. Das Stocken der Arbeit, über das Kafka schon zu Beginn seines Urlaubs klagt (und aufgrund dessen er diesen Urlaub überhaupt erst genommen hat), scheint schon von Oktober an nicht mehr zu beheben zu sein. Das bedeutet, der Überblick und

damit die Methodik seiner Weiterführung gerät Kafka außer Kontrolle.

[...] Die Kürze der Entstehungszeit und das baldige Abebben der Schreibintensität lassen jedenfalls auf ein praktisch von Anfang an bestehendes Unbehagen und ein Gefühl des totalen Scheiterns gerade auch hier schließen. Alle Schreibansätze, außer der *Strafkolonie,* über deren Schluss sich Kafka jedoch keineswegs klarwerden konnte, lassen die hohe Frequenz des Abbrechens erkennen, die weit höher liegt als in früheren Phasen. Alles bleibt jetzt Fragment, Kafkas Verzweiflung über seine Unfähigkeit zu schreiben erreicht ungeahnte Tiefen.

Das Schreiben in Heften, das Kafka für den *Proceß* eigens einführt, sollte zunächst dazu dienen, den Schreibstrom zu kontrollieren. Kafka glaubte, dass ein unkontrollierter Schreibstrom dem Gelingen eines Romans entgegenstehen könnte. Außerdem sollte die Arbeitsweise des Anlegens eines Heftes für jeweils ein Kapitel dafür sorgen, dass dieses jeweilige Kapitel ohne Abschweifung, eben wieder extrem linear, vorangetrieben werden konnte. Jedoch, je mehr Romankapitel er gleichzeitig in Arbeit hatte, desto mehr Hefte benötigte er. So kam es, dass er für die Neuansätze, die sich laufend einstellten, gerade beschriebene Hefte umzudrehen und vom anderen, noch leeren Ende her zu beschreiben begann. So wurden z.B. die Kapitel *Advokat/Fabrikant/Maler* und *Kaufmann Block* von entgegengesetzten Enden des gleichen Heftes lange aufeinander zugeführt, bis sie aufeinanderstießen und in anderen Heften fortgesetzt werden mussten.

Diese für Kafka zumindest in der Konzeption der Teile neue Art des Schreibens sollte die Möglichkeit eröffnen, einen Roman fertigzustellen und über das Fragment hinauszugelangen. Dass dieser Plan recht bald begraben werden musste und dass der *Proceß* tatsächlich als Riesenfragment liegengeblieben ist, deutet nicht zuletzt auf die internen Probleme gerade dieser Methodik hin. Das Kombinieren des Teilbaus mit der intuitiv linearen Schreibarbeit lässt das ganze Textgebäude von vornherein als äußerst fragil erscheinen. Hinzu kommt Kafkas Weigerung, das einmal Niedergeschriebene grundlegend zu überarbeiten und zu korrigieren. Kafkas Korrekturen sind reine Entstehungskorrekturen, das heißt Verbesserungen, die unmittelbar im Vorgang der Niederschrift vorgenommen worden sind. Der *Proceß* lässt keine Bearbeitungskorrekturen erkennen.

[...] Der Schreibstrom wird gerade angesichts eines Manuskriptes, das immer größer wird, zu einer nicht mehr zu kontrollierenden Kraft, die dazu führt, dass der Schreiber den Überblick verliert und ihn folglich der Mut verlässt. Es ist angesichts dieser Erscheinungen leicht nachvollziehbar, wenn man sagt, Kafka habe sich buchstäblich in seinem eigenen Text verloren, als Schreiber und Autor. Hätte er andererseits das Ganze zu einem kontrollierten Abschluss gebracht, so hätte die damit implantierte Autorinstanz deutlich über den Schreibstrom triumphiert. Gerade dies jedoch konnte nicht eintreten. Insofern ist die in der Forschung geäußerte Ansicht verständlich, dass Kafkas Roman Fragment bleiben *musste*. Gelingen also im Scheitern, könnte man sagen, wenn diese Kategorien hier noch eine Relevanz hätten. Sicherlich, das Subjekt Franz Kafka fühlte sich gescheitert, denn er musste ja sein Geschriebenes und insgesamt sein Schreiben im Sinne eines Werkbaus verlorengeben. Dennoch vermittelt gerade das *Proceß*-Fragment den Impuls dieses Schreibens als eines sich von seinem Ursprung ablösenden wuchernden Verfahrens, das seinen eigenen Gesetzen (und nicht mehr denen der Autorschaft) folgt. Wir haben es also beim *Process* mit einem Text zu tun, den wir ohne Rücksicht auf seinen Urheber betrachten können, insofern er sich als ein sich selbst generierendes System von lauter kleinen Teilsystemen präsentiert. [...] Damit ist die traditionelle Form des Romans überwunden, der Roman als vom Autor gebautes und kontrolliertes Werk mit einem bewusst inszenierten Abschluss. [...] Der kardinale Unterschied zu der herkömmlichen Erscheinungsweise des Romans seit dem 18. Jahrhundert besteht darin, dass wir es hier nicht mehr mit einer Form, sondern eben mit einem Prozess zu tun haben.

[...]

Die Frage nach Bedeutung und damit nach der Deutung wird in dem Maße aufgelöst, in dem sich die Eindeutigkeit der Handlungsvorgänge auflöst. Gerade darin aber besteht eine Seite des Prozesses, der hier die Kategorie der Form ersetzt. Während Form Bedeutung repräsentiert oder konstruiert, kommt es im Prozess zu einem permanenten Wechsel von Konstruktion und Destruktion, also von Aufbau und Abbau von Bedeutung, wobei aber immer neue, immer vielfältigere Bedeutung wiederum projektiert wird.

Aus: Christian Schärf: Franz Kafka. Poetischer Text und heilige Schrift. Göttingen (Vandenhoek & Ruprecht) 2000, S. 103–111

5. Zur Rezeptionsgeschichte

Franz Kafka: Gib's auf!

Es war sehr früh am Morgen, die Straßen rein und leer, ich ging zum Bahnhof. Als ich eine Turmuhr mit meiner Uhr verglich, sah ich, dass es schon viel später war, als ich geglaubt hatte, ich musste mich sehr beeilen, der Schrecken über diese Entdeckung ließ mich im Weg unsicher werden, ich kannte mich in dieser Stadt noch nicht sehr gut aus, glücklicherweise war ein Schutzmann in der Nähe, ich lief zu ihm und fragte ihn atemlos nach dem Weg. Er lächelte und sagte: „Von mir willst du den Weg erfahren?“ „Ja“, sagte ich, „da ich ihn selbst nicht finden kann.“ „Gib's auf, gib's auf“, sagte er und wandte sich mit einem großen Schwunge ab, so wie Leute, die mit ihrem Lachen allein sein wollen.

Norbert Schläbitz: „Habent fata libelli“ – Texte haben ihr Schicksal

Erst nach dem Tode Kafkas werden die Romane („Der Verschollene“; 1927, der von Max Brod den Titel „Amerika“ erhält, „Das Schloss“; 1926 und „Der Prozess“; 1925) von Max Brod veröffentlicht. Zu Lebzeiten erscheinen allein die zum Teil gleich mehrfach publizierten und für Kafka als abgeschlossen geltenden Erzählungen in sieben schmalen Bändchen. Gescheitert sieht er sich dagegen in seinen Romanprojekten, da sie ohne Ausnahme unvollendet und so Fragment bleiben. „Der Fall des Schriftstellers Kafka ist ungewöhnlich insofern, als zu seinen Lebzeiten die Nebenwerke, nach seinem Tod die Hauptwerke veröffentlicht wurden, soweit sie ihr Verfasser vor seinem Sterben nicht zerstörte“, schreibt so Franz Blei, neben Max Brod und Franz Werfel wichtigster Förderer Kafkas (zitiert nach Unseld 1997: 157f.). Ihre eigentliche literaturgeschichtliche und darüber hinausgehende Wirkung entfalten die Romane erst nach 1945.

Über Thomas und Klaus Mann, Bertolt Brecht, Walter Benjamin u.v.a reißt die Kette von Interessierten wie Begeisterten und damit die Auseinandersetzung mit den Texten bis heute nicht ab. Welche Resonanz dabei das schmale Werk Kafkas in der Sekundärwissenschaft erfahren hat, dokumentiert vielleicht am besten eine Zahl: Allein die zwischen 1945 und 1996 veröffentlichten Titel zu Kafka haben eine Größenordnung von über 25000 erreicht (nach Steinmetz 1996: 217). Diese unüberschaubare und stetig weiter wachsende Zahl von Publikationen veranlasste den Schriftsteller Wolfgang Hildesheimer zu dem Satz mit Bonmot-Charakter: „Ich schreibe kein Buch über Kafka" (zitiert nach Gräff ^{4}1993: 117). Im Besonderen das Romanfragment „Der Prozess" hat im Verlaufe seiner Rezeptionsgeschichte zu den widersprüchlichsten Deutungen Anlass gegeben. „Für Beißner ist der ‚Prozess' ein innerseelisches ‚Wahnbild', für Neumann ein ‚Denk-Prozess', für Binder der Versuch, die ‚Probleme mit Felice erzählerisch zu bewältigen', für Kurz die ‚Entfremdung aus der bürgerlichen Welt' usw.; der Protagonist ein ‚Neurastheniker'[1] (Uyttersprot), ein sich selbst verratender Rebell (Sokel), die Verkörperung der ‚Entwicklung eines Menschen im Kapitalismus' (Richter), ‚ambivalent', ein ‚Betrüger, aber ohne Betrug' (Kurz), ein ‚Jedermann ohne Eigenschaften' (Politzer), ein ‚Charakter, der einem unterscheidbaren, beschreibbaren Typus angehört' (Robertson) usf. Die Schuld Josef K.s, die zu seiner Verhaftung und seinem Tod führt, ist eine ‚absurde' und ‚existenzielle' (u.a. Camus), eine ‚religiöse' (u.a. Brod, Schoeps), die ‚Unkenntnis des Gesetzes' (Emrich) besteht in der ‚Selbstentfremdung' (Sokel), ist ‚eine nur behauptete, unerklärte und unerklärbare' (Beicken) etc." (Dietz ^{2}1990: 87f.). Aus den unterschiedlichsten Richtungen werden so die in Schrift gefassten Gedanken Kafkas beleuchtet, was verschiedenste Interpretationsansätze wie Lesarten ermöglicht. Einige, aber selbstredend längst nicht alle, werden im Folgenden kurz vorgestellt.

- **„Biografische Deutung":** Thomas Anz z. Bsp. arbeitet Parallelen zwischen dem Autor und dem Protagonisten Josef K. heraus. „Wem Kafkas literarisches Spiel mit autobiografischen Signalen einigermaßen vertraut ist, der

[1] ein am Zustand nervöser Erschöpfung, an Nervenschwäche leidender Mensch

findet im Roman zahlreiche Anhaltspunkte dafür, dass hier von einem Prozess erzählt wird, den Kafka gegen sich selbst führte. Nicht zufällig heißt der Wächter, der zuerst K.s Zimmer betritt (und eine Braut hat), Franz. Und wenn von dem Untersuchungsrichter gesagt wird, er schreibe sehr viel und verfasse spät nachts noch beim Schein der Lampe seine Berichte über Josef K., dann verleiht der Autor ihm Eigenarten *seiner* Schriftstellerexistenz" ([2]1992: 113). Die Trennung von seiner Verlobten Felice sehen Link und Pfarr symbolhaft im Prozess verarbeitet. Es werden gegenübergestellt der Gerichtshof im Roman und das Hotel „Askanischer Hof", wo die Aussprache Kafkas mit seiner Verlobten stattfindet. Er selbst charakterisiert dieses Treffen in seinen Tagebucheintragungen vom 23.07.1914 als „Gerichtshof". Das Abhalten des Gerichtshofes wird gleichgesetzt mit jener Aussprache, die Richterin im Roman mit der dem Treffen beiwohnenden Grete Bloch, einer Bekannten von Kafka und Felice, der Angeklagte mit Kafka, die Klägerin mit Felice u.a.m. (vgl. Link/Pfarr 1993: 67). So vordergründig, wie dargelegt, sind biografische Bezüge nicht immer aufzuzeigen. Häufig vermischen sich biografische wie psychologische Elemente und sind daher nicht immer trennscharf auseinanderzuhalten.

❐ **„Psychologische Deutung":** Schon aus dem ersten Satz des Romans „Der Prozess" leitet Hans Helmut Hiebel über den Gebrauch des Konjunktivs „hätte" Bezüge zum „Nicht-Gewussten, Nicht-Erinnerten, Unbewussten", also psychologische Motive ab (Hiebel [2]1989: 180). Sigmund Freud (1856–1938), Jacques Lacan und Gilles Deleuze liefern für Hiebel das Instrumentarium für eine psychologische Deutung. In Josef K. offenbart sich ein Schuldgefühl gegenüber der eigenen Existenz, das der Rechtfertigung bedarf. „Der PROZESS ist die Allegorie[1]

[1] Zwecks Veranschaulichung abstrakter Begriffe wird auf eine Bildsymbolik zurückgegriffen: Man denke an Justitia, die Gerechtigkeitsdarstellung in Form einer Frau. Die Waage symbolisiert das Wägen des Für und Wider, die Augenbinde, dass sie unabhängig vom Stand der Person ihr Urteil fällt, und das Schwert verweist auf die absolut genaue Unterscheidung zwischen Schuld und Unschuld.

dieser Rechtfertigung, die nichts anderes ist als das Schuldgefühl, d.h. die der Kritik des Über-Ichs entsprechende Wahrnehmung im Ich'" (ebd.: 183). Von hier fällt es dann nicht schwer, den Brückenschlag zur Psyche des Autoren zu schlagen, wie es etwa Walter H. Sokel macht, der Beziehungen zwischen den Protagonisten im Roman und Kafka selbst aufzeigt. Der weitere Brückenschlag zur Biografie Kafkas liegt nahe.

- **„Soziologische Deutung":** Die soziologisch vorgehenden Interpreten suchen gesellschaftskritische Ansätze im Geschriebenen wiederzufinden. Theodor Wiesengrund Adorno, der in Kafkas Darstellung einer bürokratisierten Gesellschaft Zustände des entmenschlichten Unrechtsregimes im III. Reiches vorweggenommen sieht, mag vertretend für andere genannt werden. „[D]as meiste in seinem Werk [ist] Reaktion auf grenzenlose Macht" (Adorno 1977: 267). „[J]edenfalls zitiert der Stoffgehalt jenes Werkes eher den Nationalsozialismus als das verborgene Walten Gottes. [...] ‚Staat und Partei': So tagen sie auf Dachböden, hausen in Wirtshäusern wie Hitler und Göbbels[1] im Kaiserhof, eine als Polizei installierte Mörderbande. [...] Verhaftung ist Überfall, Gericht, Gewalttat" (ebd: 271). Adorno sieht in Kafka keinen Propheten, der antizipiert, was erst noch kommt, sondern einen Analytiker, der mit klarem Gespür für die immanenten, tiefer liegenden Strukturen seines Gesellschaftsumfeldes diese aufdeckt und die folgerichtigen Entwicklungen abzuleiten versteht und beschreibt.
- **„Theologische Deutung":** Im Zuge einer „theologischen Deutung" ist zuvorderst an Gershom Scholem zu erinnern, „der Kafka als Stifter einer neuen, säkularisierten[2] und häretischen[3] Kabbala[4]" begreift (Bolz 1992: 93). So werden die Texte auf religiöse Motive unter-

[1] Goebbels
[2] verweltlicht
[3] vom Dogma abweichend, ketzerisch
[4] aus dem 9.–12. Jahrhundert stammende rätselhafte Schriften einer mystischen jüdischen Geheimlehre

sucht und entsprechend ausgelegt, was insbesondere für den „Prozess“ gilt: „[U]m Kabbala zu verstehen, müsse man heute vorher die Schriften Kafkas lesen, besonders den „Prozess“ (Scholem, zitiert nach Grözinger 1994: 7). Schon Max Brod deckt Bezüge zwischen Bildern und Motiven bei Kafka und denen der Religion auf, so zum Beispiel, wenn die unsichtbare Gerichtsbarkeit mit der göttlichen gleichgesetzt wird.

❒ **„Philosophische Deutung“:** Als exponierte Autoren für eine philosophisch motivierte Deutung sind die Existenzialisten[1] Albert Camus (1913–1960) und Jean-Paul Sartre (1905–1980) zu nennen. Bei Sartre, der bekanntlich die Gottesvorstellung verabschiedet, entwirft sich der Mensch in einem Selbstgestaltungsprozess. Er ist für das, was er ist, verantwortlich. „Der Mensch ist nichts anderes als wozu er sich macht“, beschreibt Sartre sein atheistisches Menschenbild. Der Mensch ist frei in seinem Handeln, ja zur Freiheit verurteilt, wo er für sich – sich selbst entwerfend – Verantwortung trägt. Er hat seine Handlungsoptionen in diese oder jene Richtungen zu verwirklichen und wird so zum unabschließbaren Projekt. Existenz ist danach nichts Objekthaftes, sondern verbleibt im ständigen Flusse, da Wählen und Handeln für das bewusste Sein konstitutiv sind. Dabei spielt das Gegenüber – der Andere – eine gewichtige Rolle, denn das eigene Tun ist durch den Blick des anderen immer einem Urteil ausgeliefert, was die Selbstreflexion in Gang setzt. Selbstbewusstsein oder Selbsterkenntnis erscheint im Spiegel des anderen. „Die thematische Relevanz solcher Romane wie *Der Prozess* und *Das Schloss* für die sartresche Theorie des Anderen geht klar hervor. Das vereinzelte Bewusstsein, eingekerkert in seiner Isolierung und von undefinierbaren Anklagen durch unbekannte und unfassbare Ankläger erweckt und herausgefordert, vergeblich Zugang zu den den Protagonisten bedrohenden oder seine beanspruchten Rechte hintanhaltenden

---

1 Existenzialismus: Eine philosophische Richtung, die von Kierkegaard (1813–1855) beeinflusst ist.

Behörden suchend – das ist ja die Thematik des kafkaschen Werkes“ (Sokel 1970: 272). Sokel stellt die unlösliche Verknüpfung zwischen dem Ich und dem anderen dar, die sich im Werk Kafkas spiegelt, wobei der Prozess als Ankläger des isolierten Ichs operiert, das sich für seine selbstverantwortete Existenz zu rechtfertigen sucht. „In der Weltliteratur ist Kafka derjenige Autor, dessen Erzähltechnik die formale Entsprechung des existenzphilosophischen Menschenbildes liefert. Indem sie wesentliche Fragen nach dem Sein der Hauptgestalt offen lässt, schafft diese Dichtung ein Bild des Menschen als eines sich selbst Schaffenden, als eines Wesens, dessen Sein das Werden ist“ (ebd.: 272). Ohne die Idee Gottes erweist sich das Leben als absurd, wie der ins Nichts geworfene K. in einer absurden Welt aussichtslos nach dem Grund der Anklage forscht und nach Rechtfertigung strebt.[1]

Die Philosophie hilft so Kafkas Werk entdecken. Umgekehrt kann aber auch nachgefragt werden, welche Philosophie Kafka für sich entdeckt hat, die sein Schreiben beeinflusste. „Man muss nicht alles für wahr halten. Man muss es nur für notwendig halten“, so heißt es im „Prozess“ und: „Die Lüge wird zur Weltordnung gemacht.“ Hier sind die Einflüsse Friedrich Nietzsches (1844–1900) mit seiner Proklamation vom begrifflichen „Gleichsetzen des Nichtgleichen“ unverkennbar: „So gewiss nie ein Blatt einem andern ganz gleich ist, so gewiss ist der Begriff Blatt durch beliebiges Fallenlassen dieser individuellen Verschiedenheiten, durch ein Vergessen des Unterscheidenden gebildet und erweckt nun die Vorstellung, also ob es in der Natur außer den Blättern etwas gäbe, das ‚Blatt‘ wäre, etwa eine Urform.“ Der Mensch „lügt also in der bezeichneten

[1] Camus sieht – nach Verabschiedung aller Transzendenz – im Mythos von Sisyphos ein Gleichnis für den Menschen in seinem prinzipiell absurden Tun und wendet dies ins Positive: „Wir müssen uns Sisyphos als einen glücklichen Menschen vorstellen“, wo das Leben als absurdes erkannt wie standhaft anerkannt wird. In dem gleichnamigen Werk beschäftigt sich Camus auch mit Kafka. Der Titel der Abhandlung: „Die Hoffnung und das Absurde im Werk Kafkas“.

Weise unbewusst und nach hundertjährigen Gewöhnungen – und kommt eben durch diese Unbewusstheit zum Gefühl der Wahrheit“ (Nietzsche [2]1988: 880f.). Arthur Schopenhauer (1788–1860) und Søren Kierkegaard (1813–1855) sind weitere Philosophen, welche Richtungen vertraten, die Kafka bekannt waren.

❒ Die **„werkimmanente Deutung“** endlich versucht alle nichtliterarischen Bezüge (biografische, religiöse Bezüge etc.) auszuklammern und sich allein auf das, was vorliegt, eben auf den Text und dessen Aussagegehalt zu stützen. Dabei werden die strukturelle Eigenart des Textes untersucht, die Themen und Motive herausgearbeitet, die Erzählperspektiven berücksichtigt oder auch die sprachlich-rhetorischen Mittel analysiert, und so wird das Inhaltliche schlüssig zu begründen versucht. Mit anderen Worten besteht die Vorstellung, dass ein Text, verstanden als ein seinsautonomes Gebilde und isoliert betrachtet, praktisch „objektiv“ gedeutet, eindeutig „erklärt“ werden könnte. Die aber prinzipiell nicht auszuschließende Geschichtlichkeit des eigenen Verstehensprozesses und damit des Subjektiven bleiben dabei unberücksichtigt. „Der so konstruierte Text und seine literarische Struktur vermischen trotz objektiver Absichten analysierende und interpretierende Elemente“ (Binder 1979: 811). Eine textimmanente Deutung von Gewicht hat Martin Walser mit seiner Doktorarbeit zum Roman „Der Prozess“ von Kafka geliefert.

❒ **„Rezeptionsästhetische Deutung“:** Einen offeneren Ansatz als der werkimmanente liefert die Rezeptionsästhetik nach Jauß und Iser. Literatur wird nicht nur produziert und distributiert, sondern auch gelesen. Diese Erkenntnis ist zwar trivial, aber lange (bis gegen Ende der 60er-Jahre) bei der Deutung von Literatur grob vernachlässigt worden. Der Leser tritt also ins Blickfeld, wo zuvor das Interesse dem Autor galt und der Text als „Werk“ begutachtet und interpretiert wurde. Es geht bei der Literatur um die „Dimension ihrer Rezeption und Wirkung“ (Jauß 1970: 168). Texte beinhalten „Unbestimmtheiten“ (Ingarden), „Leerstellen", wie sie Iser nennt. Das meint: Inhaltliche Aussagen schließen nicht sinnergänzend aneinander an, sondern vielmehr fehlt häufig zum Verständnis von Textaussagen eine verbindende Aussage. Der Leser füllt beim Lesen in der Regel unwillkürlich diese „Unterbrechungen der Anschließbarkeit" (Iser 1976: 285) und „konkretisiert" das Gelesene. Nehmen wir z. Bsp. nur den ersten Satz vom Roman „Der Prozess": „Jemand musste Josef K. verleumdet haben, denn ohne dass er etwas Böses getan hätte, wurde er eines Morgens verhaftet." Wie selbstverständlich wird der Protagonist Josef K. eingeführt. Aber wer ist bloß Josef K.? Wie alt mag er sein? Ist er ledig? Welchem Beruf geht er nach? Was ist das für ein sonderbarer Nachname? Was wiederum meint „böse"? In welchem Zeitrahmen bewegen wir uns, wenn von „morgens" die Rede ist? Wo und wann wird das Geschehen in Gang gesetzt? Zugleich ist von einer Autorität die Rede, die zu verhaften die Macht hat. Wer ist sie nur? Vorstellungen werden bewusst wie unbewusst im Akt des Lesens entwickelt. Zu den Informationen, die hier geliefert werden, gesellen sich eine Fülle nichtgelieferter hinzu. Implizit werden im Prozess des Lesens Annahmen gemacht, Erwartungen bestätigt, revidiert, verworfen ... usf. „In der Terminologie der Rezeptionstheorie ‚konkretisiert' der Leser das literarische Werk, das selbst nicht mehr ist als eine Kette von auf einer Seite angeordneten schwarzen Punkten. Ohne die fortwährende aktive Partizipation auf der Leserseite gäbe es überhaupt kein literarisches Werk" (Eagleton ^{4}1997: 43). Eine solche Konkretisation, bei der der Leser sinnhaft mitgestaltet, führt nicht zur Beliebigkeit, sondern zur begründeten Polyvalenz[1], da er stets auf gewisse Vorannahmen zurückgreift, die den Leseerfahrungen und dem literaturgeschichtlichen Kontext geschuldet sind (vgl. Frommer 1988).

Gerade Kafka wartet nun mit einer Vielzahl von Unbestimmtheits- respektive Leerstellen auf, die zu füllen der Leser aufgefordert ist: „In vielen Texten Kafkas stiftet

---

1 Mehrdeutigkeit

eine ‚*Allusions*-Kette'[1] eine Lesart, auf die *weder der Erzähler noch die Figur in irgendeiner Weise eingehen.* Dadurch entstehen Spannungen und Paradoxien, die wesentlich zum Irritierenden des Textes beitragen. Diese Technik des ‚*impliziten Lesers*'[2] ist eng verknüpft mit der variablen Metaphorik. [...] Bei Kafka sind die zersplitterten Bilder und gebrochenen Sinnbezüge Produkt von Reflexion und zielen durch Dekomposition, Entstellung und Verweigerung von Stimmigkeit auf Reflexion beim Rezipienten" (Hiebel 1978: 110). Mit seiner chiffrierten Art zu schreiben lenkt Kafka den Blick auf den Rezipienten und dessen produktive Tätigkeit. Solche Konkretisationen, die Deutung implizieren, können beim Verfassen eigener Texte fassbar werden (Darstellung des Geschehens aus der Innen-Sicht einer Person, Vorgeschichte zum Roman, zu einzelnen Personen erfinden, sich fragen, welche Informationen zu den gegebenen nicht gegeben werden, und die Informationslücken füllen u.a.m.). Die Vieldeutigkeit von Ergebnissen mag veranschaulichen: Je unbestimmter ein Text ist, umso informationsreicher ist er auch. Wo Texte Erwartungshaltungen irritieren und verfremden, können sie schließlich zur kritischen Selbstreflexion anhalten.

❒ **„Poststrukturalistische Deutung"**[3]: Im Rahmen der psychologischen Kafka-Deutung ist von Hiebel auf

---

1 Allusion: Anspielung auf Worte und Geschehnisse der Vergangenheit

2 Mit dem „impliziten Leser" ist kein realer Leser gemeint, sondern die Vorstellung von einem Leser, die in dem Text enthalten ist. Er verkörpert „die Gesamtheit an Vororientierungen, die ein fiktionaler Text seinen möglichen Lesern als Rezeptionsbedingungen anbietet" (Iser 1975: 60f.).

3 „Strukturalismus": Zeitlose bzw. universale Strukturen im menschlichen Zusammenleben aufzudecken ist das Anliegen dieser Richtung, als deren wesentlicher Vertreter u.a. der Ethnologe (Völkerkundler) Claude Lévy-Strauss (1908) gilt. Die Semiologie (Zeichentheorie) nach Ferdinand de Saussure (1857–1913) liefert das Methodenrepertoire. Das Sprachsystem steht danach der linguistischen Analyse offen, und auch die Literatur lässt sich gemäß dieser deskriptiv (beschreibend) vorgehenden Methode analysieren. In dem Bedeutungssystem spiegeln sich anthropologische Strukturen.

Jacques Lacan (1901–1981) und auch auf Gilles Deleuze (1925–1995) verwiesen und damit schon auf einer poststrukturalistischen Ebene diskutiert worden (vgl. auch Hiebel 1990: 75f.). Ein anderer Vertreter dieser Richtung ist Jacques Derrida mit seinem Konzept des „Dekonstruktivismus“. Ähnlich wie Lacan verabschiedet er den Gedanken an das saussuresche Signifikat[1] (Sinn, Bedeutung, Wahrheit ...) über das Herleiten der „différance“. Das Kunstwort *différance* ist abgeleitet vom Verb différer, das mit (1.) „unterscheiden“ und (2.) „verschieben“ übersetzt werden kann. Differenz meint also nicht den Abstand zu einem Original, sondern Sinn-Abweichung, geschuldet dem Spiel der Signifikanten. Überall, wo man auf einen letzten Sinn (Signifikat) zu stoßen glaubt, werden allein erläuternde Signifikanten vorgefunden. Derrida liest die Parabel „Vor dem Gesetz“ in eben diesem Sinne (vgl. Neumann 1997). Das Signifikat (oder die „wahre“ Bedeutung) erscheint in einem reinen Signifikantenspiel endlos verschoben.[2] „Wie Kafka ist Derrida von dem Unübersetzba-

---

1 Das „sprachliche Zeichen“ vereinigt nicht Namen und Sache, sondern es vereinigt nach de Saussure eine in uns wirkende „Vorstellung“ (Signifikat) mit einem (innerlich) klingenden „Lautbild“ (Signifikant). Die Beziehung zwischen Vorstellung und Lautbild ist grundsätzlich „arbiträr“ (beliebig), da unterschiedliche Lautbilder (Bsp.: Baum, tree, arbre) mit derselben Vorstellung verbunden werden können. Damit trotz Arbitrarität Verständigung möglich bleibt und nicht jeder nichtsprachliche Objekte nach eigenem Gutdünken benennt, ist innerhalb von Sprachgemeinschaften eine gewisse „konventionalisierte“ Zuordnung zwischen Lautbild/Vorstellung gegeben. Diese Zuordnung ist aber nicht zwingend.

2 „Poststrukturalismus“: Die Idee der Überzeitlichkeit und die des Universalen kritisiert der aus dem Strukturalismus hervorgehende Poststrukturalismus, dem zum einen die „historische Diskursanalyse“ nach Michel Foucault (1926–1984) wie auch der Dekonstruktivismus eines Jacques Derrida (1930) zuzurechnen sind. Derrida betrachtet Texte nicht länger als im Idealfall eindeutig zu erschließende „Quellen“ mit einem letzten, nicht weiter zu erläuternden Sinn, sondern als prinzipiell mehrdeutig auslegbare „Texturen“. Ein Beispiel: Aus der Lektüre unseres Textes ermitteln wir folgenden „Sinn“: ‚Bei Kafka geht es um die Problematik „Schuld“‘.

ren, dem Nichterzählbaren, dem Unzugänglichen fasziniert. [...] Derrida liest Kafkas Parabel als eine ‚Erzählung der Unzugänglichkeit' [...]. [...] Endlos verschoben wird auch die Wahrheit des kafkaschen Textes, dessen Leser mit dem Protagonisten K. von Deutung zu Deutung eilt, ohne jemals die wahre Bedeutung zu finden [...]. Vom Gesetz sagt Derrida, es habe kein Wesen: ‚Es entzieht sich dem Wesen des Seins, das die Präsenz wäre. [...]'. Insofern könnte Kafkas Parabel [...] als eine Allegorie der Dekonstruktion gelesen werden, die als exemplarische und ‚wahre' Geschichte den Leser mit dem paradoxen Gesetz konfrontiert, dass er ihre Wahrheit nie (ganz) erfassen wird ..." (Zima 1994: 65f.).

Der Gedanke an eine einheitliche Deutung, an „die" richtige Interpretation ist vor dem Hintergrund eines unabschließbaren Deutungshorizontes wohl heutzutage verabschiedet. Beda Allemann schreibt so von Tagungen und

---

Was aber meint bloß diese Zeichenkette „S-c-h-u-l-d"? Ein Lexikon wird bemüht und die Bedeutung von „Schuld" ermittelt. Das wiederum geschieht mit aus Zeichen gebildeten Worten, die, zu Sätzen zusammengefügt, die Bedeutung Schuld erläutern. Aber auch dieser Zusammenstand von Zeichen versteht sich ja nicht von selbst, sondern bedarf der Erläuterung ... usw. Was immer als ‚letzter Sinn' betrachtet wird, macht nur deshalb Sinn, weil andere Zeichenketten zum Kommentar anstehen. Bedeutung/Sinn (Signifikat) ist so nie „präsent", wo Zeichenketten (Signifikanten) implizit immer auf weitere verweisen, verbleibt in der „Absenz", wird endlos aufgeschoben. Jedes Signifikat rutscht immer wieder in die Rolle des Signifikanten. An die Stelle der Identität (etwas steht für sich und braucht nicht kommentiert werden) tritt die Differenz, wo Zeichen aus ihrer generellen Verschiedenheit und Stellung zueinander ihren augenblicklichen sinnhaften Eigenwert beziehen. Ein ursprüngliches, bedeutendes Signifikat bzw. ein Sinnkern, das/der – gemäß der Hermeneutik – in einem Text „präsent" läge und zu erschließen wäre, ist Fiktion. Der Prozess des Bedeutens endet so wenig wie die Signifikantenkette. Nach Derrida ist unsere gesamte Vorstellungswelt, die auf ein Signifikat (Sinn, Wahrheit zuletzt: Gott) abhebt, einem reinen Signifikantenspiel (lautlich/schriftlich) geschuldet und folglich nichts, was es gäbe. Zeichen repräsentieren nicht Sinn, sondern generieren Sinn.

Kongressen, die sich wie „reine Deutungs-Festspiele, wenn nicht Interpretationsorgien“ (zitiert nach Bogdal 1993:8) darstellten, und Heinz Politzer resümiert: „Kafka hat nicht nur die wissenschaftliche Methodik ihrer Eindeutigkeit beraubt, er hat auch die Deutbarkeit von Dichtung überhaupt ins Zwielicht der Fragwürdigkeit gerückt“ (ebd.). Eine solche labyrinthisch anmutende Deutungswelt, in der Interpretationen sich zum Teil fundamental widersprechen und Sinn zugleich sich permanent verschiebt, beschreibt Hans Dieter Zimmermann allerdings als ungemein fruchtbar: „Der Leser ist frei; es gehört gewiss zum Fruchtbarsten, was Literatur bewirkt, dass sie den Leser zu eigenen Assoziationen anregt.“ Der Beliebigkeit ist dabei nicht das Wort geredet: Sofern nur deutlich gemacht werde, „dass dieser Text sich gegen eine eindimensionale Deutung sträubt“ (1995: 65f.), steht neuen, plausiblen Deutungen nichts im Wege, die in vielfältige, einander auch aufhebende Richtungen gehen können. Vielleicht mag man auch Vilém Flusser (1920–1991)[1] zustimmen, der glaubt, dass die Zeit für Kafkas Werk schlicht noch nicht reif ist, sodass er in einem Essay zu Kafka endet: „Indem wir auf eine authentische Antwort auf Kafka warten, warten wir also immer noch auf die vollständige Verwirklichung seiner Botschaft. Warten auf Kafka“ (Flusser 1995: 179). Insgesamt macht gerade Kafkas Werk deutlich: „Habent fata libelli“, was bedeutet, dass Texte ihr eigenes Leben und Schicksal haben und ihre Botschaft unaufhörlich verändern.

Franz Kafka: Der Kreisel

Ein Philosoph trieb sich immer dort herum, wo Kinder spielten. Und sah er einen Jungen, der einen Kreisel hatte, so lauerte er schon. Kaum war der Kreisel in Drehung, verfolgte ihn der Philosoph, um ihn zu fangen. Dass die

[1] Kommunikationsphilosoph und Prager Jude, der 1940 vor den Nazis flüchten musste (der Vater wurde in Buchenwald zu Tode geprügelt, Mutter und Schwester wurden in Auschwitz vergast) und anlässlich einer Rede 1991 erstmals wieder nach Prag zurückkehrte, wo er bei einem Verkehrsunfall verstarb

Kinder lärmten und ihn von ihrem Spielzeug abzuhalten suchten, kümmerte ihn nicht, hatte er den Kreisel, solange er sich noch drehte, gefangen, war er glücklich, aber nur einen Augenblick, dann warf er ihn zu Boden und ging fort. Er glaubte nämlich, die Erkenntnis jeder Kleinigkeit, also zum Beispiel auch eines sich drehenden Kreisels, genüge zur Erkenntnis des Allgemeinen. Darum beschäftigte er sich nicht mit den großen Problemen, das schien ihm unökonomisch. War die kleinste Kleinigkeit wirklich erkannt, dann war alles erkannt, deshalb beschäftigte er sich nur mit dem sich drehenden Kreisel. Und immer wenn die Vorbereitungen zum Drehen des Kreisels gemacht wurden, hatte er Hoffnung, nun werde es gelingen, und drehte sich der Kreisel, wurde ihm im atemlosen Laufen nach ihm die Hoffnung zur Gewissheit, hielt er aber dann das dumme Holzstück in der Hand, wurde ihm übel und das Geschrei der Kinder, das er bisher nicht gehört hatte und das ihm jetzt plötzlich in die Ohren fuhr, jagte ihn fort, er taumelte wie ein Kreisel unter einer ungeschickten Peitsche.

Theodor Wiesengrund Adorno: Aufzeichnungen zu Kafka

Trist und ramponiert ist die gesamte Bilderwelt Kafkas, auch dort, wo sie hoch hinaus will, im ‚Naturtheater von Oklahoma', als hätte er die Wanderungen von Arbeitern aus diesem Staat vorausgesehen – oder in der Sorge des Hausvaters; der Schatz der Blitzlichtaufnahmen kreidig und mongoloid wie eine kleinbürgerliche Hochzeit Henri Rousseaus; der Geruch der von ungelüfteten Betten, die Farbe das Rot von Matratzen, deren Überzüge abhanden kamen; die Angst, die Kafka hervorruft, die vorm Erbrechen. Und doch ist das meiste in seinem Werk Reaktion auf grenzenlose Macht. Benjamin[1] hat diese Macht, die wütender Patriarchen, parasitär genannt: Sie zehrt von dem Leben, auf dem sie lastet. Aber das parasitäre Moment ist

[1] Walter Benjamin (1892–1940), verübte auf der Flucht vor den Nazis in Spanien Selbstmord; Literaturkritiker und Philosoph

eigentümlich verschoben. Gregor Samsa[2], nicht sein Vater, wird zur Wanze. Nicht die Mächte, sondern die ohnmächtigen Helden erscheinen überflüssig, keiner leistet gesellschaftlich nützliche Arbeit; selbst dass der angeklagte Bankprokurist Josef K., vom Prozess präokkupiert[2], nichts Rechtes zustande bringt, wird verbucht. Sie kriechen eigentlich zwischen Requisiten umher, die längst amortisiert sind und ihnen ihr Dasein nur als Almosen gewähren, indem sie über die eigene Lebensdauer hinaus fortexistieren. Die Verschiebung ist der ideologischen Gewohnheit nachgebildet, welche die Reproduktion des Lebens zum Gnadenakt der Verfügenden, der „Arbeitgeber" verklärt. Sie beschreibt ein Ganzes, in dem sie überzählig werden, die es umklammert und durch die es sich erhält. Aber darin erschöpft das Schäbige bei Kafka sich nicht. Es ist das Kryptogramm[3] der auf Hochglanz polierten kapitalistischen Spätphase, die er ausspart, um sie desto genauer in ihrem Negativ zu bestimmen. Kafka nimmt die Schmutzspuren unter die Lupe, welche von den Fingern der Macht in der Prachtausgabe des Lebensbuchs zurückbleiben. Denn keine Welt könnte einheitlicher sein als die beklemmende, die er durchs Mittel der Kleinbürgerangst zur Totalität zusammenpresst; geschlossen logisch durch und durch und des Sinnes bar wie jegliches System. [...]
Klaus Mann hat auf die Ähnlichkeit des kafkaschen Reiches mit dem Dritten bestanden. So fern gewiss die unmittelbare politische Anspielung einem Werk liegt, dessen „Hass gegen den, dem der Kampf gilt", viel zu unversöhnlich war, als dass es die Fassade durch die leiseste Konzession an einen wie immer gearteten ästhetischen Realismus, durchs Hinnehmen dessen, wofür sie sich gibt, hätte bestätigen dürfen – jedenfalls zitiert der Stoffgehalt jenes Werkes eher den Nationalsozialismus als das verborgene Walten Gottes. Seine Beschlagnahme für die dialektische Theologie missglückt, außer wegen des mythischen Charakters der Mäch-

1 zentrale Figur in der Erzählung „Die Verwandlung"
2 präokkupieren: hier: jemanden befangen machen, auch jemandem zuvorkommen
3 verschlüsselter Text, der eine verborgene Nebenbedeutung enthält

te, von dem Benjamin mit Recht handelt, weil bei Kafka Vieldeutigkeit und Unverständlichkeit keineswegs bloß, wie in „Furcht und Zittern", dem schlechthin Anderen zugeschrieben werden, sondern ebenso den Menschen und ihren Verhältnissen. Gerade der „unendliche qualitative Unterschied", den Barth mit Kierkegaard lehrt, ist eingeebnet; zwischen Dorf und Schloss sei eigentlich kein Unterschied. Kafkas Methode ward verifiziert, als die veraltet liberalen, der Anarchie der Warenproduktion abgeborgten Züge, die er überhöht, in der politischen Organisationsform der sich überschlagenden Ökonomie wiederkehrten. Nicht bloß Kafkas Prophezeiung von Terror und Folter ward erfüllt. „Staat und Partei": So tagen sie auf Dachböden, hausen in Wirtshäusern wie Hitler und Göbbels[1] im Kaiserhof, eine als Polizei installierte Verschwörerbande. Ihre Usurpation[2] offenbart das Usurpatorische am Mythos der Macht. Im Schloss tragen die Beamten eine Spezialuniform wie die SS, die man als Paria zur Not auch sich selbst zusammenflicken kann; auch die Eliten im Faschismus haben sich selbst ernannt. Verhaftung ist Überfall, Gericht Gewalttat. Mit der Partei gab es für deren potentielle Opfer immerzu einen fragwürdigen, korrupten Verkehr wie mit Kafkas verrammelten Behörden; das Wort Schutzhaft hätte er erfinden können, wäre es nicht bereits während des ersten Krieges im Schwang gewesen. Die blonde Lehrerin Gisa, wohl das einzige schöne Mädchen, grausam und tierlieb, das unverletzt, als spotte seine Härte des kafkaschen Strudels, von ihm geschildert wird, ist aus der präadamitischen[3] Rasse der Hitlerjungfrauen, welche die Juden hassen, längst bevor es diese gibt. Ungezügelte Gewalt wird ausgeübt von Gestalten der Subalternität[4], Typen wie Unteroffizieren, Kapitulanten und Portiers. Das sind allemal Deklassierte, die im Sturz vom organisierten

[1] wird eigentlich Goebbels geschrieben

[2] widerrechtliche Besitznahme, gesetzwidrige Machtergreifung

[3] vor Adam existierend, also vorzeitlich, durch die Geschichte nicht belegt

[4] Unterwürfigkeit, Untertänigkeit, auch: Abhängigkeit, Unselbstständigkeit

Kollektiv aufgefangen werden und überleben dürfen gleich dem Vater Gregor Samsas.

Aus: Theodor Wiesengrund Adorno: Aufzeichnungen zu Kafka. In: ders.: Prismen. Kulturkritik. Gesammelte Schriften, Bd. 10. Frankfurt/M. (Suhrkamp) 1977, S. 267–271

Thomas Anz: Machtapparate der Moderne

Elias Canetti hat in Teilen des ‚Prozess'-Romans sehr konkrete Parallelen zur Geschichte der Beziehung zwischen Kafka und Felice Bauer gesehen: „War gebunden wie ein Verbrecher", schrieb Kafka über die Verlobungsszenerie in der Wohnung der Familie Bauer. Josef K. wird eines Morgens in einer ihm wohlbekannten Wohnung verhaftet. Zunächst betritt ein fremder Mann, ein „Wächter" mit dem Vornamen Franz, sein Zimmer; bald darauf teilt ein zweiter Wächter ihm im Wohnzimmer der Vermieterin ausdrücklich mit, dass er verhaftet sei, in einem dritten Zimmer der Wohnung findet vor einem höher gestellten „Aufseher" der eigentliche Akt der Verhaftung statt. Es ist das Zimmer des Fräulein Bürstner, einer „Schreibmaschinistin", deren Name mit dem Anfangsbuchstaben, der Silbenzahl und den Endlauten nicht zufällig an den Felice Bauers anklingt. Bevor Josef K. ihr Zimmer betritt, wird er aufgefordert, sich mit einem festlichen Anzug zu bekleiden: „Es muss ein schwarzer Rock sein". Neben den Wächtern und dem Aufseher sind in dem Zimmer drei junge Leute zugegen, in denen K. später drei Beamte aus jener Bank erkennt, in der er selbst als Prokurist arbeitet. Vom Fenster des gegenüberliegenden Hauses aus beobachten drei Nachbarn den Vorgang.

Gemeinsam sei dem Vorgang der Verlobung und der Verhaftung vor allem auch das Peinliche ihrer Öffentlichkeit, meinte Canetti. „Unter den Anwesenden waren Mitglieder der Familie Bauer, die er wirklich noch nicht kannte; und auch andere ihm fremde Gäste, zum Beispiel der Bruder der Grete Bloch. Andere hatte er vielleicht ein- oder zweimal flüchtig gesehen." Während das erste Romankapitel also die Verlobung vom 1. Juni 1914 in die Beschreibung einer befremdlichen Verhaftungsszenerie überführt, setzt das letzte Kapitel die sechs Wochen später, am 12. Juli, im Askanischen Hof stattfindende Entlobungsszene in die Schilderung von Josef K.s Exekution um. Wenn Kafka rückblickend vom „Gerichtshof im Hotel" sprach, ist das nur eine von vielen Äußerungen, in denen er seine Situation justiz- und gerichtsmetaphorisch veranschaulichte. Seinen Abschiedsbrief an die Eltern Felices nannte er eine „Ansprache vom Richtplatz" (T 297). Zum Richtplatz in einem Steinbruch lässt sich Josef K. am Ende so schweigend und bereitwillig führen, wie sich Kafka im Askanischen Hof nach eigenen Schilderungen stumm und widerstandslos verurteilen ließ. In „vollem Einverständnis" ziehen die beiden mit Zylinderhüten bekleideten Herren und Josef K. gemeinsam zum Ort der Hinrichtung. Der Gewaltakt wird unter Bewahrung zivilisierter „Höflichkeiten" eingeleitet. „Die Herren setzten K. auf die Erde nieder, lehnten ihn an den Stein und betteten seinen Kopf obenauf. Trotz aller Anstrengungen, die sie sich gaben, und trotz allem Entgegenkommen, das ihnen K. bewies, blieb seine Haltung eine sehr gezwungene und unglaubwürdige" (Pr 193; [222]).[1] Einer der Herren zieht das Fleischermesser aus der Scheide. „Wieder begannen die widerlichen Höflichkeiten, einer reichte über K. hinweg das Messer dem anderen, dieser

[1] Die in runde Klammern gesetzten Kürzel verweisen auf folgende Schriften: Pr = Der Prozess; BrF = Briefe an Felice; T = Tagebücher 1910–1923; SE = Sämtliche Erzählungen. In eckige Klammern gesetzte Seitenangaben sind von N.S. hinzugefügt und ergänzen, bezogen auf die hier vorliegende Textausgabe, die Quellennachweise von Anz.

reichte es wieder über K. zurück. K. wusste jetzt genau, dass es seine Pflicht gewesen wäre, das Messer, als es von Hand zu Hand über ihm schwebte, selbst zu fassen und sich einzubohren“ (Pr 193f.; [222]). Beschrieben ist in diesen Bildern nicht zuletzt wieder jener Vorgang der Verinnerlichung ichfremder Autorität, der einen so zentralen Aspekt in Kafkas Macht- und Abhängigkeitsanalysen ausmacht. An Grete Bloch schrieb er im Oktober 1914: „Sie saßen zwar im Askanischen Hof als Richterin über mir – es war abscheulich für Sie, für mich, für alle – aber es sah nur so aus, in Wirklichkeit saß ich auf Ihrem Platz und habe ihn bis heute nicht verlassen“ (BrF 615). Das moderne, um Autonomie bemühte Subjekt will sich nicht von anderen anklagen, verurteilen und hinrichten lassen, sondern nur von sich selbst. So verschiebt sich die Abhängigkeit von äußeren Autoritäten zur Abhängigkeit von einer inneren Macht: dem schlechten Gewissen, dem Bewusstsein eigener Schuld. Indem Kafka diesen Prozess, in den er selbst verstrickt war, genau durchschaute, gewann er als Autor ein Maß von befreiender Distanz dazu, die seinen bewusstloseren Helden versagt bleibt.

Im Roman wiederholen sich die Hinweise, dass es sich bei Josef K.s Prozess um keinen „gewöhnlichen“ handelt. Und zu den mehrfach angesprochenen Außergewöhnlichkeiten des erzählten Prozesses gehört, dass sich der Angeklagte ihm in gewisser Weise freiwillig unterzieht. „Das Gericht will nichts von dir“, sagt der Gefängniskaplan zu Josef K. „Es nimmt dich auf, wenn du kommst, und es entlässt dich, wenn du gehst“ (Pr 189; [217]). Wem Kafkas literarisches Spiel mit autobiografischen Signalen einigermaßen vertraut ist, der findet im Roman zahlreiche Anhaltspunkte dafür, dass hier von einem Prozess erzählt wird, den Kafka gegen sich selbst führte. Nicht zufällig heißt der Wächter, der zuerst K.s Zimmer betritt (und eine Braut hat), Franz. Und wenn von dem Untersuchungsrichter gesagt wird, er schreibe sehr viel und verfasse spät nachts noch beim Schein der Lampe seine Berichte über Josef K., dann verleiht der Autor ihm Eigenarten *seiner* Schriftstellerexistenz. Noch das eng beschriebene „Heftchen“ (ein „Schuldbuch“), das der Untersuchungsrichter im Verfahren gegen

K. vor sich liegen hat, gleicht den Quart- oder Oktavheften, in die Kafka seine Notizen und Werke zu schreiben pflegte. Man kann die autobiografischen Bezüge des Romans noch sehr viel genauer und umfassender herausarbeiten, als es Canetti getan hat. Dass K. zum Beispiel am 30. Geburtstag verhaftet und am Vorabend seines 31. Geburtstags hingerichtet wird, deckt sich mit markanten Einschnitten in Kafkas Verhältnis zu Felice. Wichtiger indes als solche Parallelen im Detail sind die Ähnlichkeiten der im Roman dargestellten Bindungskonflikte mit Kafkas eigenen. Der Onkel wirft Josef K. vor, durch die Verstrickung in den Prozess die verwandtschaftlichen Bindungen zu vernachlässigen. Vor allem aber die berufliche Tätigkeit des Bankbeamten lässt sich auf Dauer nicht mit seiner Prozessführung vereinbaren. Gerade die zu seiner Verteidigung geplante „Eingabe", eine aufwendige Darstellung und Rechtfertigung des bisherigen Lebens (ein Bild für Kafkas eigenes autobiografisches Schreiben), ist gegenüber den beruflichen Verpflichtungen kaum zu verantworten. Von der Prozessführung wiederum wird K. durch sein Verhältnis mit Leni abgehalten.

Kafkas literarische Autobiografik führt jedoch auch im ‚Prozess'-Roman weit über die Darstellung seiner persönlichen Konflikte hinaus. „Was mir geschehen ist", sagt K. vor der Öffentlichkeit des Untersuchungsgerichts, „ist ja nur ein einzelner Fall und als solcher nicht sehr wichtig, da ich es nicht sehr schwernehme, aber es ist das Zeichen eines Verfahrens, wie es gegen viele geübt wird. Für diese stehe ich hier ein, nicht für mich." (Pr 41; [46]) Das liest sich wie eine programmatische Erklärung des Autors zu den repräsentativen Ansprüchen der eigenen Selbstdarstellungen. Neben den autobiografischen Signalen enthält der Roman denn auch eine Fülle von Anspielungen, mit denen der persönliche Kampf Josef K.s mit den Gerichtsinstanzen in die allgemeine Auseinandersetzung mit der brüchig gewordenen Autorität jüdischer, christlicher und philosophischer Traditionen eingeht. [...] Vor allem aber verselbstständigt sich die ausgeweitete Justiz- und Gerichtsmetaphorik, die Kafka zur Veranschaulichung zwischenmenschlicher und psychischer Konflikte schon vorher gern

benutzte, und entfaltet ein die autobiografische Bedeutung transzendierendes[1] und dabei ganz zeitbezogenes Eigenleben. Mit der im August 1914 begonnenen Arbeit am ‚Prozess' trat Kafka in ein Stadium seines Schreibens ein, in dem er die im ‚Urteil' und in der ‚Verwandlung' noch ganz direkt dargestellten Familien- und Bindungskonflikte in außerfamiliäre Bereiche hineinprojizierte und dadurch die Stilisierung des Persönlichen ins Allgemeine weiter vorantrieb. Vater und Mutter (auch die Schwester) verschwinden aus dem Text; sie werden vom Autor ersetzt durch anonymere Instanzen der Macht, durch einen bürokratischen Apparat. Zur Hilfe kamen Kafka dabei ausgerechnet die Erfahrungen, die er in seinem verhassten „Posten" machen konnte. [...]
Obwohl Kafka die berufliche und die literarische Existenz stets als strikte, einander behindernde Gegensätze darstellte, ist sein literarisches Schreiben stilistisch und inhaltlich von den Berufserfahrungen in nicht zu unterschätzendem Maße geprägt. Ohne sie, also in der relativ erfahrungslosen Existenz des freien Schriftstellers, wäre er vermutlich nicht der bedeutende Autor geworden, der er ist. Der Schriftsteller Kafka kann den Beamten nicht verleugnen. Die Beamtenwirklichkeit von Akten, Schriftstücken, Eingaben, Gesetzestexten, Einsprüchen, Statistiken und Bilanzen ist vielfach auch die seiner literarischen Wirklichkeit. Schriftsteller war er im Übrigen auch als Beamter. Genaueres weiß man darüber seit der Veröffentlichung seiner „Amtlichen Schriften". [...]
[...] In Kafkas erster Arbeit als Versicherungsschriftsteller von 1908 taucht schon auf, was die literarischen Arbeiten erst später thematisieren: die Widersprüchlichkeit, die Vieldeutigkeit, die Unergründlichkeit der Gesetze. Mit seinem Debüt als Versicherungsschriftsteller beginnt Kafkas schriftliche Reflexion ‚Zur Frage der Gesetze', wie der von Max Brod stammende Titel eines seiner kurzen Prosastücke aus dem Nachlass lautet. In ihm stehen die Sätze: „Die Gesetze sind ja so alt, Jahrhunderte haben an ihrer Auslegung gearbeitet, auch diese Auslegung ist wohl schon Gesetz gewor-

[1] über etwas hinausweisend

den, die möglichen Freiheiten bei der Auslegung bestehen zwar immer noch, sind aber sehr eingeschränkt." (SE 314) Der Text stammt von 1920. [...]

Mit den Begriffen des „Gesetzes" und der „Gesetzesinterpretation" sind Denk- und Darstellungsweisen verknüpft, die (wie beispielhaft die Auslegung der Legende ‚Vor dem Gesetz' im ‚Prozess' zeigt) in der Erwägung diffuser Tatbestände, in der Deutung nur scheinbar deutlicher Nachrichten sich geradezu ausschweifend entfalteten. Damit sind charakteristische Merkmale von Kafkas literarischer Prosa benannt, die von der Ordnung juristischer Diskurse, mit der Kafka täglich umging, präformiert war. [...]

Josef K. wird am Ende des Romans nicht totgeschlagen, sondern erstochen. „‚Wie ein Hund!', sagte er, es war, als sollte die Scham ihn überleben." Mit der fast völligen Unterordnung unter die strafende Macht ist er dem Kaufmann Block ähnlich geworden, der zuvor in der hündischen Unterwürfigkeit gegenüber seinem Advokaten ein beschämendes Bild abgegeben hatte: „Das war kein Klient mehr, das war der Hund des Advokaten. Hätte ihm dieser befohlen, unter das Bett wie in eine Hundehütte zu kriechen und von dort aus zu bellen, er hätte es mit Lust getan." (Pr 166; [190f.]) Josef K. selbst ist von Anfang bis Ende gespalten zwischen unterwürfigen und rebellischen Impulsen. Vom Schlusskapitel abgesehen, dominiert der Wille zur Auflehnung gegen die Macht, und er richtet sich weniger gegen einzelne Personen als gegen die ganze „Organisation": „Es ist kein Zweifel", sagt K. vor dem Untersuchungsrichter, „dass hinter allen Äußerungen dieses Gerichtes, in meinem Fall also hinter der Verhaftung und der heutigen Untersuchung, eine große Organisation sich befindet. Eine Organisation, die nicht nur bestechliche Wächter, läppische Aufseher und Untersuchungsrichter, die günstigsten Falls bescheiden sind, beschäftigt, sondern die weiterhin jedenfalls eine Richterschaft hohen und höchsten Grades unterhält, mit dem zahllosen, unumgänglichen Gefolge von Dienern, Schreibern, Gendarmen und anderen Hilfskräften, vielleicht sogar Henkern." (Pr 43 f.; [49]) Von der „Korruption der Beamtenschaft" spricht er dann noch, und was mit all dem infrage steht, ist jenes Phänomen, das im letzten Kapitel des ‚Amerika'-Romans, im ‚Prozess' und vor allem auch im ‚Schloss' Kafkas erzählte Welt grundlegend geprägt hat: die Bürokratie.

Die Bürokratie gehörte nicht nur zum zentralen Erfahrungsbereich des Versicherungsbeamten, sondern war damals auch ein viel debattiertes Thema der sozialwissenschaftlichen und literarischen Intelligenz. Zu Kafkas Lebzeiten schrieb Max Weber sein säkulares Werk ‚Wirtschaft und Gesellschaft'. [...] Kafka war [...] ein ungemein aufmerksamer Beobachter des „Peinlichen" seiner Zeit, und er nahm Anteil an den Debatten, die damals von Max Weber und vielen anderen über die Bürokratisierung der Gesellschaft geführt wurden. [...]

Aus: Thomas Anz: Franz Kafka. München (Beck) [2]1992, S. 111–122

Walter H. Sokel: Franz Kafka: Tragik und Ironie

[...] Die Handlung im „Prozess" geht vom „Ungewollten" aus. Immer wieder werden K.s Worte von K.s Taten widerlegt. Am Ende des zweiten Kapitels z.B. erklärt er, auf weitere Verhöre zu verzichten. Am Sonntag darauf aber sucht er das Gericht wieder auf, um sein nächstes Verhör zu beginnen. Ein besonders schlagendes Beispiel für diesen Widerspruch zwischen Worten und Handlungen ist das fünfte Kapitel, „Der Prügler" genannt.

Bisher war K. in der Bank verschont geblieben. Nun entdeckt er eines Abends in der Rumpelkammer neben seinem Büro, wie ein Prügler des Gerichts unbarmherzig auf die Wächter, die K. verhaftet hatten, einschlägt. Sie werden aufgrund der Beschwerden, die K. gegen sie beim Untersuchungsrichter eingelegt hatte, hier neben ihm bestraft. K. ist empört über diese unmenschlichen Zustände. Er spricht die armen Geprügelten von aller Schuld frei und klagt statt ihrer die Organisation an. Einen hohen Richter würde er gerne geprügelt sehen, aber nicht diese unschuldigen, kleinen Leute. K. spricht also so, wie man es von einem anständigen, modernen und aufgeklärten Kulturmenschen erwarten würde. Das humanitäre und soziale Empfinden der modernen Welt spricht aus ihm. Andererseits hat er selbst mit seinen Klagen die Wächter in diese Situation gebracht. Und wie hat er im ersten Kapitel über dieselben Wächter gedacht? Mit einer Arroganz und ungeduldigen Verachtung, wie sie für den Angehörigen der „besseren Klassen" typisch ist oder war. Dieser Widerspruch in K. macht ihn ja zum Vertreter des modernen Europäers. Offiziell humanitär und demokratisch, ist er in seinem instinktiven Verhalten und intimen Gedanken snobistisch, klassenbewusst und überheblich. Die er mit Phrasen beschützt, verachtet er im Herzen.

Selbstverständlich handelt es sich hier nicht um bewusste Hypokrisie[1]. Josef K. ist ehrlich bemüht, die armen Kerle zu befreien. Auch meint er es ganz aufrichtig mit seiner Empörung gegen das tyrannische System, das sich ihm hier zeigt. Doch ist dies eben nur die eine Seite K.s, wie es nur die eine Seite des Reisenden gewesen, und zwar die, die an der Oberfläche liegt. Sein tieferes Empfinden und sein Tun widerlegt sie sofort.

Denn wenn es ernst wird und der Geprügelte zu schreien beginnt, kann Josef K. an nichts anderes denken, als die ihn kompromittierende Szene zu verheimlichen. Er fürchtet um seinen guten Ruf in der Bank. In dieser Furcht vergisst K. sofort alle humanitären Gefühle und stößt den Geschlagenen, der sich an ihn klammert, zu Boden, läuft auf den Gang hinaus, hält die Tür krampfhaft verschlossen und verleugnet die gequälten Menschen in der Kammer. Er verleugnet also sich selbst, das heißt seinen eigenen Impuls, seine Mitmenschen vor Unterdrückung und Verfolgung zu beschützen. Was er mit seinen Worten versprochen,

[1] Heuchelei, Verstellung

widerruft er mit seinen Handlungen. Nicht der Heuchelei ist K. schuldig, doch sein Impuls, den Mitmenschen beizustehen gegen die Tyrannei der Macht, wird ausgeschaltet von einem mächtigeren Gegenimpuls. Was wirkt, ist der Gegenimpuls.

[...]

Die tragische Ironie des „Prozesses" will es, dass dasselbe Wort, mit dem K. seinen Mitmenschen verleugnet und in seiner Qual verrät, am Ende seines Prozesses auf ihn selbst angewandt wird. Er, der den anderen zum Hund gemacht, wird „wie ein Hund" erstochen werden. Das Gericht, das er verheimlicht, wird ihn heimlich ermorden. In Dantes Hölle[1] geht es nicht gerechter zu als hier. Ganz wie bei Dante erscheint die Strafe im Gewand der Schuld. K. wird dem Wort „Hund" in jeder Beziehung gerecht. Er endet als armer Kerl, als armer Hund, aber auch als Schuft, in jedem Sinne als – Hund! Die grimmig-ironische Wiederholung der Situation kann bis in die Einzelheiten hinein festgestellt werden. Der Geprügelte erhebt seine Hände zu K. empor und beschwört ihn, ihn zu retten. K. schließt die Tür und lässt ihn leiden. Am öden Ort seiner Hinrichtung wird K. seine Hände nach einem Menschen heben, der am Fenster eines Wohnhauses erscheint, und um Rettung flehen. Als Antwort bekommt er das Messer in den Leib gebohrt.

Gewiss ist die Analogie mit Dante, den Moralitäten und Mysterien des Mittelalters, mit „Jedermann" besonders, nicht zu übersehen. Die Gestalten des Romans, der Prügler, die Wächter, Kaufmann Block, der Advokat, Titorelli, der Geistliche, die Frauen, sind alles Figuren, die K. prüfen, die ihm die Möglichkeit geben, sich zu entscheiden, die dadurch zeigen, was er ist. Doch wenn Kafkas Roman hier die Eindimensionalität der Nebengestalten mit mittelalterlichen

1 Dante Aligheri (1265–1321), dessen Weltsicht das Wesentliche des Mittelalters spiegelt, ausgedrückt in seiner „Divina Commedia" (Göttliche Komödie), einem epischen Gedicht, das noch maßgeblich den christlichen Wert- und Jenseitsvorstellungen folgt, während auf der anderen Seite die humanistisch geprägte Renaissance das Diesseits zentral setzt. Die „Divina Commedia" ist gegliedert in drei Teile (Hölle, Läuterung, Paradies im Himmel).

Schauspielen teilt [...], hat er in Josef K. einen hochmodernen Typ des Spießbürgers gezeichnet, wie er ein Jahrzehnt nach Kafkas Tod im faschistischen Europa herrschend wurde. Menschenfreundlich und human ließ er doch die in den Rumpelkammern und Steinbrüchen, den Gaskammern und Arbeitslagern Gequälten feige im Stich, verleugnete sie vor der Welt und vor sich selbst. Wie Josef K. hofften Tausende, dass Marterschreie, indem sie verleugnet wurden, auch aufhören würden zu ertönen. Wie Josef K. wurden sie schließlich selber die Opfer des Gräuelsystems, das sie mit Vertuschen und Verheimlichen möglich gemacht hatten. Wie Josef K. waren sie alle „anständige" Menschen. Bloß reichte ihre Anständigkeit nicht so tief wie ihre Scham. Scham, so heißt es am Ende des „Prozesses", war das Wesen Josef K.s. Denn „es war, als sollte die Scham ihn überleben". So könnte ja auch die Grabschrift des europäischen Bürgertums der ersten Hälfte des zwanzigsten Jahrhunderts lauten.

Wenn Kafka prophetisch klingt, so deshalb, weil er die Spaltung des bürgerlichen Menschen in anständiges Oberflächengewissen und gräuelerfüllte Rumpelkammer des Seelenhaushalts zur Struktur seiner Erzählung machte. Josef K., der modern-bürgerliche Mensch *par excellence*, wird Hund, weil er das Gericht beschützt. Mit seinem schmählichen Verschweigen der Wirklichkeit verteidigt er nicht nur seinen bürgerlichen Leumund und zeigt, dass er für seinen guten Ruf Menschenleben zu opfern bereit ist. Er zeigt damit auch seine geheime Liebe zu der Folter- und Mordorganisation, die eben mehr sein muss als bloße Folter- und Mordorganisation, um so zu wirken. Josef K. verheimlicht das illegale Gericht auch dann vor dem Staatsgesetz, wenn er selbst das Opfer ist. Auf dem Weg zu seiner Hinrichtung beschützt er die beiden Scharfrichter, die ihn mit eisernem Griff umklammert halten, genauso vor der Polizei des Staates, wie er die Prügel-Szene vor den Bankdienern geheim gehalten hat. Wenn ein Teil des europäischen Bürgertums seine Prügler und Mörder mit einem Wall des Verschweigens umgab und sogar mit panischängstlicher Mithilfe beschützte, handelte es aus denselben Motiven wie Josef K. In ihm wie in diesem Bürgertum ist es nicht bloß spießerische Ängstlichkeit, die seine Mitmenschen verrät, sondern eine verborgene Sehnsucht, sich selbst aufzuopfern auf der geheimnisvollen Strafmaschine, die dem schalen Leben einen schrecklichen Sinn geben könnte. In den fertiggeschriebenen Kapiteln des Romans kommt diese Sehnsucht subtil und indirekt, in manchen gestrichenen und entfernten Partien klar zum Ausdruck. [...]

Aus: Walter H. Sokel: Franz Kafka: Tragik und Ironie. München/Wien (Langen-Müller) 1964, S. 254–257

„VOR DEM GESETZ“ – VON DAVID ZANE MAIROWITZ & ROBERT CRUMB INS BILD GESETZT
VOR DEM GESETZ STEHT EIN TÜRHÜTER. ZU DIESEM TÜRHÜTER KOMMT EIN MANN VOM LANDE UND BITTET UM EINTRITT IN DAS GESETZ. ABER DER TÜRHÜTER SAGT, DASS ER IHM JETZT DEN EINTRITT NICHT GEWÄHREN KÖNNE. DER MANN ÜBERLEGT UND FRAGT DANN, OB ER ALSO SPÄTER WERDE EINTRETEN DÜRFEN...
ES IST MÖGLICH, JETZT ABER NICHT...
WENN ES DICH SO LOCKT, VERSUCHE ES DOCH, TROTZ MEINEM VERBOT! MERKE ABER, ICH BIN NUR DER UNTERSTE TÜRHÜTER! VON SAAL ZU SAAL STEHN ABER TÜRHÜTER, EINER MÄCHTIGER ALS DER ANDERE!

DER MANN ENTSCHLIESST SICH, LIEBER
U WARTEN, BIS ER DIE ERLAUBNIS ZUM EIN-
RITT BEKOMMT. DER TÜRHÜTER GIBT IHM EI-
NEN SCHEMEL UND LÄSST IHN SEITWÄRTS
VON DER TÜR SICH NIEDERSETZEN.
DORT SITZT ER TAGE UND JAHRE.
DER MANN, DER SICH FÜR SEINE
REISE MIT VIELEM AUSGERÜSTET
HAT, VERWENDET ALLES, UM DEN
TÜRHÜTER ZU BESTECHEN. DIE-
SER NIMMT ALLES AN.
ICH NEHME ES NUR AN, DAMIT DU NICHT GLAUBST, ETWAS VER-SÄUMT ZU HABEN...
WÄHREND DER VIELEN JAHRE BEOBACHTET DER MANN DEN TÜRHÜTER FAST UNUNTERBRO-CHEN. ALS ER ALT UND KINDISCH WIRD, LERNT ER AUCH DIE FLÖHE AUF DESSEN PELZKRAGEN KENNEN:
BITTE, BITTE, HELFT MIR, IHN UMZUSTIM-MEN, DASS ER MICH EINLÄSST!!

SCHLIESSLICH WIRD SEIN AUGENLICHT SCHWACH, ABER ER ERKENNT JETZT IM DUNKEL EINEN GLANZ, DER UNVERLÖSCHLICH AUS DER TÜRE DES GESETZES BRICHT.
ALS ER NICHT MEHR LANGE ZU LEBEN HAT, WINKT ER DEM TÜRHÜTER ZU...
WAS WILLST DU DENN JETZT NOCH WISSEN?
ALLE STREBEN DOCH NACH DEM GESETZ... WIE KOMMT ES, DASS IN DEN VIELEN JAHREN NIEMAND AUSSER MIR EINLASS VERLANGT HAT?
HIER KONNTE NIEMAND SONST EINLASS ERHALTEN, DENN DIESER EINGANG WAR NUR FÜR DICH BESTIMMT.
ICH GEHE JETZT UND SCHLIESSE IHN...

Ulf Abraham: Mose „Vor dem Gesetz“. Eine unbekannte Vorlage zu Kafkas „Türhüterlegende“

ABSTRACT
Eine Midrasch-Legende, in der Mose eine Reihe von Türhütern überwinden muss, bevor er von Gott die Thora entgegennehmen darf, ist die Vorlage, zu der sich Kafkas berühmte Legende verhält wie ihre Negation. Der „Mann vom Lande“ ist ein Anti-Mose, der seine biblische Rolle verspielt. Durch diese „Um-Schreibung“ stellt Kafka den Glauben eines auserwählten Volkes an Gott und an sich selbst infrage.
[...]
Auf eine andere Legende hat Hartmut Binder hingewiesen. [...] Sie stammt aus Franz Werfels unvollendetem Drama *Esther, Kaiserin von Persien:* Mardochais Legende vom Tode Mosis. Aber dass Werfel zwei Akte des Stückes zu Anfang Dezember 1914 (also kurz vor der Entstehung der Türhütergeschichte) im Freundeskreis Kafkas vorgetragen hat, ist eigentlich der einzige plausible Bezugspunkt, den Binder aufweisen kann. [...] Dennoch ist es nicht abwegig, den „Helden“ der Legende, die Kafka in seinen Roman eingearbeitet hat, mit Mose zu vergleichen. Zieht man nämlich eine zweite Moses-Legende zur Erklärung heran und setzt auch deren Kenntnis bei Kafka voraus, so wird verständlich, weshalb er nach Werfels Lesung die Geschichte des „Mannes vom Lande“ schreiben konnte. Werfels Text muss ihn – und das ist die hier vertretene These – an eine Legende erinnert haben, die so beginnt:
In der Stunde, als Mose zur Höhe emporstieg, in derselben Stunde kam die Wolke und lagerte sich vor ihm hin. Mose wusste nicht, ob er sich auf sie emporschwingen oder sich an ihr festhalten sollte. Sofort tat sie sich auf und er ging in sie hinein. [...] Die Wolke hob ihn empor und er ging am Himmel einher. Da traf ihn der Engel Kemuël, der über die zwölftausend Engel des Verderbens gesetzt ist, die an der Pforte des Himmels weilen. Er fuhr Mose an und sprach zu ihm: Was willst du unter den Heiligen des Höchsten? Du kommst von einem Orte der Unreinlichkeit und gehst an einem Orte der Reinheit umher, ein Weibgeborener geht an einem Feuerorte einher! [...]

Kemuël ist nur der *erste* Wach-Engel, der Mose nicht passieren lassen will. Der Held will sich ausweisen: „Amrams Sohn bin ich. Ich bin gekomen, um für Israel die Thora in Empfang zu nehmen." Der Türhüter Kemuël aber tut auch nur seine Pflicht und weiß von keiner Ausnahmegenehmigung. Er stellt sich dem Eindringling in den Weg. „Als er dennoch nicht von ihm abließ, schlug Mose ihm eine Wunde und tilgte ihn aus der Welt." Über die Leiche des (ersten) Türhüters also konnte Mose sich Zutritt verschaffen. Aber seine Entschlossenheit wird auf weitere Proben gestellt [...]

Das alles jedoch ist widerrufen durch Kafkas „Version" (vgl. *Prozess,* S. 182f.). Ist die Legende im Midrasch ein Predigttext im weitesten Sinn, so kann Kafkas Gegenlegende gerade nicht als Predigt verstanden werden: Der Gefängniskaplan, der sie erzählt, *verlässt* zu diesem Zweck die Kanzel (vgl. Prozess, S. 181). Auch er spricht von einem Mann, der zum Gesetz gelangen möchte; aber dieser Mann ist kein von Gott Auserwählter, kein Stifter einer Beziehung zu ihm, sondern eben einer „vom Lande", einer wie viele. Als er vom Türhüter zur Rede gestellt wird, kann er sich nicht rechtfertigen. Stattdessen bittet er schüchtern um Einlass. „Aber der Türhüter sagt, dass er ihm jetzt den Eintritt nicht gewähren könne. Der Mann überlegt und fragt dann, ob er also später werde eintreten dürfen." Sowie er *überlegt*, hat er verspielt. Als Mose, dessen Rolle er nicht meistert, müsste er reden und handeln. Sein Versuch, „durch das Tor ins Innere zu sehen" statt zu gehen, kennzeichnet seine Hilflosigkeit Die Situation, mit der er konfrontiert wird, ist so genau diejenige des Mose, dass ein Zweifel am *Bezug* von Kafkas Geschichte auf die Legende ausgeschlossen ist: Wie der Türhüter den Mann vom Lande abweist, so wollte Kemuël den Mose abweisen, da kein Sterblicher die himmlischen Hallen verunreinigen dürfe. Während sich aber Mose durchaus nicht aufhalten ließ, nimmt der Mann vom Lande die Auskunft des Türhüters als endgültig und sozusagen rechtskräftig hin. Mit der Chance verspielt er sein Leben, indem er sich einschüchtern lässt: „Wenn es dich so lockt, versuche es doch, trotz meinem Verbot hineinzugehen. Merke aber: Ich bin mächtig. Und ich bin nur der unterste Türhüter. Von Saal zu Saal stehen aber Türhüter, einer mächtiger als der andere." Hier wird dem Mann vom Lande genau der Weg beschrieben, den er als Mose zu gehen hätte, um zum Gesetz zu gelangen: Den untersten Türhüter hätte er zu erschlagen und sich vom zweiten zum dritten führen zu lassen; aber würde ihn dort Gott selbst erwarten, um ihm weiterzuhelfen? Das eben ist für Kafka die Frage, und an ihr lässt er seinen Helden scheitern: ihm fehlt die Zuversicht. [...]

[...] Kafka ist kein religiöser Dichter. Für das „nichtzionistische" und „nichtgläubige" Judentum, dem er sich nach eigenem Bekunden [...] zugehörig fühlte, reduzieren die „religiösen Ceremonien sich auf Hochzeit und Begräbnis", wie er an Felice Bauer schreibt [...]

Wie also der Mann vom Lande weder ins Gesetz eintreten noch sich von seinem Schemel neben dem Eingang entfernen kann, wie Josef K. den Schuldspruch des Gerichts weder akzeptieren noch ignorieren kann, so steht Kafka vor der Aporie[1], weder zum „Glauben der Väter" zurückkehren noch eine neue Identität, ein neues Bekenntnis zu irgendeiner Gemeinschaft gegen das Judentum setzen zu können. Der Ausweg, zum scheinbar zeitgemäßeren christlichen Glauben sich zu flüchten, wird im *Prozess* erwogen und verworfen. In das Kapitel „Im Dom" ist nämlich eine zweite „Religionsgeschichte" eingearbeitet: Das Altarbild, das Josef K. mühsam mithilfe einer Taschenlampe studiert, bevor er auf den Geistlichen trifft, zeigt einen gepanzerten Ritter in Wachstellung vor einer „Grablegung Christi in gewöhnlicher Auffassung" (S. 175). Kurt Weinberg hat dieses Bildes wegen in dem Mann vom Lande eine Christusfigur vermutet. Der Ritter sei eine „Verkörperung des alttestamentarischen Geistes" und überdies der Türhüter, der die Auferstehung Christi verhindern wolle. [...] Dieser zweite Vorschlag ist zu erwägen, aber weshalb der Ritter gerade den Geist des Alten Testaments verkörpern soll, leuchtet nicht ein. [...] Die Identifizierung des Mannes vom Lande mit einer „verhinderten Messiasfigur" (Weinberg) führt im Grunde zum selben Ergebnis wie seine Interpre-

[1] Unmöglichkeit

tation als ungerufener Muse: Eine Erlösung findet nicht statt.

Sowohl, dass Mose den Zugang zum Gesetz nicht findet, als auch, dass Christus nicht aufersteht, sind Bilder für Kafkas beide Religionen betreffende Zweifel an der Gültigkeit ihrer Verheißung. Vollends deutlich wird das an der Funktion jener kleinen Lampe, die der Kaplan im Dom, auf der Kanzel stehend, *höher schraubt* (vgl. *Prozess*, S. 178), die er nach dem Herabsteigen Josef K. zum *Halten* gibt (vgl. S. 182) und die in dessen Hand *verlöscht*. [...]

Eine Opposition von Judentum und Christentum im Denken Kafkas wird man zugunsten der grundsätzlicheren Opposition von Glauben und Unglauben aufgeben müssen. [...]

Er verkündet die „Botschaft", indem er sie widerruft, und widerruft sie in der (entstellten) Verkündung: „Man ist eben" (schreibt Kafka an Milena über Todesangst und Todeswunsch) „als biblische Taube ausgeschickt worden, hat nichts Grünes gefunden und schlüpft nun wieder in die dunkle Arche." [...]

Aus: Ulf Abraham: Mose ‚Vor dem Gesetz'. Eine unbekannte Vorlage zu Kafkas Türhüterlegende. In: Deutsche Vierteljahresschrift für Literaturgeschichte und Geistesgeschichte, Jg. 57, 1983, S. 636–650

6. Film und Filmanalyse

„Der Prozess“ im Film

Der Roman „Der Prozess“ wurde mehrfach verfilmt, interessanterweise schon im Jahre 1948 mit dem Freund und Förderer von Franz Kafka, mit Max Brod in der Hauptrolle. Als sehr dichte und gelungene Verfilmung gilt die von Orson Welles in den 60er-Jahren umgesetzte. In den Hauptrollen spielten seinerzeit Anthony Perkins, Romy Schneider und Orson Welles. Auch die 90er-Jahre sehen den Prozess verfilmt und wieder mit einem Star jener Zeit:-Anthony Hopkins. Der Film „Kafka“ aus dem Jahre 1991 vermischt Elemente des Biografischen mit Elementen aus den Texturen Kafkas und passt sie gemeinsam in eine Kriminalgeschichte ein.

❒ Der Prozess, 1948
Regie: Georg Wilhelm Pabst
Darsteller: Max Brod
Land: Österreich
Farbe: s/w

❒ The Trial, 1963
(Der Prozess)
Regie: Orson Welles
Darsteller: Anthony Perkins, Orson Welles, Romy Schneider
Land: Frankreich/BRD/Italien
Farbe: s/w

Kinoplakat zur Verfilmung von Orson Welles

Der Film von Welles lebt vor allem durch seine Räume. Welles gestaltete großartige Architekturen, angefangen bei der kleinen Prügelkammer, bis hin zum

Großraumbüro. Auch die Außenszenen zeichnen sich durch eigens gestaltete Landschaften aus. Eine Identifikation mit dem „Helden“ soll durch die expressionistische Dramatik der Räume unterbunden werden, womit der Film gegen die gängigen filmischen Konventionen verstieß. Eine Entwicklung des Protagonisten ist (beabsichtigterweise) nicht auszumachen, weder seine Mimik noch seine Kleidung ändern sich im Laufe des Films. Erst unmittelbar vor seinem Tod zieht er Hemd und Jacke aus, die er zu Beginn des Filmes angezogen hatte.

❒ Kafka, 1991

Regie:	Steven Soderbergh
Darsteller:	Jeremy Irons, Theresa Russell, Alec Guiness, Armin Mueller-Stahl
Land:	Frankreich/USA
Farbe:	schwarz-weiß/Color

Der Film ist nicht über sein Leben, sondern über die Themen, die er entdeckte (Soderbergh). Der zum größten Teil in schwarz-weiß gedrehte Film kann als gelungenes Experiment bezeichnet werden. Was auf den ersten Blick wie eine Kafka-Biografie aussieht, ist in Wirklichkeit eine Mischung aus Literaturfragmenten, biografischen Anekdoten, der Prager Kulisse und einer eigenständigen Handlung. Atmosphäre und Stimmung der Schriften Kafkas sollen in einer ungewöhnlichen Geschichte eingefangen werden.

Zum Inhalt: Kafka (Jeremy Irons) ist Angestellter in einer Prager Versicherungsgesellschaft. Eines Tages wird einer seiner Kollegen vermisst und schließlich tot aufgefunden. Neugierig versucht Kafka herauszufinden, was passiert ist, und wird in eine Geschichte über Macht, Widerstand und seltsame Unfälle verstrickt, die schließlich zum Palast von Prag führt. Kafka kommt in Kontakt mit einer Gruppe von Revolutionären, die versuchen, eine Bombe in den Palast zu schmuggeln. Als die Polizei der zunehmenden Zahl verschwundener Menschen hilflos gegenübersteht, beschließt Kafka, selbst den Palast zu betreten und die Wahrheit herauszufinden.

❒ The Trial, 1993
(Der Prozess)

Regie:	David Hugh Jones
Darsteller:	Kyle McLachlan, Anthony Hopkins
Land:	Großbritannien
Farbe:	Color

Kinoplakat zur Verfilmung von David Hugh Jones

Die Neuverfilmung des Stoffes erinnert stark an die von Orson Welles (viele Bilder tauchen erneut auf), ist aber längst nicht so originell. Großer Wert wird auf historische Authentizität gelegt, es handelt sich um eine sehr konventionelle Art des Kinos, die hier geboten wird. Wenig kafkaesk sind die Figuren ausgefallen, sie besitzen zu viel Selbstbewusstsein und sind nicht so reduziert menschlich wie Kafkas Charaktere. Trotz der historischen Kostüme, auf die der Regisseur passend zur Kulisse so viel Wert gelegt hat, wirken die Figuren eher modern und zur heutigen Zeit passend. Die Handlung gleitet durch den Versuch, sie nachvollziehbarer zu machen, ins Banale hinüber.

Die Kommentare und Angaben zu den Filmen sind folgender Website entnommen: http://www.geo.uni-bonn.de/members/pullmann/kafka/index.shtml

Norbert Schläbitz: Elemente der Filmanalyse

Die Anfänge des Films orientierten sich am Theater, sodass Filme in ihrer frühen Phase lange, ungeschnittene Einstellungen verwendeten und an abgefilmtes Theater erinnerten. Erst allmählich begann der Film seine eigene Sprache zu entwickeln, die von „Schnitt“ und „Trick“ bestimmt ist. Im Folgenden werden einige Angaben gemacht, die für das Verständnis der Filmsprache notwendig und für eine Bildanalyse Voraussetzung sind. Daran angeschlossen sind Erläuterungen zu Techniken, wie sie in der Filmmusik Verwendung finden, denn Bild und Ton ergänzen einander und erzählen – fast symbiotisch verflochten – „gemeinsam“ die Geschichte.

Einstellung: Die kleinste ungeschnittene filmische Einheit nennt man „Einstellung“.

Montage: Ein Film besteht aus einer Summe von Einstellungen, die nach Maßgabe des Regisseurs zusammengefügt („montiert“) werden. Man spricht in diesem Zusammenhang von „Montage“. Während die einzelnen Einstellungen z.T. für sich alleine wenig inhaltliche Aussagekraft haben mögen, entsteht durch die Montage von Einstellungen die eigentliche Filmgeschichte.

Erzählende Montage: Die Einstellungen zeigen inhaltlich eine so große Nähe bzw. sie beziehen sich so eng aufeinander, dass die Schnitte kaum wahrgenommen werden.

Kontrastmontage: Gegensätzliche Einstellungen folgen aufeinander (Ruhe/Bewegung o. Stimmungen des Glücks/der Verzweiflung etc.).

Assoziationsmontage: Das Publikum ist aufgefordert, unterschiedliche Einstellungen gedanklich zu verknüpfen (Einstellung 1: unruhig schlafender Mensch; Einstellung 2: dunkles Kellergewölbe, durch das jemand schleicht – gedankliche Verknüpfung: Der schlafende Mensch hat einen Alptraum).

Analogmontage: ermöglicht Zeitsprünge und Raumwechsel, ohne dass sie störend wirken. Handlungen und Haltungen werden in ähnlicher Weise filmisch dargestellt (Einstellung 1: nachdenklicher junger Mensch am Schreibtisch, Einstellung 2: nachdenklicher gereifter Mensch am Schreibtisch – Dokumentieren eines Zeitsprungs).

Parallelmontage: Zwei Handlungsstränge werden – praktisch im Reißverschlussverfahren – miteinander verschachtelt. Möglichkeit, wirkungsvoll Spannung zu erzeugen. Das Publikum verfügt über eine Art Gesamtblick.

Einstellungsgröße: Gemeint ist damit der Abstand der Kamera zum gefilmten Objekt und so die Größe des gefilmten Objektes.

Weit: Panoramaaufnahmen, Aufnahmen von weitläufigen Landschaften, die eine bestimmte Stimmung spiegeln.

Totale: Eine räumliche Orientierung, ein Überblick ist hier angestrebt, sodass der Zuschauer/die Zuschauerin spätere Einstellungen (bspw. Nahaufnahmen) räumlich einzuordnen vermag.

Halbtotale: Die Protagonisten sind – von Kopf bis Fuß – in ihrer ganzen Gestalt und Körpersprache zu sehen.

Halbnah: Vom Knie an aufwärts sind die Personen zu sehen. Wird besonders in Gesprächssituationen genutzt. Die Gestik ist hier betont.

Nah: Eine Person, die bis zum Bauch hin sichtbar ist. Bei dieser Einstellung sind Gestik und Mimik besonders gut zu beobachten.

Groß: Auf das Hauptmotiv wird der Blick des Zuschauers/der Zuschauerin gelenkt. Innere Gefühlslagen und Regungen werden erkennbar. Ermöglicht die Identifikation mit dem Protagonisten.

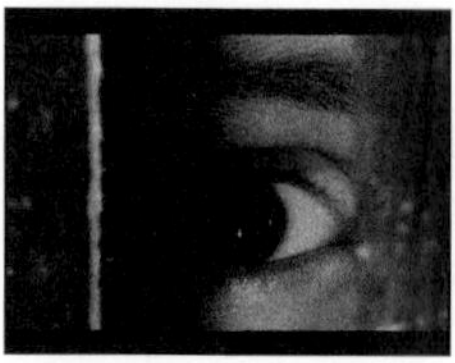

Detail: Ein Ausschnitt aus dem Ganzen (bspw. die Augen des Gesichtes) wird extrem nah präsentiert, sodass eine emotionale Nähe suggeriert wird und Identifikationsleistungen erleichtert werden.

Kameraperspektive: Die Kamera filmt aus unterschiedlichen Perspektiven, um entsprechende Wirkungen beim Publikum zu erzeugen.

Normalsicht: Der Blickwinkel entspricht der alltäglichen Wahrnehmung, so als ob man von Augenhöhe aus ein Geschehen betrachtet.

Froschperspektive oder Untersicht: Von unten nach oben wird das Geschehen gefilmt. Dadurch entsteht eine Form der Bedrohung, da alles, was gezeigt wird, übergroß und mächtig erscheint.

Vogelperspektive oder Aufsicht: Hier wird das Geschehen aus der Höhe vorgestellt. Das Gefilmte erscheint klein, schwach, hilflos und unterlegen.

Kamerabewegungen: Wenn von Kamerabewegungen die Rede ist, so stehen zwei Techniken zentral: Handlungsachse und Kameraachse.

Handlungsachse: Die Objekte vor der Kamera bewegen sich. Ein Gefühl der Distanz und eines des neutralen Beobachters stellen sich beim Publikum ein.

Kameraachse: Ein realitätsnahes Gefühl, das einer unmittelbaren Beteiligung ist dort angestrebt, wo die Kamera bewegt wird. Bei der Kameraachse nehmen der Zuschauer wie die Zuschauerin das Geschehen praktisch aus dem Blickwinkel der Kamera wahr, sodass Kamerablick und Blick des Publikums symbiotisch verflochten und eins scheinen.
„Handlungsachse“ (Person vor der Kamera bewegt sich) und „Kameraachse“ (Kamera bewegt sich) können auch zeitgleich zur Anwendung kommen.

Kameraschwenk: Beim „Kameraschwenk“ wird unter Beibehaltung des festen Standpunktes der Blickwinkel zum

Objekt verändert. Das Ziel ist es, dem Zuschauer/der Zuschauerin das Gefühl zu vermitteln, als ob sie selbst in der Szene stünden und den Kameraschwenks entsprechende Kopfbewegungen vollzögen.

Zoom: Diese Technik kommt zum Einsatz, sofern Bewegungen im Sinne von Annäherung und Fortbewegung simuliert werden sollen.

Schuss-/Gegenschussverfahren: Bei Gesprächen nutzt der Film in der Regel das sogenannte „Schuss-Gegenschussverfahren". Hier ändert sich die Handlungsachse mit jedem Schnitt. Man nimmt das Geschehen aus dem Blickwinkel der Protagonisten wahr, was ebenfalls die Möglichkeit zur Identifikation erleichtert.

Subjektive Kamera: Es wird mit einer Handkamera gefilmt. Die Bilder sind meist etwas verwackelt, ein Effekt, der gewollt ist. Erzeugt wird ein „menschliches" Moment, ein Eindruck der Authentizität. Angstvolle, nervöse Stimmungen, hektische Momente, Irritationen können auf diese Weise inszeniert werden.

Beziehung zwischen Bild und Ton:
Obwohl der Film vornehmlich den Augensinn anzusprechen scheint, dominiert nicht unwesentlich das Ohr und befördert Verstehensleistungen, denn neben die Ebene „Bild" treten noch die drei Ebenen „Text", „Geräusch/Klang" und „Musik" hinzu. Diese vier Ebenen zusammen tragen das Geschehen fort, wo jede Ebene für sich alleine nur Teilaspekte beinhaltet.

Filmmusik – Fremdkomposition/komponierte Musik:
Das Genre Filmmusik ist in zwei große Bereiche einzuteilen: Zum einen kann es sich dabei um Musik handeln, die nicht speziell für einen Film komponiert wurde (ein aktueller oder alter Hit bspw.), der aber innerhalb des Films verwendet wird. Zum anderen bezieht sich der Terminus Filmmusik genuin auf Musik, die eigens für Filme komponiert wurde. Eine auskomponierte Filmmusik hat in der Regel keinen eigenständigen Charakter, sondern ordnet sich der Bildebene unter.

Funktion der Filmmusik: Filmmusik erfüllt ...
1. „tektonische" Funktionen (Vor- und Abspannmusik; Musik, die als Teil der Handlung verfährt: Bsp.: „Das Piano").

Auf einer 2. Ebene erfüllt sie „syntaktische“ Funktionen, wenn sie zeitraffend oder -dehnend wirkt, Real- von Traumsequenzen trennt u.Ä. In diesen Bereich gehört auch, wenn sie im Zuge der Diskontinuität von Schnitten die Einstellungen zu einem linearen Erzählgeschehen in der Zeit verklammert.
3. Die bedeutendste Funktion erfüllt Musik aber auf der „semantischen“ Ebene: Filmmusik kann spezifische Wirkungen beim Publikum verstärken oder auch erst hervorrufen. Sie vermag eine atmosphärische Dichte erzeugen, wie es dem Bild alleine nur schwer gelingen kann. Unausgesprochene Gedanken und innere Befindlichkeiten sind mit ihr zu transportieren.
Nicht zuletzt ist häufig die Musik im wesentlichen Maße daran beteiligt, das dramaturgische Geschehen dem Publikum zu vermitteln und die Geschichte zu „erzählen“, bspw. wenn ein eigentlich neutrales Bild (ein leerer Raum) durch eine spannende Musik Gefahr verheißt. Folgende semantische Funktionen kann die Musik im Film annehmen (vgl. Pauli 1978):

Paraphrasierung: Die Musik bietet eine Verdopplung der Bildebene. Eine fröhliche Stimmung im Bild wird mit fröhlicher Musik untermalt.
Kontrapunktierung: Hier wird mit Gegensätzen gearbeitet und eine der Bildebene gegenteilige Stimmungslage aufgebaut.
Polarisierung: Weitgehend neutralen Einstellungen wird eine eindeutige Stimmungsschicht zugewiesen.
Antizipierung: Eine im weiteren Verlauf dramaturgische Entwicklung wird musikalisch vorweggenommen.

Als **Kompositionstechniken** haben sich über die Zeit folgende entwickelt und etabliert:

Mood-Technik: vermittelt bestimmte Stimmungen (bspw. „Terminator 2“). Sie kann dabei die Stimmungen und Gefühlslagen der Protagonisten dokumentieren, oder sie kann beim Publikum bestimmte Stimmungen zu erzeugen suchen. Die Musik knüpft dabei an die Vorerfahrungen des Publikums an und arbeitet gerne plakativ bzw. mit Klischées. Dieselbe Landschaftsaufnahme kann, bspw. unterlegt mit Country-Musik, die Assoziation Wilder Westen und mit Sitar-Musik, die von Indien hervorrufen.

Leitmotivtechnik: Bestimmte Musikmotive werden bspw. an Personen/Tiere u.a. gekoppelt. Die zugeordnete Musik erklingt beim jeweiligen Erscheinen derselben oder kündigt sie an. Man denke bspw. an den Film „Der weiße Hai“, der im Film selbst recht selten zu sehen, aber häufig musikalisch durch eine charakteristische Musik präsent ist. Ein anderes Beispiel wäre „Spiel mir das Lied vom Tod“ oder auch „Jurassic Parc“.

Underscoring: Diese Technik verfährt deskriptiv (beschreibend). Das heißt, dass immer wieder Abläufe oder Geschehnisse des Films musikalisch nachgezeichnet werden. Eine Explosion im Bild würde zugleich durch einen musikalischen Höhepunkt dokumentiert werden. Eine reitende Meute würde eine Musik bedingen, die den Charakter des Reitens mit musikalischen Mitteln abzubilden suchte.

Eine Extremform des „Underscoring“ ist das sogenannte *Mickey-Mousing*. Hier haben wir es mit einer absoluten Bildverdopplung durch die Musik zu tun. Was immer im Bild geschieht, erfährt durch musikalische Ausdrucksmomente eine vollständige Verdoppelung. Alte Trickfilme (die Micky-Mouse Filme der Frühzeit z.B., daher der Name) wenden dieses Verfahren an (vgl. Maas/Schudak 1994).

Sequenzprotokoll: Bei der Analyse eines Films ist es hilfreich, ein tabellarisches Sequenzprotokoll zu erstellen. Ein solches Protokoll kann wie folgt aufgebaut sein:

Einstellung/ Inhalt	Zeit	Einstellungsgröße	Einstellungsperspektive	Kamerabewegung	Musik	Montage
1. Im Café	0–15 sec.	Nah	Vogelperspektive	Handlungsachse	Mood-Technik paraphrasierend	Erzählende Montage
…	…	…	…	…	…	Einstellung 1–3:

Literaturverzeichnis

Primärliteratur

Brod, Max/Kafka, Franz: Eine Freundschaft. Briefwechsel, hrsg. von Malcolm Pasley. Frankfurt/M. (Fischer) 1989

Kafka, Franz: Die Verwandlung/Brief an den Vater und weitere Werke. Erarbeitet und mit Anmerkungen versehen von Elisabeth Becker; hrsg. von Johannes Diekhans. Paderborn (Schöningh) 1999

Kafka, Franz: Briefe 1902–1924. Frankfurt/M. (Fischer) 1992

Kafka, Franz: Briefe an Felice. Frankfurt/M. (Fischer) 1976

Kafka, Franz: Der Process. Frankfurt/M. (Fischer) 1994

Kafka, Franz: Jemand musste Josef K. verläumdet haben ... Historisch-kritische Ausgabe sämtlicher Handschriften, Drukke und Typoskripte. [Der Proceß] Der Prozess. Faks. Ed.; hrsg. von Roland Reuß. Unter Mitarbeit von Peter Staengle. Basel/Frankfurt/M. (Stromfeld/Roter Stern) 1997

Kafka, Franz: Ende. Historisch-kritische Ausgabe sämtlicher Handschriften, Drucke und Typoskripte. [Der Process] Der Prozess. Faks.Ed.; hrsg. von Roland Reuß. Unter Mitarbeit von Peter Staengle. Basel/Frankfurt/M. (Stromfeld/Roter Stern) 1997

Kafka, Franz: In der Strafkolonie. Eine Geschichte aus dem Jahre 1914, hrsg. von Klaus Wagenbach. Mit den neuesten Entdeckungen: Pornograhie, Bürokratie, Krieg. Berlin (Wagenbach) 1995

Kafka, Franz: Sämtliche Erzählungen. Frankfurt/M. (Fischer) 1994

Kafka, Franz:-Tagebücher 1910–1923. Frankfurt/M. (Fischer) 1992

Kafka, Franz:-Tagebücher. 1909–1912. Frankfurt/M. (Fischer) 1994

Kafka, Franz:-Tagebücher. 1912–1914. Frankfurt/M. (Fischer) 1994

Kafka, Franz:-Tagebücher. 1914–1923. Frankfurt/M. (Fischer) 1994

Kafka, Franz:-Über das Schreiben. Frankfurt/M. (Fischer) 1983

Sekundärliteratur

Abraham, Ulf: Mose ‚Vor dem Gesetz'. Eine unbekannte Vorlage zu Kafkas Türhüterlegende. In: Deutsche Vierteljahresschrift für Literaturgeschichte und Geistesgeschichte. Jg. 57. 1983, S. 636–650

Anz, Thomas: Franz Kafka. München (Beck) ^{2}1992

Allemann, Beda: Fragen an die judaistische Kafka-Deutung am Beispiel Benjamins. In: Grözinger, Karl Erich (Hg.): Franz Kafka und das Judentum. Frankfurt/M. 1987

Ausländer, Rose: Sanduhrschritt. Gedichte. Frankfurt/M. (Fischer) 1994

Baumann, Zygmunt: Moderne und Ambivalenz. Frankfurt/M. (Fischer) 1995

Beicken, Peter: Franz Kafka. Der Process. München (Oldenbourg) 1995

Binder, Hartmut, Kafka-Kommentar zu sämtlichen Erzählungen. München 1983

Binder, Hartmut, Kommentar zu den Romanen, Rezensionen, Aphorismen und zum Brief an den Vater. München 1982

Binder, Hartmut: Kafka-Handbuch in zwei Bänden. Bd. 2: Das Werk und seine Wirkung. Stuttgart (Alfred Kröner) 1979

Beißner, Friedrich: Der Erzähler Franz Kafka und andere Vorträge. Frankfurt/M.: Suhrkamp 1983

Bogdal, K.-M.: Einleitung:-Vor dem Gesetz der Literatur. In: Ders.: (Hg.): Neue Literaturtheorien in der Praxis. Textanalysen von Kafkas „Vor dem Gesetz". Opladen (Westdeutscher Verlag) 1993

Bolz, Norbert: Kafka und die Aufgabe der Interpretation. In: ders.: Philosophie nach ihrem Ende. München (Fink) 1992, S. 93–106

Brod, Max: Über Franz Kafka. Frankfurt/M. (Fischer) 1974

Camus, Albert: Die Hoffnung und das Absurde im Werk von Franz Kafka. In: ders.: Der Mythos des Sisyphos. Reinbek bei Hamburg (Rowohlt) 1996

Dietz, Ludwig: Franz Kafka. München (Metzler) 2. verb. und erw. Auflage 1990

Emrich, Wilhelm: Franz Kafka und der literarische Nihilismus. In: Capro-Mayr, Marie-Luise (Hg.): Franz Kafka. Eine Aufsatzsammlung nach einem Symposium in Philadelphia. 29. Bd. Der Schriftenreihe Agora, hrsg. von Manfred Schlösser. Berlin (Agora) 1978

Flusser, Vilém: Warten auf Kafka. In: ders.: Jude sein. Mit einem Nachwort von David Flusser. Mannheim (Bollmann) 1995, S. 166–181

Frommer, Harald: Lesen im Unterricht. Hannover (Schroedel) 1988

Glaser, Hermann/Lehmann, Jakob/Lubos, Arno: Wege der deutschen Literatur. Berlin (Ullstein) 1997

Gräff, Thomas: Franz Kafka. Der Prozess. Stuttgart/Dresden (Klett) ^{4}1993

Grözinger, Karl Erich: Kafka und die Kabbala. Das Jüdische im Werk und Denken von Franz Kafka. Frankfurt/M. (Fischer) 1994

Haasis, Helmut G. (Hg.): Die unheimliche Stadt. Ein Prag-Lesebuch. München (Piper) 1992

Hiebel, Hans H.: Das Zeichen des Gesetzes. Recht und Macht bei Franz Kafka. München (Fink) ^{2}1989

Hiebel, Hans H.: Antihermeneutik und Exegese. Kafkas ästhetische Figur der Unbestimmtheit. In: Deutsche Vierteljahresschrift und Geistesgeschichte, Jg. 52

Hiebel, Hans H.: Strukturale Psychoanalyse und Literatur (Jacques Lacan). In: Bogdal, K.-M. (Hg.): Neue Literaturtheorien. Opladen (Westdeutscher Verlag) 1990

Iser, Wolfgang: Der Akt des Lesens. München 1976

Jauß, Hans Robert: Literaturgeschichte als Provokation. Frankfurt/M. 1970

Jesenká, Milena: Ich hätte zu antworten tage- und nächtelang. Die Briefe von Milena, hrsg. von Alena Wagnerová. Frankfurt/M. (Fischer) 1999

Kraus, Wolfgang/Winkler, Norbert (Hg.): Das Phänomen Kafka. Schriftenreihe der österreichischen Franz Kafka-Gesellschaft. Prag (Vitalis) 1997

Krolop, Kurt: Nachwort. In: Kafka, Franz: Erzählungen. Leipzig (Reclam) 1978

Kuper, Peter: Gib's auf und andere Erzählungen. Illustriert von Peter Kuper. (Hamburg (Carlsen) 1997

Link, Jürgen/Pfau, Rolf: Unförmliche Symbolik. In: Bogdal, Klaus-Michael (Hrg.): Neue Literaturtheorien in der Praxis. Opladen (Westdeutscher Verlag) 1993

Leiß, Ingo/Stadler, Hermann: Deutsche Literaturgeschichte. Bd. 8. Wege in die Moderne 1890–1918. München (dtv) 1997

Maas, Georg/Schudak, Achim: Musik und Film – Filmmusik. Informationen und Modelle für die Unterrichtspraxis. Mainz (Schott) 1994

Mairowitz, David Zane/Crumb, Robert: Kafka. Kurz und knapp. Frankfurt/M. (Zweitausendeins) 1995

Neff, Kurt: Kafkas Schatten. Eine Dokumentation zur Breitenwirkung. In: Binder, Hartmut: Kafka-Handbuch in zwei Bänden. Bd. 2: Das Werk und seine Wirkung. Stuttgart (Alfred Kröner) 1979

Pauli, Hansjörg: Filmmusik. Funkkolleg Musik, Studienbegleitbrief 11. Mainz (Beltz/Schott) 1978

Politzer Heinz: Franz Kafka, der Künstler. Frankfurt/M. (Fischer) 1965

Politzer, Heinz: Franz Kafka. Wege der Forschung. Darmstadt ^{2}1980

Neumann, Gerhard: Traum und Gesetz. Franz Kafkas Arbeit am Mythos. In: Kraus, Wolfgang/Winkler, Norbert (Hg.): Das Phänomen Franz Kafka. Schriftenreihe der Franz Kafka-Gesellschaft 7. Prag (Vitalis) 1997

Nietzsche, Friedrich: Über Wahrheit und Lüge im außermoralischen Sinn. In: KSA 1, hrsg. von Giorgo Colli und Mazzino Montinari. München (dtv) ^{2}1988

Rilke, Rainer Maria: Zwei Prager Geschichten, hrsg. von Josef Mühlberger. Frankfurt/M. (Insel) 1976

Robert, Marthe: Einsam wie Kafka. Frankfurt/M. (Fischer) 1979

Schärf, Christian: Franz Kafka. Poetischer Text und heilige Schrift. Göttingen (Vandenhoeck & Ruprecht) 2000

Sokel, Walter H.: Das Programm von K.s Gericht: ödipaler und existentieller Sinn des Prozess-Romans. In: Capro-Mayr, Marie-Luise (Hg.): Franz Kafka. Eine Aufsatzsammlung nach einem Symposium in Philadelphia. 29. Bd. Der Schriftenreihe Agora, hrsg. von Manfred Schlösser. Berlin (Agora) 1978

Sokel, Walter H.: Franz Kafka: Tragik und Ironie. München/Wien (Langen-Müller) 1964

Sokel, Walter H.: Kafka und Sartres Existenzphilosophie. In: Arcardia. Zeitschrift für vergleichende Literaturwissenschaft. Berlin (Walter de Gruyter & Co) 1970

Steinmetz, Horst: Moderne Literatur lesen. München (Beck) 1996

Tarnas, Richard: Idee und Leidenschaft. Die Wege des westlichen Denkens. Frankfurt/M. (Zweitausendeins) 1997

Unseld, Joachim: Der fehlende Körper. Das Problem der Veröffentlichung. In: Kraus, Wolfgang/Winkler, Norbert (Hg.): Das Phänomen Kafka. Schriftenreihe der österreichischen Franz Kafka-Gesellschaft. Prag (Vitalis) 1997, S. 155–71

Wagenbach, Klaus: Kafkas Prag. Ein Reiselesebuch. Berlin (Klaus Wagenbach) 1993
Wagenbach, Klaus: Kafka mit Selbstzeugnissen und Bildnissen. Reinbek bei Hamburg (RoRoRo) [32]1997
Walser, Martin: Beschreibung einer Form. Versuch über Kafka, München 1961
Zima, Peter V.: Die Dekonstruktion. Tübingen/Basel (Francke) 1994
Zimmermann, Hans Dieter: Franz Kafka. Der Proceß. Grundlagen und Gedanken zum Verständnis erzählender Literatur. Frankfurt/M. (Diesterweg) 1995

Links zu Kafka im Internet

http://www.kafka.org
http://www.geo.uni-bonn.de/members/pullmann/kafka/index.shtml
http://www.kades.de
http://gutenberg.spiegel.de/autoren/kafka.htm

Bildquellen

6, 224: Historisch-kritische Ausgabe sämtlicher Handschriften, Drucke und Typoskripte. [Der Proceß] Der Prozess. Faks. Ed., hrsg. von Roland Reuß. Unter Mitarbeit von Peter Staengle. Basel, Frankfurt a.M.: Stroemfeld/Roter Stern 1997 – **225:** „Gib's auf" und andere Erzählungen von F. Kafka. Illustriert von Peter Kuper. Hamburg: Carlsen-Verlag 1997 – **226, 229:** Harald Salfellner: Franz Kafka und Prag. Prag: Vitalis Verlag, 3. Auflage 1998 – **227, 234, 236, 248:** bpk, Berlin – **230, 232, 233 u., 238, 257, 259:** © Archiv Klaus Wagenbach – **233 o., 243:** © Archiv Hartmut Binder – **261, 264, 289, 295, 299, 306:** Zeichnungen Franz Kafkas – **300–302:** 2001 Verlag Frankfurt – **311 o.:** Einstellung aus dem Film „Kafka" – **311/312:** Einstellungen aus dem Film „Der Prozess"